HUMANITIES AND SOCIETY

人民主权与德国宪法危机
魏玛宪政的理论与实践

Peter C. Caldwell

[美国] 彼得·C.考威尔 著 曹晗蓉 虞维华 译

译林出版社

图书在版编目（CIP）数据

人民主权与德国宪法危机：魏玛宪政的理论与实践／（美）彼得·C. 考威尔(Peter C. Caldwell)著；曹晗蓉，虞维华译．—南京：译林出版社，2017.10
（人文与社会译丛／刘东主编）
书名原文：Popular Sovereignty and the Crisis of German Constitutional Law: The Theory and Practice of Weimar Constitution
ISBN 978-7-5447-7058-3

I.①人⋯ II.①彼⋯ ②曹⋯ ③虞⋯ III.①政治制度史-研究-德国1918—1933 IV.①D751.69

中国版本图书馆CIP数据核字(2017)第214957号

Popular Sovereignty and the Crisis of German Constitutional Law
by Peter C. Caldwell
Copyright © 1997 by Duke University Press
This edition published by arrangement with Duke University Press
Simplified Chinese translation copyright © 2017 by Yilin Press, Ltd
All rights reserved.

著作权合同登记号　图字：10-2012-281号

人民主权与德国宪法危机：魏玛宪政的理论与实践
[美国] 彼得·C. 考威尔 ／ 著　曹晗蓉　虞维华 ／ 译

责任编辑　陶泽慧
特约编辑　张　诚
装帧设计　胡　苨
校　　对　孙玉兰
责任印制　单　莉

原文出版　Duke University Press Books, 1997
出版发行　译林出版社
地　　址　南京市湖南路1号A楼
邮　　箱　yilin@yilin.com
网　　址　www.yilin.com
市场热线　025-86633278
排　　版　南京展望文化发展有限公司
印　　刷　江苏凤凰通达印刷有限公司
开　　本　880毫米×1230毫米　1/32
印　　张　11.375
插　　页　2
版　　次　2017年10月第1版　2017年10月第1次印刷
书　　号　ISBN 978-7-5447-7058-3
定　　价　58.00元

版权所有·侵权必究

译林版图书若有印装错误可向出版社调换，质量热线：025-83658316

主 编 的 话

刘 东

总算不负几年来的苦心——该为这套书写篇短序了。

此项翻译工程的缘起，先要追溯到自己内心的某些变化。虽说越来越惯于乡间的生活，每天只打一两通电话，但这种离群索居并不意味着我已修炼到了出家遁世的地步。毋宁说，坚守沉默少语的状态，倒是为了咬定问题不放，而且在当下的世道中，若还有哪路学说能引我出神，就不能只是玄妙得叫人着魔，还要有助于思入所属的社群。如此嘈嘈切切鼓荡难平的心气，或不免受了世事的恶刺激，不过也恰是这道底线，帮我部分摆脱了中西"精神分裂症"——至少我可以倚仗着中国文化的本根，去参验外缘的社会学说了，既然儒学作为一种本真的心向，正是要从对现世生活的终极肯定出发，把人间问题当成全部灵感的源头。

不宁惟是，这种从人文思入社会的诉求，还同国际学界的发展不期相合。擅长把捉非确定性问题的哲学，看来有点走出自我围闭的低潮，而这又跟它把焦点对准了社会不无关系。现行通则的加速崩解和相互证伪，使得就算今后仍有普适的基准可言，也要有待于更加透辟的思力，正是在文明的此一根基处，批判的事业又有了用武之地。由此就决定了，尽管同在关注世俗的事务与规则，但跟既定框架内的策论不同，真正体现出人文关怀的社会学说，决不会是医头医脚式的小修小补，而必须以激进亢奋的姿态，去怀疑、颠覆和重估全部的价值预设。有意思的是，也许再没有哪个时代，会有这么多书生想要焕发制度智慧，这既凸显了文明的深层危机，又表达了超越的不竭潜力。

于是自然就想到翻译——把这些制度智慧引进汉语世界来。需要说明的是，尽管此类翻译向称严肃的学业，无论编者、译者还是读者，都会因其理论色彩和语言风格而备尝艰涩，但该工程却绝非寻常意义上的"纯学术"。此中辩谈的话题和学理，将会贴近我们的伦常日用，渗入我们的表象世界，改铸我们的公民文化，根本不容任何学院人垄断。同样，尽管这些选题大多分量厚重，且多为国外学府指定的必读书，也不必将其标榜为"新经典"。此类方生方成的思想实验，仍要应付尖刻的批判围攻，保持着知识创化时的紧张度，尚没有资格被当成享受保护的"老残遗产"。所以说白了：除非来此对话者早已功力尽失，这里就只有激活思想的马刺。

主持此类工程之烦难，足以让任何聪明人望而却步，大约也惟有愚钝如我者，才会在十年苦熬之余再作冯妇。然则晨钟暮鼓黄卷青灯中，毕竟尚有历代的高僧暗中相伴，他们和我声应气求，不甘心被宿命贬低为人类的亚种，遂把迻译工作当成了日常功课，要以艰难的咀嚼咬穿文化的篱笆。师法着这些先烈，当初酝酿这套丛书时，我曾在哈佛费正清中心放胆讲道："在作者、编者和读者间初步形成的这种'良性循环'景象，作为整个社会多元分化进程的缩影，偏巧正跟我们的国运连在一起，如果我们至少眼下尚无理由否认，今后中国历史的主要变因之一，仍然在于大陆知识阶层的一念之中，那么我们就总还有权想象，在孔老夫子的故乡，中华民族其实就靠这么写着读着，而默默修持着自己的心念，而默默挑战着自身的极限！"惟愿认同此道者日众，则华夏一族虽历经劫难，终不致因我辈而沦为文化小国。

一九九九年六月于京郊溪翁庄

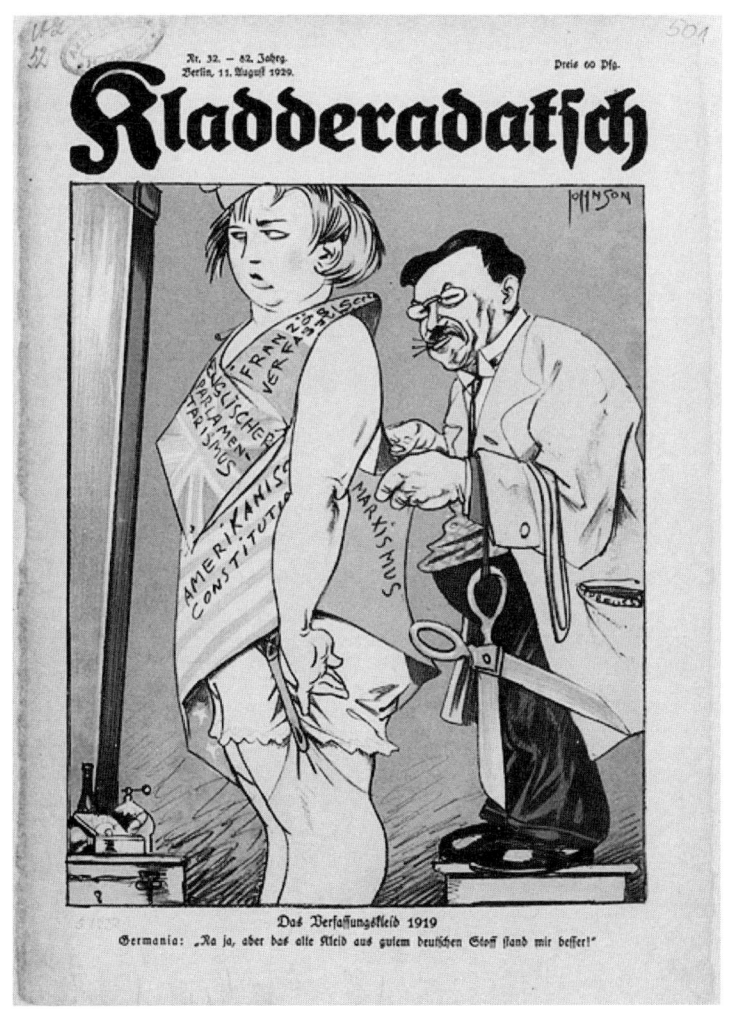

《1919年的宪法连衣裙》
日耳曼婆娘:"嗯,还是用上等德国料子做的老款裙子更适合我!"

原载于 W. A. Coupe, *German Political Satires from the Reformation to the Second World War*（White Plains, NY: Kraus International Publications, 1985）,授权使用

谨以此书
献给

彼得·R.考威尔
苏珊·海文斯·考威尔

感谢他们对我的倾力支持

目　录

中文版前言 …………………………………………………… 001
前　言 ………………………………………………………… 006
致　谢 ………………………………………………………… 010

导　言　人民主权和法治：魏玛共和国的宪政民主问题 ………… 001
第一章　国家意志与德意志民族的救赎：德意志帝国的法律实证
　　　　主义与君主立宪政体 ………………………………… 013
第二章　纯粹法学与军事独裁：帝国时期的汉斯·凯尔森和卡尔·
　　　　施米特 ………………………………………………… 041
第三章　激进的宪政革命：法律实证主义与《魏玛宪法》………… 065
第四章　宪政民主的矛盾基础：魏玛共和国时期的汉斯·凯尔森
　　　　和卡尔·施米特 ……………………………………… 087

第五章　宪政实践与民主主权的内在性：鲁道夫·斯门德、赫尔曼·
　　　　黑勒与宪法的基本原则 …………………………………… 124
第六章　平等、财产权利和紧急状态：共和国最高法院的宪法
　　　　法理学 ……………………………………………………… 151
结　论　宪政民主的危机 …………………………………………… 178

注　释 ………………………………………………………………… 186
参考文献 ……………………………………………………………… 272
索　引 ………………………………………………………………… 320
译后记 ………………………………………………………………… 333

中文版前言

我关注《魏玛宪法》及其阐释者已有四分之一个世纪。1990年秋天,我带着最新的"批判理论"——混合的马克思主义、解构理论和批判法律研究作为武器,来到德国进行我的研究。我的目标是剖析宪法,对宪政民主的重要性提出质疑。而这一研究无法找到比魏玛共和国制度更为合适的制度,因为左翼和右翼的杰出思想家们已经在质疑魏玛宪政制度的价值。许多思想家宣称,宪政制度阻碍了"真正的"民主;在之前的君主制国家中,高高在上的权力将迥然不同的多样社会团结在一起,宪政制度暗中破坏了团结的国家;同时,宪政制度关注权利和受限制的权力,从而中断了国家和人类迅速向前发展的步伐。批评者们认为,权利和规则有其本质,但是他们并没有讨论本质究竟是人民、国家、运动还是正义。这些批评意见将成为我论述的基础。

以上论述是我的起点。随着研究的展开,这些怀疑目标逐渐被祛除。第一,环境的干预:1990年,德意志民主共和国爆发革命,旧政权轰然倒塌,之后爆发的对民主、革命和宪法的激烈讨论不仅横扫了东方世界,也影响到南非等其他国家。民主立宪制的问题成为真正的问题;仅有批评声音还远远不够。[1]第二,当我细细品读他们的著作时,我发现自己被凯尔森的思想所吸引。他针对那些认为人民、国家、运动或者正义能战胜他们的说法,在规则和程序上都提供了完美的对策。更有甚者,他说明,这四个概念在本质上需要统合才是可行的;在统合之外谈论任何一个概念,比如说"国家",都显得十分荒谬。第三,也许也是最重要的一点,当我越多地阅读那个时代关于权利、投票、联邦制和社会政策的法律作品时,我就越能清楚地明白,宪政学者们正在处理现实的困难问题,而抽象的批判理论不能简单地不予理睬。[2]简单来说,他们在干预现实。

1918年至1919年的革命成为一个历史事实,它打破了德国的所有过往。《魏玛宪法》是这场革命的文献,它并不意味着革命的终止;它试图根据战后社会的运作情况来设计规则和程序,宁愿让人民自我决定;它的功能并不如当时或者是今天许多观点所宣称的叫停革命。然而,宪法在恶劣的环境下还是诞生了。极左派试图将革命推得更远,尤其是在1919年1月之后,一些国家寻求无产阶级专政,其形式是委员会或者由政党直接统治。[3]社会民主党领导下的政府将这些行为视为对正当宪政规则的破坏,它时不时地会通过强制力来镇压激进的委员会。政府越反对委员会的活动,极左派就越反对魏玛。与此同时,极右派反对多元主义和多党制,假定在国家统一的前提下(与当时的实际情况不相符)赞成一个强有力的、统一的国家领导阶层。[4]共和国在20世纪20年代后期陷入危机之后,它原本就微弱的支持基础进一步被腐蚀。1930至1933年间,宪法作为遭受大量批评,被绝大多数政治家所质疑,甚至被遗忘的革命的产物,[5]被各个党派、政府和总统破坏。它成为剧烈危机中的一个部分,被国家社会主义者们推上了断头台。

那么是不是可以说,这部革命性质的宪法没有改变任何事物?我所请教的法律学者们给我提供了不同的观点。最初,绝大多数人都试图在维持君主和国家特殊权力的德意志帝国的二元宪政制度和魏玛共和国的民主宪政制度之间建立联系。诸般尝试之后,他们发现,这一转变已经彻底地改变了宪法,不仅仅更改了个别条款,而且更改了其核心概念。民主意味着民治。但是,什么是人民?它是优先于政治进程的大众统一意志吗?"阶层"或"血缘"是否体现出人民中天生具有卓越本质,超凡魅力的领导所形成的明确立场?或者用赫尔曼·黑勒的话来说,"人民的意志"是否只是出现在程序当中,在各党派中间周旋,是国家意志形成的一个步骤?[6]这些有关民主的实质问题吸引着最优秀的法律思想家。即使鲁道夫·斯门德——与革命毫无干系、反共和国的德国国家人民党党员这样的保守主义者——都发现他自己已经卷入关于"民主"的讨论当中。1930年,他反对自己的政党罔顾宪政规则,出版了一部关于宪法的重要基础读本;20世纪50年代时,他已经成为西德讨论民主最重要的法学领袖。[7]

确实,正如克里斯托弗·舍恩伯格所说的那样,即使是卡尔·施米特这样的保守革命理论家也寻求处理民主的本质问题,从这个意义上来讲施米特是"民主的"。[8]从这一层面来说,我书中所写的法学家们的争论转向关于民主本身的本质问题;在这些争论中,我们可以看到革命者打破了德国的政治。基本概念发生了变化。例如说,在旧的君主立宪制语义下,权利指的是君主必须与民选议会分享立法权;法院的职责是确保这些决策的贯彻执行,而不是审查自身的立法行为。接踵而来的以"人民的意志"为基础的民主规则赋予了权利不同的含义:他们真的在设立议会吗?或者,他们是否代表约束普通立法机关的本质原则?而且,如果后者答案是肯定的:议会是否应该约束自身?又或者,宪法法院是必要的吗?宪政复审这样的难题也同样出现在像魏玛共国那样的民主共和国之中,虽然有着无休止的争论,但是在1949年之后,联邦共和国解决了这一难题。[9]但是,20世纪20年代开始,新制度施行下的普通法院已经努力在司法实践中解释权利的意义。最优秀的法学家们,比如海因里希·特利贝尔和弗朗茨·诺伊曼都紧跟着这一变化。不只是权利,宪法还提出了关于法律统一和国家权力等问题。这些权利被当作整个国家主权的基础,它是如何使德国人的**土地**得以保存的?天主教或新教的地位是什么?再者,在民主内部,各个政党的适合角色应该是什么?这也许是决定共和国命运最本质的问题。在法西斯共和国主义和自由主义民主理论之间爆发了极端的争论,法西斯共和国主义反对政党打着全体利益的旗号(卡尔·施米特),而自由主义民主理论面对不可避免的反对意见,拒斥"全体利益"的观点,也将反政党的要求视为反民主的必然(汉斯·凯尔森)。这些话题在今天仍然能够引起共鸣。[10]

然而,我的书不只是在讨论魏玛共和国;它讨论的是德国的概念基础,以及今天的民主立宪制。我所参考的那些学者,尤其是斯门德、黑勒、施米特和凯尔森的研究工作在西德宪法学初建时期发挥了主要作用,在今天仍然是重要的参考因素。1949年,社会民主党政治家卡罗·施密德主持召开基本法的宪政大会,在此对赫尔曼·黑勒的重新解读达到顶峰。[11]黑勒将民主界定为意志的形成过程,鲁道夫·斯门德整合了这一观点,将民主界定为以国家整合为价值导向的过程;这两种观点在斯门德的学生霍斯特·埃姆克和康拉德·海塞的作品中都有呈现,这种研究宪政法学的方法在联邦共和国的宪法学中已经产生深刻的影响。[12]凭借最早时期的法律制裁,这些魏玛理论家们直接影响了联邦宪法法院,以吉尔哈德·莱布霍茨为甚。魏玛共和国时期,莱布霍茨已经摆脱了凯尔森、施米特和斯门德,在流亡时期进一步发展了自己的观点。[13]更加令人惊讶的是,考虑到卡尔·施米特是阿道夫·希特勒的啦啦队长,他在联邦共和国也重获名声,这是对黑勒和斯门德以稳定为导向的方法的抗议。左派和右派的评论家们都接受施米特对以价值为导向的法学的攻击。他们也很欣赏施米特对"资产阶级宪政制度"的辛辣抨击,因为他指出了法律实证主义的缺陷。[14]或许,汉斯·凯尔森是唯一一个被早期联邦共和国所忽略的魏玛时期主要法律思想家。他冰冷的追寻理性、批判意识形态的特质可能让他显得过于刺目,不被当代接受;只有到最近,他的政治理论才刚刚被人们重新认识。[15]凯尔森这个例子同时也展现出魏玛时期德国民主立宪制的创立者们的持久力,凯尔森也是如此,他和黑勒、斯门德与施米特一样拥有持久的影响力,其作品的新版本也会在今天引起争论。[16]

彼得·C.考威尔
2013年8月

前　言

本书将检讨在德国第一个民主政体，即魏玛共和国（1919—1933）时期发生的关于宪法内涵与实践的争论。它将着重考察在德国宪法争论中曾经并将继续扮演中心角色的国家法教授们：他们是国家法指南的编纂者、关于法律规范抽象意义专著的作者、培训和督导德国司法界律师和法官的学者。在新生的民主制度压力下，这些学者，再加上为数不多的几位高院法官，提出了研究宪法的一些新路子，抛弃或从根本上修订了曾经支配德意志帝国时期（1871—1918）法律界的法律实证主义范畴和方法。

本书的扉页插图形象地说明，作为宪法理论与方法争论的组成部分，（德国）宪法本身在魏玛共和国时期遭受质疑的方式。这幅漫画的标题是《1919年的宪法连衣裙》（*Constitutional Dress of 1919*），它嘲讽了《魏玛宪法》起草者雨果·普罗伊斯，嘲笑他只不过是替日耳曼婆娘缝补新裙子的犹太裁缝。这条宪法连衣裙由许多"舶来的"破布条拼接而成：英国议会制度、法国宪政制度、美国宪政制度，以及偷偷缝在日耳曼婆娘后背的马克思学说。日耳曼婆娘对着镜子自言自语："嗯，还是用上等德国料子做的老款裙子更适合我!"

这幅漫画传递出了很多信息。它首先暗示,同《魏玛宪法》相比,1871年《德意志帝国宪法》在一定程度上更"合身"——更得体,受到的质疑也更少。事实上,在德意志帝国时期,1871年宪法基本上没有遭到质疑。它在某种程度上是一部"非政治"的宪法,一部没有列出基本权利清单的宪法,仅仅描述了国家形式和造法程序。政治争议虽然存在,但不在宪法范围之内存在。相比之下,德国在第一次世界大战中战败之后制定的《魏玛宪法》却引发了新的难题,在政治上有争议的问题。1919年,宪法制定者们通过检讨英法议会制和美国分权制的功能,试图找到解决宪政民主问题的答案。他们也试图包容那些在帝国时期被排斥的团体,其中最引人注目的是社会民主党,为此,宪法中包含了激进的或社会主义的内容如社会权利,并且为相关立法打开了大门。在关于民主国家的功能、德国公民的基本权利、政党与总统等问题的争论中,宪法本身成为政治争论的焦点。这幅漫画带着反犹太人的腔调,将这些问题诠释为在制宪过程中对外来势力和拙劣取材技巧的指控。它既揭示了魏玛共和国时期反思宪法的真实过程,也表达了对宪法带有反民主思想特点的意识形态指控。

关于魏玛宪政理论和实践的这些争论具有重要意义。首先是因为它在两次世界大战间的一个羸弱且战败的中欧国家语境中,揭示了宪政民主概念产生的可能性及其问题。但是,在德国形成后君主立宪传统的很长一段时间里(发生在1949年至1990年间的德意志联邦共和国),这些争论扮演了重要角色。这一传统虽然取得了胜利,但是在德国统一之后仍然充满着冲突和异议。在过去五年里,政治上重新统一的德国开始讨论其统一的实质性基础、政治民主的含义、德意志"民族"的概念以及经济限制时期的国家角色等问题,我的主要研究对象,尤其是卡尔·施米特和赫尔曼·黑勒，又一次登上了德国宪法争论的中心舞台。

除了一个例外，若非特别注明，所有译文都由本人完成。那个例外可以在经常引用的1871年《德意志帝国宪法》和《魏玛宪法》的宪法条文中找到，除非另有说明，我都依赖艾尔玛·胡克（Elmar M. Hucko）编辑的《民主传统：四部德国宪法》译本。

一些用来描述德国政治传统特有制度的词汇仍以德语的形式保留。从字面上看，"Rechtsstaat"（法治国）是指在合法范围内运作的国家。从历史上看，Rechtsstaat概念也曾经和独立的司法制度以及一套中立且可预测的法律适用程序联系在一起。但是这个单词和英语词组"rule of law"（法治）并不完全相同。"Rechtsstaat"这个重要名词保留了国家，使之作为一个整体甚至是一个整体意志而被概念化了。我保留了德语"Rechtsstaat"这个大陆法系中的特有概念。在德意志帝国时期，专属行省被称为Staaten，相当于美国的state（州），因此Staaten和state可以直译。相比之下，《魏玛宪法》明确将这些实体称为Länder或lands，以强调这些邦在宪法体系中的从属地位。我之所以保留德语词汇land和Länder，意在强调魏玛共和国时期德国联邦主义的特别含义。Reichstag（帝国议会）是德国大众立法机构：其含义在1919年之前弱于英国议会，但在魏玛共和国时期却强于美国国会。与此相类似的是，国土的集合被称为Landtag，这个词我也保留了下来。帝国时期邦代表的集合是Bundesrat，或Federal Council（联邦议会）；在魏玛共和国时期，该议会相当虚弱并且被Reichsrat（帝国议会）——重新命名为在字面上是Imperial Council（帝国国会），但更准确的说法应该是Federal Council。保留这些德语名词可以突出各种制度之间的区别。最后，统一之后的德国最高民事和刑事法院被称为Reichsgericht（联邦法院）。正如许多

前 言

作者指出的那样,作为最高法院的替代品,它模糊了德国和美国司法审查传统之间的重要区别。Imperial Court(帝国法院)同样未能传达魏玛共和国时期该制度的恰当含义。因此,我保留了Reichsgericht这个词。

另外一些词则根据语境的不同而给出了不同的翻译。在1871年宪法的语境中,我将Reich翻译为"帝国"(empire)。1871年Reichsverfassung因此译为"帝国宪法"(Imperial Constitution)。但是Reich也可能仅仅意指联邦中更高级的政治实体——联邦政府,或者指中央政府的一个机构,例如《魏玛宪法》中的国家经济委员会(Reichswirtschaftsrat)。Regierung在德语中指执行机构,例如,皇帝和大臣。我在不同的场合将它译为"政府"(government)或"行政部门"(executive)。

致　谢

　　本书研究计划的实现得益于许多机构的慷慨支持。德国学术交流中心（DAAD）为我在比勒菲尔德和柏林的研究提供了1990年至1991年共15个月的研究资金。康奈尔大学塞奇研究生院在1992年春通过吉尔默奖学金资助我另外半年的资金。梅隆基金会奖学金提供了一整年的资金使我能够完成这篇论文。莱斯大学为我1995年夏天提供研究资金，使我能够在柏林和法兰克福搜集资料。最后，我要感谢乔治城大学的德国与欧洲研究中心，1995年至1996年，我作为博士后研究助理，获得了充裕时间和其他资源，使稿子能够完成。康奈尔大学、比勒菲尔德大学、密歇根大学法学院、莱斯大学和乔治城大学的图书馆员帮助我找到了很多资料，对此我非常感谢。

　　在康奈尔大学做博士论文期间，多米尼克·拉卡普拉、伊莎贝尔·V.胡尔、戴维·萨宾，以及米歇尔·施泰因伯格等人是杰出且有帮助的建言者、批评者和审读者。在比勒菲尔德大学做研究的日子里，联邦宪法法院的迪特·格里姆法官和比勒菲尔德大学法学院是友好且乐于助人的东道主。在1991至1992学年中，柏林自由大学法学院的克里

致　谢

斯托弗·穆勒同样是一位友好而且有帮助的交谈伙伴。此外,我从与法兰克福大学因格博格·茅斯的讨论中受益良多。

我也要感谢这些年来所有给我的部分研究计划提供帮助的人们。"《魏玛宪法》理论研究小组"成员给我的最后工作提供了特别帮助。戴维·戴岑豪斯和约翰·麦克考米克慷慨地分享了他们自己的令人印象深刻的阶段性研究成果,并且对我的研究提出了重要批评。斯坦利·L.鲍尔森在新康德主义语境中理解凯尔森,并将其高度技术化的语言翻译成英文等方面为我提供了无与伦比的帮助。比尔·舒尔曼通过自己的论文和阶段性研究成果向我的研究提供了有益建议。在德国,贝尔特拉姆·贝尔达、拉斐尔·格罗斯和克里斯托弗·熊博格提供了有益的评论和批评。杜克大学出版社的唐纳德·考莫斯和一位匿名审稿人提出了修改初稿的建议。另外还有许多帮助过我的人,我要特别感谢凯瑟琳·凯琳、罗格·齐克玲、史蒂夫·汉斯廷斯—金、莱纳·霍恩、肯·莱德福德、玛丽·麦克吉尔、玛利亚·米切尔、胡伯特·莱斯特、迈克·斯沃福德和盖伊·亚斯科。我也要感谢这些团体:康奈尔大学的欧洲历史研讨会、我在莱斯大学的同学,以及乔治城大学罗格·齐克玲的德国历史研讨班的参与者们。

第一章和第三章的部分内容已经发表在"法律实证主义与魏玛民主"一文[《美国法学季刊》第39卷(1994):273—301]中。感谢《美国法学季刊》允许我使用这份材料。我还要感谢克劳斯有限公司,它允许我从W. A. 库珀的著作《德国政治的讽刺:从改革到第二次世界大战》(White Plains, N.Y.: Kraus International Publications, 1985)中复印了题为"1919年的宪法连衣裙"(*Das Verfassungskleid 1919*)的漫画。

我欠劳拉·韦尔登塔尔的情永远都无法还清,她的耐心、爱以及细致的批评帮助我创作了本书。

导　言

人民主权和法治：
魏玛共和国的宪政民主问题

　　1919年8月11日，一部基于人民主权原则的宪法在德国历史上首次开始生效。但是内乱、通货膨胀以及左右两派因在新共和国中的失败而产生的怨恨等原因，很快就毁掉了与民主宣言相伴而生的希望。三十年后，宪政体制摇摇欲坠，最终被反民主反宪政的独裁所取代。阿道夫·希特勒借助于1933年3月24日由帝国议会批准的授权法案，使国家社会主义（National Socialism）统治笼罩了一层合宪性光环，这是对民主宪政原则的终极羞辱。[1]至少从表面上看，宪政民主合法地、和平地向自己最极端的敌人投降了。[2]

　　自从纳粹政权失败之后，《魏玛宪法》在德国宪法政治中扮演了关键的消极角色。通过限制公民投票权的作用、约束总统的权力、消除议会瘫痪政府的能力、维护基本权利相对于立法和行政权力的优先性等方式，1949年《西德基本法》的奠基者们试图避免《魏玛宪法》的"错误"。[3]但是在联邦共和国时期，《魏玛宪法》的法学家们对宪法争论的文化所做的积极贡献却没有得到足够的认可。魏玛共和国时期，宪政民主的持续危机为魏玛法学家们努力摆脱德意志帝国时期支配法学院的"法律实证主义"提供了历史背景。法学家们和法官们开始反思民主政治中基本权利的角色，宪法将对抗性社会团体整合进国家的方式，以及在宪政民主基本原则的前提下对宪法修正案的限制等。由"后实证主义"理论所提出的问题和疑问直到今天仍然支配着德国宪法。[4]

本书研究了魏玛共和国时期这种新的宪法法理学的发展情况。采纳宪政民主体制引起了一些关于民主和法律的基本问题，二者对于美国的观察者来说是一回事。首先和首要的理论问题是该体制的"基础"或"根源"是什么。一方面，据说人民创造了所有国家权力。但是另一方面，法律的创制却仅仅依据法定的程序。谁是最高统治者，是宪法意义上的人民，还是民主宪政体制？这个问题直接导致了民主制度中关于宪法条文的正当性阐释与适用的争论。处于争议中的，不仅包括自然法和社会学在解释法律中是否有用的问题，还包括在美国语境中被称为"反对多数难题"（"countermajoritarian difficulty"）：既然法官期待人民的代表成为宪法涵义的裁决者，司法审查的规则事实上是不是反民主的？[5]第三个争论在于宪法实践自身。当宪法出现在实际判决中时，高等法院和政治行动者们关于宪法的涵义发生了争论，承认某些观念如"平等先于法律"具有实质性价值，但是他们以前在实在法领域中却使之仅仅具有规范性意义。关于宪政民主理论与实践的激烈争论发生在一个虚弱的战后共和国这个特殊的背景中，其公民日益反对魏玛宪政的价值。纳粹在1933年将宪政和民主同时扫地出门，代之以一种他们声称直接建立在种族**大众**（Volk）的基础上并且服从**元首**（Fübrer）的制度。

由于魏玛共和国的社会和政治制度陷入危机之中，在大陆法系中被界定为与关于契约的"私法"相对的"公法"或"国家法"学科也随之陷入危机之中。但是,在1919年,君主立宪制转变为宪政民主制之后,这一危机就有了更加深刻的根源。国家法,包括行政法、程序法和宪法,[6]在德意志帝国(1871—1918)稳定的宪法体系中已经得到了发展。其稳定性依靠的是1871年帝国宪法公认的非政治性质。政治争论发生在其他领域:例如,行政法发展、社会和劳工法领域,以及英德海军军备竞赛等。由于宪法与政治实践相分离,宪法理论因此变得去政治化了。这是国家法中稳定的实证主义和有机理论的全盛期。

第一章探讨了德意志帝国时期国家法中的实证主义传统。我们在使用实证主义这个词时必须非常小心,因为它在法律理论中至少可以表达三种截然不同的概念。[7]首先,实证主义可以指一种关于真实的社会实践的法学理论。社会学实证主义(sociological positivism)将法律视为共同体的社会实践。无论是成文的还是不成文的,那些客观上得到了执行的规范(不管是被国家官员或者是被人民在其日常生活中)都被视为法律。法律学者的任务就是确定哪些规范是有效的。做出这些决定的工具来自于社会学。[8]相比之下,国家集权论者的实证主义则将法律视为那些由合法权威颁布的规范,或者,更抽象的说法是,那些根据正当程序产生的规范。实证主义的第二种形式与H. L. A. 哈特和英美分析哲学传统中其他学者的观念相一致。[9]社会学的实证主义界定法律的基础是有效规范与无效规范之间的区分,但国家集权论者的实证主义将法律与非法律区分开来的基础则是法律制度中可辨识的规范的合法性。这两种方法之间的区别往往与(学术)训练有关:法律社会学家观察并记录社会事实,但法的集权主义论者却采取"内部的"观点(哈特),他们观察那些被法律行动者视为有约束力的规范。二者的差异也是一元论与多元论之间的差异,一元论的观点致力于降低法律的因果关系或自然关系,但多元论的观点却认为法律乃是某种精神性或规范性的化身,它并不直接属于社会现实的一部分。[10]

3 　　与德意志帝国国家法紧密相连的实定法的实证主义(statutory positivism)尽管与国家集权论潮流更加接近,但和其他两种形式的法律实证主义仍然存在着本质区别。这是一个以特殊方式诠释法规(statute)的学派,通过使用"统治"(Herrschaft)和"契约"这类概念,它将法令理解为国家意志的最高表达。对该学派核心人物保罗·拉班德(1838—1918)来说,1871年宪法条文以及恰当创制的成文法构成了法律制度。他不考虑所有自然法(即,对人造法的道德限制或社会学限制)和普通法,而专注于国家意志。这个特点植根于一个特殊的历史性时刻,即统一的德意志国家之诞生,而非植根于某种哲学。在这一方面,拉班德式的实证主义既区别于社会学的法律实证主义(识别社会规范),又区别于国家集权论者的法律实证主义(如果辨别法律的规范性规则允许,则将普通法视为实在法)。拉班德进而拒绝承认整个宪法具有任何特殊权威。根据他的观点,作为具有独立意志的主权,国家既创制了宪法,又创制了法规。因此,宪法在逻辑上并不比法规"更高级"或更神圣。[11]

　　在肯定既存国家这一点上,拉班德学派与德国自由主义相近。它讨厌那些研究宪法性质与地位的问题。相反,它用形式主义方式分析法律规范:它致力于阐明每一条法律规范中所包含的准确的权利、义务和程序。然后,它将这些法律编织成一个条理清楚的、逻辑上封闭的规范系统,并将其编辑成手册。但是,拉班德的方法在19世纪末遭到了质疑,原因在于遍及欧洲的社会及政治行为的变迁——第一次世界大战之前从法兰西第三共和国到英国的自由主义危机,再到沙皇专制制度濒临灭亡——对传统的宪法体系构成了挑战。尽管1900年后议会的权力威胁到了德国立宪君主制,1871年宪法却依旧保持不变。纵使宪法仍然保持不变,然而新一代年轻学者研讨它们的方法却已经发生了改变。

第二章讨论了两位宪法理论家的著作,他们在1900年后挑战了法律实证主义的基础。1911年,汉斯·凯尔森(1881—1973)出版了一部系统研究公法理论的卷帙浩繁的**教授资格论文**,将"实然"(is)和"应然"(ought)、"事实"(fact)与"规范"(norm)之间的区分作为其方法论起点。其激进的新康德主义怀疑论引导他批判了拉班德的国家法研究方法以及意识形态的和极权主义的涵义。[12] 卡尔·施米特(1888—1985)则从另外一个方向对拉班德学派展开了攻击。他将其关于国家的论断发展成为保守主义的总体性宪政批判。他在第一次世界大战期间关于戒严状态(State of Siege)的研究为独裁理论奠定了基础。凯尔森和施米特就此开始了对19世纪宪政基本观念的攻击,并将在魏玛共和国时期结出重构宪政概念的硕果。

德国在第一次世界大战中的失败导致君主政体的崩溃。根据《魏玛宪法》第1条,国家权力来自人民。人民主权原则所引起的问题包括少数派权利、对人民代表(无论是政党、议会或总统)权力的限制,以及在一般意义上人民权力和宪法之间的关系等。这些问题在魏玛共和国早期变得非常具体。革命的右翼阵营彻底拒斥宪政,却赞成将半神秘的紧急成立的人民统一体作为一战"和平堡垒"(Burgfrieden)的象征。宪法虽然宣布建立"民主国家",却没有触动产权关系,并且保留了大部分军事与行政统治集团,革命左翼阵营对此表示质疑。对宪法所宣称的正当性的拒斥,导致了共和国早期濒临内战的局面。第一任总统,社会民主党的弗里德里希·艾伯特对此的反应是扩大使用由宪法第48条赋予总统的紧急权力。由于德国在1922年至1923年间陷入了恶性通货膨胀和经济危机之中,帝国议会通过了授权法案,扩大了总统的立法权甚至是财政权。[13]共和国只能勉强生存,但是总统权力的扩张已远远超出宪法奠基者的预料。这种情况对那些在德意志帝国制宪时期接受宪法训练的法学家们来说是闻所未闻的。毕竟,俾斯麦宪法的正当性从未被怀疑过。革命和内战使一门学科的正当性问题变得异常尖锐,而它原本是用来避免"政治"纷争的。

虽然德国政治在1924年稳定下来,但是之前的事件却深刻地改变了关于宪法的争论。在过去的十年中,政府强烈干预了经济和社会关系,在战争时期强制实行经济和政策控制,调整了军人退伍的时间,并且在1923年至1924年间重新评估了马克的价值。在这种条件下,法学家们开始反思他们关于国家法的观念。他们质问道,如果国家推行的通货膨胀和再评估(马克的价值)政策导致了某些社会团体的贫困,那么国家实施的种族歧视和非法行为,侵犯了公民在法律面前人人平等的基本权利。一些人断言,再评估政策侵占了中产阶级的财产却没有给予任何补偿,这违背了宪法的明确规定。这些思考的背后所隐含的问题是在新的宪政体制下法院所扮演角色的问题:法院是否有权审查帝国议会或总统的行为是否合宪?关于法律和总统法令是否合宪的司法审查问题涉及实证主义传统中的核心政治预设,即,在政治问题上服从统治权力。这种关于宪法的新法学问道,民主权力(与立宪君主的权力相反)是否经由法院裁决受宪法的限制。

关于货币再评估的争论是反思宪法内在观念的直接原因。1924年至1929年间共和国相对稳定下来,关于新宪政体制的法学著作开始出现。1924年,海因里希·特里佩尔(1868—1946)出版了一篇法律概要,认为再评估政策违宪。[14]这篇极具影响力的论文对保守派学者关于平等与侵权的观念造成了强烈冲击。之后不久,特里佩尔的学生吉尔哈德·莱布霍茨(1902—1982)发表了一篇以平等为主题的论文,他后来成为战后西德宪法法院的一名法官。[15]鲁道夫·斯门德(1882—1975)在1928年发表了《宪法与宪法学》。斯门德是特里佩尔的大学同学和朋友,他将一种明确的政治标准应用于宪法学,询问究竟是什么使社会"融入"政治制度之中。[16]同年,卡尔·施米特的《宪法理论》问世,他所追问的问题是,立法活动和宪法修正案限制宪法的根本决策,其内涵是什么、在何处可以找到。施米特将这种限制定位于革命的"根本决策",认为它优先于宪法文本本身。[17]最后,在1920年代后半期,赫尔曼·黑勒(1891—1933)试图使斯门德、特里佩尔和施米特等人的反实证主义理论符合社会民主党的需求。[18]

新宪政文化的发展进程被一场政治危机所打断,这场危机直接指向宪政制度的要害。1928年,随着社会民主党在国会的选举中获得胜利,工会和工业家之间本就摇摇欲坠的妥协(曾经推动各政党在国会中的合作)破灭了。[19]次年,国际经济的崩溃加剧了国会的瘫痪。在失业人数急剧飙升的压力之下,"伟大联盟"诞生了。1930年初,社会民主党不同意削减失业保险金,联盟因此而破裂,保罗·冯·兴登堡任命海因里希·布吕宁为总理。布吕宁来自于天主教中央党的右翼,对新的民主政体从来就没有什么好感。他在没有与国会协商的情况下就组建了一个新内阁。实际上,他的政府将深陷分裂的国会从国家活动中排除了出去。1930年7月,国会要求撤销布吕宁的经济紧急状态法令,总统对此的反应是解散国会并且再次颁布了该法令。在随后的两年中,布吕宁颁布了一连串法令以对付"经济紧急状态",国会中的主要政党被迫接受了这些法令;否则,布吕宁政府就将举行选举,而这将威胁到纳粹代表在国会中的扩张。[20]

就短期而言,布吕宁的多数活动,甚至当他与代议制政府的基本原则背道而驰的时候,看起来似乎也是宪法的生存所必需的。但是,布吕宁的回忆录(出版于1970年)和文件却显示,他的长远目标却是恢复君主制并且削弱国会。[21]弗朗茨·冯·帕彭及其极右翼贵族内阁在1932年5月30日战胜了布吕宁政府,其反共和的目标则要公开得多。帕彭的目标是以总统的权力和与极右势力的结盟为基础建立一个新的独裁秩序。带着这一目标,他于1932年6月14日中止了对纳粹冲锋队的禁令,并在6月28日禁止各州政府颁布关于穿着制服并在公开场合展示的新禁令。各州的警察不得不对付因解除禁令而急剧增加的街头暴力。社会民主党控制的普鲁士政府公开批评帕彭的路线。根据宪法第48条的授权,帕彭于1932年7月20日干预了普鲁士政府,将社会民主党从办公室里赶了出去,自己作为只对总统负责的部长占领了办公室。宪法第48条被用来摧毁宪法宣称要保护的联邦主义。在正当性高于宪法合法性的名义下,宪法第48条的适用违背了宪法的规定,根据卡尔·施米特的解释,这是魏玛共和国谢幕表演的第一场演出。[22]帕彭政府在年底倒台;库尔特·冯·施莱歇尔将军的独裁合作主义实验几乎在转瞬之间就归于失败;1933年1月30日,阿道夫·希特勒被任命为德国总理。

魏玛宪政最终瓦解的准确时间的确定,不可避免地向宪政史学家提出这样一个理论问题:究竟是什么意味着宪政的瓦解?这个问题恰恰处于魏玛时期展开的宪法理论争论的中心。但恰恰正是何为法律实证主义传统这类问题——无论该传统对个别法律条款的解读有何价值——既不可能也不需要得到解答。

第三章揭示了共和国时期法律实证主义的代表人物是如何阐释新宪法的。理查德·托玛(1874—1957)和格哈德·安修茨(1867—1948)提出了一个关于宪法条款的观点,认为政治地实施宪法能够确保其正当性,而合法地实施宪法则可以确保其有效性。这种实证主义的宪法概念既遭到了保守主义法学家们的攻击,也受到了法律学者们的批评,前者指责它缺少"内涵",而后者则批评实证主义不能解决新共和国的宪法所面临的理论与实践问题。

第四章回到卡尔·施米特和汉斯·凯尔森,在魏玛共和国的岁月里,他们成为最重要的宪法哲学家。他们要处理的理论难题是如何将宪法设想成国家的基础。凯尔森发展了一种新康德主义的宪法观念,将宪法视为"基本规范",法律系统中所有其他的规范都可以从中推衍出来。他将统治权力视为系统的逻辑统一体。但是,施米特坚持认为,统治权力并不只是一个玄奥的预设(它在康德主义理论中是一个必要的逻辑假设),更是一个伟大的、隐喻性的事实。因此,施米特将宪法视为统治者(人民)的意志所作的永恒的陈述。凯尔森的形式主义则使他拒斥任何国家组织所宣称的、代表统治者意志的一切陈述,因为根本就没有什么统治者的意志。施米特则断言,有一个国家组织能够直接代表作为人民实质性统一体的统治者的意志:总统。二者之间的争论在1931年和1933年达到了顶点。

法律实践的理论要比"纯粹"理论混乱得多,因为它要应对的问题是原则、政治和社会压力等进入决策领域的方式。[23]第五章讨论了鲁道夫·斯门德、赫尔曼·黑勒的著作,他们的宪法理论集中研究宪法实践的重要时刻,即当一个规范变成一项具体的决策的时间节点。斯门德的"整合理论"从一个假设出发,即宪法是一个真实的、活生生的精神实体。法律实践不仅受到成文法的限制,也受到那些包含在国家的政治诉求和民族的价值体系中的不成文法的限制。斯门德的理论对于解释基本权利具有重要意义。他争论说,权利的层级可以从与其他价值(例如政治上的权宜之计)相联系的共同体的基本价值中推导出来。权力的行动能够"整合"社会,特别是当这种决定行动的权力从国会中的政党政治转移到基本权利上来时,整合理论就具有保守的内涵,斯门德设想,基本权利为民族共同体的某种共识构筑了坚实的基础。保守的社会民主党成员赫尔曼·黑勒发展了一种实践理论,该理论始于一个问题,即谁应该决定宪法规范的内容。黑勒争辩说,国家的正式组织自身基于权利的基本原则。与实证主义一样,黑勒将法定的正式程度视为宪政民主之正当性的资源。

9　　第六章从有关宪法实践的理论转到德国最高法院(联邦法院和各邦法院)的实践。在魏玛共和国期间,最高法院发展了一些新观念,包括平等先于法律、由宪法界定的财产权利以及司法审查等。这些在联邦法院和各邦法院的实践中发展出来的新观念将成为联邦共和国宪法法院的标准特征。当最高法院与对各邦的民主干预这些新问题进行搏斗时,它们也需要新的宪法学者。新的法学概念逐渐开始改变司法决策。

英语学者在近些年开始关注魏玛法学家们的著作。卡尔·施米特(其短论风格和保守的政治立场和美国学者更加接近)在过去的二十年中已经成为众多历史学和政治科学论著的主题,这些论著探讨了施米特在魏玛共和国中反自由主义的语境及其与当代的关联。[24]相反,绝大多数研究凯尔森的学者都属于法律职业中人,他们集中讨论凯尔森的分析方法、抽象思想并且较少关心其历史条件。[25]黑勒和斯门德尽管在德国宪法和宪法法院的法理学发展过程中处于中心位置,但他们很少得到英语世界的关注。[26]然而,1920年代发生的争论却与联邦共和国的政治和法律文化高度相关。就《魏玛宪法》论争这一主题而言,德语文献的数量占有压倒性的优势。法学学者、社会学家、政治科学家、历史学家以及语言学家等已经仔细研究了其中的主要人物。每年修订一

导言　人民主权和法治

次的法律手册收录了有关主要人物的争论摘要。通过提供《魏玛宪法》争论的背景解释,本书将有助于增进学者们对联邦共和国宪法文化的理解。

《魏玛宪法》理论家与之搏斗的那些问题对美国宪法史学生来说并不是完全陌生的。凯尔森与施米特争论的核心问题是人民主权与宪法之间的关系问题,在美国,它经常在有关争论中再现,包括政府行动、法院判决的正当性问题,以及联邦政府在州政治中的角色问题等。例如,在美国宪法理论中,"我们人民"也许要么指"共和主义"的公民共同体,要么指构成宪法"自由"概念的公民权利和程序。[27] 同样,魏玛时期关于宪法实践的理论争论和美国最高法院宪法解释的发展有类似之处。例如,斯门德曾经为将权利重构为价值,而非视之为使社会生活领域免受政府干预的纯粹消极的保护手段而争辩。其次,他希望在具体决策中实现他所发现的诸价值间的平衡。[28] 斯门德的上述争辩和美国关于权利(如获得财产的权利)的争论有相似之处,即,权利是在免受国家干扰意义上的消极价值,还是积极价值(可以衡量包含在其他权利中的价值)。[29]

美国的观察者可能会对德国论争的抽象程度感到有些陌生。在某种程度上说,这种抽象程度体现了德国法学家的"国家"倾向以及高水平的大学理论教育,而非具体的法律实践。但是,迄今为止,对德国宪法史的主要研究却几乎没有关注高等法院所做的那些有争议的司法判决。[30] 然而,老套的"德国式"倾向于抽象化和理论化,除此之外,这种抽象也反映了其他的一些东西。它反映了法律连续性的中断,这凸显了20世纪德国历史的断裂:1918年的革命、1933年的纳粹夺权、1945年的纳粹失败和德国国家消亡,以及1949年两个新德国的形成。通过研究最高法院的判决,美国的宪政史非常容易被设想为一个稳定的、连续的发展过程；德国的最高法院在这个世纪却采取了许多不同的制度结构并承担了许多不同的政治功能。但是，通过描述《魏玛宪法》的主要理论，而非宪法判决，却可以发现魏玛宪政与联邦共和国宪政之间的连续性。

宪政民主的概念本身就是魏玛共和国时期争辩的主题。事实上，保守的历史学家认为，宪政民主是"无防护的"和"自我放弃"的，他们假设，宪政民主是一个不稳定的实体，而且没有一贯的主体。他们进而认为，与卡尔·施米特和冯·帕彭总理有关的历史掩盖了宪政民主概念的发展，侵蚀了魏玛宪政的其他方面，因此为纳粹夺权奠定了基础。关于魏玛共和国的争辩显示了宪政民主自身在理论与实践方面的紧张与矛盾。在美国宪政的历史中并不缺少这些紧张关系；并且，它们在20世纪结束之时肯定没有销声匿迹。

第一章

国家意志与德意志民族的救赎：德意志帝国的法律实证主义与君主立宪政体

1871年，随着统一战争的结束，德国在宪政框架内得以统一。奥托·冯·俾斯麦的对外政策满足国家主义的目标。刚刚成立的国家议会、帝国议会和各个独立州议会中的多数自由主义者们相信新制度将同样符合保守自由主义者对宪政的一些期望。[1]国家自由主义赞同新型君主立宪制。在帝国早期，国家自由主义者与政府联系紧密，他们共同创制法律并建立新国家的公共机构，包括1870年代的国家法院系统、1900年的民法以及在1870年代至1880年代之间众多限制"绝对权力主义者"（ultramontane）和"国际主义者"影响力的法律法规。[2]

在此背景之下，一种全新的正式法律创制方法开始支配德意志帝国的宪法学领域。保罗·拉班德是学院派的主要代表人物，他在德意志国家法评论第一版中提出，1871年帝国宪法的颁布标志着德国人已经从分裂状态中被"救赎"。³对于拉班德来说,"救赎"意味着一段神圣历史的实现,即德国的生死存亡问题已经解决。拉班德(未加入任何党派)和国家自由主义者均意识到俾斯麦制度为中央集权与现代化改革打开了大门。⁴拉班德学派的法律实证主义以解释宪政制度为己任。他赞同拉班德的阐释,于是拉班德的研究方法与指南成为帝国宪法研究工作的标准。

对俾斯麦制度的积极研究以一种"中立的"科学语言表达。拉班德的法律实证主义和它在帝国所谓的对手,奥托·冯·吉尔克(Otto von Gierke,1841—1921)的"有机体"国家论都是19世纪的人文科学与自然科学方法展开竞争的趋势,一种普遍趋势的组成部分。双方都否认法律具有超越性的起源:实证主义学派根据观察得出,所有的法律只不过是世俗的人类国家的假设;有机体学派则认为,法律源于自然与历史发展过程中世俗的"国家精神"。19世纪的德国和欧洲其他国家一样,实证主义和有机体主义都认为法律是一个统一的体系或者说是一门真正的学科。实证主义者认为所有的法律和条例都是统一的"国家意志"的表达;有机体主义理论家则认为人类或民族的自然联合体就是法律诞生之处。⁵帝国内两种相互对立的法律理论都将国家拟人化了。

没有人比拉班德的先驱卡尔·弗里德里希·冯·格贝尔(Carl Fridrich von Gerber,1823—1891)更能够提供有力的证据来证实有机体主义和实证主义传统之间的联系。早在1848年之前,格贝尔就以私法制度的编纂者与整合者的身份在德语世界名声大噪。与法学历史学派试图从法律的历史起源为起点来阐释法律的有效性相区别的是,格贝尔以现存法律为基础来建立他的法律体系。然而,为了整合德国的法律(包括契约法、家庭法等),他不得不假定德国的法律已经是潜在的、准有机的整体。1848年革命之后,德意志统一的议题被提上议事日程,格贝尔将他的工作范围扩展至国家法领域。他试图运用同样的方法,通过编纂整合德意志各州的法律来创制德国国家法。1806年神圣罗马帝国瓦解之后,德国不再是公法的载体。格贝尔不得不设定一个法律体系的统一体。但是他又拒绝以教条的、系统化的方式将德意志国家法本身描述为有机的整体。[6]

1866年至1871年,保罗·拉班德将格贝尔的法律方法用于即将统一的新德国。与格贝尔一样,拉班德假设国家与民族之间存在有机的联系。帝国的法律和条例是"国家意志"的表达,也是社会意志的表达。但是与格贝尔不同的是,拉班德从未明确将他所研究的法律和与社会"有机体主义"相关联的条例理论化,这使得奥托·冯·吉尔克等传统有机体论者大为恼怒。[7]1866年普鲁士战胜奥地利,这场胜利为1867年北德意志联邦宪法铺平了道路,因此1867年宪法也成为1871年帝国宪法的蓝本。拉班德简单地界定所有以1871年宪法为基础的法律都是有效法。由于俾斯麦成功打造出了新国家,拉班德才能在法学界和政治、历史、社会学之间画出一条比格贝尔严格得多的界线。[8]

1838年,拉班德出生在布雷斯劳的一个传统犹太家庭,60年代他转信新教并开始专攻民法。1870年,他将工作重心从研究早期罗马民法历史转向处理宪政危机下的法律问题,对这一问题的探讨在1862至1866年间曾风靡一时。同时期,拉班德的论文迅速为他赢得专业内部顶尖法学杂志和法学家们的认可。[9]他的论文遵守严谨规范的注释和说明,在论述新宪政制度的核心问题时排除一切"政治影响"。他提议,预算必须由君主和人民议会共同核准,这一建议在后来成为有效法。他接下来的主要工作是完成具有里程碑意义的《德意志帝国国家法》(1876—1882年第一版；1911—1913年第五版)，该书系统而新颖地构建了德意志帝国国家法的完整体系。1872年，拉班德成为斯特拉斯堡的公法教授，兼任国家法律事务顾问。[10]他的《国家法》是所有学者甚至是政治家必须参考的标准。他本人也是德意志帝国公法领域权威杂志的合作创始人与合作编辑。[11]他在1918年3月去世，这也意味着，国家法学家拉班德与他的研究对象——德意志帝国宪政的生命尽头在时间轴上完全一致。

拉班德在方法论层面没有什么建树，这或许能够解释他在拥有务实头脑的法学家、法官和行政官员中的巨大声望。[12]他关于方法论的简要陈述出现在《国家法》第一版和第二版的前言之中。首先，他主张法理学家可以定义一系列超历史概念（如主权、财产、契约等），以规范法律领域。拉班德将这些"法律机构"比作逻辑范畴和自然力量。其次，他认为法学家的任务在于依据单独的概念合乎逻辑地规范现有的法律准则。国家的所有"非法律"领域对具体法律素材的解读（Dogmatik）来说毫无用处，比如"历史、政治和哲学评论"等都是如此。[13]拉班德希望，通过排除一切"外部"因素找出一种既无涉价值又合乎逻辑的方法来规范法律准则，解释它们"确凿"的真实含义。他的毕生目标是将政治和"幻想"（caprice）（拉班德认为二者同义）、业余观点、政治新闻学等从法律科学中剔除出去。[14]

拉班德对于方法论的论述只有这些简单陈述，再无其他。然而对于帝国法律的建设来说，拉班德的名声并不是来自于他的方法论，他的主要贡献是从1862年至1866年处理普鲁士宪法冲突开始，解决德意志帝国遇到的最为重要的国家法建构问题。他在那次危机中的处理方案对于宪政制度来说非常有效，被1871年新德意志帝国采纳。

第一章　国家意志与德意志民族的救赎

预算法和君主立宪制：
拉班德对普鲁士宪法冲突的分析

在拿破仑入侵之后的半个世纪里，德意志各州视君权为最高权力，以所谓的君主制为基础。除了极少数例外，绝大部分州已经接纳了成文法。令人意外的是，君主选择接受宪法约束他/她的权力，受制于人民，"屈尊"（oktroyiert）于人民。[15]正如恩斯特—沃尔夫冈·伯肯弗尔德所言，这天生就是一个不稳定的制度。[16]在宪法序言当中我们可以找到君权原则的正式表述。以1850年普鲁士宪法序言为例，其中提到，"我，弗里德里克·威廉蒙上帝恩典为普鲁士国王，现告知众民并下旨……经过两院一致同意，我们已经最终创制出宪法。"[17]君主是宪法的"意志主体"。尽管宪法已经规定议会召开的地点和方式，但从形式上来说，君主仍然拥有召集议会的权力；同时，他（原则上也可以是"她"）拥有彻底否决权，可以否定议会通过的任何法案。此外，君主独自控制整个行政机构。同样，军队力量只服从君主的指令，不受议会的审查与控制（这即是所谓的**强制命令**）。[18]但是，宪法同样赋予议会对影响公民"自由或财产"相关法律的投票权，包括年度预算在内。[19]

19世纪以来，官僚机构和军队规模以及军费支出不断膨胀，因预算经费增长而爆发冲突的可能性也随之增加。姑且不论君主制原则，无论在法律层面还是政治实践事务当中，君主都不能搁置宪法。在一些案例中，预算层面的冲突导致了国家的普遍危机，1862年至1866年普鲁士的宪法冲突就是如此。

1848年革命寻求建立一个以人民主权而不是君主立宪为基础的

中央集权国家。革命虽然失败了,但是绝大多数没有宪法的德意志州都接受了君主立宪主义的模式。[20]1850年弗里德里克·威廉四世推行新版宪法,取代了原本更加民主的1848年普鲁士宪法。1850年宪法承认州议会(或者说人民议会),新议会比以资产多少为标准选出的1870年议会拥有更大的权力。[21]普鲁士国王掌控军队和政府,拥有缔结国际条约和宣布战争与和平的权力。[22]他也享有免于被法律追究的权力。但是,内阁责任制将行政行为的法律责任转移至首相,这样,议会就能够掌握行政权。然而,内阁责任制在法律上的重要性仍然非常有限。州议会不可要求国王罢免大臣,只有在大臣违反宪法时,州议会才拥有法律追索权。[23]虽然如此,州议会所表达的不满可能具有政治意义,因为议会要求的是批准所有议案的权利,包括由君主每年提交的预算在内,[24]其重要程度已经远远超出了法律领域。

19世纪60年代早期,普鲁士新君威廉一世向议会提交了一系列法案,建议将更多经费用于军事支出,并提议将强制服役期由两年延长到三年。多数自由派以经济和政治理由否决了这一提案。他们的猜测是正确的,皇帝及其保守主义拥护者们希望通过延长服役期来教化公民尊重中央集权国家。1862年3月,自由主义者提出"海牙法案"来回应国王的提案,要求国王提供军事预算的项目简述。这一行动导致自由主义者与君主制拥护者们的争端浮出水面。为了监督法案对公民的自由和财产的影响,州议会合理要求获得在君主权力和君主制命令暴力之下的公民自由和财产权利的更多细节信息。争论陷入僵局,没有一项预算获得通过。[25]国王解散议会之举没能解决任何问题;选民甚至选出了一个更加强大的多数自由派议会。威廉处于被驱逐的险境,1862年9月,他决定拒绝大臣们的意见,任命奥托·冯·俾斯麦为普鲁士新任首相。这位极端的保守分子帮助威廉从议会手中窘迫地挽回了皇冠。

俾斯麦主张，宪法对于解决冲突来说毫无意义。实际上，王位作为"优于"宪法的实体必须填补国家法的"漏洞"。由此他总结，即使没有预算，君主也有治理国家的义务。议会中的自由主义者们对此还击，认为君权只能在宪法范围内才能成立。[26]虽然议会拒绝让步，但俾斯麦已经擅自将他的理论付诸实践。预算不是以新的预算法为基础，前一年的预算法依然在发挥作用，因此国家机构得以继续运转。尽管俾斯麦运用君主主权理论进行管理，他并没有采取进一步行动并宣称议会与国家无关。[27]

俾斯麦对外政策的成功终结了纷争。1864年，普鲁士和奥地利军队进攻丹麦，解决了由丹麦挑起的德语世界的争端。德意志的胜利满足了自由主义者和国家主义者的期望，自从1848年国家主义革命之后，胜利已经尘封已久。1866年，普鲁士军队击败了奥地利，这场战争爆发的部分原因是因为普奥两国对于如何管理从丹麦新接管的省份存在分歧。那场胜利之后，俾斯麦于1867年批准将德国北部地区的制度改造为宪政制度。保守自由主义者赞赏俾斯麦的成就，在1866年纷纷加入保守党以支持赔偿法案，这一法案追溯批准了前些年未获批准的预算，因此俾斯麦在危机时期的行为获得了合法性。只要州议会通过并执行先前的预算赔偿法案，议会对预算法的控制权也得到了承认。议会和君王的冲突暂时得到了妥善解决，只是这种安宁不会永远持续下去。[28]

普鲁士的胜利削弱了自由主义对君主立宪制的批判声音。1870年德国统一前夕，拉班德发表了有关宪法冲突的论文。恰逢其时，保守的自由主义者们试图将他们的价值观融入大获成功的俾斯麦价值观，拉班德恰好提供了看似理性、正式且科学的解读方法,即,宣称宪政地位应保持不变。[29]

在论文中,拉班德明确反对批评性和投机性的法律思想。他认为,现存的法律制度是所有法律争论的合法与自足基础。他主张只有通过排除政治并对案件的实证法层面进行分析,才能真正理解"法律的真谛"。[30]政治模糊了事务的法律状态和不同的政治地位,已经"无意识地"卷入预算纷争。他将所有涉及主权的讨论从他的论述中全部剔除,不管是人民、君主主权还是历史案例都没有幸免。[31]拉班德含蓄地隐射人民议会是政治阴谋的源头。事实上,拉班德的论文只有一个地方在提到州议会活动时对政治介入法律表示公开谴责。[32]

法律层面出现了如下问题:1850年普鲁士宪法第62条规定,最高立法权力,即法案通过权(gesetzgebende Gewalt)由国王和议会代表共同行使。根据第99条,预算法也是一种法律(Gesetz),需要由国王和议会同时审核方可生效。拉班德称,法规的**正式**定义捆绑在君主立宪政体之上。不过,他继续说道,预算法**本质上**不是一部法律,它不是"法律规则",不是"约束或者决定法律关系的规范"。然而,他关于**实体法**的定义又有些模棱两可,他似乎认为法律规范就是法人能够实践法律意志的固定范围。[33]法律与行政条例的本质意义被区分开来,行政条例仅仅是"司法事务",不是"法律规则"。所以,预算法即使形式上是法规,但就其实质或内容而言,它只能是司法事务的行为;即,行政条例只适用于国家及国家机构。

1850年,普鲁士宪法明确界定了法律的正式概念。[34]其实质概念和正式概念不再需要完全一致。某些"实质性"的法律规范不再受到议会代表的审查。比如,国家的紧急条例虽对法律关系进行规范,却由君主管辖。同样,从实质角度来说,并不是所有被州议会的"法律"认可的法律行为都可以真正地成为法律。举个例子，国际协定虽然是国家之间的契约，但它不是国家主权意志的表达，需要获得国家议会批准才能成为法律。[35]

在拉班德看来，预算法不是实质意义上的法律。它没有被授权，其用途仅仅是估算下一年度的收入和支出。[36]拉班德争辩道，人民议会虽然不能真正控制政府，但是它拥有监督政府行为的权力。国家议会虽然拥有审批预算法规的正式权力，但是这种权力仅局限于赞成国王关于来年预算为合理而已。[37]政府根据它的判断对国家需要进行大量估算；议会的主要权力就是要求提供较为详细的支出清单。拉班德甚至认为，议会要求提供信息这项有限权力也是不稳定的。[38]

因此，预算法被视为一种政府条例。根据拉班德的观点，这一规范使得州议会的预算审批权不再重要。根据君主立宪制的基本原则，所有行政活动必须在国家意志的最高表现——法律所设立的范围内活动。既然预算法在实质层面只是条例，它就不能废止现有的任何法律。所以，尽管预算未得批准，那些现存的税法和描述行政行为的法律仍然有效。只有由议会与君主同时批准的另外一个有效法可以取代现存法规。[39]

拉班德对法规与条例、形式法与实质法进行区分，他与普鲁士自由主义者和俾斯麦的解释不尽相同，进而导致了一场解释冲突。拉班德认为，那些将预算视为国家运作的必要条件的国会议员们误解了预算法的本质，他们认为它是法律规范，而不仅仅是对支出的简单估算。俾斯麦的缺口理论（gap theory）同样是不正确的。依据拉班德的理论，普鲁士政府在1862年至1866年间完全在法律范围内行事。法律缺口理论是完全不必要的。拉班德的结论如下："缺少预算法不会导致国家解体、所有的生命机能中断，国王也无权通过单方的条例暂停大臣职务，以得到议会批准所有的国家支出的权利。恰恰相反,当局有要求提供国家支出的权力,也有义务将支出情况提交议会审核批准。"[40]拉班德提供了一个非解决方案(a nonsolution),它同时也表达了君主立宪制的内在逻辑。无论是在君主制还是议会制控制之下做出的最后决策,都将与两个有机体共同构建的宪法的要求不相一致。只要现存税法不作修改,无论拉班德同意与否,他对宪法的解释已经允许政府无限制地发挥功能。拉班德的解决方案充其量寄希望于议会能够认识到自身义务,并且与国王相互谅解。

拉班德赞成格贝尔在德国统一之前就使用过的假设。[41]新"法律实证主义"(Gesetzespositivismus)主张有效法表达了国家意志;国家意志反过来被定义为国民真实意志的表达。正如格贝尔所写的那样:"如果将国家比作一个人,那么国家力量就是道德有机体意志的力量。"[42]格贝尔的"国家—人"是一个主权不能分割的整体。整体之内的任何具体组成部分都不具有主权。同样,在拉班德的国家理论中,只有整体的国家可以做出最终决断。[43]他在1870年分析普鲁士宪法中的预算法时提供了同时能够表达普鲁士宪法体系和新帝国宪法内在逻辑的解决方案。具有讽刺意味的是,为了捍卫君主制,格贝尔和拉班德打破了君主在国家之中的卓越、超自然的地位。[44]

经过国家自由主义者的努力,拉班德所描绘的君主立宪制业已实现。国家自由主义者们对1867年和1871年的宪法辩论进行干预,确保新德国以1850年普鲁士宪法中君主立宪制的双重原则为基础。君主立宪制规定君主与议会之间的权力二元分立。在帝国宪法之下,君主依据内阁责任制服从国家法律;君主的命令必须由一位大臣副署才能成为有效法案,如果这些命令违反了法律,该大臣就会因此被起诉。俾斯麦曾经通过刁难大臣让他们无法确定在法案中该担何责这一计划来谋求削弱责任内阁的重要性。在最初的宪法草案中,联邦参议院或联邦议会等主权实体的会议不受公共监督,成为明显的暗箱操作;首相的角色仅仅是领导联邦参议院的事务。[45]自由主义者对这一提案反应激烈,要求联邦参议院主席团设立拥有明确管辖权的内阁办公室,在首相的指导下开展行动。妥协的结果是根据宪法建立一种有限形式的内阁责任制。[46]新宪法第17条要求由君主来颁布并执行所有法律以及行政命令。首相承担君主行为的所有责任。君主的指令和命令必须由首相副署后方可生效。但是悬而未决的问题是,谁来承担责任,以及法案的法律衍生结果是什么。对于法学家来说这份草案是一份**不完善的法案**,是一个没有明确许可的规范。对于政治学界来说,第17条法案令首相对政策负责,对帝国议会负责,并且服从议会的批评。[47]

由此可见,1871年宪法保留了二元化的君主立宪制。新制度中的二元主体分别是联邦参议院和帝国议会。联邦参议院由国家政府机关任命的成员组成,是"君主";皇帝(Kaiser)只是集体君主的领袖。联邦参议院虽不是君主,但有权否决国会通过的法案。在这个意义上,联邦参议院不是像美国参议院或英国上院那样"更高级"的议院,只是一个拥有法案否决权的执行机构。同时它也是立法机关,可以解释法案,批准法案。[48]联邦参议院议员们组成常设委员会,处理帝国事务,为皇帝提供建议。委员会明确不受议会管辖,帝国议会成员不得同时兼任联邦参议院成员(第9条)。宪法因此将帝国议会对国家机器的直接影响因素排除在外,这与英国和法国的议会均不相同。[49]帝国议会享有法案解释权,法案必须获得它的批准才能成为法律或有效的法律。确切地说,预算法也需要得到帝国议会的批准才能成为法律。实际上,帝国议会有权仔细审查每一年度的国家支出,因而在帝国的内外政策上拥有相当的控制权。[50]帝国议会的权利消解了联邦参议院原本对议会控制预算的那种限制。但是，即使被消解也不能确保君主制能够在接下来的选举中获得政治胜利，因为普鲁士的宪法冲突已经开始显现。

拉班德的论文对普鲁士的宪法冲突所产生的思想冲击在很大程度上来自于它的发表时机。他反其道而行，为赔偿法案辩护，将它视为**宪法冲突**唯一可能的解决办法，当自由主义者们肯定俾斯麦体制下的政治统一并为立宪主义的政治形式而战斗时，他却提出了君主立宪制的逻辑。他用法律的形式确立了君主立宪制理论的基石。根据拉班德"国家意志的表达"的最高方式这一术语，法律表达了二者之间的一致性，即君主是国家的代表，而议会则是人民利益的代表。[51]宪法没有规定法律的内容，但是明确表达了形成国家意志的正式程序。就像19世纪的英国宪法那样，德意志宪法创造了一个造法程序，对立法者的权力没有设置限度。用英国功利主义者和法律体系分析传统建立者约翰·奥斯丁的话来说，主权权力"不受法律限制"。[52]

拉班德的法律实证主义展示了统一的国家权威和统一的国家意志的图像。"国家主权"的潜台词是君主和议会之间永不停息的权力斗争，它以不可预料的方式形塑了德意志帝国的政治制度。联邦参议院被证明是日常政治实践中的第二重要机构。君主选择首相，"他的"首相与帝国议会抗衡。皇帝在宪法上仅仅是联邦参议院的代表，是政治生活和文化领域的君主。一个帝国的行政机构从未根据宪法本身创立而围绕着首相不断壮大，并且在1878年延伸至其他大臣。[53]君主立宪制最重要的**政治**冲突在帝国议会和皇帝之间的争论中逐渐凸显。

尽管如此，根据拉班德的法学观点，德意志帝国是德国历史上非比

第一章　国家意志与德意志民族的救赎

寻常的稳定时期。在第一个三十年间,皇帝和帝国议会都试图避免任何可能削弱宪政制度的宪法冲突。多年来,凭借复杂的法案,军费支出的持久争论不断被向后拖延。普鲁士宪法冲突之后,一场无法解决的冲突开始缓慢酝酿,也许正是这个原因,双方都避免讨论这一话题。[54]尽管年度预算法得到批准仍然并非易事,俾斯麦还是努力获得了帝国议会充分的支持以确保它顺利通过,即便通过妥协和散播谣言等手段也在所不惜。1890年威廉二世罢黜俾斯麦之后,获得帝国议会多数支持的任务变得愈加艰难。社会和经济的变化需要庞大和复杂的预算,大众政治的兴起更意味着两种被俾斯麦和帝国议会中的自由主义者和保守主义者共同疏远的力量的崛起——天主教中央党和社会民主党。24皇帝和帝国议会之间的冲突变得越发可能。如果不是因为那次政治危机,皇帝依然可以成功避免直接的宪政危机,只有一次例外。

这次例外是1908年的《每日电报》(*Daily Telegraph*)事件。总理冯·比洛度假时授权一个较低级别的官员副署了皇帝的公开声明。这名官员允许一份名为《每日电报》的英语报纸公开刊登了一则令国王非常尴尬的访问新闻。绝大多数的帝国议会代表们做出回应,批评皇帝变化无常的"政治规则"。冯·比洛总理认为自己在此次事件中的政治和法律责任无足轻重,他的态度点燃了大家的怒火。[55]在政治上,帝国议会的代表们开始危险地向批评制度的君主制基础靠近。左翼自由主义者们试图召集代表(从国家自由主义者到社会民主党,"从巴瑟尔曼到贝贝尔")进行不信任投票。他们试图在现有的第17条当中加入一个条款,即,强迫首相服从帝国议会的不信任投票,但是,这一举措没有获得必需的票数支持。正如结果所显示的那样,由于保守主义者、国家自由主义者以及左派各自有不同的关切,[56]君主立宪制的诸原则没有发生变化。

025

帝国主权与国家统治：
拉班德对联邦主义的分析

在分析普鲁士的宪法冲突时，拉班德拒绝使用主权概念，他正确地认识到，在不破坏宪政制度的前提下，议会和君主都不能宣称自己有权最终决定法律。联邦主义者的妥协对德国的统一是必要的，当他试图运用一个本该向外界展现的、强大统一的帝国形象来调节和解联邦主义者以统一德国时遇到了类似的问题。主权的概念重新出现在拉班德关于新联邦特性的讨论之中。[57]

普鲁士在1866年的战争中战胜奥地利，使得1867年北德意志联邦宪法的制定成为可能。新制度的军事基础在于普鲁士的军事力量与对其他同盟国的霸权。事实上，帝国向全世界展示了一支团结的军队、行政机关以及立法机关，克服了被塞缪尔·普芬道夫称为"庞然大物"（monstrosity）的神圣罗马帝国的负面影响。[58]然而，俾斯麦的1867年宪法同样对德国的长期传统——国家特殊神宠论，做出了巨大让步。1871年宪法中使用的Reich（帝国）概念也需要承载那些联邦制的内涵。[59]如上所述，19世纪的德国宪法序言均宣布，皇帝已经"屈尊服从于"宪法并因此服从于人民。按照这一传统，1871年宪法的序言这样写道："尊敬的普鲁士国王以（德国其他皇室家族）之名决定实施永久不变的联邦制。"隆重地将国家实体变为现实存在的是个人和绝对统治的帝王，不是团结起来的德国人民，也不是未统一的德国个别州的人民。

君主由州政府机关任命的代理人来代表，每一个人都需要按其州政府的要求投票。他们共同组成联邦参议院，这是一种集体君主制，正式执行保留给德国式君主立宪制中皇帝的功能。[60]联邦参议院作为立法机关，决定哪些法案能够被提交到帝国议会。作为执行机关，它发布行政命令并且由常设的行政委员会来代表。最终，联邦参议院保留了司法权力，如解决各州之间民事纠纷以及在各州内部调解宪法冲突的权力。为了强调国家的联邦主义本质，各州的代表们不享有议员豁免权，只有"日常外交保护权"（第10条），仿佛他们是来自外国的代表。

宪法对帝国的中央权力设置了严格的界限。帝国法律高于州法律，只受贸易和商业事务的限制。州的权力是控制法律。[61]进一步来说，一些州"保留"了一定数量的特殊权力，例如对巴伐利亚的居住地和铁路管理，以及巴伐利亚和符腾堡的邮政与电报系统这样的帝国行为有着特殊限制。宪法甚至撇开了军队这一表达新实体"意志"的最为重要的机构，保留了巴伐利亚州一部分军事权力，实现了部分分权。[62]

普鲁士虽然控制了德国将近三分之二的土地和人口，它在联邦参议院中只有58个席位中的17席。[63]因此联邦参议院保留了一个强大的联邦机构。但是只需要14张选票就可以否决任何更改宪法的动议（第78条），所以普鲁士选票联盟就能够有效地阻止这一制度发生任何激烈改变。此外，普鲁士国王自动接过了德意志皇帝的头衔。[64]因为皇帝任命首相，首相领导联邦参议院，所以普鲁士国王对联邦参议院的议事规则有直接影响。最后，联邦参议院的所有委员会都有普鲁士的代表供职。实际上，联邦参议院的创立就是为了提防出现挑战普鲁士霸权的力量。[65]

作为皇帝，普鲁士国王成立了联邦参议院主席团，在得到联邦参议院的同意后（但是无需得到帝国议会的同意）就有权宣战；他在国际上代表德国，召开并终止联邦参议院与帝国议会的会议。战争期间，皇帝指挥所有德意志军队。德意志的所有军队都必须穿着统一制服，服从统一的军事规则，这意味着普鲁士军队的成功模式实际上延伸到了德国各州。[66]宪法无视为巴伐利亚州保留的军事权力,大幅度增加了普鲁士国王的直接军事权力,尤其是紧急状态时的权力。

普鲁士仅用一个非正式的重叠机构就对德国政府实施了事实上的霸权。宪法并没有要求总理同时担任普鲁士的首相,事实上普鲁士的首相实际上几乎总是同时担任这两个职位。与联邦参议院分离的帝国官僚机构开始得到发展,大臣们在帝国和普鲁士也被任命担任类似的职位,普鲁士的大臣们常常向帝国议会提交详细的议案。[67]这一类情况的唯一例外就是普鲁士的战争部长。帝国没有设立战争部,普鲁士的战争部与普鲁士的总参谋部相分离,在战争期间掌控军队。俾斯麦式的制度确保了普鲁士能够掌控军队,普鲁士军队的命令将受到保护以免受到德意志帝国议会审查。[68]

因此,1871年宪法的联邦主义不仅将非普鲁士国家整合进新帝国,而且制约了帝国议会对政府的控制。拉班德的解决方法是将这些限制视为给定的条件。它假定宪法已经不再是"政党冲突的目的",而是"所有政党及其斗争的共同基础"。[69]如果帝国是所有法律关系的公认基础,那么,法官、政治家和行政官员就必须准确地知道法律及其程序是什么。拉班德的方法解决了这一需求。与此同时,作为保守的自由主义者,拉班德支持联邦主义限制民主控制的方式。他阐述政府制度的方法不涉及对"政治性"的考虑,这意味着制度具有正当性。实证主义分析既提供了关于国家的有用描述,也含蓄地肯定了它。

拉班德分析的积极方面是将政治和历史从联邦主义的概念中剔除。帝国初期,拉班德以外的其他法学家试图根据其他国家的联邦制度来概念化联邦帝国(Reich),特别是美国。但是美国爆发的血腥内战致使其宪法体系备受质疑。巴伐利亚法学家马科斯·冯·赛德尔援引约翰·卡尔霍恩的观点否定了联盟的所有可能,他坚信帝国只能是主权国家的联盟。贾斯特斯·威斯特坎普转向《联邦党人文集》并且引用林肯以维护帝国的主权。左翼自由主义者阿尔伯特·汉奈尔用美国的历史来批判赛德尔和威斯特坎普。[70]拉班德放弃了这些历史方法和比较方法,这些方法使政治和文化问题具有深刻性和紧迫感。相反,他试图通过正确定义主权来寻找正式而符合逻辑的联邦主义概念。

与欧洲其他信奉"中央集权论"的实证主义者一样,拉班德将主权定义为最高的世俗力量。[71]拉班德认为,联邦参议院是主权国家的最高统治者。皇帝是公共事务中各州合作的代表,他将皇帝比喻为私法中联合股份公司的负责人。[72]然而,"主权"的正式概念与州的行为的实际内容不同。后者包括州创制法律和条例的权利并且要求其国民服从,并将其归为"规则"或者"支配"(Herrschaft)概念。私法领域由法人控制财产,公法领域由国家统治人民。然而,与私法概念不同的是,支配的公法概念受到一套复杂的权力与义务体系的修改与限制。拉班德和格贝尔一样,将这种控制比作家庭中对父亲的道德控制,"国家的原型和所有公共权利的起源"。[73]正如父亲的权利来自于作为整体的家庭,同理,统治的权利来自于**作为一个整体的**国家,而不是来自国家内部任何一个具体的机构,例如君主。统治权是被视为国家统一体的基本属性。在拉班德说明新联邦制度的分析中,主权、统治权与国家概念被结合在一起。1871年的宪法造就了德意志帝国这一主权国家,同时又确保不再拥有主权的普鲁士由于统治人民而继续成为一个国家。[74]

拉班德在概念层面上区分主权国家和非主权国家,成功解决了联系德意志各州与帝国这一关键的政治问题。然而,他对联邦主义问题的解决方法是抽象的,也是毫无用处的。[75]与解决州议会与国王之间关于预算的冲突时一样,拉班德的联邦主义学说也在正式与抽象的层面上肯定了俾斯麦的解决方法,认为主权是各州首脑的分内职责,类似于帝国参议院的情形。[76]这种解决方法从两个方面阻止了那些向德意志国家权威提出的挑战力量。首先,拉班德将承担政治决策的最终责任委托给集体而非单个的"君主",如同这一章的前一节所提到的那样,这种解决方式对帝国议会明确控制的中央执行权造成了不利影响。其次,拉班德的主要挑战者马科斯·冯·赛德尔认为,拉班德式的解决方法为独立主义者挑战中央权威设置了界限。赛德尔虽然同意拉班德的大多数论断(他们实际上都是保守的立宪主义者),但是他拒绝区分统治权和主权。他认为,主权仍然属于单个国家,帝国是国际条约创造的实体。[77]这种观点虽然并没有占据统治地位,却一直是德意志帝国生命历程中挑战帝国权威之法律构建的重要挑战声音。

权力和统一体是拉班德式国家构建的核心。他类比国家与父亲的统治,将国家视为生命体,由此而产生了直接针对其国民的命令。甚至,当拉班德在其法律理论中创造正式的或者程序性的国家观时,他就已经含蓄地将国家视为真实本质或统治者。[78]拉班德学派的其他成员有着根深蒂固的国家主义的共同观念,包括左翼自由主义者汉奈尔、格尔哈德·安修茨和乔治·耶利内克(1851—1911)等。和德意志民族自由主义内部一样,在占统治地位的国家法研究方法内部一直存在着一种国家形而上学,这种形而上学不仅存在于拉班德的法律概念之中,也存在于他的极端实证主义和他的国家、统治和主权观念之中。[79]

基本权利:主权的体现

中世纪的德意志各国宪法包含了广泛类别的基本权利;但是这些权利只有经过法律行动者解释才能够在法律制度中获得意义。保罗·拉班德及其实证主义逐渐垄断解释权利的话语权,就像他对国家法的解释一样。

格贝尔对拉班德权利学说产生了直接影响。在1848年之后的作品中,格贝尔将1848年革命之后针锋相对的国家主义和保守主义传统融合在一起,将国家组织设想为一个"有机的人民国家"(organischer Volksstaat)。国家包括君主和人民。他认为,个人的权利从来都不是"主观的"。相反,它们是所有国民活动于其中的法律秩序或国家有机体的"客观"体现。例如成年男性财产权和表达权仅仅是国家自身所设置的对国家行为的消极限制。[80]格贝尔将权利的实践适用性限制在司法和行政领域。法律直接表达了国家意志,即它是立法机关的客观化表达。如果它本身代表着那些权利来源的有机整体,它就不能从属于权利。[81]拉班德明确同意格贝尔研究基本权利的概念和实践方式,他将这些写入他的《国家法》中:"自由权(Freiheitsrechte)或基本权利是国家权力的规范,由国家本身赋予;它们对行政权威构成限制,在特定范围内保护个体行为的天然自由,但是它们没有建立公民的主观权利。由于没有客体,它们不是权利。"[82]拉班德在最后陈述时提到,一项权利如果只是反映特定时刻限制国家行动的国家决策,那么,就不可能是真正的权利,因为国民并不统治国家;相反,私人的财产权利是真正的权利,因为它建立了主体对客体的统治。[83]这一争论的结果是基本权利并没有"高踞"在国家意志之上。实际上,一部直接表达国家意志的普通法律都可以悬置或限制基本权利。

1848年之后,权利实践的实际发展过程与拉班德的阐释相一致。君主立宪的宪法明确服从他们所获得的"国家意志"的权利。例如,1850年普鲁士宪法包括了多种自由的基本权利。政治和个人权利包括宗教自由、学术自由、出版自由和意见自由,以及自由联合与非户外结社的权利；经济权利包括拥有和处置私人财产的权利。如今，除了属于皇室家族和家族基金以外，所有财产在继承时都可以被处置、被分割。赋予大资产所有者的诸项法律特权也被废除。这些世袭权利直到第一次世界大战之后才彻底消失，但是1850年代的宪法已经开始逐步地限制这些特权。[84] 宪法条款在宣布基本权利的同时也包含着诸多颠覆权利的限制条款。例如，1850年普鲁士宪法第5条第一句明确宣称，"个人自由受到保护"，第二句却写道，"这类限制是被允许的，尤其是逮捕，其条件与形式将由法律界定"。[85] 在第33条第3段可以找到另一个体现这种趋势的例子："政治团体可能会通过立法受到限制和被临时禁止。"[86] 这些1848年之后遍及德意志各州的标准表达了这样一个限制原则，人民议会在对财产或自由事务做出任何改变之前必须接受质询。法律可能侵犯权利，条件是获得那些拥有财产并受过教育的男性的明确同意。因此，比如说，法律通常会否定女性拥有自由演说、结社、财产和在法庭上独立陈词等权利。[87] 权利受限制于正式且恰当的法律这一原则，空前强烈地表达了国家—理论家在1848年民主兴起后创立的一条原则：权利不应该被设想为普遍性的，相反，它们受到法律秩序本身的严格限制。[88]

　　1871年德意志宪法没有出台任何权利法案。从某种意义上说，这种缺失反映了上述权利理论的衰退，这一衰退对于德国来说是正常的。欧洲的法学家们得出与格贝尔相似的结论：权利对抗主权在逻辑上是不可思议的，在政治上是有问题的。19世纪末英国宪法的标准阐释反映了这一学说，主张议会主权原则。[89] 与此类似，法兰西第三共和国将权利纳入其法律体系之中，但是，权利是以法律的形式存在，以便议会通过的法律能够随时被废止。[90] 德国的权利实践与欧洲其他主要国家的不同既不是理论上的也不是制度上的。至少在欧洲大陆，19世纪的自由主义法律理论倾向于将积极的公民视为国家的有机成分，而不是法律的来源。[91]

无论如何，俾斯麦的直接关切是创建一个保全普鲁士宪法体系的强大德意志帝国，而不是将时间耗费在发展用途可疑的基本权利上。新制度没有否定德国国民的基本权利（通过法律实证主义视角来阐释），因为在绝大多数现存国家的宪法中，权利都占据一席之地。根据法律体系的其他部分所制定的联邦层面的法律保护权利，基本权利的官方阐释明确适用行政机关，但不适用于立法者。[92]联邦制度的直接政治诉求或许最好地解释了联邦层面没有任何基本权利表述的原因。这样的基本权利体系将会立刻引发如何在各国执行权利这一棘手的问题。为了国家的统一，任何有关帝国有权评论国家宪法和法条的讨论必须被禁止。[93]

在1867年至1871年有关宪法的议会辩论中，一些自由主义者试图在定义德意志公民的宪法第3条中加入一系列基本权利。帝国议会否决了这些修正案。其他的自由主义者吸取了1848年的经验，此时他们不想浪费时间设计权利而失去国家统一的大好机会。保守主义者们反对在联邦中限制各国的权力。社会民主党领袖奥古斯特·贝贝尔谴责了权利被排除这一事实，抱怨1871年宪法争论的焦点几乎全部集中在宗教权利。他的控诉暗示了自由主义者们无法回避这一问题的第三个原因：他们害怕新兴的社会主义者或天主教人民党的力量使用这些权利反对他们。[94]

对于基本权利的拉班德式分析成为德意志帝国占主导地位的法学方法。他的成功再次与帝国的宪法结构联系在一起。法律是整个君主立宪制政治体系的关键，而不是基本权利。法律确保议会拥有参与控制国家的权力。法律规定行政部门只允许根据法律或者宪法条款活动。这一体系中基本权利的功能就是说明在哪些领域法律对于行政活动来说是必需的。用那时的语言来说,权利列举了"自由和财产"的私人领域,任何侵犯这些权利的行为必须得到明确的法律批准。基本权利在行政行为的司法审查领域发挥了重要作用,它们确保君主命令之下的行政部门是合法的。[95]在行政法指南中,权利成为国家意志的客观反映,只能约束行政部门。[96]

对立法行为合法性或合宪性的司法审查在理论上是可能的,现实中却不大会发生,因为审查将会侵犯国家主权,而国家制定了法律。此外,对法律的司法审查将会侵蚀帝国的联邦制度,因为判决体现了国家的权威。这一规则的唯一例外是联邦参议院在处理各州之间的宪法冲突所作出的裁决,或者是在没有高等法院解决争端的情况下,以"和解"的方式处理各国的宪法案件。1879年最高法院建立,它主要裁决由特定国家法院上诉的民事和刑事案件,之后几年里通过了通用民法。尽管如此,法律的合宪性司法审查却没有随之而出现。最高法院清楚地认识到它在宪政审查事务中缺乏司法权,而国家法的主要法律评论员反映了这一情形。[97]法律是国家意志的最高表达,因此立法机关(如联邦参议院和帝国议会)可以通过恰当的法律来限制权利,无须顾忌权利是否被列入宪法文件之中。当基本权利受到侵犯时(如同迫害天主教和反社会主义法)必须由帝国议会批准。[98]

因此,在德意志帝国内,法律的首要功能是限制权利。但是法律实证主义者无法忽视在日渐扩张的德国福利国家中新社会需求日益重要的地位。在世纪末,乔治·耶利内克试图避免将对权利的"狂热"理解[99]与威权主义的国家社会主义者及社会民主党联系在一起,他试图更新格贝尔—拉班德的研究方法。耶利内克是一名具有犹太血统的奥地利人,1890年时已经是海德堡大学的公法教授。[100]他是著名的左派自由主义改革家,也是马克斯·韦伯学术圈的内部成员,他的法律研究严格遵循拉班德方法。此外,他向其他人阐述了社会学作为一门学科的重要性,第二章的理论更详细地处理了国家真实(faktisch)的层面。首先,耶利内克通过研究从霍布斯到美国权利法案的权利发展历史来研究权利。[101] 随后,他用阐述法国革命期间的权利概念结束了他的论述并宣称:"今天我们都知道自由权利在本质上是消极的而不是积极的,因此没有提出让国家采取行动的要求,而是制止其行动。"[102] 他所采取的立场是,"现代"法学理论将自然法作为过时的原则予以否认,放弃关于权利的历史或者政治起源的无关争论。[103] 与拉班德类似,耶利内克将其出发点假定为一个源于主权(国家)的封闭且确定的法律制度。

耶利内克在基本前提上追随格贝尔:法律制度是一个封闭的整体,个别的权利只是封闭制度的一部分,为了使法理学继续成为一门科学就必须将政治和历史的观念排除在外。[104] 在这一框架内,耶利内克质疑个人向国家提出要求这样的主观公共权利如何能存在。与拉班德不同,耶利内克认为不包括主观权利的法律制度是不可思议的。私人权利的基础是国家同意批准法人(个体或团体)在法律规定的范围内自由行动,然而,在某些时刻,法人必须能够通过求助于国家机构(例如法院)来执行私人权利。私人权利是消极的,需要得到批准(Dürfen),而主观的公共权利是一种积极权利,它是一种合法的授权(Können),可以要求国家采取行动。法律(Recht)至少设定了两个主体;如果国家和法律之间的关系完全被概念化为法律,那么这也只是因为国民拥有主观的公共权利。实际上,只有凭借运行于其中的法律程序以及个体法律行动者,一个理想化的、非自然的实体的国家才能够被具体化。[105] 通过这种方式,耶利内克的理论就能够包容国家法的"诸主体",例如福利国家的新法人:公共企业、社会团体以及行政机关。[106]但是耶利内克仍然继续坚持实证主义假设，即，权利只存在于法律秩序之中并且借此而存在。即使他的理论为合理审查、批判乃至控制等干预主义国家的官僚程序打开了大门，他仍然处在拉班德的框架内。[107]

撇开耶利内克研究权利的原创性系统化方法，当他描述法律制度的一般类型时，他仍然深陷在本国固有的法律制度框架中难以自拔。和拉班德一样，耶利内克将法条界定为国家意志的最高表达，因此他认为法院不能审查法条是否符合基本权利。虽然他认识到瑞士和美国都有司法审查制度，但是，这些制度在他眼里只是消极的例子，因为在一些国家中要么是混乱支配了法律（这里指的是美国最高法院和劳工法），要么是因为法官没有认识到其"现代"角色是法律的保护者而不是法律的创制者，结果产生了相互矛盾的判决（瑞士）。[108]对于耶利内克来说，司法实践仍然是主权国家意志的应用。[109]

法律实证主义与宪政理论

拉班德和他的追随者们围绕法条来展开他们的国家法研究，他们将法条视为国家意志的最高表达。拉班德学派的联邦主义和权利立场合乎逻辑地遵循法条的概念。拉班德宣称，国家意志高于所有的现存法律，包括宪法："国家内部没有比主权意志更高的意志，宪法和法律的约束力均植根于这一意志。宪法和其他所有法律一样，它不是飘浮在国家上空的神奇力量，而是国家意志的体现并且随着国家意志的变化而发生变化。"[110]只要遵守修改宪法规范的正式程序，宪法就可以被更改。一旦满足了这一条件，立法机关甚至无须说明哪部分宪法已经被修改；每一项新规范的实行都导致旧规范失效；[111]拉班德预设意志高

第一章　国家意志与德意志民族的救赎

于规范,并且假定作为一个组织意志,国家高于所有规范。

根据这一方案,法官在司法审查中毫无用处。因为法律依附于宪法规范,所以法官的职责仅仅是运用法律,而不能审查法律。的确,如果法官拥有审查法律的权力,那么他的地位将会高于立法机关。拉班德认为,如果法官有权否定法律的效力,那么行政官员甚至普通公民不能拥有这一权利就是毫无道理的。在反对司法审查这一点上,拉班德与耶利内克一致,在他们眼中,司法审查必将侵蚀国家的统治权。实际上,拉班德认为审查过程已经存在。皇帝通过宣示法律成为宪法的捍卫者和守护者(Wächter und Hüter der Reichsverfassung),宣示中明确肯定法律与宪法保持了形式的一致性。首相以副署法律的形式宣示承担责任。[112]

拉班德对违宪审查的讨论显示了其理论(的诸多意涵)。首先,无论法律和宪法规范是否一致,他都不曾质疑审判过程。相反,他将审判权交给最高国家机关,认为程序或形式的一致性对法学家来说最为重要。[113]拉班德拒绝司法审查的原因在于,君主立宪制建立在议会和君主间权力平衡的基础之上,它必须假设司法活动受到限制。实际上,既然二分的立法机关被当作宪法内容的最终裁决者,俾斯麦式的制度实际上就没有对宪法产生任何重要影响。[114]其次,拉班德审查理论再一次揭示了他对俾斯麦式国家的认同。其理论为立法机关的运作留下最大可能的空间,甚至允许它对国家形式产生实质影响。所有问题留给了国家的意志,体现在立法机关中的国家意志。

法律实证主义是僵化的、形式化的,因此它无法解释德国政治在世纪之交所经历的巨大变化。当德国正处在动荡中时,拉班德在1896年德累斯顿演说中重复了本章开头所提到的民族救赎的修辞。演说的背景情况有助于理解演说的内容:拉班德的演说对象是那些处在国家与经济生活上层的受过教育的积极成员。[115]演说从祈祷宪法成为"庇护所"(Heiligtum)开始,"这将是德意志人民从分裂和无能为力的状态中被救赎出来的历史和法律的里程碑"。[116]但是,演说的主体却是讨论没有被写进宪法中的帝国宪法实践功能的变迁。

国家机器内部已经发生三个主要变化。第一,宪法第17条已经规定首相必须为皇帝颁布的声明和条例负责。此外,宪法本身未曾预料,创立皇帝和首相领导下的完整官僚机构具有政治上的必要性。皇帝需要签署所有法律和条例,因为皇帝绝不只是一个联邦参议院的首脑,他事实上变成了一个君主。[117]第二,宪法第38条赋予帝国设立关税与税收的权力,这些税金将会直接流进帝国的金库;第70条规定,帝国所需的任何额外资金都必须由各州筹措,正如预算法所规定的那样。政府在1879年试图通过对某些物品强行征收税费的方式建立独立的财政资源,这一行为将会严重侵犯帝国议会的权力。但是,帝国议会提出一个条款予以还击,即,允许帝国仅直接接收一定数量的资金,并将其余部分转交给各州。其结果是,为了国家财政分配,首相被迫寻求帝国议会的支持。宪法第38条(规定所有关税都归于帝国)和第70条(将皇家财政与国家财政分开)都被侵犯了。[118]第三,全国性的法院体系建成。日益增长的司法机构在宪法中依然未被提及。[119]

政治生活中的这些变化导致了宪法结构的根本变迁——远离联邦主义,并随着皇帝和帝国议会权力不断增加而走向一个更加集权的国家。拉班德这样描述这一变迁:

> 正如尽管建筑物的地基和外观可以维持不变,但其内部却发生了本质变化;帝国的宪法结构也是如此,从外面看,其建筑外形和线条与它刚建立时没什么两样。然而,任何人只要了解其内部

第一章　国家意志与德意志民族的救赎

情况,就会看到内部已经与当初的模样不再相同了,根据其它的需求和观点它已经被更改与拓展,在此过程中,出现了许多与当初的计划完全不一致的东西,它们甚至无法与它本身完全协调。[120]

根据拉班德的比喻,宪法条文和"基本的"国家机构等建筑物的外观和基础依然存在。它们存在的原因尚不清楚。对于法学家拉班德来说,不存在一部其他法律无法废除的、基本的、不可或缺的宪法。根据上述比喻的逻辑,宪法结构内部必然存在着对"修复"的某些限制。可以用法律修改宪法的根本开放性,必须辅之以某种形式终结的观念,即使只涉及创制法律的规则也是如此。[121]拉班德回避了究竟是以前的立法者们创制了宪法还是宪法首先创造了国家意志这一难题。在接下来的政治演讲中,他避免论及自由的立宪主义或保守的国家主义,只是将君主的权力视为能够与人民议会一起成为宪法体系中发挥作用的一部分。正如下一章所说的那样,19世纪实证主义世纪末(Fin de siècle)批判的核心是国家意志问题。

拉班德的公法研究跨越了整个帝国时期,他阐述了帝国的宪法体系,尚没有其他任何著作能够承担这项工作。他对法条的定位确定了国家的权力与统一。他的批评者们认为,从这一角度来说,法律实证主义是"极权主义"。[122]但是,它也是一种右翼自由主义的表达,即使该制度在世纪之交时受到来自新社会运动,包括种族主义运动的压力,这种自由主义仍然肯定了俾斯麦所创立的僵化制度。第一次世界大战前,许多国家的宪法制度也深受变革的压力。比如,法国的宪法文化经历了重要变化,从法条中规定的,一个以国家意志的首要地位为导向的制度转向一个允许社会团体自治,社会法得到发展,有能够对立法行为的合法性做出价值判断的高等法院的制度。里昂·狄骥等左派法学家和莫里斯·奥里乌等右派法学家都开始重构国家和人民主权的学说。[123]在英格兰,年迈的阿尔伯特·V.戴西惊恐地观察着宪法体系的转型,新兴政党提出一些有关劳工、女性和爱尔兰人的毫无敬意的统治法,对法律的自由统治造成威胁。[124]1918年君主立宪政体崩溃之后,德国的宪法学才会面临类似的问题与压力。

第二章

纯粹法学与军事独裁：
帝国时期的汉斯·凯尔森和卡尔·施米特

第一次世界大战之前的二十年，稳定的德意志帝国宪法掩盖了一股社会和文化力量，这股力量即将摧毁帝国奠基一代所建构的世界。针对国家在经济领域中的角色，社会民主党人对19世纪的自由主义观点发起直接挑战。天主教中央党强化了其支持立场，它们主张在世俗的现代世界中，宗教少数派，至少是新教应该享有一席之地。种族主义和国家主义运动为保守主义者提供了一条反映社会问题的新路径。女权主义以及日常生活改革运动质疑奠基一代的文化假设。伴随着这些变化，法学院诞生了新的批评一代，他们逐渐剥除拉班德式法律实证主义的基本假设。

尽管拉班德的法律实证主义的法律方法在帝国时期能够占据统治地位，但它从来都不是唯一的、毫无争议的国家法学派。较早的"有机体"法学理论家如奥托·冯·吉尔克和雨果·普罗伊斯都是法律和政治思想上的重要人物；两位年轻的有机体论传统的追随者——埃里希·考夫曼和鲁道夫·斯门德即将成为共和国辩论中的主要人物。[1]同样,社会法学开始在法学家群体中大受欢迎。《昔日公法》的编辑菲利克斯·斯托克是拉班德的朋友,他主张在法律中运用社会学方法,批评实证主义者的"法律炼金术"。[2]个别法学家如阿尔伯特·汉奈尔和约瑟夫·科勒创立了以政治为导向的国家研究方法。[3]但是,这些方法不过是思想的孤立线索,它们无一能够完美描述1871年宪法的本质,因此它们无一能够像拉班德学派那样统治国家法领域。1918年革命之后,俾斯麦制度崩溃,国家法领域中的法律实证主义的地位才被取代。

只要拉班德学派在国家占据统治地位,它的挑战者往往就会被边缘化,甚至被视为古怪反常的怪胎。然而从世纪之交开始,批评者的数量和重要程度开始大幅上升。借用法律史学家迈克尔·施托莱斯的说法,"离心倾向"(Centrifugal tendencies)开始出现,国家法的现有规范遭到质疑。在众多年轻的法律批评者中,有两位年轻学者在魏玛共和国后来的发展中产生了特殊影响:他们分别是汉斯·凯尔森和卡尔·施米特。1911年,凯尔森在对法律推理的批判中完成了纯粹的法理论的初稿。虽然他的主要对话者是德意志帝国的法学家领袖,但是他写作的地点却是在政治气候不稳定的奥匈帝国维也纳市,那时维也纳正处于反自由主义的基督教社会主义者的牢固统治之下。第一次世界大战期间施米特在慕尼黑做军事检查员,那时他开始创立一种激进的国家理论,将国家视为真实的、存在的意志。凯尔森和施米特将成为《魏玛宪法》理论的两个极端,尽管二人的事业起点惊人的相似,他们都是拉班德传统的批评者,在格奥尔格·耶利内克法律和主权理论中得到发展。

耶利内克所致力研究的哲学问题是,国家如何既是最高的世俗意志，优先于法律本身，又受到法律的约束。他所处理的问题是，如何在整体国家的抽象层面上将"意志"与"规范"联系起来。自由法运动同样批判实证主义理论关于法律的适用与判决的问题。那场运动的支持者审视法官判决的复杂程序，得出了这样一个结论：逻辑与政治中立的法律实践概念对实际的法律活动几乎毫无影响。"耶利内克悖论"和自由法运动批判了法律实践中过分简化的概念，他们的批评为凯尔森和施米特对国家法的批评再考查奠定了基础。

耶利内克悖论和自由法律运动

拉班德的《国家法》试图全面覆盖公法领域，它制定新的法律，设计行政区划，颁布条例等。他的论述仍然着眼于现存法律体系，从来没有质疑法律体系的来源或正当性问题。他不曾考虑法律规范如何适用于具体情境，不关注实际事务的分类问题，只关注法律的适用范围。世纪之交前后的奠基和实践时刻成为法律理论的焦点。正在崛起的激进右翼和社会民主党对制度的正当性提出质疑。应对日益复杂的世界，法律实证主义者们过于简单的模式已经不再适用，劳工法、社会法和复杂的法人合同等法律的新改革导致法律实践中的新事件的不断发生。

耶利内克在拉班德学派的框架之内解决了国家的根基问题。他的主要工作的核心部分出现了一个悖论：被视为拥有主权的国家怎样服从法律？耶利内克在1880年研究国际条约的著作中表示："只有存在指导性与强制性力量，法律（才是）可能的。"[4]因此，作为具体而真实权力的国家意志确保了法律的存续。但是，将主权设想为真正的国家权力摧毁了国际法的一切可能。如果每个国家都能够如其所愿地自由行动，就不存在更高的力量以捍卫国际条约的履行并限制国家的自由。

耶利内克的问题同样适用于国家内部的法律。如果国家是最高的、主权的意志，那么在逻辑上就会与国家需要服从自己的法律的命题相矛盾。[5]将国家和国家主权的前提条件区别开来以保证多种法律共存就构成了我所谓的"耶利内克悖论"。

耶利内克如何将权力和法律问题联系起来成为尖锐争论的焦点。他"解决"这一问题的方式是在其国家"两面"理论中将这一问题划分为两个相互独立的问题。[6]根据这一理论，国家向观察者们呈现了两张面孔，一张是真实的面孔，另一张是法律的面孔。在真实的一面站着真实意志的国家。现实世界中的国家从来未曾彻底自由，总是被具体的需求和现有的经济、军事、心理和社会关系所限制。但是，从另一方面来说，国家是法人。从法律角度看，国家代表最高的世俗权力；它有权就其任何需要而立法。但是从法律视角看，主权意志却自愿服从法律的统治。国家服从法律的真实原因可能是多样的。[7]但是，法律实证主义者的法律方法却假定了这些因素的存在，因而可以合理地假设，随着时间的推移，国家将遵守它自己的法律规范。真实有效的假设揭示了实证主义者在实际的、真实的情境中处理法律的局限性。[8]耶利内克《国家的一般理论》(1900)使两面理论成为考量国家同时作为法律规范系统和真实实体的基础。

在耶利内克的理论中，法律被假定为正当权力的表现；但是，法律科学却将法律视为一个客观的规范体系。想要理解宪法危机，我们需要检视争论双方的观点。耶利内克明确继承拉班德的观点，他认为普鲁士宪法冲突的纯粹法律解决方案的前提是封闭的法律体系一体，该统一体充其量只能代表一个"非辩证的艺术品"(dialektischen Kunststückchen)。只有通过分析具体的政治力量，才能够理解这一冲突。[9]他虽然对拉班德传统提出了批评，但是只要他仍然认为法律分析应该与政治的或社会学的方法分开,他就仍然处在拉班德传统之内。[10]

对法律实证主义的第二个批评发生在世纪之交前后的有关民事、程序和刑法的讨论中。自由法律运动或自由法学派质疑实证主义模式适用规范的可行性和实施欲望。[11]私法领域中的实证主义传统将法律视为一个封闭而统一的法律规范体系,并且假定法官可以简单而机械地将它们运用到适当的情境。[12]赫尔曼·坎托洛维奇在1906年的小册子里恶搞了实证主义法学家的观念:

> 受过学术训练的高级国家公务员,坐在小房子里,唯一的家具是张绿色桌子。他的手头仅有一部思想机器,当然,他拿的是最好的那种思想机器,那就是桌子上摆放的一堆国家法律书籍。有人向他提交了一个随机案件,不管这个案件是真实的或者仅是虚构的,他根据他的责任,在纯粹逻辑操作和只有他才理解的隐秘技巧的帮助下,就能够做出绝对精确的决断,就像之前立法者在法律书本中所界定的一样。[13]

坎托洛维奇认为适用法律的真正过程是不可预料而且是不科学的。相反,法官不得不去填补具体案件和抽象规范之间的缺口。[14]马科斯·朗夫这样的保守主义法学家转向利用道德、机敏或者一种"法律感"(Rechtsgefühl)来填补缺口。坎托洛维奇与尤金·埃里希更加同情社会改革运动,他们将社会学视为协助审判的工具。另外一个围绕菲利普·赫克的团体认为,各方可以通过仔细考量以及平衡相关利益来填补缺口。[15]自由法律运动所作批评的政治意义因此仍然显得模棱两可。当一些人试图将社会意见纳入法律决策的制定中时,另一些人却在论辩中引用尼采,用法律缺口理论颂扬决断的非理性。[16]自由法律运动的法学家们与美国的法律现实主义者不同,他们不要求法官们的裁决对抗法律语言;但是他们的确强调了司法判决的超法律的和超逻辑的一面。[17]

当这些争论转移到宪法领域时,就会对拉班德学派提出若干极其重要的问题。耶利内克和年轻的实证主义法学家格哈德·安修茨都准备争辩,在难以抉择的时刻,国家意志将不得不介入有关宪法问题的决断。[18]但是,鉴于宪法冲突在总体上被排除在实际判决之外,拉班德学派从未被迫去解释国家的"意志"为何以及如何能够填补法律中的缺口。法国多变且类似干涉主义的共和制度将法律缺口问题作为宪法理论的核心,德国的情况有所不同,这一问题仅仅停留在理论层面,不涉及实践层面。新一代宪法学家们正是在理论层面上逐渐废弃法律实证主义者的假设。

凯尔森的法律规范理论:
拉班德的国家意志概念的削弱

魏玛共和国最重要的宪法理论家们,汉斯·凯尔森、卡尔·施米特、鲁道夫·斯门德以及赫尔曼·黑勒,比拉班德学派的创立者们出生晚了一个时代。他们都出生在1881年到1891年这十年间,[19]比耶利内克(出生于1851年)年轻三十至四十岁。拉班德和耶利内克携手创建1871年的制度,其中,拉班德提出"内在的"法律方法,耶利内克是普法战争中的开明爱国主义者。[20] 19世纪80年代到第一次世界大战期间,中欧的宪法稳定地维持了相当长的时期,这四位年轻的法学家在这样的情境下成长起来。创立者和继承者之间出现了代沟:四位年轻的法理学家都坚决反对其父辈的知识世界。[21]

第二章 纯粹法学与军事独裁

凯尔森在这一团体中最为年长,他承担了重估19世纪60年代以来德国和奥地利所有国家理论著作的工作。他写了一个大部头著作《国家法的主要问题:来自法律规范学说》(1911),多达七百余页,涉及旧学派主要人物的书面争论。[22]凯尔森的陈述既系统又中规中矩,受到了世纪之交新康德主义运动的深刻影响。新康德主义复兴了康德的唯心主义,以揭示纯粹偶然或唯物主义思想的局限,同时也为这个迅速变化和工业化的时代提供了一种更加契合自然科学和社会科学的理论知识。[23]新康德主义者提供了一条外在于自然科学的命令原则来解释他们的科学身份,就像他们试图厘清自然科学的哲学根基一样。如耶利内克所说,法理学仍然在等着他们的康德来批判司法决断。[24]与其他新康德主义法学家一样,凯尔森自己承担着为国家法科学"奠基"的使命。《国家法的主要问题》与其说是像拉班德的《国家法》那样的指南读物,不如说是一种法律理论的批评和重构,那种法律理论以知识论的法律定义为基础。[25]

凯尔森工作的第二个重要背景是,第一次世界大战之前奥匈帝国本身处于政治动荡时期。自由主义作为一种政治潮流在19世纪末丧失了绝大部分力量,与此同时,推崇极权的国家社会主义和社会民主主义却因鼓吹国家干涉主义而赢得了公众的支持。民族独立运动要求国家边界必须和种族边界相一致,这威胁到了多民族奥匈帝国的生存。这些新趋势被年轻的凯尔森视为异端,作为一名拥有犹太血统的天主教徒,他理所当然不能接受任何用"民族"或"种族"来辨识抽象的国家身份的方法。他坚信,社会或民族的实际构成不一定非得一致于国家的规范统一体。凯尔森信奉自由主义的怀疑论,他批判激进的民族主义或社会主义政治学,那种政治学把国家和社会合而为一。他的怀疑和批判导致他在"实然"和"应然","偶然"现实和"规范"现实之间做出了激进而总体的区分。[26]

新康德主义和新自由主义思潮在《国家法的主要问题》中均有清晰的呈现。凯尔森写这本书时是实证主义法学的核心人物。在维也纳,他与埃德蒙·贝纳齐克和阿道夫·门泽尔一起研究,后两位参加了1871年之后的国家法辩论。他和耶利内克一起参加了在海德堡举办的讲座和研讨会,和安修茨一起参加了在柏林举办的讲座和研讨会。即使当凯尔森从内部批判实证主义传统时,他仍然保留了实证主义的部分传统。从方法论角度说,凯尔森也许是魏玛共和国四位年轻法学家中最保守的一位。[27]

在《国家法的主要问题》中,凯尔森试图以最基本的认识对象为基础建立法律科学,Rechtssatz,这个术语被史丹利·L. 鲍尔森翻译为"重构的法律规范"。法律规则是法律陈述的重构,它源于实际的法律,设置国家在其中"行动"的条件;亦即,授权、否决、命令、等等,诸如此类。[28]正如拉班德将法条作为法律体系客观而基本的陈述那样,凯尔森将重构的法律规范作为法律认识的恰当对象。

凯尔森的法律认知理论试图找到一种允许理解法律的先验范畴。与耶利内克和其他新康德主义者相似,凯尔森在以"实然"陈述的形式表达的发现(如,"这个球是红色的")与那些以"应然"陈述的形式所表达的发现(如,"这个球应该是红色的")所做的绝对区分,是其起点。他对Sein和Sollen即"实然"和"应然"的区分是绝对的:"'实然'和'应然'之间的对立是形式—逻辑的对立,只要其中的一方遵守形式逻辑观察的界限,它们之间就无路可通,这两个世界彼此截然对立,被无法逾越的断裂分开。"[29]从严格的逻辑意义上看,何谓"实然"领域中的陈述绝不可能变成何谓"应然"领域中陈述的根据或者结果。"如果X,那么Y是"的陈述在逻辑上不同于"如果X,那么Y应该是"的陈述。

第一组陈述根据因果关系解释世界,但第二组陈述则根据规范解释世界。[30]如果法律必须遵循其规范逻辑,那么,那些源于"因果科学"(自然科学、社会学和心理学)的概念和分析——这与它们自身所具有的特质同等重要——就必须被坚决驱逐。[31]

凯尔森认为,作为一组"应当"陈述,法律具有一个理想状态。他反对做这样的尝试,以期证明在法律"应当"和伦理"应当"之间存在着必然联系。当法理学研究有效法时,它并不判断法律的正确与错误。对凯尔森来说,想要模糊这种区分的学科不是法律科学,而是政治学。例如,康德试图将法学建设成以道德自律为导向的理性学科,立法者和国民一样服从法律,他已经犯下错误。[32]凯尔森认为,判例法的这些实践——伦理标准与力图解释哪种规范事实上有效的那种科学毫不相关。在现代法律体系中,经过立法活动法律才能正式生效;规范客观存在,甚至被写入法律。法律规范不仅是规范的,在他律意义上是客观的,或者说,其存在或有效不需要得到认识或伦理主体的认可。否认法律有效性的无政府主义者也必须遵守法律的强制性规则。[33]

简而言之,凯尔森将法律科学的客体和法律规范与另外两种知识陈述区别开来。法律**规范**表达了一种规范性而非偶然的关系。**法律的规范表达了客观的有效性,而不是伦理或道德上的正确性**。[34]事实上,凯尔森主张,伦理或道德判断必须包含**实然**和**应然**因素,只要主体为自己制定了道德准则,他就将所有有关实践的讨论从其理论科学中排除出去。[35]

凯尔森的规范性和客观性法律规范观对法律科学影响深远。例如,犯罪概念的法律意义和伦理意义是不同的,即使没有道德责任可以判定犯罪与否,法律系统也可以判定是否犯罪。[36]同样地,以目的论的观念为基础的犯罪或意图犯罪的心理学概念认为个体试图做出某种行为对于法律是不充分的。法律体系不关心作为因果逻辑子范畴的意志。凯尔森用一起民事侵权行为的案例来驳斥意图主义立场：当一座房屋的一部分倒在人行道上时，房屋主人必须为此负责，即使这一事故并不是故意的。法律规范不是心理意图，它为事故设置了客观的责任或义务。[37]凯尔森将这一过程描述为将行为"归责于"（Zurechnung）法律建构的实体，即法人（leagal Person），而非自然人（a human being）。[38]换言之，甚至连个体概念都被分解成"实然"和"应然"两个互相分离的方面。一方面是人的意志，它试图通过特定原因而创造特定结果，并且借由社会学、心理学或物理学等因果关系科学中的分析过程自我决定的。另一方面是法人，其"意志"（在法律规范规定的特定环境下，权利和义务归属于个人）是法律规范本身创造出来的。法人是人为的构建，自然人是自然的存在。[39]将自然和心理的意志压缩为规范性的或法律的意志，组成了凯尔森的一个"令人厌恶"的虚构，将法律科学的风景搅得乱七八糟。它只是一种意识形态，经不起分析和推理力量的打击。[40]

　　凯尔森的替代性国家意志概念是其认识论基础的必然结果。首先，国家的法律意志必须是客观的。法律并非必须受到欢迎才会有效。因此，凯尔森反对将国家视为一个真实的有机体这一有机主义理论家的假设。其次，国家只有依据规范才可以被理解。国家意志的因果论或目的论分析混淆了权力（一种因果关系）和法律（一种规范关系）。凯尔森指责法律实证主义者的法律理论偷换了因果关系概念，将心理学意义上的国家意志转换为形式上具有普遍性的规范。对凯尔森来说，法律实证主义者和"有机体"传统的法学家所构建的国家意志是不可接受的虚构，因为他们在根本上混淆了不同的意志概念并主张因果关系的效果和道德自律，但其存在却无一能够合乎逻辑地得到证明。[41]

凯尔森坚持认为,国家的意志应该从司法的角度被视为法人的意志。国家的意志是一种法律构建,或一个由客观规范所创建的负责主体。[42]

然而,国家的意志与其他意志不同的是,所有法律规范都是国家的意志,但并不是每一条法律规范都构成其他法人的意志。法律的任何部分都**不是**国家法;对凯尔森来说,民法、宪法和行政法一样都是国家法。[43]如果国家之外没有法律,反过来说,国家的意志就仅存在于法律之**内**,如果从法理学角度审视国家:"'应然'状态永远并且毫无例外地是其'意志'……虽然国家和其他法律主体之间的矛盾可能会上升,其中,有些意志必须强加给其他法律主体,……却绝不能强加于国家,它们不被视为国家的意志:非法(Unrecht)与应然或义务相冲突。"[44]根据定义,由于法律(Recht)将国家置于首要位置,国家不可能违背客观的法律体系。这种违背等同于国家的意志反对自己的意志。根据凯尔森的严格界定,"国家的非法行为(Unrecht)在任何意义上都必然是自相矛盾的"。如果出现违反法律的行为,即使这一行为发生在国家机构内部,也必须归咎于一个非国家实体。比如,一名国家官员在国家的办公室内违反了法律,需要承担罪责,这不应归咎于国家,仅应归咎于作为法人的他或她个人。凯尔森含蓄地将国家和法律视为同一事物,尽管他努力在作为法人的国家和作为规范系统的法律之间做出了相关区别。[45]

凯尔森认为法律是国家的"纯粹"概念,这一观点否定了将国家定义为统治者(Herrscher)的拉班德学派。作为因果世界"实然"时刻的统治摧毁了规范制度的一切可能性。此外,根据国家真实的、因果关系的意志,它创造了一个意识形态的幻象。[46]"实然"世界中统治和权力之间的关系有事实上的联系,成为心灵动机的因果关系。但这种关系从来都不是法理上的关系,也不是**法律**上的关系。[47]从法律科学的观点来看，国家是一个纯粹的规范现象。将国家视为统治者就需要将国家提升到超人类实体的高度。凯尔森反对那些模仿心理学的意志观念的理论，它们将国家视为真实、有效的权力，耶利内克的理论就是如此。在魏玛共和国的辩论中，他对中央集权观念的批评愈发重要。

但是，由法律规范所组成的法律体系兼具规范性和客观性。凯尔森明确区分了主观规范、道德规范和法律规范，这"无疑来自于某种权力和外在于个体且人类（Mensch）必须服从的起点，通过真正的、现实的权威而展开行动，而勿需考虑他或她是否同意、他或她的意志：这种权力就是国家"。接着，凯尔森继续区分了有效权力的科学和有效规范的科学。[48]然而，法律规范必须是客观的这一要求暗示，在法律科学家的工作中，因果分析是一个必要的因素。实证主义的法律科学能否真正做到只关注有效的法律，而将效率问题放在一边？凯尔森的早期理论只可能导致国家与社会之间的完全隔离，并且在构想二者之间的相互关系时显得特别无能为力，这将引发法律创立与适用方面的理论问题。

首先，他的理论无法清楚解释立法行为。《国家法的主要问题》本质上是一本认识论专著，主要论述如何阅读成文法律陈述的统一体。对于这样的静态系统来说，创制法律的动态过程成为一个令人费解的奇迹。[49]凯尔森认为，国家作为纯粹的规范现象没有能力管理自身的创建："我可以希望应当如何，然而我不可以希望应当如何，什么事情在合乎逻辑的同时又是荒谬的：希望应当如何。"（"Ich kann **wollen** sollen, aber ich kann nicht **sollen** sollen, was logisch ebenso unsinnig wäre wie: **wollen** wollen."）换言之，国家，指的是将所有实在的法律规范都归于同一个意志，不能合乎逻辑地将问责的权利归因于自身，因此，它不能依靠自身而存在。[50]法律的创制发生在社会领域——一个破碎的、动态的、不稳定的领域,其中,伦理与道德、社会运动与心理驱动、生物学和环境等混杂在一起,偶尔为有效的法律规范创造恰当的前提条件(例如,议会代表和君主间的协议)。法学不能检验法律是**如何**被创造的,法学只创造规范。[51]

凯尔森用**神秘**这一概念来描述新法律的创制。他的理论彻底区别了法律和社会,然而在他判断那些规范是否合法之前,他的理论已经被抛弃。这种法律规范因被公开拒绝执行而崩溃,就像法律中"元法律"的革命性改变或者立法机关程序上的完美产物。[52]凯尔森的早期著作中除了一个涉及事实或效用的标准之外,他尚未为法学家们设定必要的标准去讨论法律体系包含什么,不包含什么。

与此同时,凯尔森拒绝通过诉诸国家的固定核心(例如君主)来"解决"法律变化的问题。拉班德已经宣称,只有君主的法律声明才能赋予法律约束性权威。凯尔森认为所有条件下的声明都具有同等价值,包括议会同意在内。[53]凯尔森拒绝将君主视为国家的本质核心,反对君主立宪制的所有逻辑。[54]根据该制度,君主虽然是国家行政机关的首脑,却不受法律的统治;他以某种方式"外在于"该"国家机构"。[55]正如凯尔森所说的那样,君主制中的君主类似于自然神论中的上帝。从法律视角来看,君主是自愿服从法律统治的不可被撼动的行动者。[56]

对于凯尔森来说,无论是耶利内克悖论还是格贝尔和拉班德将君主视为家庭领袖的理论都是不可接受的。[57]他转向运用责任内阁制来说明君主的法律义务。凯尔森认为,每一条法令都需要首相和君主共同签署,因此二者在此过程中就处于同一层级。因为首相受到法律约束,行政机关就必须守法(lawful)。但是凯尔森发现,只有首相受到法律的约束,君主权力的主要问题依然未被触及。[58]凯尔森拒绝将君主视为国家的神圣核心或自我约束的国家主权的化身,因此在他的著作中,君主问题仍然没有解决。凯尔森的理论建立在形而上学的君主制原则基础之上,代表了一种对拉班德君主主权及君主立宪制理论的激烈否定。[59]

法律体系的"基础"是凯尔森法律理论中不可接近的盲点,其原因在于它内在于凯尔森的系统并且符合他对意识形态虚构的新自由主义批判。然而,他的司法实践理论甚至不能承受意识形态的批判。他简单地将解释和判断问题搁置一边,宣称法律的适用处于理论领域之外。[60]考虑到法院在凯尔森的国家理论中的核心地位,这一拒斥显得疑点重重。法院才是法律的正当性和有效性得以同时展现的地方,君主不具有这样的权力;凯尔森认为,只有同时讨论法院颁布的规范和法律体系(Gerichtsnorm)的客观象征,我们才可以讨论法律规范(Rechtsnorm)。[61]这篇文章没有严格区分"实然"和"应然",而是非常冒险地接近于提供一种基于具体制度的法学理论。

与立法机关和君主制机构一样,法院向凯尔森提出质疑,因为法律需要考虑有效法和实体法之间的界限。但是凯尔森的理论方法在有效性方面即使存在一些缺陷,也并不妨碍它服务于这个重要的目的:它暗示了法律实证主义自身所存在的传统的意识形态和政治面孔。

施米特对独裁政治的早期研究:
对宪法的否定?

施米特同意凯尔森的观点,他同样认为有必要反思拉班德学派实证主义的基础。他和凯尔森都是以考查"实然"和"应然"的关系为起点,对法律实证主义发起批判。[62]但是,施米特的批判方向截然不同。当凯尔森试图去神秘化法律科学时,施米特却试图肯定国家的神话,他认为国家作为一种自治的意志在紧急状态下有能力采取超常行动。

在其职业生涯之初,施米特就对国家中的决断角色尤为着迷。在1912年发表的论文《规则与审判》中,他利用理论与实践之间的绝对区分,考查了司法决策的概念,而这种区分是凯尔森著作的特色。施米特将自由法律运动对法律推理的批判推到了极致。他反对所有为法官的决断"打好基础"的努力,无论这些努力是合法的还是超法律的。凯尔森认为,不论是以社会、自然法或是立法者的意志为基础,引用那些抽象的"来自天空的规范"从来都不能充分地解释如何在具体的情境中正确地作出判决。[63]他不再关注法律判决的确切原因,不再坚持认为判决的重要性取决于它的存在。他认为,法律安全以一个假设为基础,即法律将在一个具体的裁决达到顶峰,而裁决的内容不必关心。[64]判决正确的唯一先决条件是它必须以推理为基础:"它必须通过它的构成来解释它在目前的法律情境中正确的原因。"[65]在最终的分析中,选择推理的唯一指导是法学家的理想共同体:"如果假定其他法官也会做出相似的决定,那么今天的司法裁决就是正确的。'其他法官'在这里指现代的、受过法律教育的经验主义类型的法学家。"[66]结论回避了问题。每一个法官依然必须构建一个平均水准的、基于经验主义的审判,如果法官之间在哪种法律资源可能是有效的这一点上没有共识,某位法官的建构就是主观的或反复无常的,一无是处。[67]施米特质疑判决时刻,却没能解释怎样才能客观证明一个判决是正当的。

对于施米特来说,那种正当性依赖于国家的存在。施米特提到了黑格尔的国家理论,只有国家成为世界上实现法律的本质力量时,法律安全才能实现。[68]施米特假定法官或行政官员是真实的、世俗的国家的一部分,解决了法律的客观性问题。在《国家的价值与个体的意义》(1914)一书中,施米特进一步推进这一讨论。他认为,什么"应该是"

(法律)和什么"是"(法律)应该是彻底分开的领域,并非为了证明国家的存在,即使法律(Recht)"创造"了国家,也是国家在世界上才"实现"了法律。[69]施米特将国家构想成为兼具世俗性和神圣性的实体,填补了法律和事实之间的缺口。依"法"在施米特那里意味着"没有自然主义的自然法",是(法律是)"起源"并且外在于国家;它是实证主义法律规范所依据的"要素"。国家通过创造实实在在的法律(Recht)或措施(Staatsrecht)而实现了法律。就此而言,每一个国家都是**法治国**(Rechtsstaat)。[70]施米特断言,国家的形而上学角色就是一个真实的、伦理的事实与规范的统一。在国家的"超个人的尊严"出现之前,具体的个人尚不存在;只有得到了国家的承认他才存在。[71]他无视创造于社会及社会冲突中的否定、瓦解和断裂的意义,宣称国家的完美起源;他似乎在新康德主义的唯心主义和新黑格尔主义神化国家的立场之间感到泰然自若。[72]

施米特国家理念的模型似乎是其天主教教堂的概念。在《国家的价值》及其他在战争期间或者战后发表的作品中,施米特将教堂作为世界上具体统治形式的最重要的例子。教堂是上帝法在尘世中的具体体现。[73]与施米特的国家类似,教堂在具体环境中实现了抽象的法律。[74]施米特的"天主教"法学的内容与一些保守的路德派政治思想家的法律统制论几乎没有任何区别。[75]

施米特的国家理论中同时包含自由法律运动、新黑格尔主义以及威权主义的国家主义(用天主教的装束)的要素,它们成为施米特理论中关于形式和秩序的本质和核心。1914年7月31日,随着第一次世界大战和皇帝发布"围困状态"(Belagerungszustand)的公告,他的观点似乎成为现实。战争期间,皇帝将一些特殊权力转交给军队,随着战争的推进,军队全方位地介入社会生活领域。埃里克·冯·法金汉将军从总参谋部首长的位置上引退之后，保罗·冯·兴登堡将军和埃里克·鲁登道夫将军取而代之，军队最高指挥部更加趋向"沉默的独裁"，他们宣布军队拥有干涉和控制社会的权利，并且不受法律和政治控制。[76]通过政治生活的中央集权以及干预国家行政，独裁改变了帝国的联邦主义原则。[77]传统的关于围困状态的法律阐释无法解释这样的军事行为，而施米特的分析超越了对围困状态的传统解释，提出了一套战争状态期间没有法律边界的军事独裁理论。

拉班德为战前德国法律提供了关于围困状态的标准分析。[78]帝国宪法第68条授予皇帝，且只有皇帝在发生内乱或战争爆发时宣布战争状态的权力。[79]独裁是皇帝指挥权（Kommandogewalt）的一部分，不受议会控制。此外，围困期间的军事行动只受军事首领个人判断的限制。[80]管制围困状态的核心条款来自于普鲁士1851年6月4日的法律，这条法律于1848年革命反动期间获得通过。根据1851年的法律，军事首领在其拥有管辖权的地理范围内拥有对行政机关的直接控制权，并拥有发布行政机关必须执行的训令的权力。尽管军队作为执行机关必须服从法律，它在围困时期有权搁置普鲁士宪法中所列举的基本权利。[81]由于大量军事犯罪行为的出现，军队有权创设特别法庭。在特别法庭中审判的罪行都是根据1851年宪法第9条第二部分所界定的罪行，它规定任何只要违反了在围困状态下发布的"禁令"的人都将面临最高一年的刑期。拉班德没有准确界定什么是"禁令"，也没能解释如果军队也服从现存法律，军队发布的指令如何取代法律。有机体论学派的法律分析并没有什么不同。威廉海姆·哈迪辩称，为了追求保存国家的本质目标，军队可以颁布命令，搁置所有公民权利，不仅仅是那些法律明确提到的公民权利。但是，他同样没能解释在紧急状态下依然"服从法律"对军队来说意味着什么；他认为军队不得干涉私法问题,应该尊重"宪法精神",或者说皇帝应该认识到他在"上帝面前"的责任。[82] 没有任何理论能够详细列出军事控制的限度。

第一次世界大战使得限制军队法令这一理论问题变成了实际问题。1915年,最高法院为宪法第9条第二部分提供了一系列异常宽泛的解释,在普鲁士法律下,有效的军事法令的唯一条件是公共安全需要他们保护。存在这一条件的决定性因素是军事首领,不经过平民审查。[83] 实际上,军队有无限权力发布任何指令。对军队无限权力的最强有力的批判来自1916年德国程序法最重要的法学家维尔纳·罗森博格。他有两个基本主张:第一,1851年法律的宽泛解释与其创造者们的"最初内涵"不一致;第二,宪法第5条清晰地列举了军队所能悬置的宪法条款,明确排除了对其他所有宪法规范的侵犯,以及所有那些并非明确基于基本权利的亚宪法法律。军队无权颁布具有正式法律地位的命令。它不能废止之前的法律,也不拥有颁布命令的无限权力,尤其不可染指经济活动的领域。[84] 在保卫国家时,有人试图清除军事行动的法律障碍,主张"铤而走险"(necessity knows no law),罗森博格的条文主义法律解释反对这种观点。[85] 施米特的文章攻击了罗森博格的批评。

施米特将自己的文章设计成与罗森博格就如何界定独裁的概念之争,否定了它与围困状态之间事实上的联系。[86] 施米特坚持认为,独裁和围困状态是两码事。他认为,在1793年至1848年间,这两个概念已经被错误地等量齐观了,当时,国家的注意力更多地关注在现存宪法框架内镇压国内骚乱。围困状态授权军队执行必要的法律,以完成某些具体的任务。军事首领被批准控制所有行政机构并有权悬置某些权利。但是,军事首领的权威来自于围困状态之下立法者的授权。军事独裁悬置了立法与执行的分立:独裁机构授予执行(部门)或军队以立法权。施米特总结说,"在围困状态下的行政机构内部产生了集权,但立法与行政的分立仍得以维持;在独裁之下,立法与行政的区别继续存在,但是这一区别已经转移,因为同一权威既控制了法律的颁布,也控制了法律的执行。"[87]施米特早期工作的评论者大体上都从表面意义来理解以上陈述。[88]因此,他们就错过了施米特的执行概念及其历史范例的微妙之处。

施米特论文的第一段就要求拆解"围困状态"之下混成一团的"异质"概念。接下来,施米特声称,自从管制围困状态的德国法律在法国立法的影响下被制定以来,人们就必须检视法国宪法的历史以解释其中的基本概念。这一主题随着写作的推进而变得更加明显:"诚然,法国思想对普鲁士行政和军队体系内部改革的影响并没有通常想象得那么重大。尽管如此,德国各州的宪法已经接纳了它们的术语,不可能与那些概念永远分开,普鲁士围困状态的历史与普鲁士宪法的历史也无法相分开。"[89]以"诚然"为开篇的文章先于君主立宪传统中的一个基本分裂,即行政与军队(君王的领域)和立法等权力之间的分裂。[90]在行政机关完成实质性目标并且参与"法律事务"时,立法机关却颁布了许多抽象的法律规范或法律规则。施米特使立法与行政间的区分成为其分析的核心,并且进一步将此"国家化"。行政权依然属于普鲁士,但是管制大量规范制定的正式规范系统(宪法和法律的正式概念)与法国概念系统的术语乃至本质,密不可分。[91]施米特指出,在民族与法律概念或法律文化之间存在着本质的关联。

施米特辩称,围困状态的主导性概念来自于1789年至1848年间法国的解释。这一概念背后的指导原则是权利分立理论,它植根于洛克和孟德斯鸠。为了个体的利益而制衡国家权力的理念在相对主义国家理论中得以延续,而与法国大革命所得出的"绝对公理"无关,在大革命中，这一理念被视为"带有教条主义的同情"。[92]该理论只能将围困状态期间由宪法或立法者授权采取的军事和行政行为概念化。不可否认，实现一个具体而真实目标的过程可能会要求一些宪法权利被悬置起来。"悬置宪法规则这一老问题因此总是成为事情的重要特征"，施米特在提到1848年法国大革命时这样说道。[93]但是，甚至卡芬雅克（Cavaignac）将军在1848年就认识到了他在宪法系统中所处的位置，并且作为一个"正确的军人"，他"在任务完成之后将所有权力归还给代理人当局"。[94]在围困状态下，无论是因为国外战争还是国内骚乱的原因，即使在部分制度被悬置时，军队也仍然停留在制度之内。于是法国有了一个机械主义的军队概念："法国的概念总是强调军队仅作为执行机构的本质；它将军队视为最卓越的执行机构，一个国家权力的综合体（staatlicher Machtkomplex），它与行政的融合是如此彻底，以至于原则上如果没有外部力量的刺激就不会发挥作用。"[95]不论普鲁士宪法第9条第二部分被解释得多么宽泛，关于围困时期的法条完全从属于这个以所有行政权力的授权为基础的体系。[96]

施米特认为，军事独裁与围困状态的概念完全不同。它产生于1793年的法国，当时的法国正被一支入侵的敌对势力包围，法兰西国家正处在生死存亡的紧要关头。[97]面对这些危险，公共安全委员会以卢梭哲学为基础，转向一个完全不同的的概念化制度。通过基于立法和行政权力二元论的国家概念，三权分立原则中的相对主义即将被克服。[98]但是卢梭维持了一个立法优先于行政的概念化制度："人民主权的真实表达在于立法机关：它是大脑，行政机关只是胳臂，这一比较来自于公约所描述的实践后果。"[99]卢梭没有跳出"法律和执行之机械对立的术语"。[100]1793年独裁在同样理性主义的法国制度中保留了概念化的形式，施米特在《法律与审判》中已经批判过这一点。它假定具体的行政行为可能源于一套抽象规范,即宪法。[101]

到目前为止,施米特已经讨论过围困状态和独裁,二者均包括立法机关向军事机关授权或者由立法机关直接承担行政权力。施米特话锋一转,转向讨论行政机关的前景。就此而言,法条似乎只不过是"处在行政机关的创造性活动优先权内部的框架"。根据施米特的观点,框架内的行政行动不是封闭的,因为实体规范永远不可能囊括行政机关(创造性地)实现的所有具体目标。[102]施米特通过援引凯尔森和雨果·普罗伊斯的观点[103]区分了理论与实践。事实上,实践压倒了理论。对于理性主义原则或者宪法规范来说这是不可化约的。实际上,行政机关拥有初始(originary)地位;它优先于立法机关所创造的抽象规范。施米特认为,行政决断不仅在哲学上,在历史上也是基础性的:"初始状态(Urzustand),如果有谁被允许使用这个词,那也是**行政机关**"[104]初始领域"外在于"抽象的法律,因为它是一个具体的领域,一个用具体措施实现具体目标的领域。围困状态是起源的某种神奇回归。它悬置了正常时期束缚军队的法国宪法理性主义:"在(实在法)范围内,对初始状态(Urzustand)的回归发生了,可以说,军事首领(在其中)活动,就像行政国家先于权力分立:他决定用具体措施作为手段达成具体目标,不受法定限制的阻碍。"[105]施米特所讨论的是围困状态,而不是军事独裁。但是他颠覆了法律的概念。通过转向实践的逻辑,他破坏了在论文第一部分中审慎规划的委托权威观念。从行政军事的观点来看,围困状态已经悬置了三权分立原则。[106]宪法第9条第二部分在施米特的这部分论辩中没有任何地位,或者是因为如果它们属于具体实践的无限领域中的一部分,那么无论执行命令是否"合法"都无关紧要。[107]

施米特的独裁概念更进一步,它彻底区分了立法机关和执行机关。所有具体措施都会立刻成为有效法或法律。具体(措施)征服了抽象和认知领域,抑或只是**谩骂**(黑格尔的术语)。[108] 当施米特从执行的视角讨论概念时,他转而使用黑格尔式的末世论语言:"如果黑格尔的构想仍然可行,它的特征就应该这样理解:早先的、尚未分化的国家整体是肯定;权力分立是否定;围困状态象征着(在特定范围内)正面的回归,但独裁是否定之否定,也就是说权力分立被搁置了,无可否认的是它同时也被接管了并且已经事先界定。"[109] 军事独裁象征着实在整体的回归并且被提升到更高层次。或者转向历史实例:被敌人包围,国家的生存被威胁,国家生活所有领域中的具体措施立刻被正当化,不理会对这些行为的假定的法律限制。总体战争的逻辑以全新的、理想的高级形式实现了国家的初始统一。[110]

施米特的论文结束得模糊不清,它认为,无论是立法权接管行政权或是行政权接管立法权,独裁的概念应该保持不变。[111] 如果这个描述性观点是这篇论文的唯一论点,那么我们就不得不认为它是失败之作。它既没能清晰建立类似的宪政规范,也没能解释历史事例如何与具体情况联系起来。但是如果从它可能或即将得到的接受角度来理解,那么,这篇论文又提供了一个迥然不同的解读视角。特别是对战争期间德国宪法发展具体情况的观照又使得他的论文散发出非同寻常的光芒。帝国宪法中各方力量之间的谨慎平衡状态受到来自两个方面的威胁。帝国议会要求通过转向议会统治的方式进行基本改革以提高其有效性,但兴登堡将军和鲁登道夫将军执掌的总参谋部则不断获得更多权力,操纵或忽视皇帝,以创立一个帝国主义的或"独裁的"制度。考虑到这些不同的选择,施米特无视议会或行政控制的问题,就是难以置信的。

但是,这篇文章允许人们得出多种不同的结论。从一个角度来看,施米特的含蓄观点有可能成立:1917年的军事独裁是必要的,因为德

第二章 纯粹法学与军事独裁

国四面楚歌,国家存亡危在旦夕。但是,其独裁典范却是1793年的民主恐怖,对于传统的保守派或者自由派来说,这恐怕不是一个令人喜欢的案例。如果认真看待施米特的案例,人们就可能将这篇文章解读为对军事独裁的保守主义批评。如果认真对待施米特文章开头部分对普鲁士的行政机关和军队与法国宪法所做的区分,那么解读方式又将有所不同。或许施米特是在开展对宪政主义、理性主义以及代议制政府的激进且保守的批判。如果独裁代表了普鲁士的行政机关和军队对民主的理性机械主义的法国观念体系的胜利,它因此也是对雅各宾恐怖专政的胜利吗?施米特文章中所隐含的选择因而将变成议会专制主义和1793年的恐怖专政,或者是帝国主义以及向普鲁士行政国家的回归,完全排除了宪法的逻辑。[112]

施米特运用一种几乎是启示录式的风格,尤其是他颠覆法国宪法的逻辑以达到对**初始状态**救赎般的重新发现的时刻。他的风格令这一问题更加尖锐。战争期间正常的法律情境被搁置,以便国家能够迅速而直接采取行动保存国家的统一与生存。施米特似乎想说明,危机时期德国的选择要么是帝国主义或者代议制政府,要么是普鲁士或者法国。他将读者带到危机时刻,却没有解决这一难题。然而在1917年,从曼到舍勒,从齐美尔到科勒的施米特的知识分子读者们都已经接受战争的正当性,即视之为德国**文化**(Kultur)反对法国**文明**(Zivilisation)的战斗,那么法国的案例就不能被解读为学术性的和价值中立的,而应该被解读为一种证据,即德国宪法以非德国概念为基础,并且代表了德国正在与之战斗的一种逻辑。从这些角度来看,施米特的文章彻底否定了"西方"宪政主义。宪政史学家汉斯·博尔特将施米特在魏玛时期的著作和约瑟夫·科勒关于战争不受法律界限约束的作品归于同一类型;正如本章里所提到的,施米特的战时作品看起来与科勒的方法十分契合。[113]

施米特的论文严重破坏了法律解释的实证主义风格。他将理论与实践、正当性和有效性、宪法和行政机关之间的对立推向极端。在这方面，他将传统法律学术的范围扔在后面，就像凯尔森通过用求法律科学的纯粹性而离开格贝尔—拉班德式的温和风格一样。但是施米特和拉班德一样，在机构行为和认识论两个层面继续将法律和政治分开；在具体情境下面对国家的需要时，施米特就将这些实证规范变成了彻底"非政治的"且不必要的规范。对施米特和凯尔森来说，格贝尔—拉班德传统中的国家的模糊概念为颠覆整个传统提供了契机，就像传统的基础（立宪君主制）正在崩溃。

第三章

激进的宪政革命：
法律实证主义与《魏玛宪法》

在德国统治精英看来，第一次世界大战爆发得正当其时。社会民主党人与保守主义者、自由主义者联合起来支持1914年8月4日的授权法案，批准战争贷款并将大量权力转交给行政机关。人民在皇帝和政府的代表之下显得格外团结。但是一方面来说，长期的战争凸显了君主立宪的二元倾向，暴露了君主和军队之间的僵化；另一方面暴露了代表帝国议会的政治和社会团体之间的对立。整体战的需要迫使政府不得不依赖社会团体以实现管制战时经济的目的。瓦尔特·拉特瑙（Walter Rathenau）这样的私人企业家和管理者协调原材料的分配；工会和雇主合作确保战争物资的生产；社会团体实际上行使了国家的权力。尽管如此，君主、政府以及军事精英们仍然抵制1917年宪政改革的呼声，反对通过议会正式实现政治控制。最后，面对军事上的失利，政府在1918年10月打开通往议会君主制的通道。但是，一个月之后发生的革命却使这一改革显得不再重要。[1]

人民主权与德国宪法危机

1918年9月,君主制崩溃了。革命党所做出的第一个基本决议是新国家将是一个共和国。从12月16日至12月20日,柏林国会中的士兵委员会和工人委员会开会讨论革命的未来。当地革命机构的代表们投票选举出一个全国性议会,为德国起草新宪法。那次投票表达了对一个以议会为基础的制度的支持,而不是以委员会为基础。新德国将成为代议制共和国。[2]

临时政府总理兼社会民主党主席弗里德里希·艾伯特任命雨果·普罗伊斯起草新宪法。普罗伊斯是一位帝国时期为数不多的左翼自由主义宪法学家。此外,他还是一名坚定的民主党人,曾在柏林地方政治活动中与社会民主党人密切合作。在被任命的当天早晨,他对工人委员会发表了广泛的攻击言论,称他们是与独裁国家相反的另一种独裁。[3] 1918年12月9日至12月12日,普罗伊斯担任包括马克斯·韦伯在内的十二人专家会议主席,分别代表左翼自由主义德意志民主党(DDP)、天主教中央党和社会民主党。[4]宪法第一稿由普罗伊斯撰写,1919年1月3日完成,他制定了新宪法的主要原则,决定由一个强势的总统来制衡强势的议会体制。在扩张联邦权力的两个案例中,它也大大削减州的权力并列举了非基本权利。1919年1月19日,德国的选民选举出国民议会(the National Assembly)。魏玛的议会不仅能够避免柏林的街头暴力,也可以避免与旧体制中普鲁士的霸权传统联系在一起。议会民主制原则虽然继续有效,但国民议会已在逐渐为人所熟知的《魏玛宪法》中加入了更强有力的联邦主义和基本权利的元素。[5]

即使对联邦主义做了让步并接受了基本权利,但如果根据法律实证主义的首要规范来解释新宪法的话,新宪法必须肯定议会民主的革命性原则。法律的首要(原则)将导向议会主权的学说,实证主义对权利的解释却将会强调最高立法机关法律限制的缺失。当一个民主选举的议会取代皇帝和帝国议会而成为法律的创制者和国家意志的最高表达时,拉班德实证主义的政治功能同样也会改变:现在,它肯定了新宪法的民主原则。

对《魏玛宪法》肯定代议制民主的一种解读,来自于魏玛共和国法律实证主义最重要的代表人物理查德·托玛和格哈德·安修茨。托玛出生于1874年,是巴登一名工厂主的儿子,他的父亲是法律实证主义原则的早期拥护者。[6]格奥尔格·耶利内克1911年去世之后,托玛接替了他在海德堡的公法教席。他很快便成为玛丽安娜和马克斯·韦伯学术圈子的亲密成员。[7]安修茨1867年出生在哈雷(Halle),他的父亲是当地的一位法学教授。安修茨年仅23岁就参加了学位论文答辩,那时他已经是拉班德原则的追随者,赞成帝国的君主立宪制。他的前革命时期的著作将帝国议会和过度议会化视为对德意志宪法的威胁。[8]第一次世界大战期间,安修茨重回几年前曾经放弃的海德堡教席。他将左翼自由主义氛围带进校园,开始号召改革,以更好地将德意志人民整合进政府,并克服俾斯麦制度中难以根除的二元主义。[9]安修茨与普罗伊斯和韦伯一样的左翼自由主义者们在战争期间开始鼓吹改革,革命之后他被邀请参与新宪法的起草工作。[10]

托玛和安修茨在共和国的宪法论战中扮演了核心角色。安修茨撰写了《魏玛宪法》的标准评注;它共有14个版本。他们两位在编辑和出版《德国国家权利指南》(*Handbuch des Deutschen Staatsrechts*)中居功至伟,它是最重要的一部魏玛国家法指南。[11]当国家自由主义在战争结束后不复存在时,他们选择加入左翼自由主义的德意志民主党(DDP),而不是反共和主义的、信奉自由主义的德意志人民党(DVP)。[12]1933年以后,他们都没有放弃共和主义承诺。安修茨拒绝与1933年的新政权合作,并退出公共生活。[13]在独裁期间,托玛保持低姿态,于1948

年之后重返公共生活。[14] 对这两位法学家著作的审查显示,法律实证主义方法的解释肯定了《魏玛宪法》的民主原则。

人民主权与代议制民主

《魏玛宪法》的序言写道,"德意志人民,在每个地方都是团结的……为自己制定了这部宪法。"安修茨指出,序言清晰地将共和国与君主制帝国区分开来,根据序言,共和国是各国君主的联盟。魏玛共和国是"德意志民族的国家共同体……我们(人民)就是帝国(Reich)。"[15] 民主意味着整个德意志民族的统一体,却不考虑个人居住于其中的特殊的**州**。德意志国家所采取的所有行动都被假定为源于德意志民族。正如第1条规定所宣布的那样:"德意志**帝国**是一个共和国。所有国家权力都源于人民。"[16]

安修茨为民主制做出的基本选择粉饰了他在魏玛共和国期间的所有著作。在1922年海德堡大学的演讲"《魏玛宪法》的三个主要理念"中,他强调了判决的政治面向。他无视反民主的学生群体的抗议,将民主视为德意志制度的基础。[17] 演讲的最后一句,他所给出的**民主**一词的具体定义是:"爱与所爱的事物遭到不共戴天的死敌的仇恨不可分开,对祖国的爱也是如此。因为它是神圣的,所以它所欲求的就是恨。不要将你的恨转向你的民族同志(Volksgenosse)和公民同胞,而要放在该恨之处。敌人既不在左也不在右,他在莱茵河上。"[18] 对于安修茨来说,民主意味着拥有公共利益的民族统一体,战争期间的民族统一体是最好的说明。安修茨持有"国家利益"居首要地位的观念,将自己置于国家自由主义传统之中。他遵循统一体的原则,谴责工会和雇主组织,认为他们寻求实现他们的特殊利益超过民主国家预设的普遍利益。[19]

作为一名法律实证主义者,安修茨明确地将其政治考量与宪法条款的形式意义区分开来。从形式法的视角来看,人民主权意味着享有普遍而平等的投票权的活跃公众,他们是所有国家权力的来源。[20] 既然宪法规定了统一的国家,宪法的形式分析需要审查那些个体投票者可以创制法律的程序。在一般情况下通过帝国议会和总统,在个别情况下通过审慎界定的直接民主的形式进行审查。

国民议会最终创制出代表制度,它是战争结束后激烈政治冲突之下的产物。左翼自由主义者和社会民主党人在1916年和1917年呼吁代议制政府时,他们已经预料到君主制将继续存在,制衡帝国议会的力量。随着君主制的崩溃,自由主义者和保守主义者同样表达了对"议会专制主义"的担忧。马克斯·韦伯明确提出,需要一个强有力的领导来平衡议会的权力。[21] 韦伯提出总统必须有权命令军队且不受议会的控制,普罗伊斯委员会拒绝了这一极端要求,却接受了韦伯的另一观点,即需要一个人民投票选出并掌握权力的总统来分散帝国议会的权力,与强有力的帝国议会形成制衡。[22] 政府各部及首相都相信,帝国议会的要求将确保制度统一并限制总统的权力。在国民议会论辩期间,普罗伊斯委员会所提的一般性提案在很大程度上保持完整。[23] 其他所有党派都拒绝了独立社会民主党人所提出的放弃总统制的意图。比较中立的社会民主党人限制总统制权力的努力也同样失败了。国民议会的绝大多数代表更加关心阻止出现议会专制主义的可能性,而没有警惕强大的总统。赋予总统紧急权力的宪法条款(后来的第48条)几乎没有被讨论过,只是被当作1871年帝国宪法和1850年普鲁士宪法的衍生品。[24] 结果是拥有议院的议会对抗强有力的总统,双方都以人民主权原则为基础。

帝国议会在新宪法中居于核心位置。与1871年宪法相比,《魏玛宪法》赋予帝国议会通过法律的权力以及处理自身事务的权利。虽然国家,即州(现在被称为独立的州)的集合可以否决帝国议会通过的法律,但帝国议会也可以否决州法律。[25] 帝国议会有权要求各国首相出席,他们必须回应代理人向他们提出的任何问题,他们必须服从国民议会的信任投票来保住他们的职位。[26] 最后,帝国议会可以提起对总统的罢免投票(a recall vote)。总统七年选举一次,他是国家和行政机关的首脑及武装部队的总司令。[27] 他任命各部部长和首相,在议会信任的条件下决定国家政策的主要方向。总统有权解散帝国议会并发起新一轮选举,但是宪法模糊地规定(第25条),总统不能以同一理由两次这么做。[28] 与君主不同的是,总统需要明确服从法律的统治。一百位帝国议会代表就有权以侵犯法律为由将总统传唤至新的国家法院。[29] 最后,第48条授权总统使用武装力量以确保在**州**中执行法律(第1段)或恢复"公共安全与秩序"(第2段);在后一种情况下,他同样被授权废止特定的个人权利。总统的紧急权力受到帝国议会废止其措施、总统必须告知帝国议会等权利的限制。第48条使议会和总统相互制衡,因此,总统能够回应共和国所面临的紧急危险,而帝国议会仍然可以限制总统的行为。[30]

统一的德意志国家是宪法的根本。它选举帝国议会和总统,是最高机关之间冲突的最后依靠。在总统解散议会时,它号召人民选举新一任代表。同样,如果帝国议会以三分之二的多数通过了罢免总统的决议,它也会号召人民进行新一轮投票选举新的总统。如果代表个别**州**的参议院反对帝国议会的法案,总统可以将该议案提请全民公决。它可以用同样的方式处理已获通过的法案和年度预算。最后,如果10%的投票者这样要求,帝国议会就必须考虑这一提案,如果未获通过,就必须交给人民(第73条)。因此,所有的法律和命令都直接或间接地听从人民的控制。[31]

在实证主义传统中,主权在法律意义上是无限制的。安修茨和托玛在分析《魏玛宪法》时将这一原则带进其逻辑结论中。第76条创制了修改宪法的规则:修改宪法的有效条件是,至少有三分之二的帝国议会代表出席,这些代表中有三分之二的代表投票通过宪法修正案。如果参议院提出异议,总统会将该议案提交全民公决。如果抛开这些形式规则,那么,就不存在对人民及其代表修改宪法权力的实质性限制。安修茨重复了拉班德关于1871年宪法的观点,他说道:"宪法没有高踞于立法机关之上,而是处在恰当的位置。"[32]托玛认为,通过第76条,根据实在的、宪法规定的程序,人民有权根据他们自己的利益决定他们自己的政治形式。[33]但是,宪政制度必须预设拥有民主信念和意志的公民在议会民主的范围内活动,它不能事先涵盖文化整体的实质性统一体。[34]

对魏玛的实证主义者来说,代议制民主与人民主权关系密切。主权曾经出现,潜在的**制宪权**(pouvoir constituant)能够让国家的政体走向任何国家认为最好的方向。[35]通过将**民主**中的**人民**(demos)作为已经存在的统一体概念化,在这个基础上建立新的国家权力,安修茨采取了强硬立场,反对州权利的鼓吹者。

人民主权与州的权利:
安修茨对联邦主义的抨击

普罗伊斯在评论《魏玛宪法》第一稿的备忘录中写道,转向人民主权必须消除旧时代的"集体君主",即参议院。他建议用国家议院取代参议院,国家议院是由民众选举出的类似于美国参议院的更高的议会。草案也将普鲁士分割成许多较小的行政区域。普罗伊斯的提案被报纸泄露出去,引起了各个州的强烈反对,其中的很多州是在革命成功之后刚刚通过人民的力量重新建立起来的。这一建议被废除了,建立了帝国参议院(Rechsrat)以取而代之,它是旧的联邦参议院的缩水形式。[36]

从表面上看,**州**在帝国参议院的最高层保留了联邦的代表。如同联邦参议院一样,帝国参议院的代表由各**州**的政府任命。《魏玛宪法》没有明确承认代表有权根据他或者她的信仰投票,只是含蓄地将代表与他们所代表的**州**政府的命令捆绑在一起。普鲁士仍然没有被分割。为了缓和与牢固的柏林联盟的对抗,新宪法要求一定比例的普鲁士代表由各省任命。[37] 与联邦参议院不同,帝国参议院没有司法权力。裁决各州之间宪法冲突的权力移交给新的国家法院(第19条),宪法层面上的其它冲突则由联邦法院管辖(第13条)。[38] 帝国参议院的立法职能被削减为仅仅有权否决帝国议会通过的法律,而且这种没有保障的否决权可以被帝国议会的三分之二投票或者以德国公民以全民公决的形式所推翻。在其他方面,帝国参议院的权力几乎完全集中在行政领域,包括向政府提出议案、组建与**州**的事务(比如铁路管理局)明确相关的监督委员会。

《魏玛宪法》削弱了德国的联邦主义。安修茨称赞了这一过程,视之为捍卫民主的一部分,而民主则被他视为人民与国家的统一体。他1919年对普鲁士邦的批评与普罗伊斯的观点一样是强有力的:"(普鲁士的问题,)在目前情况下只能通过拆解来解决,只能将普鲁士拆分为多个部分,以更加紧密的历史共同体(宗教、伦理或者经济)来满足实现政治独立的需要。"[39] 安修茨后来拒斥了极端立场,甚至承认普鲁士在共和国内构建国家统一体的"使命"也没有完全实现。但是,他从来没有停止怀疑,允许一个覆盖了共和国三分之二的实体成为一个国家是否明智。[40]

在1922年的《〈魏玛宪法〉的三个主要理念》讲座中,安修茨的"整体主义"(unitarist)政治学与拉班德主义的方法联系在一起。对于安修茨来说,《魏玛宪法》一次性解决了帝国时期关于德意志是不是一个国家的所有争论。它当然是一个国家,"人民统一于一个最高权力之下"。同时,共和国命令各州(邦)实行代议制民主的基本原则。第17条规定,每一个州(Land)的人民议会都必须根据比例代表制原则,由普遍、平等、直接、秘密的投票选举产生,所有州的大臣都必须获得人民议会的信任。通过第17条,共和国有权阻止州回归君主的统治,或防止采纳某种形式的阶级或委员会投票。对安修茨来说,《魏玛宪法》解决了旧帝国主权归属的争论:毫无疑问,它属于共和国。[41]

关于统一的政治争论同样引导了安修茨对宪法的法律解释。拉班德曾坚持认为,联邦参议院是1871年宪法的主权来源,个别国家只保留有限的统治权。安修茨将这一理论用于解释《魏玛宪法》第18条,以说明新德意志国家是一个整体。第18条第1段授予帝国议会只要三分之二的多数就能改变任何州的边界的权力。这一条款也潜在地限制了立法机关的这类行为。第一行要求"适当考虑相关人民的意愿"。一些学者认为,该法条为立法机关的行为设置了绝对限制,即使做出小规模的改动,联邦主义体系本身也是不可侵犯的。其他学者将这一条解读为,为州提供了要求对帝国议会的行为进行实质性司法审查的一条路径,以观察受影响的民众是否被充分考虑了。[42]但是,安修茨仅将这一规范解读为一条"指导原则",即,"如果立法机关,比如帝国议会,没有遵守这一原则,就没有人可以……使他们对此负责"。[43]

汉斯·纳维雅斯基(Hans Nawiasky)是巴伐利亚的一位民主党人,

他遵循保守的巴伐利亚排外主义者马科斯·冯·赛德尔发展的实证主义方法，认为宪法第18条无效，因为1919年的立宪议会没有权威当局从一开始就颁布涉及**州**边界的法律。[44]安修茨反对这种观点：宪法的序言中已经明确说明，革命的权威行动使联邦政府在政治制度中成为最高统治权力；此外，宪法的所有方面都要服从由法律（尽管需要一些特殊条件，如三分之二多数票）而导致的潜在变化，而且，没有任何司法案例说明"本质性"的宪法高踞于帝国议会之上。[45]

州对共和国的服从也是安修茨解读第48条第一段的标志，它允许总统使用强制权力以确保**各州**执行联邦的法律。安修茨认为，对这一行为的唯一要求是由总统来判断**州**有没有履行法律义务。[46]那维雅斯基延续了联邦主义的观点，他认为**州**同样有权质疑总统的解释，如有异议可以上诉至国家法院。[47]安修茨同意这一观点。但是他认为，即使没有法院的裁决，干预本身也会发生；这是民选总统而不是司法机关的决策。他进而认为，在法院没有做出裁决的时候干预也会发生。[48]实际上，即使没有法律调解在先，**各州**也必须接受总统的直接干预。安修茨在对第48条第一段的解释中，提供了一个直接的、等级制的控制理论，拒斥了一个联邦主义概念，即认为**州**与联邦国家建立在同样的基础之上，是由法律调整的具有同等权利与义务的实体，这和他在更早的时候对"整体性"国家概念的解释如出一辙。[49]

安修茨对第13条所规定的**州**的法律和联邦的法律间关系的解读，再一次表达了其反联邦主义的观点。这一条由两段看起来相互矛盾的解释所组成。简单地说，根据第13条第一段，"联邦的法律破坏了**州**的法律"。但第13条第二段却授权**州**上诉至新的最高法院，即国家法院，以裁决与联邦政府的冲突。安修茨为第一段的首要地位辩护，它证明了共和国享有主权。联邦的法律居于**州**的法律之上，是"更高级的、法律上更强有力的意志"。[50]

安修茨持有一种与拉班德类似的形而上学的国家观,将国家视为一个存在于法律之前的真实的、有意志的实体。在这方面,他很容易受到与帝国时期凯尔森对拉班德的批判一样的批评。1929年,凯尔森批评了安修茨解释联邦主义这些方式,认为简单地宣称联邦的法律高于州的法律摧毁了联邦主义基于其上的特定法律关系。[51]安修茨做出了尖锐的回应,认为联邦国家与邦联国家既然相反,小国就必须服从联邦国家。[52]接下来的几年中,安修茨将会修订自己的观点,甚至在面对冯·帕彭总理1932年明目张胆地"协调"掉普鲁士政府这一行为时,呼吁对总统干预州的事务进行更加实质性地司法审查。但是在1929年之前,安修茨的立场仍然是在承认宪法的同时肯定现存的强有力的、整体性的国家。

《魏玛宪法》的基本权利:
世界观和立法的指导原则

1871年宪法没有列举基本权利;这些权利在其他法律体系当中有所涉及。与此相反,《魏玛宪法》的权利部分由57条组成,每一条都规定了一个或者更多的特别的权利。普罗伊斯和韦伯都不喜欢这一趋势。他们反对将宝贵的时间浪费在权利上,因为依据1918年以前的法学家的观点,权利没有任何具体意义。尽管如此,来自于各政治党派的压力却都要求普罗伊斯委员会将基本权利纳入宪法之中,并且要求将传统"自由主义"的十二种权利(如言论、隐私、财产以及集会等自由)纳入第二次修订稿中。[53]在国民大会的演讲中,社会自由主义者弗里德里希·瑙曼(Freiedrich Naumann)认为"老旧的""自由主义的"权利攻击只是"博物馆里的残片",已经无法以人民能够理解的方式表述宪法中新的文化统一体的概念。根据他们的立场,他呼吁一系列表达有助于国家和社会发展价值的权利。他所提议的权利包括"规则和自由是兄弟"以及"德意志,德意志,在一切之上,在全世界之上"这样的语句。[54] 国民大会1919年3月任命的一个由天主教中央党的代表康拉德·拜尔勒(Konrad Beyerle)领导的委员会,从瑙曼的建议中发展出一种在法律上涉及个人和社会权利的新制度,委员会参加了国民大会6月份的辩论。[55]

瑙曼希望新的权利清单能够表述一种德意志文化世界观,它既不同于俄国的布尔什维克主义,也不同于美国的资本主义。这套权利最终获得了批准,它们似乎描述了德意志生活的所有方面,涵盖了广泛的权利承担者,从个人(第1节),到家庭和社区(第2节),到学校(第3节)和教会(第4节)这样的公共机构,到经济机构和所有国民的福利(第5节)。极右的德意志民族人民党(DNVP)的代表满意地将这一清单描述为一个精神性的整体,它深刻认同了德意志人民根深蒂固的基督教信仰。[56] 他的解释过于夸张。这张权利清单远不是一个一致性的整体,而是将保护团体基本利益的妥协编进了宪法,正是这种妥协拼凑了宪法。

国民大会批准了这张长长的权利清单,却没有关注这些新的社会和文化权利的适用问题。[57] 因此,法律实证主义者以传统的方式处理了这些权利。安修茨在解释《魏玛宪法》的基本权利时,使用了大约在十年前评论1850年普鲁士宪法的相同评论。他将权利划分为三种类型。首先是没有法律意义的程序性规范。这些规范指向立法机关,其任务是将这些模糊的规范转变成为可应用的法律。"细节应该由国家的专门法律决定"这类语句,将第163条中的权利修改成失业救济的意图十分明显。因此,整套基本权利对安修茨来说在司法上是毫无意义的。[58]第二种权利所构成的规范根本不是权利,而是国家要求于个人的义务或命令。[59]第三种权利给予个体公民在自由领域内(对抗国家的消极界定)享有对行政或司法侵权的追索权。只有在他们认识到了一个外在于国家本身的行动领域时,这些权利才是主体性的。[60]根据德国法律实证主义传统的权利阐释,安修茨认为,这些权利对于执法和司法的形式过程是不可侵犯的,但对于法律本身来说并非如此,帝国议会应该决定法律的内涵。

根据安修茨的观点,个人权利的第一部分模仿了包含在19世纪德国各宪法中的"自由主义"权利,实现了保护公民免于行政机关侵犯的第三种功能。平等、个人自由、隐私以及自由表达等权利都是主观的权利,必须服从以形式正确的法律为基础的限制,这与1850年普鲁士宪法如出一辙。例如,在明确规定隐私可以被侵犯的特定条件下,隐私权可以受到法律的限制。[61]简单地说,第109条第一段确保了法律面前的平等是实用的并且被裁定的,而非法律的"本质"或"非正式"内涵意义上的平等。[62]立法机关可以决定平等的意义,以作为多数人的选择。

权利清单中的"社区生活"部分处理了家庭生活、公务员的权利和公众集会的权利。规范家庭生活的条款提供了一些宪法所采取的复杂妥协的洞见。第119条第一段承认婚姻是"家庭生活的基础",将这一制度置于宪法的特别保护之下,附带婚姻"依托于两性的平等权利"声明。第119条第三段赋予母亲们"向国家要求保护和照顾"的权利。第120条声明,家长有权用他们认为合适的方式教育孩子。第121条写道:"根据法律,应该向非婚生子女提供与婚生子女同等的身体、精神和社会教育的机会。"安修茨认为这些条款保护了一夫一妻的婚姻制度,是家庭法的基础,反对了"某些共产主义学说",[63]回应了天主教中央党在宪法协商中强力辩护的立场。正如爱德华·布拉格在国民大会中所说的那样,"婚姻是人类社会得以保存的支柱……因此我们希望保护它免受任何危险"。他引用《圣经》中的段落,赞成非婚生子女应该得到充分的照顾,但坚决要求公开谴责不负责任的父母。[64]安修茨同意这一说法,他和其他法学家一样,将家庭权利视为民法规定的家长制婚姻的扩展。[65]但是与此同时,他肯定了宪法的开放本质。他声称,如果有三分之二的多数支持,帝国议会也可以改变这一基础。

左翼阵营不顾天主教中央党和保守主义认为此举将会破坏家庭的反对,安修茨十分重视要求保护非婚生子女的条款并制定出来。[66]独立社会主义者露易丝·齐茨要求,应该根据第121条重新审查那些用来规范非婚生子女权利的民法段落,其中,非婚生子女被赋予来自于父亲的继承权,女性有权结束一段婚姻而不失去抚养孩子所必需的财政保障。她认为,缺少其中的任何一点都会使婚姻制度与在法律上制裁卖淫没什么两样。[67]齐茨认为这些权利包含了贬损的力量,安修茨拒斥了这一观点。但是他同意,它们为立法机关设置了改善非婚生子女的经济和社会境况的政治任务。[68]实证主义的解读再一次维护了帝国议会在决定某项权利的具体内容时所具有的优先地位。

然而,认识到废除权利必须得到三分之二多数的同意,实证主义者察觉到妥协对于社会和平的重要性。这种妥协处于政治生活的核心。例如,在教育和宗教权利领域中达成了一个艰难的妥协,尽管存在着巨大的争议,却在今天仍然起作用。一方面,新国家表述了"奠基条款":将不会有国教(第137条),并且所有学校都将由公共机构监管。另一方面,已建成的教堂作为公法法人在国家授权下将有权筹集税款,并且有权建立公共的、以教会为基础的初等学校。[69]

基本权利的第五个领域,"经济生活",反映了1916年到1919年间劳工和资本之间出现的合作与妥协。第151条保护贸易与工业的自由，第152条承认联邦法律界限内的契约自由；同样，第153条保护私有财产，只是保护的范围和施加的限制由法律决定。正如安修茨所注意到的那样，资本主义的基本经济机构得到了明确保护。[70]但是安修茨宣称，由于宪法同时规定了"财产的义务"并且应该服从公共利益，社会主义的价值也因此而进入了宪法。[71]他的分析表明，资本主义和社会主义的原则被同时包含在基本权利中。对于帝国议会来说，他们的任务是未来必须在左翼和右翼之间产生一个折中方案。

左翼和右翼的反实证主义法学家们试图克服安修茨对立法机构的限制与服从。例如，卡尔·施米特及其学生们反对一致的制度能够建立在对基本价值的妥协之上，要求用明确的决断取而代之；例如，要么用资本主义，要么用社会主义。[72]理查德·托玛反对从共和主义的和实证主义视角出发的（宪法）解释。虽然存在着许多相互矛盾之处，但是只有将权利清单视为一个整体，才能满足共和国批准和接受宪法所需的多数观点。从这一角度来看，这些矛盾并非表示决策的失败，而是意味着将相互冲突的团体整合进国家的妥协以及在代议制民主的框架内对未来决策的开放。[73]

就基本权利的本质意义进行争辩就是主张民主选举立法机关的权利，没有任何其他国家机关能够决定那些基本权利的内容。在实证主义明确约束的支持下，托玛得出了政治性观点。与安修茨一样，他主张到达某一时间之后，国家法将会消失，这些解读将会变成关于立法的政治辩论。[74]正是在这一点上法学家们需要明确其争论的政治维度。托玛以立法的合宪性司法审查为例来阐明其观点。他认为，宪法没有为解决问题提供明确的法律途径。[75]托玛声称，这一问题必须彻底地予以重新表述："德国的法学在法律政治中令人十分满意，但是，它可以继续遵循法律不可审查的基本原则吗？或者，它被迫放弃帮助受到威胁的新宪法？"[76]托玛回答道，宪法的形式保障存在于宪法本身，从定期选举到可能的全民公决，以及政治世界中的竞争性政党和批判性媒体。因此，没有必要就法律和宪法之间的根本一致性进行司法审查。[77]

托玛用相似的口吻提出了他的政治主张，以支持平等条款的实证主义解释。法律面前的平等仅仅是一个形式原则：从法律的观点看，"法律就是法律"。法律之所以成为法律，是因为它满足了成为法律所必需的形式或程序性的要求，而不是因为它符合法律的内容应该是什么的先验概念。[78]托玛主张，如果基本权利是法律命令的一部分，那么它就永远不可能是绝对的："由人民的集体主权权力所构成的国家排除了任何服从于国家的权利与自由的绝对性。"[79]上句引用中的关键词是"主权"（majesty）。"国家"是人民统一体的有组织的权力。在代议制民主之下，形成统一的决断需要形式民主的决策过程。

法律实证主义的批评者们指责他们鼓吹不受法治限制的"议会专制主义"。[80]托玛反对这些批评。他争论道，所有政治制度都包含着一些政治决断的时刻，每一个决断都会对社会中的一些团体有损，而对另一些团体有利。[81]他进一步争辩道，做这种决断的最佳方法应该是给所有的社会团体，包括妇女和无产阶级在内，在议会中根据他们自己的利益进行表达和投票。[82]他认为比例代表制是选举代表的最好方法，因为它允许包容全国各地的最广泛的可能利益。[83]

托玛对基本权利的论述使法律实证主义在魏玛法律制度中重新发挥了主要作用。他肯定帝国议会有权找出妥协方案，并因此将社会团体整合进国家。包含所有强制性妥协的多党制为"国家分裂为一个社会主义和一个'资产阶级'两个板块"提供了唯一的选择。在托玛看来，它所提供的方案是选择内战，这在当时似乎极为可能。[84]

第三章　激进的宪政革命

反实证主义与宪法危机

共和国最初几年（1918—1923）的标志是，社会动荡不安，濒临内战的边缘。为了处理军人复员、和平时期的经济转型以及国内叛乱等问题，国民议会通过了授权法案，允许政府采用特别手段，甚至是颁布法律强制令。在那个艰难岁月中，艾伯特总统和他的大臣们已经大量使用了这些法律，同时也行使了宪法第48条，不仅是为了回应具体的紧急事件，而且也为了批准新的法律。实际上，总统及其大臣们所行使的权力在宪法中属于帝国议会。从法律实证主义者的视角来看，行政机关的行为是合法的。[85]但是，规范政体的实证主义形象很少符合危机的现实。

早期的危机同样提供了许多法学家疏远新共和国的证据，通过一开始拒斥实证主义传统的方式表达出来。甚至安修茨也暂时背离了拉班德主义的根基，他在1919年要求法官将法律面前的平等原则更改为一个实质性的伦理原则，它将保护私人财产制度免于代议制的"无产阶级专政"。安修茨最后恢复了人们对议会制度的信心，并且回归法律实证主义的研究方法。但是，他突然转向实质性权利以反对"个人的反复无常"，这预示着法学家们在1923年至1924年间严重的通货膨胀和短暂的货币重估后集体转向了自然法。[86]

1923年，德国的工人阶级和资产阶级都期盼回归"正常"状态，他们借此所要表达的是帝国的繁荣与稳定。但是回到战前那样的稳定状态是不可能的。战争不仅对德国的基础设施和大规模生产手段造成了毁灭性破坏，战胜国所要求的巨额赔偿、战争资金的筹措与随之而来的军人复员的模式都动摇了货币制度。在1922年至1923年间，通货膨胀变成了极度通货膨胀，德国企图逃避赔偿之举导致法国介入鲁尔，共和国又一次发现自己处于深渊的边缘。[87]

1923年秋天,对法国占领的消极抵抗失败了。德国政府所面临的是来自左翼和右翼的厌弃,以及已经基本一文不值的货币。从夏季开始,处在失败边缘的政府开始实施保持货币稳定的极端计划。政府所急需的一部授权法于1923年10月13日获得批准,立法权利被转交给内阁,用于采取必要的社会和经济措施。这一法案明确允许政府侵犯由宪法保护的基本权利。[88]大联盟在11月2日瓦解之后,一个新的、影响较小的授权法案于12月8日获得批准。以第48条第二段和授权法为基础,三个不同的政府设法重新评估并稳定货币。帝国议会在这些措施中没有扮演直接角色。[89]

作为稳定货币计划的一部分,政府禁止进一步货币重估,以反对最高法院1923年11月28日的裁决,该裁决将可能带给法院数以百万计的案件。再评估禁令使得已贬值的马克可以偿还更早时期产生的债务禁令将对一些中产阶级或者是债权人造成毁灭性伤害,他们的储蓄保持在通胀之前的水平。最高法院已经以许多理由表达了对法律的反对意见,但是直到现在为止,只要是根据正确的立法程序所制定的法律,德国的司法机关就无权审查它是否合乎宪法。此外,法院在1924年1月8日签发了一封函件,威胁要宣布所有禁止或限制重估货币的法律或法令无效。它认为,这样的法律将侵犯平等与诚信原则以及财产权利。政府被迫撤销并且重新审议管制措施。[90]

最高法院的行为在法律共同体中打开了一道闸门。关于《魏玛宪法》的理论和实践的最新争论迅速吞噬了国家法的规则,即将冲垮学术界几十年来所接受的方法和概念。汉斯·凯尔森和卡尔·施米特形成了与宪法制度的理论和政治基础截然相反的观点。鲁道夫·斯门德和赫尔曼·黑勒创立了宪法实践的广泛理论。随着1923年至1924年间的重大突破,高等法院开始更改其判决实践。宪法的这些核心问题(将在第4、5、6章讨论)对法律实证主义发起了攻击,在法律思想中制造了一股新的逆流。[91]

自相矛盾的是,正是在促进职业整合的新组织中,宪法危机找到了自己的表达方式。海因里希·特里佩尔是柏林的国家法教授,在20世纪20年代早期帮助建立了德国国家法学家协会(Vereinigung der deutschen Staatsrechtslehrer)。在官方看来,协会提供了一个法学家可以讨论宪法问题的论坛,不论专业与政治差异。[92]鲁道夫·斯门德后来提出一个更具政治性的目标:"为了防止同行专家分裂为对立的政治团体,也为了(防止)德国国家法学术信誉的公共损失。"[93]

协会的会议报告描绘了一幅差异中的统一体的图画。[94]协会的出版物讲述了一个不同的故事。辩论中出现的争论的"片段"暴露了学科内的日益增加的政治与方法论的分歧。[95]在20世纪20年代早期,分歧已经无法弥合,特里佩尔和凯尔森之间1928年的争论即是明证。一个专门小组处理了公法中司法审查的本质和发展问题,这两位学者提出了解决该问题的截然不同的方法。特里佩尔的论文研究了司法审查的历史发展,而凯尔森的论文则是对最高法院的法律根据及其发展过程中的技术争论做了抽象检验。[96]理查德·托玛试图用一个隐喻来抹平二者的差异。他说,他们二人走进了同一片森林,但进入的方位不同。[97]特里佩尔反击道,"凯尔森和我之所以用不同的舌头说话,是因为我们用不同的眼睛观察事物。"凯尔森对此表示赞同:"我们今天没有在森林中遇到对方,很有可能永远都无法相遇。"凯尔森继续说道,这一问题在于宪法本身的不同定义。[98]

此时出现了学科的危机:宪法法理学究竟应该研究什么已经变得不再完全明了。其他任何学科所面临的危机都不如共和国期间宪法分析的风格与类型的变迁明显。拉班德学派已经开展了枯燥却有理有据的法律解释,例如拉班德的《预算法》,以及以耶利内克的著作为代表的法律理论问题分析方法。现在,作者们创立了全新的、往往是极端的法律分析风格。汉斯·凯尔森试图对法律进行纯粹理论性的描述,赋予其著作一种抽象的和逻辑严谨的风格,使其著作既远离了拉班德主义的传统,也不同于绝大多数同时期的德国学者。这一转变在凯尔森极端谨慎地使用脚注这一点上尤为明显;他的目标不再是总结与吸收所有相关的学问,而是旨在引发一场激烈的争论。卡尔·施米特通过"双重"风格来描述正常与例外情况的对立。他会首先展开一种"正常的"争论,然后突然用一个肯定更深层次的、存在主义现实的陈述,将之碾碎。[99]凯尔森和施米特都发展出了别具一格的写作风格,与教科书的标准相去甚远。

研究法律的新式风格开启了洞悉法律和国家定义的新视角。但是它们也可能阻碍交流,强化学科的危机感。例如,在1928年,共和主义行政法学家沃尔特·耶利内克提到,他在理解恩斯特·冯·希佩尔的行政行为监督报告时存在困难,原因是希佩尔使用了大量令人费解的隐喻。希佩尔是一位保守的、反共和主义的行政法学家,将自然法观念糅合进其著作之中,他回应说,他对实证主义的反对要求学术呈现一张带有"巴洛克式幽默"的"新面孔"。[100]事实上,希佩尔向自然法的回归伴随着将拉班德式实证主义的自由世界抛在一边的语言和一系列隐喻。在评论一部关于凯尔森的著作时,希佩尔将凯尔森的著作贴上了"唯理主义""缺乏根据"等标签,并且,最重要的考虑是反犹主义势力的崛起,他也被贴上"非德国"的标签。[101]马沙尔·冯·拜斯汀男爵是另外一位保守主义的国家法学家,在一首纪念帝国建立54周年的诗中写道,1918年革命的参加者们,包括艾伯特在内,都是篡权者,根据1871年帝国宪法,这些人都要被指控犯了高级叛国罪。[102]

随着法律风格的改变,法律分析的内容和类型也发生改变。1928年,施米特的《宪法学说》和斯门德的《宪法与宪法学》出版。正如同时代学者所意识到的那样,他们代表了研究宪法的法理语言中出现的一个重大转折。[103]之前的宪法专著都效仿拉班德的《国家法》,它们根据一系列抽象概念或安修茨的注释来组织现存的国家法律,列举并解释个别宪法条款。[104]相反,施米特的长篇专著以询问宪法是什么作为开篇。施米特认为,宪法理论必须将国家作为一个真实的、存在的统一体来审视。他的著作与其说是宪法的系统研究,不如说是关于《魏玛宪法》的具体政治环境的系列论文。[105]斯门德的著作同样反对实证主义分析。其著作的开篇将宪法视为国家共同体的连续自我整合。他的论文都尽可能地传递了内在总体的观念,一如他的专题著作所关注的问题。

国家法学说的危机质疑了该学科的方法论一致性、主要体裁及其表现风格。新研究方法因为共同的敌人而得到统一,这个敌人是法律实证主义和自由主义的拉班德传统。大家齐声指责拉班德学派使法律理论变得空洞无物。实证主义使国家成为"只不过是另外一个"法人,与企业或社团没什么两样。反实证主义者们通过严格区分法律体系和政治,声称拉班德学派未能认识到国家法的真正本质**就是**政治。[106]凯尔森作为实证主义传统的最后执行者成为反实证主义者的主要敌人。[107]

对实证主义的批判导致了对"自由主义"的类似批判。德国国家法学家协会的论文和讨论对自由主义思想的攻击俯拾皆是。一些学者认为自由主义已经死了,其他学者则认为自由主义在新的社会或政治制度中已经变得不切主题,但仍有其他学者认为它是对"国家"造成无数损害的根源。对自由主义最重要的指责是指控它是"利己主义的"。[108]

言外之意是，自由主义者们被认为是消极地看待国家并将权利视为只是保护个人反对国家的（手段）。[109]汉斯·格贝尔是一位极右翼行政法学家，他宣称自由主义是一个"国家持续存在的危险因素"。[110]赫尔曼·黑勒认为，拉班德是专制主义的自由派理论家，与强大的民主国家毫无关系。[111]斯门德和埃里希·考夫曼认为，既然自由主义是相对的，它就无法保卫财产、婚姻或学术自由等基本价值。后者现在表现为非自由主义的价值，就像从自由主义中"大量删除"康德哲学一样。[112]与此相似，法学家们否认自由主义能够处理20世纪的社会需求。沃尔特·耶利内克反对自由主义**本可以**有其"社会"面向，当他对弗里德里希·瑙曼提出批评时，他的批评没有得到回应。[113]

宪法危机往往反映了德国民主中信仰的缺失。例如，保守主义的中央集权主义者卡尔·比尔芬格唤醒了享有政党无限权力的幽灵，它通过掌控帝国议会三分之二的多数就可以修改宪法。比尔芬格、施米特及其他保守主义者公开攻击民主统治的"主权"，要求对立法机关的行为设置绝对限制。[114]马沙尔·冯·拜斯汀男爵将法律实证主义学说与契卡和天主教宗教裁判所的统治相提并论。[115]当然，法官是否应该成为立法机关的监督者，这完全是另外一个问题。施米特主张，总统应该取代皇帝而成为"宪法的保卫者"。[116]

法律实证主义和**自由主义**这两个词语在争论中缺乏明晰的界定。但是，这些争论并不真的是关于词语的"正确"定义问题。相反，他们在1923年之后表达了一种意识，即在1914年之前不可能回归"正常"世界。俾斯麦关于德国人是充实的、满足的格言，也不再被接受。[117]法学家不再忠诚于他们的宪政制度，而是以民主议会和政治性的政党的首要性为基础。国家法的广泛危机反映了对民主宪政主义理论与实践之基础性假设的再审查。

第四章

宪政民主的矛盾基础：
魏玛共和国时期的汉斯·凯尔森和卡尔·施米特

    1920年代的宪法争论主要围绕着人民主权与法律之间的关系而展开。宪法宣称，法律主权的来源是人民。但宪法条文却规定了谁是"人民"以及人民意志的表达方式。宪政制度的根基，"人民"，似乎是由宪政制度所创造的。

    正如雅克·德里达在关于美国宪法的分析中所指出的那样，宪政民主的根基似乎是矛盾的。宪政民主的"主体"，"我们人民"（We the people），既是一个命令式的表达方式，即，它声明"我们"是"人民"，也是一个描述性的表达方式。它声明从现在起就应该有一个"我们人民"。但是用德里达的话来说，"人民并不存在。他们作为一个实体**并不存在**，在有这个宣言之前它不存在，因此……宣言的签署创造了签署者"。德里达坚持认为宪政民主的"主体"是由一种"神话般的追溯"所创造的，人民主权是文本的产物。然而，他也再次为（人民主权的）矛盾性提供了解读,或许可以称之为"决断论的":"政变创造了权利、建立了权利或法律,给予权利,将法律置于光天化日之下。"[1]

魏玛共和国时期,在"神话般的追溯"与"政变"之间发生了最重要的宪法争论。汉斯·凯尔森和卡尔·施米特都检验了宪政民主的矛盾之处。他们对宪政民主的矛盾基础、概念化的主权者即人民以及法律的研究方式,符合了对后战争时期这个中欧新兴共和国截然不同的政治理解。就凯尔森而言,关于宪法的形式主义理论使他肯定了政党和利益集团在创制和适用法律方面的角色:人民的"意志"是一种受到宪法程序制约的回溯性构建(a retroactive construct)。对于施米特来说,政党制度是不正当的(illegitimate),因为它分裂了人民的意志,而他假定人民的意志是宪政民主制度统一的、存在的根基。

凯尔森和施米特继续追问他们在1919年之前为自己设定的那些问题。凯尔森继续其"纯粹化"法律科学计划,并因此暗示了对康德主义批判哲学主题的限定。施米特则进一步发展了其"激进实践"概念,以寻求建立一个支点,使特殊状态(例如紧急状态)制造了"资产阶级法治国"(bourgeois Rechtsstaat)之"正常世界"的突然中断。每一位作者的延续性风格都是突出的。正如他通过批评其他法学学者的作品来拓展其理论那样,凯尔森的语言仍然保持了分析性、缜密、克制及"对话"的特点。施米特则将"规范"分析与对此规范强烈拒斥的暗示结合起来,从而完善了技巧。其风格暗示的含义是,在常规争论的表面之下,存在着某些真实的、重要的和存在主义的某些特别的事物。[2]尽管风格和主题都具有延续性,但是,他们的理论却由于后战争时期的新宪政民主而发生了重大变化。

凯尔森直接卷入了战后秩序的建设过程之中。社会民主党律师卡尔·伦纳(Karl Renner)是1918年奥地利临时政府的总理,在他的建议下，凯尔森就奥地利共和国的新宪法写了一份草案。尽管对宪法最终内容的影响有限，凯尔森仍然在其基本形式（包括"保卫宪法和政府"的重要部分）的形成过程中扮演了主要角色，从而形成了奥地利的高等法院制度，使之有权审查法令和行政命令的合法性或合宪性。[3]凯尔森本人在1921年到1930年间是奥地利最高法院亦即宪法法院的法官。1929年的保守主义宪法改革迫使他离开了这个职位。[4]作为法学学者，凯尔森出版了一系列政治性文章和小册子，公开为一个接纳社会民主党倡导的、以政党为基础的宽容的议会体制辩护。[5]作为一个有犹太血统且与奥地利社会民主党有个人联系的左翼自由主义者，凯尔森在1920年代末期除了要面对来自于教授同事的严厉攻击外，还要面对右翼种族主义和反犹主义的威胁。他在1930年离开奥地利，在科隆任公法教授，1933年被迫流亡。他草拟的奥地利宪法在1934年被威权政府废止。

第一次世界大战之后，施米特从战时行政岗位转向更加安全的学术生活。1922年在格赖夫斯瓦尔德（Greifswald）成为一名公法教授，同年移居波恩，最后在1928年去了柏林的一所商学院，一所由左翼自由主义政治科学家莫里兹·尤利乌斯·波恩管理的独立商学院，他在那里接任雨果·普罗伊斯宪法学讲座教授。[6]施米特的名声来自于他的诸多论文。他关于魏玛共和国的浪漫主义、自由主义的优柔寡断、专政和政治神学等观念的早期作品为其后的宪政理论奠定了基础。[7]在魏玛共和国政治危机后期，当施米特的专政理论被用于为总理合法化重复使用非常权力辩护时，其职业生涯就实际上转向了。1932年，在汉斯·凯尔森的帮助下，施米特在科隆大学得到了一个教授职位。同年，帕彭政府任命施米特为其法定代理人，在州法院为政府干预普鲁士辩护。1932年末，施米特与库尔特·冯·施莱歇尔及其他将军一起密谋建立一个将纳粹排除在外的独裁主义政权。[8]在希特勒掌权后，施米特加入纳粹党并参与新制度的构建。科隆大学全体员工为了阻止将凯尔森从其职位上驱逐出去而准备了一份请愿书，但施米特拒绝在上面签名。在纳粹专政初期，施米特迅速成为纳粹法学界的明星，他因此能够将其学生安排在纳粹政治与种族清洗等职位上。他的个人声望一直延续到1936年。[9]

凯尔森的基本规范：
假设的基础

凯尔森在《国家法的主要问题》一书中所论述的实证主义问题仍然是他在两次世界大战期间研究的中心问题。实证主义指的是法律制度的一种状态，既是一套表达"应然"命题的规范，也是一套其"有效性"为客观的规范，而非主观的道德、伦理或个体偏好。通过将法律理解为一个客观的规范系统，凯尔森就从法律科学中排除了主观伦理和由自然或因果导向的科学对"真实"世界的理解。在两次世界大战期间，凯尔森致力于从实证主义观念的内涵中演绎出一套严格的、新康德主义的法学理论。[10]他在1920年出版了《主权问题与国际法理论》，他在书中争辩道，"主权"仅仅指的是法律规范的客观制度。两年后，他在《社会学与法学的国家概念》（1922）中进一步批评了非规范性的、社会学的秩序概念。他在1925年出版了《国家的一般理论》，精心阐述了一种规范主义的国家理论。规范主义着重强调了与25年前耶利内克出版的《国家的一般理论》之间的基本区别，后者认为国家既是规范的也是实际的意志。在处理了自然法理论并出版了《纯粹法理论》的一些简短的拓展性成果之后，凯尔森准备提交一份关于他在1934年出版的《纯粹法理论》一书的理论综合。[11]

凯尔森理论的出发点是法规(Rechtssatz),或"重构法律规范"(此后指"法律规范")[12],它在新康德主义的词汇中被界定为"假言判断,在表达'应然'的形式时,将明确的结果与明确的条件结合起来"。[13]根据康德的理论,因果律是人类认知的优先原则,它使人的思维能够处理经验直觉问题并且形成关于偶然世界(经验直觉)的综合判断。凯尔森争辩说,对法律进行类似的划分也能够在"应然"王国中,特别是在纯粹法律科学的"客观"王国中,形成综合判断。凯尔森认为法律或规范认知的分类是"强制性的"(Zurechnung)。因果律将条件与结果在"实然"陈述中联系在一起以显示一种必要的因果关系,强制性则将法律规范的条件与结果联系在一起以表达"法的特殊存在,即其合法性"。因果律使我们在因果关系的必要性领域中做出判断成为可能,而强制性则使我们就何谓应然做出判断成为可能。[14]凯尔森强调了优先原则中宪法的角色:强制的优先性不仅产生了关于特定事实的可能知识,而且基于规范之"应然"的明确性与独特性在事实上创造了一种全新的知识形式。[15]相应地,在两种知识类型之间,或者用凯尔森的说法,在应然和实然这两个"世界"之间建立必要联系的任何科学尝试,一定是一种虚构或意识形态主张,而非纯粹知识。

既然新康德主义在整体上将规范与因果两个世界截然分开,因此,这种提出规范性问题的方式就是非辩证的。[16]强调对法进行严格的科学研究排除了对人类实践的慎重考量,而人类的实践却往往发生于事实与规范之间。但是,凯尔森有意识地拒绝涉足实践问题,实践问题通过强调法律体系不能化约为社会与自然现实而服务于某种实际的目的。规范与事实、观念与自然等概念的二重性反映了凯尔森在面对必然王国的情况下对做出道德判断的人类自由的坚持。[17]

凯尔森的《纯粹法理论》既是一种规范性理论,也是一种实证主义法学理论。凯尔森拒斥实在法可以从某些超常的、规范的秩序例如上帝的启示法中推导出来的观念。他争辩说,这些争论是政治性的或伦理性的,而非科学性的;它们使法律学者将其观念伪装成绝对真理,并且用它们仅仅描述性的表述予以遮掩。[18]在凯尔森看来,自然法可能被用于对现状进行正当化并且使现存的保护婚姻、奴役或财产的法规显得"自然";[19]或者能够使独裁正当化,以真正的自然秩序的名义否定所有法律。[20]凯尔森坚决反对上述两种立场,他争论道,法律体系由客观的、实在法所组成,因此与"正义"的理想世界并不完全相同。相反,所有实在法都必须接受道德、伦理和政治的批判。凯尔森的实证主义将判断实在法的责任交给人类自身。然而,作为一种纯粹的理论科学,它却没有为这种实践性的判断提供任何标准。

在凯尔森的理论中,法律既是应然的,也是实然的;既在规范上是有效的,也是有效率的。[21]法规的规范有效性和客观有效性构成了其国家理论的基础。法律规范将法律的条件与法律的结果联系在一起;其结果因而是"应然"陈述,以使特定的个人能够、允许、命令或禁止采取特定强制性的行为。对凯尔森来说,这套法律规范**就是**国家;法律等同于国家。他就用这一主张攻击拉班德学派实证主义传统的核心,它坚持认为国家存在于某种无法律或前法律的意志之中。例如,耶利内克曾经争辩道,国家包括两个方面,其一是规范的方面,另一面是事实的方面。凯尔森反对耶利内克,他争论说,在国家与假想的"另一面"之间没有第三者。理解对象的方法是该对象本身的构成要件。[22]国家的法律方法仅仅服从于法律结果。如果人们将国家视为"规范性的",那么,他就应该只说规范。"对于并不在自然法中将法律绝对化的实证主义来说",凯尔森争辩道,"国家就是一个迈达斯王(King Medas):他所触及的一切都会变成法律。"[23]纯粹理论坚持认为,只要国家被视为一个规范系统,法与国家就必须同一。[24]凯尔森批评拉萨尔这个德国社会民主党的奠基者,因为拉萨尔断言,真正的宪法存在于权力,而非规范之中。就其自身而言,刺刀仅仅是刺刀。只有在得到客观的法律体系授权的法律规范认可其法律意义时,它才能够变成国家权力。[25]国家的本质在于理想的、客观的规范秩序构成法律制度。[26]

通过拒斥将国家视为一个真实的、存在的、有意志的实体这一法律实证主义的假设,凯尔森关注作为规范性制度的国家。[27]他将主权定义为并非衍生于更高规范的法律制度的绝对性。[28]"主权"仅仅是"法律制度"的另一种表达;它所表达的观念是,国家是一个统一的规范性秩序。通过这种争论,凯尔森完全抛弃了将主权与真实的国家意志联系在一起的国家主义传统。

从某一方面来说,既然法官有责任构建法律共同体,因此当赫尔曼·黑勒指责凯尔森将法律科学家转变成主权的来源时,他是正当有理的。[29]但是,凯尔森的主权理论远远超出了将法律科学家提升为国王制造者(kingmaker),它致力于强调对国家主权意识形态的限制。正如德国以及其他地方的宪法学中经常发生的那样,如果主权与一个最高的世界性意志联系在一起,那么,主权或国家就不得不被视为制度自身的事实上的因果根源,而不仅仅是某一体制之法律的错误根源。国家将成为第一原因,一个不可分的、不可捉摸的初始实体,即一个世界性的神,优先于它自己的规则,并创造它们。但是,正如凯尔森所提到的那样,与斯宾诺莎相反,"但是,实体是可分的"。一个世界性的意志从来不会宣称自己是不可捉摸的,除非它将自身提升到世界之上。[30]

法律理论所给出的解释在一定程度上酷似凯尔森1918年前的著作。然而,大约在1917年至1918年间,在凯尔森从法的"静态"理论转向"动态"理论中出现了一个重要变化。[31]凯尔森借用了同事阿道夫·默克尔的原则，认为法律制度是权威发展阶段的等级秩序。每一阶段都从更高的阶段汲取发布规范的权威；每一阶段同样都能够发布规范以使更低的阶段能够实施权威。[32]新原则使凯尔森能够检验规范体系"制造"自身或管制自我发展的方式。这一理论为法律学者提供了一种看待事物的方式，使之能够将较低级的法律规范"接受"为一个更加普遍的法律体系的组成部分。一个给定的规范只有在符合所有高级的法律规范，达到并包含凯尔森称之为所有法律体系的"初始规范"时，才能够被判定为合法的。[33]例如，一个城市所颁布的条令只有符合来自于更高级权威（如国家）的有效法令时，才具有法律上的有效性。相应地，法令只有根据宪法规则调整结果并因此得以颁布时，法令才是有效的。最后，只有当宪法被一个假设性的基础规范承认时才是有效的。每一条规范的有效性因此都能够根据它与整体的一致性而得到解释；也就是说，其最终"起源"（在被授权的意义上）来自于初始规范。

　　动力论将法律系统的基础问题置于争论的中心。尽管这一问题在其1911年的工作中就已经出现，但是，在凯尔森的基础规范理论得到发展时，他正汲汲于创造奥地利共和国的宪政基础，这也许并非巧合。事实上，在德国宪政主义传统中，表达宪法（Verfassung）的另一个词语是"基本法"（Grundgesetz）。[34]对凯尔森来说，在"实证—法律"的意义上，宪法是由基本规范所构成的，它们产生了最高级的法律，例如，议会或独裁的政府形式。[35]在1918年秋天到1920年仲夏的奥地利，当新的联邦宪法被接受时，凯尔森使用这个意义上的"宪法"以区分五种性质不同的宪法或制定法律的程序。[36]但是，凯尔森指出，这些奠基性规则自身的有效性往往来自于某些以往的规范。例如，奥地利1920年宪法就是根据形成1918年立宪主义民族议会形式的规范而创制的。当法律科学家追溯创制新宪法的规则直至创造这些规则的规则时,在法律发展的连续性中最终会出现一个断裂。根据法律规范的视角,依据现有法律,国民议会(National Council)1918年奥匈帝国条约(Austro-Hangarian emperor's agreement)就国家形式所做出的决定是非法的,因为它没有得到奥匈帝国议会(Austro-Hangarian Imperial Council)的批准。[37]这种法律发展连续性中的革命性断裂提出了如何解释为何一部宪法是有效的这一问题。

在将革命视为公民为决定他们如何被统治的契约这一理论中,可以找到可能的解决途径。合法性因此可以从一个前法律的意志中衍生而出,由此解决了自治的、基本法中"实然"与"应然"之间的紧张关系。凯尔森拒绝了这种解决方式。在第一次世界大战后奥地利和德国的艰难时期,人们只能将包含全体的普遍意志视为一种虚构并借此努力弥合"实然—应然"间的鸿沟。[38]"实然"与"应然"之间、真实的人民与规范性法律系统之间联系的真实性不可能得到证明;这种联系只可能通过基本规范的概念而得到描述。

基本规范是给定的法律系统之客观有效性的前提。它具有建立并维持规范系统的功能。凯尔森早在1920年就描述过它:

> 由于将"最高级"的国家组织、法的最高资源置于其中,所以,我在法律—逻辑的意义上使用宪法这个词,法的前提、起点、初始规范等能够贯穿这一基本假设。尽管所有的法律实证主义陈述都被假定为内容已确定的先验命题,但是,当它首先坚持所有法律秩序都由此而"引申"出来时,也不能这样予以理解。假定的初始规范仅仅是(法律生产)的最高规则。[39]

在此后的著作中,凯尔森将"初始规范"(the originary norm)更名为"基本规范"(the basic norm)。然而,基本规范的原则作为在其自我运动中建立起来的法律秩序之联合体的预设规则,仍然是凯尔森魏玛共和国时期著作的中心。[40]基本规范代表了凯尔森努力探究的基本问题,即法律规范如何可能既是正当的(亦即规范的"应然"陈述)又是客观有效的:法律的前提兼顾有效性和效能。[41]

正如凯尔森所清楚地提到的那样,在《纯粹法理论》中基本规范不过是一个边缘性的概念。它标志着实证法领域的一个限制,恰恰是在法律科学的边界上诞生了法律。[42]法律系统作为一个整体是有效的这一基本前提不能从系统自身引申出来:"因为企图从法律上确定法律起点的选择等于自己企图站在自己的肩膀上,(并且)等于明希豪森男爵企图拽着自己的头发将自己拉出沼泽。"[43]国家强制的现象使这一问题变得更加具体。凯尔森的实证主义法学理论将法律秩序视为一种他律的、强制性的秩序,不必与服从该秩序的主体的期望保持一致。然而,从法学自身的观点来看,强制只能被视为规范性的。如果能够提供规范,换言之,如果它表述了衍生自规范系统自身的"应然",那么,陈述系统客观有效性的法律强制就能够(并非仅仅偶然)确认自身的有效性。这里出现了逻辑循环。法律系统因为强制而是客观的;由于源于一个客观的规范系统,所以,强制具有法律上的有效性。那么,将特定法律体系视为一个客观有效的强制系统,其法学基础又是什么?规范法学不能给出任何答案。"理所当然,"凯尔森写道,"是否以及在何种程度上'应然'—有效性变成'实然'—有效并非毫不重要,国家制度变成了人民行为的动机,'应然'的内涵变成了'实然'的内涵。但是,在某种程度上,无论多么确定无疑,也无论事实是什么,这种与存在的联系跟国家的本质毫无关系。"[44]凯尔森将国家(法律)与社会关系的实践问题放在一边,以便探寻国家自身的本质。国家逐渐"被视为一个理想的系统,一个具有强制性规范的系统,总体而言,其特殊存在依赖于其有效性"。[45]凯尔森再次陷入逻辑循环之中。

基本规范理论似乎又一次证实了黑勒的指控,亦即,根据凯尔森的观点,只有法学家能够决定哪种法律系统是有效的或"强制性"的。然而,黑勒误解了凯尔森理论的本质。对凯尔森来说,作为一个客观的系统,法律自身是理想的。但是为了成为实证的或客观的系统,它不得不与因果关系世界发生某种关联。至少,凯尔森曾经争辩过,法律系统必须在某种程度上反映人民的心理过程,亦即"只有当它是(更加准确地说是被人民想象为)有效能的,国家秩序才能够被假设为有效的"。他注意到,这一事实正是法律"实证性"的准确涵义。[46]即使对法律规范与事实的完全认同是不可能的,但是,基于初始规范的"应然"的内涵仍然不得不在一定程度上与"实然"世界保持一致:"在这一决断中,规范与事实以一种特别的方式与有效性和效能间的独特平行联系在一起。"[47]没有"实然"与"应然"之间的这种平行(而非同一),法律科学就将毫无意义。例如,在1922年布尔什维克统治的现实背景下,以沙皇俄国法律系统为基础研究《俄国法》,就是荒谬的。[48]

根据《纯粹法理论》,对实证主义法学来说,法律系统与"真实"世界之间必须存在某种形式的最低限度的基本一致性。[49]正如在魏玛共和国时期凯尔森的批评者们已经指出的那样,其中的核心问题是,对"一致性"的呼唤是否意味着凯尔森试图分离"实然"与"应然"的努力失败了,即凯尔森关于基本规范的原则是否意味着法律与权力是真正完全同一的,而这必然意味着凯尔森所有的理论雄心都将彻底失败。[50] 94

这种视角忽视了凯尔森新康德主义哲学的起点。凯尔森法律规范理论的关键是其虚拟公式:如果存在某种条件,那么就会出现某种结果。法律规范是根据超凡的罪责类型而构建的。然而,因果关系的种类确定了对象的临时代理人及其结果,罪责则确定了法律人的法律责任。凯尔森的法律起源理论包含了类似的超凡与假设的特征:"基本规范授予第一个立法者的行动(因此也授予所有其他基于第一个立法行动的法律系统的行动)以'应然'的意义,在这种特殊的意义上,法律的条件与法律的后果在重构法律规范的过程中密切联系在一起。"一旦预设了某一强制系统的现实或效果,那么,无论现实中有多少人反对法律系统,法学家仍然能够假设那些构成该系统的法律规范是客观有效的和实证的。[51]只有这种有效的前提才能够允许法学家将法律系统视为内在的、统一的整体。根据凯尔森的理论,基本规范是那种必要的超凡假设的表达,每一个实证主义者为了实践其实证主义法学都必须做这种假设。[52]

那么,基本规范就是一个超凡的假设,而非一个超凡的统一体;法律系统的统一基础对法学理论家而言是一个必要的原则,而非一个不可或缺的真实的、预先存在的意志。包含在契约理论中的本体论假设,即国家是人民意志的结合,对逻辑科学家来说却变成了认识论假设。凯尔森用逻辑方法强调了认识论假设与本体论主张间的区别:"国家秩序的某种有效性肯定了必要条件(Conditio sine qua non)的重要性,但并非由充分条件(Conditio per quam)来肯定秩序的有效性。"[53]真实的存在仅仅是一个前提,而非秩序有效性自身的一部分。

第二章中论及的耶利内克悖论和本章所论述的宪政民主的矛盾基础都指向法律系统中"悬而未决"的时刻,当此之时,法律和权力似乎都是其他事物的基础。凯尔森通过坚决排除思考中的悖论对此作出了回应,为了保护法律科学的纯粹性以及规范系统与客观的法律系统的统一性,他将这种矛盾推入过于武断的(overdetermined)基本规范之中。在1933年之前,当赫尔曼·黑勒指责凯尔森在基本规范的引导下将人为因素甚至"意志—理论"(will-theory)悄悄地带回其系统之中时,他的原则已经遭到了攻击。[54]然后,甚至连他的一些最为亲近的学生都转向了"现实主义"法学理论,这在根本上标志着法的纯粹规范科学开始走向失败。[55]

但是,仅仅转向"实然"却并非凯尔森所提出问题的充分解答。只要可以设想法律系统与社会实践并不完全一致,而是在事实上构成了某些其他的东西例如"国家",那么也可以设想法律与事实、国家与社会间的某种紧张关系。在法的宪政或组织概念的形式下,法律与社会间的一致性将使法律科学的问题变得多余(superfluous)。最后,就像凯尔森所注意到的那样,实证主义的基本规范不得不假设有效性与效能间存在"某种关联",它既不低于某种最低限度,在这种情况下,法律系统将丧失其客观品质并变成法学家的欲望,也不会超过某一最高标准,在这种情况下,"实然"与"应然"间存在着紧张关系,只有在这种条件下法律才能够得到解释,它将通过某个无名的牢固的统一体或无政府主义的分裂而得到解决和替代。[56]凯尔森所提出的两难困境是实证主义法律概念本身的内在缺陷,法律不是基于上帝的神圣意志,而是基于人类生活固有的、现实的领域:"法的实证主义问题恰恰是由此而组成的,亦即,它同时将法律视为'应然'和'实然',尽管二者在逻辑上互相排斥。"[57]

宪法的原教旨主义:
卡尔·施米特

凯尔森关于基本规范的抽象理论揭示了法律系统的矛盾基础。尽管施米特处理了同一个问题,其所采取的方式却截然不同。他的起点是德国和欧洲特别是法国宪政主义的具体历史。他没有将政治与法律、历史与社会现实或神学与哲学等区分开来。正如他的学生列奥·施特劳斯所评论的那样,施米特的著作意在批判将生活分裂为一系列自治领域(例如伦理、法律或艺术)的"自由主义"原则。[58]施米特的风格与凯尔森法律科学中理论的清晰与"纯粹"形成了鲜明对照。

施米特的宪政主义历史是现代技术时代的历史。他描述了一个被两种"世界性"力量即资本主义和共产主义所主宰的世界。"美国的金融家和苏联的布尔什维克"具有推进经济合理性的相同目标,在政治上或制度"形式"上有一个共同的敌人。他争辩说,无论哪一个敌人在这场商品的技术理性分配的世界性战斗中获得胜利,天主教的教堂和公法学家都将能够幸存,因为只有这两个团体理解了政治的真谛:作为一种制度形式在世上存在。[59]对施米特来说,天主教教堂在其纯粹形式的意义上表达了代表的原则。教堂是基督在此世的"具体"代表;其法律上的个体是基督自己的身体。根据施米特的理论,犹太教只会设想上帝的绝对神圣性,新教转向纯粹世界性的生存,天主教教堂作为基督在世间的真实的、制度性的实体而成为精神与物质的中介。[60]施米特假设,一种政治形式是一个像教堂一样真实的、活生生的实体,既不是纯粹的理念,也并非仅仅是一种技术理性的权力组织。其理论的出发点因此完全反对凯尔森对这种"虚构"的批评。[61]

作为实体的国家这一观念在施米特的著作中产生了一股暗流,一个纯粹真实的意志威胁要突破"规范的"法律争论的表面的时刻。这是例外的时刻,真实生活、政治或战争时刻,是制度的真正根基。[62]他通过其双重风格表达了这个时刻,指出了日常生活、规范程序的局限性:施米特在其《政治神学》中宣称,"在例外时刻,真实生活的权力打破了因一再重复而趋于迟钝的技术主义的坚硬外壳"。[63]他认为,浪漫主义、自由主义和无政府主义为了迎合人类的本性而否定了例外或神圣的时刻。浪漫主义发展了一种唯我论的和有窥阴癖的"主观化的机会主义";自由主义,用女性化的词语来表达,则是优柔寡断的和消极冷漠的;无神论和无政府主义都是现代性的激进派别,致力于摧毁所有声称具有神圣价值的事物。[64]在施米特出版于20世纪20年代的《论专政》和《宪法理论》这两部主要宪法著作中,自由主义、浪漫主义和无政府主义的历史与宪政的历史保持一致。

《论专政》出版于1921年。它不仅是一部论述专政概念的学术史著作,更追溯了现代成文宪法的起源。对施米特来说,专政概念与威权主义毫无关系,正如"资产阶级的政治著作"可能设想的那样。[65]恰恰相反,就像他在1917年曾经争辩过的那样,专政指的是这样一种特殊的情境,主权在其中获得了悬置法律并且采取"具体措施"的代表权,目的在于保护或恢复法律得以运行的"正常"状态。施米特的专政概念构成了其主权概念的关键,主权则被施米特界定为判断是否存在例外状态因而要求悬置法律的权利。[66]

在施米特的叙述中,只要主权未被质疑,并具有传统的合法性,专政就仍然是一个无可置疑的概念。根据施米特的理论,在中世纪,"上帝,这个所有世俗权力的最终根源"通过"教堂,一个稳固的制度化组织"执行(其意志)。[67]即使宗教改革和"虔诚的新教"的兴起也没有创造关于主权的"内在"理论或"所有社会形式的解体"。新教至少能够承认,处于教堂外部统治之外的虔敬个人在与既存秩序对抗时有权直接向上帝呼吁。正如施米特所指出的那样,即便是克伦威尔也要避免将其"使命"建立在人民主权原则的基础之上,反而将其权力来源归于上帝。[68]施米特认为,直到以卢梭和法国大革命为代表的法国转向一种内在的和创造性的人民主权观念时为止,上帝至高无上的、终极的权力仍然是主权和专政理论的基础。[69] 随着人民主权的兴起,"不是指向现存制度而是指向个体"这种主权专政的概念即将出现。[70]

委托（Commissarial）专政与主权专政之间、试图恢复事物的"正常"状态的专政与试图创造事物的全新状态的专政之间在概念上的区别,将成为新宪政的基础。[71] 但是,施米特专政概念的关键并不在于这种抽象的概念界定之中,而是存在于与之相伴随的历史叙述之中。在施米特的叙述中,"主权专政"概念出现在法国大革命中,出现在欧洲第一部革命性宪法中。主权专政的一个前提是一个信念,即人民自由且自觉地将自身视为政府组织的一部分,而无需诉诸更高的、超越性的合法权威,换言之,这个信念就是人民能够将技术理性应用于社会本身。在施米特的叙述中,世俗权力即人民变成了建构性权力,世俗机构则变得相对化且接受批评或者改变。施米特用来描述民主理想转向的语言暗示了稳定性的丧失以及混乱的虚无之骤然来临："人民、民族和所有国家实体的初始权力构成了全新的机构。权力的新形式从无尽的、不可想象的深渊中产生,它在任何时候都能够粉碎那些未经严格限定的权力。"[72]

由西耶士在其保卫法国大革命的理论著作中所提出的"制宪权"原本是一种非正式的权力,人民是创造自然的自然（natura naturans）。但是,既然宪法权力从属于主权,因此,由人民的主权行动所创造的机构就必须受到由初始行动所界定的权力的严格限制。[73] 与施米特的问题相同,法国大革命的问题是如何将这两极,即"宪法性委托"和"宪法性授权"权力联系起来。人们也许不得不通过一个永远变化且完全内在的政治性"实体",也就是"人民的意志"将这种静态规范理论化。

西耶士人民主权理论中最激进的因素构成了施米特民主理论的基础。根据西耶士的理论,在人民与国家或宪法之间存在着一道鸿沟。

第四章　宪政民主的矛盾基础

后者唯有通过一些中间机构才能够建成其全部细节。代表的契机对于沟通公意（genaral will）与宪法（亦即以人民之名而采取的委员会行动）是必要的。施米特争论说，在其最极端的意义上说，委员会变成了一个革命性的"独裁行动委员会"，它不再诉诸上帝，而是"诉诸始终存在的人民，它能够在任何时刻采取行动并且因而具有合法的现实意义。"施米特想到的例子是法国大革命时期的国民大会以及布尔什维克党。[74] 施米特的分析超越了极权主义理论。[75] 如果说这是一个批评的话，那么，它也是对"宪政主义"、对仅仅依靠人类就能够理智地将自身组织成一个国家这一预设信仰的批评。根据施米特的理论，即使魏玛国民议会（Weimar National Essembly）也是主权专政政体。魏玛国民议会根据无形的人民的命令采取行动以制定宪法。因此，和天主教堂一样，魏玛国民议会也建立在代表原则的基础之上；它与人民意志并不一致。但是，在神性的上帝的意义上，这种代表却丧失了稳固的根基。它仅仅受大众或"公共意见"的模糊的政治欲望所限制。[76]

施米特的专政理论开始并结束于宪政制度的基础这一问题。现代世界的变迁是从神学的、神圣的、传统的和无可置疑的权威转向人民主权、转向内在的和无限制的"根基"，转向深渊。《论专政》中发展出来的主权理论成为施米特《宪法理论》（1928）的基础。

在1928年的著作中，施米特在广泛和首要意义上的宪法与个人制法意义上的宪法之间进行了明确区分。[77] 施米特拒斥了宪法研究的法律实证主义方法，后者集中于宪法资料。[78] 像凯尔森一样，施米特检验了宪法（成形）"之前"的时刻，将宪法自身视为统一的法律秩序。但是，凯尔森以假定的基本规范为基础而建立法律科学，施米特却假设，在创造一个真实的法律体系时，无处不在的人民正如同神圣的上帝一样，能够完成同样的任务。人民的内在意志具有神圣的特征；它从来也不会被成文宪法所涵盖或控制。[79]

"人民",施米特争论道,"如果必须成为宪法认同的权力主体,那么,它就必须在场并且必须将它假设为一个政治性实体。"[80]用某种程度上更加抽象的表述就是,只有一个拥有整体意志的实体才能够有权(将自身)创造成为一个整体性实体,才有权构建自身。凯尔森规范的纯粹主义也许会添加一句:法律科学必须假设这样一个实体。但是,施米特争辩说,根据"形而上学的假设"提出问题将会无视制度的真实基础。对施米特来说,这一整体也必须是真实的,它不得不是一个活生生的意志。本段中引用的颇为怪异的表述,即"在场和假设",反映了施米特提问方式的矛盾性。一方面,"人民"是一个优先于宪法的意志而存在的前提;另一方面,施米特又断言该意志的真正在场或优先存在。转向存在的形而上学,就是施米特对宪政制度的基础这一逻辑问题或认识论问题所作出的回答。这是一种主张,而非争辩。

施米特用来表达这一原初整体的词是**政治**。"政治"存在是被假设的;"政治"实体优先于宪法而存在。在"政治的概念"这篇同样写于1928年的论文中,施米特争论说"政治"意味着自我与对自我构成潜在的存在论威胁的他者之间的根本区分。只有当它涉及可能的战争时:政治性实体的先决条件是外部威胁,朋友与敌人之间的区分成为政治性的,或者成为"生活"的一部分。因此,只有当政治组织是一个战斗性组织时,政治组织才能够存在。[81]

施米特关于国家根基的争辩意味着一个逻辑循环:在面临对(尚未形成的)整体意志构成致命威胁的敌人时,如果人民有意将其自身构建为一个统一的意志,那么,人民将构建一个统一的意志。[82]正如凯尔森在别处所指出的那样,个体在将一个给定的法律体系视为合法性制度而接受时,有许多不同的经验性理由,包括从心理学到社会学、从知识论到美学等方面的理由。[83]施米特从假设国家实体到断言其真实存在的转变,立刻将法律意义上理想的规范性实体与社会世界联系在一起,掩盖了后者的复杂性,并且恰恰产生了凯尔森在1911年曾经与之战斗过的"法律虚构"。

然而,施米特的工作却明确表达了德国实证主义传统的预设(包括凯尔森在内),即某种整体意志将建立在法律体系的根基之上。施米特从宪法的先验论(假设)转向超越论或存在论逻辑,从基本规范转向基本意志。凯尔森已经将这种意志从其实证主义法律科学中驱逐出去了。[84]他已经将关于普遍意志的卢梭主义问题弱化为一个超越性假设、一个认识的前提条件。凯尔森发现自己站在剃刀的边缘。一方面,凯尔森否认法律系统是一个源于孤立的法学家思想的个体性的、唯我论的建构。为了反驳黑勒所做出的关于法官享有主权的论断,凯尔森坚持认为强制是法律系统的一部分,坚持认为法律是**客观的**。[85]与此同时,凯尔森又否认法律等同于权力。[86]施米特对实证主义传统的内在批评恰恰取决于凯尔森实证主义的基本问题。但是,通过抗拒"实然"和"应然"间的直接等同,凯尔森理论的基本假设为审查具体问题的社会与法律系统间最小和最大对应关系留下了余地。相反,施米特的绝对意志则通过直截了当地断言生活与法律的整体性而断绝了审查破碎的社会与整体的国家间关系的可能性。凯尔森的理论包含了许多理由,以便使不同的社会团体能够接受国家的合法性,然而,施米特却坚持认为必须存在某些单独的、同质的因素,以便将整个国家整合为一个整体,这个因素可能是宗教、阶级或种族。[87]

通过构想一个自主的、存在论的政治概念,施米特在其宪法解释中制造了一种紧张关系。在法国大革命开始之初,包括《魏玛宪法》在内,现代宪法由两部分所组成:一个存在论的、政治性部分,以及"资产阶级法治国"的非政治原则。[88]其次,施米特声称,无论如何,"法治国的残余"因素是非政治形式的根源。它既不是根据真实生命的一部分,也不是其本质。法治国仅仅使国家权力"相对化"了。国家的"真正"宪法以政治形式的可靠原则为基础,能够区分敌友,是国家的存在论根基。这些原则要么能够将人民的有机"结合"整合为一个休戚相关的意志,要么能够通过君主或领导者将他们作为一个休戚相关的意志予以代表。[89]

施米特资产阶级法治国概念的关键是将形容词"资产阶级"与名词"法治国"同等看待。对施米特来说,资产阶级与其说是一个社会团体,不如说是一种道德与政治立场。其本质特征是个人主义、自由主义,并且通过议会支持政府。它渴望议会辩论中的"持续对话"而非具体决断。[90]它优柔寡断,缺乏行动能力。它青睐政治浪漫主义,极力避免"真正"的政治世界。[91]施米特看到了柔弱的、优柔寡断的资产阶级与法治国之间的内在联系。这种联系存在于资产阶级法治国彻底的个人主义基本原则之中:"个体的自由在原则上是没有限制的,但是干预该领域的国家权威在原则上却是有限制的。"[92]基本权利和权力分离捍卫了个人主义的私人王国。

施米特所提出的基本权利概念本质上是资产阶级的和自由主义的。财产权利、言论自由权利以及国家对集会权利所做的限制保护了个人的自由。社会权利,例如工作的权利,在施米特的《宪法理论》中没有容身之地。[93]为了确保资产阶级法治国中国家的受限制状态,分权原则在相互分离的国家机构中划分了国家功能。[94]在实践中,每一机构都只能在由成文宪法描述的管辖权范围内采取行动。宪法因而享有凌驾于国家机构之上的主权,问题的关键也就变成一个特别的行为是否可能被纳入一般的宪法性规范之下,或者,某些规范本身能否被纳入一般规范之下。[95]因此,资产阶级法治国这个概念在"如司法一样在所有国家生活的塑造"中被终结了。国家的所有行动都必须根据理性的司法程序而形塑。[96]

资产阶级法治国与政治存在论根基之间的紧张关系弥漫在《宪法理论》之中。施米特频频中断自己的争辩,转而声称成文宪法不可能是主权,或者声称国家绝不仅仅是一个司法机构。[97]他反驳了他认定属于资产阶级法治国的相对主义和法律主义逻辑,坚持独立的政治决断概念。然而,正如施米特的法律学说所展示的那样,议会却保留在一般的法治国中。

尽管他的理论与拉班德的理论之间存在着诸多不同之处,但是,施米特还是在抽象的一般性法令与具体的行政命令之间做出了相似的区分。但是他声称,只有在俾斯麦主义宪法的特定条件下,拉班德在法律规范与内容之间所做的区分才是合理的;只有君主的、资产阶级的和民主的利益都能够进入法律创制过程中,对法律规范有效性的信仰才是有必要的。一旦君主消失了,只留下两个因素:民主,整体的政治性原则,建立在初始决断而非成文宪法的基础之上;资产阶级机构通过优先决断创立:仅仅是法律性的国会而已。国会不再受君主政治力量的限制;现在它必须被视为受到初始的、做出宪政决断的政治力量的限制。"制定法律的官员"由宪法产生,不是独立的立法者。不考虑立法活动所受实质性限制的规范法学理论将承认国会的权力超越国家主权,这就认可了它在一开始就拥有的权力。[98]

提出法令意义的实质性限定问题的结果是发现了立法活动受到的限制。施米特的计划在1926年的法学概要中逐渐变得明朗起来,他在其中质疑了由自由派、社会民主党以及共产党提出的没收属于德国联邦前任国王的财产之企图的合法性。他争辩道,既然这一法令干预了一个特别的团体,那么,它就是"实质性"的行政行为,是个别的命令;通过这种行为,国会就接管了其他部门的职能,使自身成为绝对的权力。[99]由于不能为行政部门做出具体决策提供根据,而是自己执行特定的"准则",法令就不具有"普遍性"。施米特争辩说,通过这种方式,"准则"就将侵犯基本的财产权利,而后者仅允许"以法令为基础"的征用;亦即根据普遍规则。[100]为了直接干预特定目标而非颁布适用于所有对象的规则,也需要在法律面前反对平等原则(第109条)。通过放弃法律中对平等实质性程度的要求,施米特争论道,法律实证主义借此打开了通往议会专制主义的大门。[101]为了反对联邦议会运用第76条以修改宪法的"无限"权利,施米特展开了类似的辩论。他争论说,一个被构建的机构没有权力改变宪法的基本原则。[102]考虑到既要通过立法行动征用(财产),又要修改宪法,因此,施米特就应用其前宪法意志(the prior constitutional will)理论以便在宪法的清晰表述中,对直接矛盾之处推衍结论。

施米特的理论因此限制了国会颁布法律和改变特定决策的权力,例如那些涉及对财产的征用或社会化的权力,以及国会对行政部门的权力。[103]然而,将法令作为本质上普遍而抽象的法律规范予以概念化的价值是有限的,正如赫尔曼·黑勒提出的例子所显示的那样:"禁止皇帝转向共和国的法律规范必须对十个皇帝都有效。"形式的普遍性规定了法律规范的抽象结构;它不控制其内涵,除非它变为实质正义原则。[104]此外,施米特的普遍性理论不能解释宪法中的一点情况,此即联邦议会得到授权通过了在施米特的意义上绝非"普遍"的法令。最重要的是,联邦议会享有决定来年预算的专属权利。如同拉班德在1871年所说的那样,预算意味着一系列特殊的金钱投入和预期支出,不仅仅是"普遍"的规范。施米特逃避了这个难题,将这类重要时刻贬斥为

"一个简单的语言技术伎俩"。[105]

施米特声称,无论是在法律上还是在政治上,他的讨论都很谨慎地对待宪法。[106]但是,通过"宪法"一词,他表达了一些特殊的东西:整体意志将自身构建为一个国家的决断。在德国的事例中,施米特争论说,决断表现为反对社会主义苏维埃模式。德意志民族决定反对工人委员会并捍卫议会民主,反对征用资本家阶级的财产并捍卫资产阶级的财产权利和婚姻。因此,与他在魏玛共和国的最后岁月中所做的强烈辩论一样,普遍意志已经决定捍卫资产阶级的自由国家。[107]宪法保护现存的社会关系,反对联邦议会。施米特认为,如果联邦议会通过法令反对"基本决断",并且由法律实证主义者所制定的法律被视为有效的法律,因而得到尊敬,那么,联邦议会就将遭到"主权的虚构法案"是不正当的(illegitimate)这一指控。[108]恰恰是社会民主党在加入魏玛共和国时所作的假设(它能够使用联邦议会驾驭变革而非经由革命转变为社会主义)未受攻击。实际上,施米特关于政治的摩尼教方法对于改革派社会民主党(它在自由宪政主义和雅各宾革命之间犹豫不决)来说可能是毫无意义的。[109]

凯尔森自觉回避了现代宪政国家的政治、伦理或历史理论,但施米特却转向一种历史观以发展宪政主义法律概念。[110]至关重要的是,他拒绝发展一种关于法令的实质性概念,因为它可能会限制立法权的权威,正如施米特已经做的那样。凯尔森发展了一种关于立法权的严格的形式主义概念,视之为动态、自我创造的法律体系中的一个法律创制机构。对凯尔森来说,立法者与行政管理者或法官没有区别。它们都是国家机构,有它们可以采取行动的特定的合法领域。[111]更高层次的规范决定了为"更低级"的官员创造新规范或新权力时的自由程度,例如,宪法规范为立法活动设置了规则。除了居于顶层的基本规范和最底层的最后实践（凯尔森称之为"纯粹语言"和"纯粹行为"）外，每一层次的法律系统都包含决断时刻和意志。凯尔森明确接受了法律自由运动理论，它拒斥了抽象规范制定过程中的绝对的决断主义，与此同时，它强调在为机构行动设置司法限制时规范角色的重要意义。[112] 他的法律实证主义理论不考虑如何受到伦理、道德或政治限制等方面的问题。作为一种"纯粹"的理论，它只考虑法律规范的正式方面，例如，法令使低级官员能够在特定条件下做出特定决策的方式。

凯尔森的理论因而并不为批评施米特资产阶级法治国家这一特殊的历史概念提供意义。但是，它又的确提出了一些争论，它说明施米特的争论并非必然都从正式的法律系统的观点出发，因此它们都难免遭受非议。在批评诸如施米特理论的实质性理论时，凯尔森的核心原则是："它本不必如此"（So Muss es nicht sein）。其怀疑主义理论破坏了企图先验地限制立法活动的所有争论，无论在自然法、社会学实证主义，还是在观念史中。[113] 在魏玛共和国后期，凯尔森的批评是批评施米特实质性政治理论的一个工具。

施米特、凯尔森和《宪法的守护者》

凯尔森和施米特接触宪政民主的途径大相径庭，但他们都关注宪政根基的矛盾：实际意志和规范性法律秩序似乎都是对方的"基础"。凯尔森采纳基本规范的隐喻以隔绝并排除法律科学中的悖论。施米特却参照法国大革命的经典文本，断言宪政的根基存在于真实的本质之中：人民联合起来反对敌人。随着魏玛共和国在1929年之后陷入危机，这两种方式就具有了政治意义，由此而产生的问题是，谁"真正"代表破碎的德意志民族。

争论的核心是，根据宪法第48条，总统及其控制紧急状态的权力。专政的概念在资产阶级法治国中发生了变化，对此，施米特在1924年争论过。专政不再被描述为宪法被完全悬置的状态或真正的"例外状态"，而仅仅是"戒严状态"。在戒严状态下，成文宪法仍然有效，而非被悬置；它授权并界定了非同寻常的权威。[114]共和国总统通过宪法得到权威，这与君主不同，君主从上帝那里直接获得权威。君主能够利用残余的主权执行"非凡的国家权力，它从来都不能通过宪法性规则而在整体上被控制"，总统则有所不同，其权力由宪法所构成并处于宪法框架之内。[115]根据宪法第48条的规定，专政本身服从至高无上的宪法。

施米特的争辩因此暗示，悬置宪法以维护宪法的代理人专政在资产阶级法治国中是不可能的。但是无论如何他都断言，与宪法第48条相和的专政是代理人专政。艾伯特总统在魏玛共和国早期就已经广泛使用了紧急状态的权力。当时的法律学者普遍认为，当他超越第48条明确表述的受限制的权力，即，公布法律、做出财政决策以及正如施米特所指出的那样，在战争法之下决定德国公民的生与死，艾伯特的行为是合宪的。[116]总统超越成文宪法的界限处理紧急状态的能力在某种程度上得到了解释。

施米特说，问题在于宪法概念。施米特争辩说，宪法具有实质性意义，而不是"许多孤立的法规"[117]。它是一个"不可侵犯的最小的机构"。魏玛共和国的基本机构（总统、内阁和联邦议会）不可侵犯，也不能通过援引宪法第48条而被悬置。[118]施米特的概念化解决方案偏离了宪法第48条的实际条款，它仅仅列举了一些允许总统在紧急状态下予以侵犯的基本权利。实际上在议会的明确同意下，艾伯特也侵犯过宪法中的其他权利和程序。施米特的辩论给予总统权力对抗由国民大会所创造的宪法系统中"非必要"的元素。除非总统的权力经由立法明确列出，即宪法第48条第5款的宪法命令，施米特争论道，总统专政将"像国民大会主权专政的残余物一样"展开。[119]事实上，施米特质疑联邦议会是否通过不批准必需的明晰的法律而侵犯宪法。[120]

施米特在1924年所提出的最终解决方案看起来限制了总统的权力，严格限制了总统的行动，使之既不能篡夺议会的立法权，也排除了担任总理的角色，总理通过副署总统令以确保议会能够控制总统。但是，情况往往如此，施米特用双重风格写作。他一度在依据宪法第48条第2款规定的紧急状态与国家在面对真实的政治性的、生死攸关的威胁时的紧急状态法做了明确区分。[121]在出版于1922年的《政治神学》中，施米特发展了对第48条的解释，充分考虑了（国家所面临的）生死存亡的威胁。他宣称，联邦议会处置紧急状态的权力（第48条第3段）企图拖延并分裂主权。但是，第48条的内容却指向一个不可分割的主权：在真正的例外时刻，规范不可预期的时刻，它同意授予"无限充分的权力"。[122]施米特随后争辩说，"国家的生存是它优越于法律规范有效性的毫无疑义的证据。决断将自身从规范性约束中解放出来并被称为真正意义上绝对的决断。国家基于其自我保存权而在例外时刻搁置法律。"[123]在《政治神学》中，第48条第2款的内容据说符合君主体制下为法律"形式"所否定的代理人专政的概念。施米特的双重风格允许他不仅可以辩说受限制的紧急状态符合宪政的要求，而且可以辩说生死存亡的危机时刻打开了搁置宪法的大门。

施米特关于超强总统权威的理论创造了被卡尔·迪特里希·布莱克（Karl Dietrich Bracker）描述为可能会破坏成文宪法的第二宪法。[124]施米特有意淡化了他在《宪法理论》中所表述的理论的意义。在政治稳定时，联邦议会的功能得以相对平稳地运转，施米特就更加注重发展限制"正式"立法权理论而不是"超越"行政权力。在1929年之后产生

第四章 宪政民主的矛盾基础

的政治危机中,他的注意力转向了总统的紧急权力。

由于政党在1930年联邦议会中无力(或不愿意)形成稳定的多数,布吕宁政府转而借助于紧急状态法进行统治。当议会投票取消紧急措施时,布吕宁的反应是解散议会并重新实施紧急措施。出于实践方面的理由,即便社会民主党也会同意,在联邦议会能够再次履行职能之前,容忍这一有问题的法令的统治。如同托玛和耶利内克(Walter Jellinek)这样的共和党人推断的那样,如果联邦议会不能采取行动,那么,民主宪政体制的另一半,即总统和内阁,就不得不承担更加广泛的权力,直到危机被克服为止。既然紧急措施大多针对经济问题,那么,由此而产生的问题就是,布吕宁政府是否违宪,特别是第85条和第87条,它们赋予议会决定预算和财政决策的权力。耶利内克、托玛以及安修茨等法律实证主义者争论说,从法律上说,第48条第2款授权总统颁布有法律效力的法令,而且,既然议会已经无力采取行动,那么,这类行动在政治上别无选择。[125]

随着危机的持续,一些左派也开始争辩在维持议会拒斥政府法令权利的同时,通过改变议会多数党来增加政府的独立性。[126]反对政党统治原则的保守派则走得更远。帝国复兴联盟(Bund zur Erneuerung des Reiches)呼吁将更多权力转交给总统(他们索要的政策已经体现在宪法本身之中)。联盟所提出的建议意味着秘密回归俾斯麦主义体制:使总统免受国会的压力,为其解除寻求政党政治支持其大臣的责任,并且将行政管理与"政党政治"分开。而且,这一建议不仅符合帕彭政府的长期计划,也许同样符合布吕宁政府的计划。[127]施米特1931年的作品,《宪法的捍卫者》,包含对威权状态的政治与法律辩护,超越了法律实证主义者们为魏玛共和国所提出的实用主义辩护,甚至超越了保守派为强势的总统所做的辩护,批判了政党政治制度。

施米特辩护的关键是宪法概念本身。如果宪法由一整套最高的法律规范所组成，那么，它就能够通过法院而得到保护，因为法院有权判定较低级的国家机构的行为是否具有合法性。行政法院或许能够防范官僚对权利、程序或法令的侵犯；法院系统或许有责任确定国会的法令是否符合宪法规范。施米特在1929年的一篇文章中承认，有关司法审查的复杂问题可以被视为保卫宪法的问题。[128] 但是，在1931年的论战中，施米特却否认了司法审查是基本秩序的保卫者这一观点。就此而言，可以撇开由施米特所激发的反对司法审查行为的辩论。（无论如何，无论是历史还是逻辑都没有证实它们中的大部分都持续有效）[129] 施米特的主要关切是，司法在资产阶级法治国中应该处于恰当的位置。他认为，司法在其中要面对"自然的"限制；特别是，法院所能适用的仅仅是普遍规范。在这种情况下，审判应该"包含"置于更普遍规范之下的特定情境，从而适用更高的决策，排除他们自己制造属于自己的规范的政治性行动。[130]

施米特非常清楚，在自由法律学派（Free Law School）的批评之下，这一机械的"包含"概念是毫无意义的；事实上，他写于1912年的论文就曾经有助于他抛弃这一概念。[131] 正如凯尔森所指出的那样，涉及涵义模糊的法律之再定义的司法判决经常出现。实际上，它争辩说，对法律意义的理解分歧从一开始就引发了绝大部分司法行动。[132] 凯尔森注意到，包容行为的内涵并不像施米特所援引的那么多。施米特试图否定的是，司法可以审查一项法令是否符合宪法规范，因为只有一种情境，而非一条规范，才能够被另一条规范所包容。凯尔森说，施米特错误地将较低层次的规范解释为可以被更高层次的规范所包容的"情境"。其结果是，和立法者一样，法官也在特定的限制下行使权力。凯尔森写道："在立法者的政治特征与其司法特征之间只有数量上的而非实质性的区别。"[133]

凯尔森的批评并未触及施米特论点的关键之处，它存在于施米特在政治机构与非政治机构之间的区分。在《宪法的守护者》中，施米特试图将代议制与实质性政治意志隔离开来，如他在《宪法理论》中所断言的那样，该意志存在于宪政体制的基础之中。他的辩论可以与德国国家理论万神殿中的两部经典之作相媲美：普芬道夫的《德意志帝国宪法》（1667）以及黑格尔的一部早期著作《德国宪法》（1799—1802）。在这之前，施米特甚至将其著作称为"德意志帝国宪法"（de Statu Imperii Germanici），即普芬道夫著作的拉丁文标题。[134]这三本著作都拒斥了"实证主义"法理学，在其否定的意义上是由于法律学者只是在国家内部收集、整理调节机构或法人的权利与义务的法律规范，却不处理政治体的生存这一重大问题。他们转向普芬道夫提出的问题："谁做决定？"[135]对普芬道夫来说，德意志民族的神圣罗马帝国未能就谁是主权者并因此能够掌控全部国家权力等问题提供连贯的答案。神圣罗马帝国不是一个国家，而是一个怪胎（Monstrum），一个由相互竞争的地主和宗派享有多种积极法律权利、否定国家统一体这一表达的怪胎。[136]对黑格尔来说，德国在拿破仑手中遭到可耻的失败后，在其作品中，神圣罗马帝国差不多等于一堆无意义的主观权利、一堆缺乏核心权力的私法体系。如果神圣罗马帝国能够被视为一个国家，那么，"其政治国家将不得不被视为法律的无政府主义状态，其国家法不得不被视为与国家相对抗的法律系统。"一个无力履行其最高生存责任的国家不可能是一个真正的国家。如果国家不能使私人权利服从整体的需求，就没有国家。[137]

施米特声称，魏玛的制度将公法转变为类似于私法的程序性制度，"主观性的公共权利"鼓励"多种国家的解体方式"。[138]劳动法冲突仅仅根据平等代表的算术原则予以解决，通过"根据派别数数（itio in partes），就像天主教和新教自16世纪以来在老德意志帝国所做的一样"。[139]来自于市政府和国家的新要求威胁了公共政策的统一。国家的分化可能导致国家退回到庄园化状态，"德意志国家已经死于其中"。[140]施米特描述了一幅德意志帝国的图像，由于缺乏强有力的国家，德国濒临再现旧日灾难的边缘，并有再次坠入封建制度、代表性法人制度的危险。

这种辩论说明了施米特摒弃宪法法院的根源。对政治争端的审判会允许个别党派采取行动以提升其主观权利，仿佛它们能够超越"真正"的国家利益。在这种情况下，宪法将显得好像仅仅是民族之间或私人个体之间的一个契约。[141]施米特的非政治性资产阶级法治国概念寻求对封建化的、一个缺乏强有力的中央的"司法"国家建立一套理论。

施米特断言，对国家的最大威胁是"多元主义"，"**社会**权力错综复杂，为其自身占有国家意志构建，无休止地表现社会（非国家）特征"。[142]根据施米特的论述，国家的多元化是从19世纪以来不干预社会的"中立"的自由主义国家到20世纪"总体国家"这一更加普遍的历史发展的一部分。干预主义国家模糊了国家与社会的区别。[143]社会团体已经变成了"政治性"的团体。它们组成了现代政治性政党，一个"社会复合体"，包括"支付薪水的常备军以及完整的辅助和支持系统，精神性的、社会性的与经济性的内在的追随者在其中紧密联系在一起"。施米特争论说，通过比例投票制度创造了一个新封建制度，即基于个体或政党"财产"的比例代表制。[144]施米特对多元主义的批评实质上是对"多元主义政党国家"的批评，"多元主义政党国家"概念在1923年编辑出版的《议会民主的危机》一书中就已充分发展。[145]议会已经丧失了将个别意志转化为"超越党派意志"的功能，相反，它已经变成了一个"有组织的社会权力之多元化分配的竞技场"。施米特又一次注意到,神圣罗马帝国解体并沦为庄园主的利益与魏玛共和国的政党存在着"诸多类似之处"。[146]既然将宪法设想为初始的、统一的意志,施米特就认为多元主义是非宪法的(unconstitutional)。[147]

为了制止多元主义的危害,施米特试图在现代国家中寻求政治"本质",它将代表国家的真实"统一体"。[148]为了发现这种本质,施米特转向专政问题:"国家的例外状态并不邪恶……国家的核心在于具体的异常。"[149]

正如前文所显示的那样,施米特为捍卫布吕宁政府使用宪法第48条而做的实用主义辩护被其他法学家所接受。许多法学家同意,矫正总统错误使用第48条第2款的唯一方法在于联邦议会的控制功能,他们进而同意,如果联邦议会不能采取行动,那么,它就没有道德或法律权利去削弱那个能够采取行动的机构。但是施米特走得更远。他争论说,既然"民主"意味着民族和国家的统一体,那么,《魏玛宪法》是民主的,所以是反自由主义的;联邦议会是种威胁,与之抗衡的宪法必须被捍卫。[150]只要国会反映了社会现实的碎裂并且允许多种团体接近国家权力,那么,它就危害了真正的宪法,即,人民意志的统一。

被施米特视为资产阶级法治国的一部分、由宪法体系所构成的议会,已经不再能够提供一个统一的政治体系。因此,施米特转向民主(即宪法的形式要素)以寻求国家统一体的政治根基。他宣称,《魏玛宪法》中国家元首"超出了应被赋予的能力,代表国家统一体的**连续性**和**持久性**及其统一的功能"。[151]在魏玛体制中,正是总统能够宣称代表整体:"总统站在政党政治中立性系统的中央并且独立构建了国民投票的基础。现代德意志帝国的国家秩序归因于他,同理,多元主义制度的发展趋势使得立法国家的正式功能变得更加困难,甚至使之变得不可能。"施米特宣称,根据《魏玛宪法》的积极内容",总统是"受召唤宪法状况的监督者和捍卫者"。[152]总统所扮演的角色是"中立的第三方"。他将为了整体的利益而决定哪些团体应该得到鼓励而哪些团体又应该被抑制,决定哪些"中立"的决策对于安全是必需的,以及哪些经济措施应该予以实施以便保护经济。总统是中立的经济机构的首脑,它们不应该被多元主义的国会所控制:包括中央银行和铁路网络。施米特引用约翰内斯·珀匹茨的观点声称,某种形式的集中经济控制、某些"统一的指导原则"是现代经济所必需的。"多元主义的代议制政体"自然不可能提供这种领导。对施米特来说,总统正是这类集中的经济决策的恰当来源。[153]施米特论辩的经济方面在下一部主要著作《合法性与正当性》(1932)中变得更加明朗。在其中,施米特比较了国家能够介入控制社会的"强有力的总体国家"与魏玛共和国被利益集团所控制的"虚弱的总体国家"。强有力的总体国家将行政部门视为其真正"核心"。[154]

施米特为现代干预主义国家中强有力的行政部门所做的辩护与来自于其他民主国家的争论有相似之处;例如,哈罗德·拉斯基发展了一种关于美国总统的类似概念,而且专家治国论表面上集中于科学的和超政治的行政管理。[155]施米特著作的引人瞩目之处在于其中所包含的形而上学腔调。总统是"实证"宪法(人民意志的统一)的直接表达:

> 《魏玛宪法》假设整个德意志民族是一个统一体,它准备立即采取行动,并不首先通过社会团体组织予以调和;(作为一个统一体)能够表达自己的意志并且在决策时刻能够超越多元主义的分歧,能够找到回归统一体的道路并且能够承担其所带来的影响。

第四章 宪政民主的矛盾基础

宪法尤其设法给予总统权威以使之有可能立即将其自身与德意志民族的政治性总体意志结合在一起,并且因此恰如宪法统一体和德意志民族总体的捍卫者和保护者那样行动。[156]

这些词句中有施米特宪法理论的精髓:断言有一个统一的意志,断言那个统一的意志被国家元首所"代表",并且断言主权机构[157]会采取措施以回应整个国家具体的政治需求。宪法第48条第2款使国家行政部门回归到形式上不受约束的状态,除了联邦议会中利益集团的有害影响之外,它将能够采取行动。

施米特的实证宪法理论断言,总统是集体意志的代表,是民族的化身。凯尔森声明,这一断言是未经解释的神话,是一个信仰。[158]毕竟,总统是在政党政治的压力之下通过程序选举产生的。少数派几乎总会不满。总统并非中立并超越党派冲突,尽管施米特的断言截然相反。此外,凯尔森争论说,魏玛体制通过联邦议会建立在多元主义代表原则的基础之上。虽然某些人也许会从"某种政治理想"的观点出发怀疑该制度是"有害"的,但它绝不是违宪的。[159]

正如凯尔森所认识到的那样,施米特的争辩基于一个关于宪法的特定观念,即将宪法视为"一个情境",一个德国人民统一体的情境。这个统一体有实质性而非仅仅形式上的特征,其组成部分不能予以准确界定。除了仅从某种确切的政治观点出发而被渴望的情境之外,它不可能是任何东西。**统一体**作为自然法的期望将自身推入宪法的实证法学概念之中。[160]正是这一希望引导施米特忽视总统侵犯实质性宪法的可能性。很明显,正是这一希望导致施米特错误地引用了宪法最重要的条文。根据宪法第42条,总统必须宣誓效忠于德意志共和国的宪法和法令。根据宪法第85条,法令是经联邦议会通过的法律规范。因此，总统有宪法责任遵守国会的法令。但是，施米特断言，宪法第42条要求总统效忠于宪法；对法令的引用被忽略了。施米特对总统作为"宪法的捍卫者"角色的肯定，只有以忽视联邦议会在宪法中的核心角色为代价才会出现。在此，与此前一样，施米特的批评根本不是法学辩论，而是基于反国会政治假设的批评。[161]

凯尔森的法学辩论采取了怀疑主义批评的形式，批评施米特从法律跳跃到现实的企图。凯尔森批评的逻辑是毁灭性的，但其政治冲击却是有限的。最后，施米特能够使用选民投票专政的**政治**理论（总统在其中代表人民的意志）将帕彭政府改变行政法院之举正当化（legitimize），以对抗普鲁士政府和施莱歇尔将军在1932年底建立一种统合主义的法西斯主义的企图。行动终结了讨论。施米特从来也不为回应凯尔森的批评文章所困扰。但是，凯尔森的理论暗含了政治批评，其重要性远远超越了总统权威这一现实问题。

结　论

本章始于宪政民主的一个悖论：宪法主权的创造者似乎是由宪法自身创造的。凯尔森通过基本规范理论重申了这一悖论。施米特则通过断言主权人民的当下存在而解决了这一悖论：人民在本质上是同质性的且统一于某些基本方面，例如种族或宗教，在面临统一体的外部及生存威胁时，它们变得具有"政治性"。敌人构建了朋友。

施米特对悖论的原教旨主义（fundamentalist）解决方式在确认总统与主权之间存在直接及正当联系时达到了高潮。这一争辩追随了德意志国家理论中由普芬道夫和黑格尔早期代表的一个重要的保守传统，它断言，国家拥有一个实质性的"核心"或中心。君主立宪政体也假设,君主所拥有的权力超越了宪法本身且保留在行政机构中。[162]凯尔森争辩说,拉班德传统中的实证主义已经使这种法律"剩余价值理论"自觉或不自觉地服务于将更多权力转移给君主的政治目的。[163]拉班德自己曾经说过,恺撒是"宪法的捍卫者和守护者"。[164]施米特重申了拉班德的说法和论证方式,表明他扎根于被1918年革命所推翻的宪政主义制度中。

凯尔森的《纯粹法理论》没有为有关基于行政命令的"初始"法律系统的生存方面的争论提供解决办法。人们也许只需要设想一个假设性的基本规范(它当然会偏离纯粹的宪法文本),其依据是,行政命令是立法的唯一来源。凯尔森的理论也没有提出剥夺帕彭或希特勒匪帮颁布有效法律的声明之合法性的办法。[165]但是,《法的纯粹理论》并没有丧失所有批评潜能,因为它缺乏道德时刻。一旦法学家宣布国家代表了世界的真实本质,在某种意义上超越法律或规范的存在主义的和真实统一体,就可以立即展开批评。恰恰是这种论断构成了施米特论辩的基础,并且将他1917年关于专政的著作(作为原始状态的行政机构,或事物的初始状态)与他1931年至1932年关于在威权主义行政控制下摆脱多元主义政党影响的国家本质的研究、1933年至1936年关于纳粹国家的"具体命令"的理论与历史著作等联系在一起。施米特利用了一种信念"解决"宪法基础的悖论。他断言,国家意志的统一体有威权主义的、制度化的代表:军队或总统或领导者的权力。在施米特的理论中,真实的代表是现实的,世俗的本质构成了普遍意志,反对"多元主义政党体制"中"所有人的意志"。[166]凯尔森从一开始就拒斥了这种国家的形而上学。威权主义甚至法西斯主义国家不能逃避基本的**规范性**问题,亦即,一个低级官员所采取的行动如何才能够归属于作为一个整体的国家并且宣布它是一个国家行动。[167]归属问题必须且不可避免地涉及无归属的可能性、在国家行动所能允许的边界内人类对授权规范做出失败的反应行为。凯尔森展示了假设性的国家本质、实证法律秩序的假想来源等服从法律秩序的逻辑且因此走向实证主义悖论的方式。

宪政主义的哲学立场导致战后国家与社会互动方式的概念发生了严重分歧。施米特将**国家**与**社会**这两个概念分开。对他来说,民主就是由领导者代表作为统一整体的国家进行统治。民主国家是一个政治性的形式,一个摆脱了矛盾的意志,统一于单独一个代表,它以隐藏的上帝即人民的声音说话。相反,社会则是不统一的场所。在这里,私人利益而非公共利益占主导地位,仅仅由资产阶级法治国冷冰冰的、普遍的规范予以调节。对施米特而言,当社会擅自进入国家,主宰国家意志并因此而更改调节社会自身的抽象规范时,事物的畸形状态就会接踵而至:"当'尘世中的神'从其宝座上跌落,客观的理性与道德王国变成一个庞大的匪帮(a magnum latrocinium),那么,党派就将处死强大的利维坦并且从它的身体上割下属于他们的一片新鲜血肉。"[168]施米特关于公共体被社会团体吞噬的隐喻阐明了其理论的核心逻辑。利维坦与社会分开并且高于社会。国家,或"尘世中的神",具有相对于其统治对象的生存自主权。社会团体能够为了自身的利益而决定国家政策,这一民主福利国家的基本政治假设绝非仅仅是组织问题;它变成了一个吞噬其生父的亵渎神明行为。连续一贯的"主体"国家,施米特称之为"现在的和假想的",现在似乎处于不断变化之中。他暗示,其结果是一种国家理论,它丧失了区分合法国家与强盗国家的能力。[169]

相反,凯尔森模糊了为施米特所假定的国家与社会之间的边界。他认为,构建国家或人民的一致性,将会屈从于原始的、图腾崇拜式的虚构。[170]通过"净化"所有非法律元素的法学理论,《法的纯粹理论》在法律系统的所有层面上关注法律与社会间的复杂关系,从宪法到立法到行政以及司法。凯尔森的理论悖论性地试图奠定一种纯粹规范性科学的基础，与此同时却又试图否定意志与规范、社会与国家间的潜在分离。与施米特寻求通过神话般的领导者解决工业社会中的社会冲突有所不同的是，凯尔森认为社会团体必须实现自我管理。他争辩道，事实上，通过协商解决社会紧张的问题已经成为所有现代民主国家的"致命问题"。[171]

凯尔森的声音在德国乏人问津。随着《合法性与正当性》的出版，施米特为帕彭政府通过威权主义途径更改宪法的努力提供了智力支持。这部著作激化了对国会的批评以及早已在《宪法的保卫者》中表述过的对总统职位的肯定。帕彭政府于1932年7月20日镇压普鲁士邦的政变，一次象征共和力量最终失败的行动，施米特就如何对这次行动在法律上予以合法性证明提出了建议。但是，施米特理论中假设的总统职位的权威性与正当性却并未延续到总理身上。施米特的理论没有提供解决办法，它仅仅为纳粹的最终篡权打开了方便之门。

第五章

宪政实践与民主主权的内在性：鲁道夫·斯门德、赫尔曼·黑勒与宪法的基本原则

尽管存在着诸多差异，凯尔森和施米特却都表达了一种非辩证的立场，即"霍布斯主义"的主权国家模式。对凯尔森来说，国家与法律是一致的；它只能通过一种纯粹的法学理论来理解，这种理论排除了"不纯"的、实践方面的考虑。对施米特来说，国家是一个真实的、存在着的本质，受到来自利益集团的威胁。二人通过不同方式寻求将主权时刻（即"霍布斯主义"时刻）从日常政治实践中分离开来，以便与宪政民主的矛盾基础达成和解。[1]

如果人们关注具体情境中制定与适用法律的过程，就会看到不同的宪法学概念。在盎格鲁—美利坚的环境中，福勒和德沃金都将注意力转向法律规范、价值及行动在法律中的复杂影响。他们的方法都反对哈特的奥斯丁传统以及英国的分析法学，研究正式的、实证的法律实体。[2]在福勒和德沃金出版其批评性著作之前的数十年中，对"非辩证"

宪法概念的类似批评就已经出现在魏玛共和国,出现在鲁道夫·斯门德和赫尔曼·黑勒的著作之中。

斯门德和黑勒将人民主权概念化的方式说明了他们的宪法观念与凯尔森和施米特之间的区别。斯门德和黑勒远离了目的论主权概念,转而诉诸厄内斯特·勒南的"每日公报"这一意象以描述动态而连续不断地展开的人民主权。[3]主权在政治实践的每一刻都是复杂的;它对于推动民主运转有内在作用。

直到1930年为止,斯门德和黑勒(黑勒在某种程度上有些勉强)都支持《魏玛宪法》,并且都认为在政治上以及法律上肯定民主,意味着打破了法律实证主义的假设以及施米特的国家主义。他们二人遵循截然不同的路径得出了这一结论。斯门德保守的政治社会学强烈反对黑勒关于法律首要地位的明确的政治观点。但是,鉴于共和主义社团内利益集团的参与,他们都从内在于系统的观点明确地重新提出了宪法学的问题。

如果法律涉及价值与社会环境方面的考量,那么,通过回溯既往,实践领域中的法学家们将会发现他或她自身被迫与伦理与政治上的嫌疑犯纠缠不休。毫无疑问,斯门德与黑勒都是可疑观点的牺牲品。但他们的观点,包括威权主义甚至法西斯原教旨主义的观点,都是宪法学转向一种伦理与政治实践理论的激进再定位的一部分;这种理论为1949年之后西德民主导向的宪法学奠定了基础。

斯门德:
一体化国家

斯门德于1882年出生在一个学术精英家庭。他的父亲,鲁道夫·斯门德（Rudolf Smend, 1851—1913）是一位声誉卓著的加尔文主义学者。年轻的斯门德同样活跃于改革后的新教教堂,1945年后献身于教会法问题的研究。[4]加尔文派将宿命论教义与人类的天性结合在一起,在面对外部世界的需要时,将教堂的会众视为信仰者的有机共同体,每一个人都履行他或她对世界的责任。正如斯门德多年以后所表明的那样,个体脱离他或她参与其中的"精神—社会世界",就不能被理解为共同体的一个成员。[5]斯门德的宗教背景为其法学理论（特别是1928年的一体化理论）奠定了基调。如果斯门德用以处理宪法学的先入之见会导致对共同体的首要地位以及个体必须履行责任的坚持,那么,它就可能会产生保守的结果。但是,它们也可能产生不同于凯尔森对施米特"本质"的怀疑主义批评的"反传统"（iconoclastic）的效果。斯门德拒绝人类世界中可能存在一个稳定的"固定标杆"（ruhender Pol）的观念,并且批评了施米特对于一个真正"代表"国家的超然机构的研究。[6]

斯门德政治理论的模糊性反映了用"有机"的方法研究帝国宪法学中存在的模糊性,正是这一方法塑造了他的法学教育。这一传统的老一辈代表们——奥托·冯·吉尔克、阿尔伯特·汉奈尔和雨果·普罗伊斯——已经与自由主义发生了关联,但是,年轻一辈的代表们,例如斯门德和艾里希·考夫曼,却在保守主义趋向中接纳了有机体主义国家的观念。帝国后期,法的有机理论辩护作为在历史意义上塑造德意志民族之真实表达的现存制度。[7]斯门德和考夫曼否认斯门德后来称之为拉班德的"苍白的代表"。[8]在1906年的论文中,考夫曼转而致力于叙述君主立宪政体的哲学、历史与政治方面的内容。与此相似,在1904年的论文中,斯门德为了科学的法律分析而将拉班德的方法弃之不顾,揭示了普鲁士特殊的历史条件是如何决定了1850年普鲁士宪法中**法令**这个词的含义的。[9]

第一次世界大战期间,年轻的"有机"法学家们的政治学转化为对现状的盲目抵抗。斯门德在1916年发表了一篇文章,将1871年宪法中的联邦主义追溯到了成员国首脑之间信任和友谊的"不成文法"。斯门德声称,既然德意志帝国的国会坚持正式的、列举出的权利和责任,那么,其国会代表就将不能包容联邦议会的组织功能。[10]俾斯麦式体制的混乱与无效有目共睹,1916年对德国联邦主义不成文法的辩护恰好出现在此时。然而,斯门德却断言,政治结构的任何改革都将摧毁其正当性。例如,改革普鲁士的三级投票制度将摧毁德国宪法的联邦主义根基;行政机关的理性化将侵蚀该制度的关键机构即联邦议会。[11]

斯门德花费了至少十年时间才接受魏玛共和国。他在1916年批评帝国国会,因为它变成了一个不能包容1871年宪法有机内容的"理性主义"的东西。1918年之后帝国国会变得更加重要,斯门德却争辩说,议会仅仅由诸多不同的、相互冲突的利益集团所构成,不能实质性地整合德意志民族。[12]直到1928年,他仍然将1871年宪法描述为"一体化宪法的完美典范",并且将俾斯麦"宪法的政治艺术"、"非被动反映"以及"直观清晰"与《魏玛宪法》农场主的"宪法政治学"进行比较。[13]直到1930年,斯门德仍属于反共和主义的、极右翼德意志民族人民党的一员。[14]

在过去的20世纪20年代中,斯门德开始将自身与新制度融合在一起,并且开始在新的宪政民主制度下检验宪法学。体现在其1928年开创性论文中的成果是《宪法与宪法学》,他在其中争论说,国家是社会整体,处于将公民整合与再整合进共同体的连续不断的过程之中。斯门德用以研究"活"宪法的内在方法所提出的问题是,在拉班德学派实证主义的影响下,宪法学者们回避了某些问题,尤其是学者们如何能够声称自己在宪法分析中是"客观的"与"科学的"、如何能在研究中站在政治之外等方面的问题。斯门德创作这篇论文只花了几个月时间。他的仓促与他正在研究的一系列宪法学新问题结合在一起,由此而导致的结果是产生了一个复杂且有时难以卒读的文本。[15]

斯门德的写作风格将自身导向了混乱甚至"错误"的解释。[16]凯尔森使自己的主要概念变得具有内在矛盾且"摇摆不定"。[17]但凯尔森的挖苦不会掩盖斯门德对《魏玛宪法》理论的重要性。不仅凯尔森,其他主要法学家如弗里茨·斯蒂尔—索姆罗和奥托·科埃尔鲁伊特也都对斯门德的书作了冗长的评论。[18]一个批评性的评论者称"这本书是必读书中的一本"。[19]抛开其中的不精确甚至矛盾不谈,《宪法与宪法学》仍然为宪法法理学的研究提供了重要而原创性的起点:"整合"的概念,一个在魏玛共和国支离破碎的政治文化中引起共鸣的词。

斯门德将整合过程视为宪法的本质,是"国家生活"的"统一融合"、"核心过程"与"核心本质"。[20]国家不仅是一个将社会利益在技术上组织成为一个目标的制度,更是一个真实的、一体化的"诸多意志的联合体",[21]一个"真实的、精神生活和精神活动的有意义的统一体"。斯门德断言,他的有机方法克服了凯尔森实证主义纯粹的"规范主义",并且将作为真实有机主义的国家带回国家理论之中。[22]

有机主义一体化理论模糊了拉班德学派的实证主义传统和德意志帝国保守的自由主义业已确立的区别:私法和公法、国家与社会、个体与全体。[23]如果国家被视为一个总体性的"精神性生命共同体",[24]那么,在国家与社会之间进行任何绝对的区分就毫无意义。斯门德的有机主义理论同样会导致个人与社会的直接认同。他对个体与集体、自我与国家关系的"辩证理解"被证明是一种国家的无中介的"总体性生活体验",个体甚至在睡眠时也参与其中。[25]斯门德乐于承认对抗和反对在政治中扮演着重要角色,但是他将冲突归结为确保共同体凝聚力的功能。他将决定国家目标的斗争描述为对国家的"宣泄性"肯定,不论具体结果为何。[26] 例如,选举和投票都是"实现一体化的纯粹精神性手段"。但是,他通过从静态的、"解剖学"意义上的国家观念转向动态的、"生理学"意义上的国家观念,只要个体的行动是国家"自我形塑"的一部分,斯门德就会肯定其意义。[27]

斯门德用来描述一体化的例子能够最好地说明其理论的保守、总体化特质。"私人整合"取代了领导者,后者是社会性与精神性"生命形式"在其成为领导者过程中的呈现。[28] 例如,君主是"他自身的化身,是人民总体的融合"。他不应该像威廉二世所做的那样仅仅从事技术性或实践性活动并在此过程中让自己显得像一个半吊子;相反,他应该更新民族的"自我认知"。通过他自己的"创造性个性",他应该不仅能够"活跃"而且能够"塑造"其个体主体性。[29] 君主制在1918年崩溃之后,斯门德认为其他人应该取代君主的位置。但并非每一个人都能够做到这一点。他写道,"人们天生不适合整合功能",他在一个脚注中评论了马克斯·韦伯的观点,即韦伯"明确"认为"东欧犹太人""不可能成为德意志国家生活的领导者,甚至在革命中亦然"。[30] 事实上,斯门德相信,在他的同时代人中只有一个人能够通过其个性而拥有掌握统一德国的能力:保罗·冯·兴登堡将军,他最近战胜了弗里德里希·艾伯特当选为魏玛共和国的总统。[31] 斯门德未曾讨论有部分大众可能希望通过一个给定的领袖而实现的具体政策或目标。通过领袖实现整合似乎是一个缺乏具体内涵的总体的、自我决定的过程。

在斯门德的观点中,"功能整合"或通过程序实现整合似乎指向一个有机的"社会合成"过程。他所提供的功能整合的例子包括投票、有组织的舞会、体操和行军。斯门德对劳动与节奏之间的关系特别感兴趣,努力研究创造工人与其工作间精神统一的劳动心理学以提升个体的产出。[32]实现工人及其工作之间的调和必须通过纯粹精神性的手段而非具体的协商与妥协。"整合的正式程序"显得"漫无目标"。[33]斯门德转向意大利法西斯主义以寻找"直接融合"的事例。在他看来,相对于自由主义或议会主义来说,法西斯主义与大众民主状况更加具有相关性。他宣称法西斯主义具有"矛盾性洞察力","合作主义、军事主义和神话"等都是"当代大规模公民的民主"所必需的技术。[34]

"具体的"一体化由国家所意识到并且由被其所意识到的价值所构成。[35]国家的"统一生命体验"是对价值总体的体验:目标和共同体不可分离。通过诸如"旗帜、国徽、元首(特别是君主)、政治仪式以及民族庆典"等象征符号,个体既创造整体,也被整体所创造。象征允许公民带着"特别强烈的感情"体验象征性内涵的实现。斯门德这样描述这一过程:"每一个人都能够'像我理解它'那样体验象征性的价值—内涵,却无需经历规则与统治所必然带来的紧张或矛盾,与此同时,每个人都像一个完整的整体一样体验它,其他任何方式都不可能达到。"[36]他认为,理性主义者将语言视为一种"目的在于理解的技术发明……因此是一个技术性的人造物品,而不是人类精神生活方式的基本的、本质性的需要"。[37]斯门德关于象征和语言的"反理性主义"理论缺乏具体内容;例如,在政治分裂的社会中没有为地位而产生的矛盾与斗争。在神话的基础上,象征和语言反而有助于实现民族的统一。斯门德以墨索里尼进军罗马为例说明了神话对于法西斯主义正当化(legitimization)的重要性。[38]

对于斯门德转而以墨索里尼的意大利为例,我们大可不必感到惊讶。意大利法西斯主义是欧洲20世纪20年代的重要现象;它提供了"丰厚的产出……可能具有独立于法西斯主义运动本身的价值与未来的意义"。[39]斯门德明确地说,法西斯主义的经验主义的存在不必与其道德价值保持一致。与此同时,斯门德的一体化理论似乎从其存在的事实中汲取了伦理或政治价值。法西斯主义国家履行了作为活生生的民族共同体的功能。它怎么可能不被斯门德的理论所认可?在魏玛共和国的最后五年中,尽管斯门德试图就《魏玛宪法》的有效性展开讨论,但是,其理论却往往指向明显反宪政的、总体性的和专制性的"一体化国家"概念。

黑勒：
作为组织的国家

赫尔曼·黑勒1891年出生于切申公国奥斯托莱尼西亚镇（Austro Silesian）的一个犹太人家庭。他的父亲是个律师,在黑勒年幼时就去世了,他由维也纳的亲戚抚养长大。根据他的朋友弗里茨·波林斯基的描述,在第一次世界大战前,黑勒深深地卷进了奥地利的漂鸟运动（Wandervogel movement）之中。[40]他于1914年志愿参加奥地利军队并于1915年初在前线受伤。他的伤势给他留下了一颗虚弱的心脏,致使他在1933年早逝。战后,在莱比锡的青年中心与职业学校的发展过程中,他起到了积极作用,他与右翼青年社会主义者一起工作,在魏玛共和国期间,这是社会民主党的青年组织。黑勒在魏玛共和国的国家法中被边缘化了。他的犹太血统及其对社会民主党（SPD）的公开支持使他被绝大多数大学排斥。他只是在1928年才在一个有争议的任命中被一所大学的讲席邀请,这个任命后来被斯门德称为政治任命。[41]

青年对漂鸟运动的崇拜以及战争对民族的直接体验,都反映在黑勒的著作中。他的《社会主义与民族》(1925)，公开号召社会民主党接受爱国主义，此书开篇写道："现在的任务是吸引所有年轻和强壮的人加入社会主义和德意志民族。"[42]那本书以及黑勒其他著作中的社会主义观念与约翰·戈特利布·费希特而不是马克思有更多共同之处。它意味着一个建立在民族同志间的责任感和相互尊重基础之上的民族共同体——而不"仅仅"是经济革新。[43]当黑勒于1920年3月10日加入社会民主党时，正是他的大学任教资格答辩的前一天，他是在两个条件下这样做的：他意识到，无论是历史唯物主义还是无产阶级国际主义，都不具备理论有效性。[44]

黑勒在著述中所做的保留与他的更大计划相一致：通过将运动建立在宪政主义以及国家主义的基础上，填补社会民主党知识传统的空白。他的贡献被证明是持续性的，也是重要的；事实上，他是魏玛共和国宪法学最重要的社会民主党理论家。他为法律监管的国家，即"社会法治国"所做的政治与宪法阐释，与社会民主党在魏玛共和国期间的实践以及1959年以来在拜德哥德斯堡（Bad Godesberg）计划理论中所采取的政治路径是一致的。黑勒的观点融合了民族主义与社会主义，是与魏玛共和国霍夫盖斯麦尔派（the Hofgeismar Circle）的右翼青年社会主义者共享的观念。这一计划对于仍然保留国际主义传统的社会民主党来说即使不是彻头彻尾反动的，也是危险的，这一判断有充分的理由。[45]黑勒对"可耻的"《凡尔赛条约》的批评，以及对表面上"不设防的和被掠夺的德国人民"、"人口过剩以至于即将爆炸"却被双重掠夺了东方"国土"和殖民地等所做的辩护，是右翼政治语言的回音。黑勒试图在右翼策略上施加伦理与政治限制。例如，他既呼吁建立一个强有力的德意志民族主义国家，却又呼吁建立一个统一的、社会主义的欧洲的共同体（排除了俄国的"亚洲"部分），以降低战争的可能性并保护欧洲抗衡美国的资本。[46]

黑勒在20世纪20年代中期加入了信奉保守主义的施米特和斯门德攻击凯尔森《法的纯粹理论》的行列,[47]他给它贴上了诸如"理性主义"、"民主—自由主义"、"马克思主义"、"无政府主义"、"抽象"以及"无主题"等标签。他认为,这是拉班德学派分析法学的最后成果,是没有国家的国家理论。[48]国家是一个等级体系,既受到规范的限制,也得到了它的授权,实际上,正是凯尔森对国家的怀疑主义分析激怒了这两位保守主义者和黑勒。与施米特一样,黑勒将国家概念化为一个统一了"实然"与"应然"的具体机构,并且强调在国家的历史发展过程中专制主义的中央集权、集中化的官僚机构以及军事的重要意义。[49]

"国家主义"传统在黑勒早期著作(作为批评社会民主党中和平主义与国际主义的部分)中扮演着主要角色。他在1920年为黑格尔1799年至1802年关于宪法新版本的著作撰写了导言,是以施米特1928年后的政治辩论为中心的著作。为了用国家利益或国家理由等观念取代理想主义的、基于道德的政治概念,黑勒在颂扬黑格尔著作的过程中追随保守主义的传统和新黑格尔主义的国家理论。[50]在几年之后发表的一篇论文中,黑勒重复了黑格尔的一个"非常重要"的观点,即为了实现自我主张和自我保护,国家的生存需要强大的政权。[51]理所当然的是,黑勒质疑了《现实政治》的内在价值,并且批评了艾里希·考夫曼所提出的作为社会理想的右翼的、新黑格尔主义的战争观。但是在结尾处,他却提出了一种国际关系理论,异乎寻常地与保守主义立场保持一致。[52]其1927年关于主权的著作为民族国家"意志"的首要地位进行了辩护,并且在国家自我保存权利的基础上为国家对抗现存国际法或国家法的行为正当化。从外交事务的视角来看,黑勒将国家视为一个站在法律之上的活生生的、有意志的实体——换言之,与施米特的所作所为几乎毫无区别。[53]

但是,《现实政治》研究国际关系的方法却在黑勒的著作中扮演着至关重要的角色。他试图逆转社会民主党拒绝为外交政策承担责任的倾向,例如伦纳德·尼尔森的理想主义的和平主义以及马克斯·阿德勒的无产阶级国际主义。[54]黑勒希望,通过利用国际政治的保守主义观点迫使社会主义者们发展出一套连贯的外交政策,即便在努力斗争以实现和平及管制国际市场等社会主义目标时,也要充分考虑现存的权力关系。[55]黑勒相信,保守主义的国家主义能够而且应该适应社会主义或左翼自由主义的目标。但是,人们也许会问,出于权力政治理论的考虑,他为什么转向极右翼而不是自由主义理论家,例如马克斯·韦伯、雨果·普罗伊斯或阿尔弗雷德·韦伯等,他们会询问负责任的国家权力的界限在哪里这类问题。黑勒喜怒无常,也许曾经希望在预期的左派听众间激起论战;如果是这样的话,这一计划就失败了。他对可疑理论的使用使其理论变得脆弱,以至于容易遭到左翼的和中间派社会主义者的攻击。[56]

正如黑勒在国际关系的视野下对国家的讨论试图将保守主义理论与社会主义政治学结合起来一样,他转向作为国家意志之根源的"民族"也依赖于保守主义理论。他对民族的又一次辩护是他发展社会民主党民族主义政治学这一策略的一部分。他认为,民族是社会主义真实的、集体性的基础:工人(通过社会主义党)不得不奋力拼搏以期能够进入民族共同体。[57]黑勒根据全体人民共有的"民族特性"来界定民族共同体本身。在他看来,这些特性都是自然而然产生的:在"土地"与"鲜血"中,借此,黑勒所表达的是,通过人民与土地的互动以及人民相互之间的合作、通过婚姻与繁衍子孙等发展而来的生物相似性。他不仅将鲜血描述为一个纯粹的生物学事实,而且将之描述为一个社会

第五章　宪政实践与民主主权的内在性

过程,"凝固的鲜血"创造了整个共同体的共有特性。[58]毫无疑问,黑勒再次破坏了生物学决定论的重要性。黑勒1925年关于国家主义的著作表达了对右翼种族主义相当充分的批判;在这本书及后来的著作中,他坚持根据共同的文化发展来定义鲜血。[59]实际上,黑勒的语言部分反映了他关于作为内在现实的民主政治的概念,它更像斯门德的概念,却反对凯尔森的作为纯粹法的国家观念以及施米特的作为超越性本质的国家概念。[60]此外,黑勒不断诉诸"鲜血与土地"等右翼用语、他对国际主义的"世界语文化"的批评以及他在第一次世界大战期间对国家间本质区别的坚持等,似乎都重复了右翼或民粹主义的主题,这与其说是批评,不如说是在发展一种策略性的、社会民主党对德意志民族的肯定。[61]

黑勒对右翼修辞的运用在20世纪20年代后期开始逐渐消失。1928年访问了法西斯主义意大利之后,他对据称是"完整"的国家进行了冗长的批评。他的主要敌人从凯尔森式的自由主义变成了法西斯主义。[62]随着争论焦点的转移而来的是,一种较少现实政治特征的国家观,以及更加平静且更加审慎的修辞,事实上,是与自由主义或社会民主党的福利国家更加兼容的修辞。例如,谈论"鲜血与土地"变成了对国家和民族单一因素分析的一种批评。[63]尽管仍然对政治民主的民族根基感兴趣,他现在却在属于其公民的意义上来描述国家。对于受规则统治的国家活动来说,在集体中存在的感觉是正当性(legitimacy),它正是立法的实质性前提。黑勒现在认为,"存在与意识"之间的确切联系不能在一般意义上被决定,而是必须依赖于特定时间和地点等条件。在疑虑地构想所有政治系统都需要"一定程度"的社会同质性时,他发现了解决国家与民族间联系问题的抽象途径。[64]

130

黑勒转向的核心是一个关于国家的新概念,其第一次详尽阐述是在其1927年关于主权的著作中。代替了斯门德的总体化的、动态的整合概念与施米特在单个机构中的人格化的国家意志,黑勒认为国家和民族、统一的意志与动态的、民族的繁衍等,都通过组织化的复杂过程而辩证地联系在一起。黑勒在外交事务中将保守主义的国家概念作为一个主权意志予以接受,他将国家的"内向性"界定为"普遍的、必要的统一,在特定地域内外交决策的整体"。作为主权意志的国家高于所有社会力量,对任何社会冲突都能够做出决策。[65]与施米特相似的是,黑勒发展了一种霍布斯式的国家观念,即一种作为保卫社会和平的独立且更高力量的国家观;[66]但与施米特有所不同的是,他拒绝将对主权的认同与任何国家机构联系在一起。他认为,主权或"王权"既不能在个别机构中"本地化"(反对施米特),也不能"消融在实证法"中。它毋宁说是国家行为中意志与规范之辩证统一的一个象征。国家的"主体"或"自我"的生存既不仅仅是"人类行动的集合",也不是一个"理想的秩序",而是规范与意志的"有效统一体"。[67]只有在国家规范框架内所采取的行动才是国家意志的表达,与此相似,只有法律规范有效且由某些国家机构实际应用时,才是国家意志的一部分。正如黑勒所说的那样,基尔克的组织理论与拉班德的国家主义之辩证统一,是其组织理论的基础。[68]

黑勒在后期著作中所使用的**组织**一词,指的是"行动的有序结构",包括"通过上、下合作及有关个体与团体之间的协调"。黑勒引用了19世纪社会民主党费迪南德·拉萨尔的观点,声称组织由"现存的、实际的权力关系"所构成。[69]从政治科学的观点出发,黑勒称之为"现实中的科学",组织的存在只有是真实的,活生生的意志才会给予个别规范以具体意义。[70]

在意志与规范发生接触的时刻,黑勒引入了一个"斯门德"时刻。

黑勒认为,机构的意志不仅受到法律管辖权的正式限制(由一个"更高"机构设置),而且受到超越法律的、伦理的与社会学等方面考量的限制。黑勒认为,伦理方面的考量尤其充当了为共同体所共享的基本的、不成文的规范。[71]这些"权利的基本原则"组成了真实(而非虚构的)人民的意志。但是,正当黑勒发展出了一种卢梭式的"公意"时,他却否定了其*当下*的存在。既然每一个"人民"都代表了多种多样相互冲突的意志,那么,国家就绝不仅仅是一个规范系统,不能被贬低为人民的意志。他认为,"政治的特殊任务往往在于以共同体的意志为基础而组织那些处于相互冲突之中的意志。"[72]尽管国家也许持有某些何为权利的观念,但是,这些观念却并不彻底。将"权利的基本原则"转化为法律规范,亦即实在法,是立法者及其他人的工作。[73]

带着这种观点,黑勒将其对实证主义的批评相对化了。他同意,拉班德的分析(将实在法视为规范的客观命令)在更加广泛的法律与国家理论中应该占有一席之地。[74]由于他的政治组织理论和论点主张法律应该被视为客观的,并与社会现实有区别,黑勒将其理论与他之前曾模仿的保守主义理论明确区别开来。斯门德将生活与法律、成功的政治一体化与法律规范等量齐观,黑勒却坚持认为双方虽然有联系却不必然同一:只有法律才能够给予权利的基本规范以具体意义,并且只有这些具体化的法律规范才能够解决社会冲突。施米特断言资产阶级法治国具有先于成文宪法本身的明确、固定的内容,黑勒却认为权利基本规范的具体化过程也是必要的。法治国的实质性概念因此并没有从所有意志中排除立法机关,但是它的确为立法机关所能采取的行动设置了限制。斯门德和施米特寻求一种能够凌驾于构成《魏玛宪法》的一套成文规则之上的"首要"宪法;相反,黑勒却坚持认为,成文的、实在的宪法性规范提供了政治权力或意志得以运行于其中的形式,如同将单纯的形式提升到政治组织的层次来说,意志是必要的。[75]正是这种关于组织的辩证理论将黑勒的国家观念与保守主义的、肯定国家的理论区别开来。

事实上,黑勒的改良主义理论正是社会民主党所迫切需要的组织理论。社会民主党正面临着相互矛盾的任务,亦即,既要捍卫德国的基本法,与此同时却要诅咒德国社会的基本经济秩序。黑勒的带有改良主义色彩的社会主义使得一个至关重要的假设,亦即,正式的民主的、议会制国家是"相对"自主的并且可以有自己的内部法律,能够用于改造社会。[76]无论黑勒承认与否,他的法律理论都能够更好地与左翼自由主义分子如凯尔森和托玛,而非他早年曾经努力模仿的保守主义理论如施米特和斯门德,保持一致。

法学的价值:
斯门德

斯门德与黑勒之间的政治区别不应该掩盖他们在方法论上的相似性。通过将国家设想为一个连续不断的社会过程,他们将宪法学的发展重新定位于具体问题的法律解释,兼顾了价值、政治与决策的社会环境。

斯门德的理论宪法学以在《宪法与宪法学》中形成的宪法概念为前提条件。但即使斯门德关于宪法的基本概念也包含着矛盾。[77]斯门德将宪法定义为法律系统的一部分,同时与一般的法律存在着明显不同。通过将宪法视为一体化过程中"法律的统治",[78]斯门德似乎重构了实证主义的法律与政治或伦理之间的分离。此外,斯门德完全否定了宪法与法律的一致性:"法律的生命"是"宪法的一个异物",即便与

第五章　宪政实践与民主主权的内在性

此同时，司法机关和行政机关也都是"国家的生命—形式"。[79]斯门德有时也试图同时提供两个定义，例如，他说："作为实在法，宪法不仅是规范，也是现实；作为宪法，它是一个一体化现实。"[80]就像这些例子所表明的那样，斯门德的**理论**似乎在将宪法概念化为一套规则与作为真实的政治生命之间摇摆不定。然而，他对宪法**实践**的描述却强调实际宪法解释中正式因素与本质要素间的不可分离性。

斯门德认为，宪法解释要求人们超越个别规范的层次，抵达集体意志形成的"生理学"过程。这种宪法观"不仅允许，而且甚至要求"一个"灵活的、补充性的阐释"：宪法学的意义不能仅仅从宪法资料中获取，但是，仅仅从具体环境下适用宪法条款的社会实践中就能够赋予它以崭新的意义。[81]最重要的宪法条款是第1条：它宣布"所有国家权力都源于人民"，以及第3条，它决定了国旗的颜色。正如斯门德所说的那样，它们表述了一条解释所有其他宪法规范的规则，目的是将公民整合进魏玛共和国。这些条款构成了对基本权利的"真正注解"，它充实了魏玛共和国"文化系统"的内涵。斯门德认为，契约、财产、婚姻及继承等基本权利体现了国家的"资产阶级"本质，但普遍的比例投票权却反映了"无产阶级革命"的影响。[82]这些例子重复了阿德尔伯特·迪林格尔1919年3月3日提交国民大会（参见第3章）的基本权利系统的概要；甚至连安修茨看起来也赞同德国价值系统的这幅肖像。最终的差别在于，斯门德乐于从中推导出宪法学。

在一篇1927年提交德国国家法学者协会关于言论自由权利的论文中，斯门德阐述了非正式的宪法解释方法及其作用的方式。与法律实证主义的理解相反，斯门德认为权利应该被视为民族共同体的基本价值。像国旗一样，在象征国家文化价值的本质性统一体方面，权利取代了君主。[83]宪法第118条宣布，每一个德国人都有权利"在普通法律的限度内"表达他或她的观点。[84]从形式主义的观点来看，后一个词语体现了一种典型的观点，亦即，对自由表达的仅有限制都是那些根据程序正确的法律而得到批准的法律。[85]**普通**这个词或者是多余的（假设所有法律都是"普通"的），或者充其量是一个反对通过某些法律的模糊禁令，即那些从迫害自由表达的诸多法律中挑选出来的法律。斯门德认为，形式主义错误地理解了**普通**这个词的历史意义，它在启蒙运动中有自身的渊源。在这一条件下，普通意味着那些优先而且保护自由以及公开讨论的"更加普遍"的社会价值，亦即"道德、公共秩序及国家安全"。"普通"法律是那些优先于宪法第118条的法律，"因为由它们所保护的价值比言论自由更加重要。"[86]斯门德认为，把握这些价值的确切内涵及其次序只能通过检验民族的文化史才有可能。[87]

斯门德声称，对于实证主义来说，宪法第142条（保护艺术、学术及教育自由）只比第118条的重复稍微多一点。[88]实际上，他继续评论说，第142条起源于19世纪上半叶，反映了德国理想主义者在查尔斯巴德敕令（Carlsbad Decrees）所造成的专制氛围中对自由讨论空间的要求。[89]他认为，第142条保护了社会的一部分，亦即大学，一种自由表达的特殊权利，并且要求法律系统尊重学术生活特有的内在法则。[90]斯门德再次要求从德意志民族的历史中推衍法律系统中价值或基本权利的次序。

根据斯门德的观点，宪法的"真正"内涵应该在真实的、"活生生"的价值与制度中，而不仅仅在正式的、成文规范中寻找。他所认同的那些至关重要的价值都是保守的或资产阶级的。例如，他对大学所做的辩护本质上是对精英和通常是保守团体即全体教授的特殊法律地位所做的辩护。[91]通过将第142条与一个特殊机构联系在一起，斯门德含蓄

第五章 宪政实践与民主主权的内在性

地否定了这个观点,即超越大学的文化生产也是应该受到该条款保护的"学术"或"艺术"。他对第142条的制度解释补充了施米特在为保守主义价值辩护时对第153条(私人财产)的制度解释。[92]通过解释普通一词,他能够避免法律对制度的限制所做的保留,这种限制存在于第118条和第142条中,也存在于保护契约、婚姻、财产和继承自由的条款中,这些限制将有可能为德意志帝国国会形塑社会关系拓展相当大的权力。[93]

斯门德的分析假设,法官能够在民族中准确定位价值的内在系统与内在的传统文化。对于真实冲突与矛盾的可能性,他不予置评。[94]在魏玛共和国的环境中,特别是在其最后的岁月中,各种理论缺乏基本的共识,因此,他的假设看起来像是充满希望的思考。[95]

如果接受斯门德所提供的对民主的"有机"界定,即任何国家机构在其中都没有主权,那么,尽管斯门德解释基本权利的原则是保守主义的,但其本身却并不都是反民主的。更具政治性的问题是他所做的那些关于谁有权利解释民族基本价值的假设。斯门德非常清晰地论证说,德意志帝国国会不能代表真正的、集体的意志。议会缺乏权威断定何为法律意义上的善。[96]问题是,国家的哪一个部分能够识别民族共同体的真正价值?

斯门德明显排除了一般的法官,其活动服务于法律的"价值",而非"活生生"的统一体。更可能的是政府,其角色是民族的"一体化"。[97]不幸的是,斯门德没有直接论述这个问题。在他关注司法手段以及用源于"宪法"的"真实"过程的内涵来"充实"宪法规范时,他却忽视了实际上承担解释与评论宪法的程序及机构等至关重要的技术问题。

斯门德在处理这一问题上的失败反映了法的有机概念中一个更加

普遍性的悖论。通过集中关注民族的自我构建过程,一体化理论倾向于忽略(或抑制)机构与法律中实际决策的时刻。[98]在普通法和政治系统中,基本权利在魏玛共和国中具有实现社会力量"一体化"这一普遍的政治功能,但具体层面上的权利都是宪法权利的表现,正有助于解决公民与国家或公民之间的冲突。与其说基于权利导向要求的有争议的司法案例不在意有关党派的基本同意,毋宁更加关注他们对法律意义的基本不同意。通过假设民族共同体的价值,斯门德忽视了法律所扮演的重要的实践角色,亦即,区分许可和不被许可的行动、解决契约争议以及裁决人类意志间的冲突。[99]

用更加理论化的术语来说,斯门德完全避免了施米特与凯尔森间争议的重点:主权问题。[100]施米特试图在特殊机构中确定"客观"决策(那些"高于"政党的决策)的来源,但凯尔森却将主权视为客观化的法律系统本身。斯门德同时拒绝了双方,正如他的裁决拒绝了客观化的宪法概念一样。斯门德激进的反霍布斯主义之政治意义或许在于同时用两种方式解释宪法。一方面,斯门德在其对主权的拒绝中提出了一种本质上反绝对主义的论点。因此,也许斯门德实际上是在为民主制度在公共舆论中开放改革方案与接受变革等奠定基础,如同他1945年后的支持者所做的那样。然而,另一方面,有机理论因其自然主义假设,使得宪法非正式化了,并且拒斥了"自由主义"的怀疑主义,可能会导致不可抑制的恐怖。如果没有矛盾的国家(人民共同体)被假定为事物的正式与自然状态,那么,它与社会规范有何不同,什么不是公共"有机体"的一部分,这些问题可能需要激烈的清除与淘汰。非正式化的宪法也许会通过"接受"某些社会团体权利(也许是法官,也许是行政部门)的自然化(naturalize)以强化总体,而勿需考虑法律因素或正式程序。

第五章　宪政实践与民主主权的内在性

政治抑制下的法理学：
黑　勒

关于共同体价值的均质性与可裁决性的假设是斯门德关于宪法是一个真实的、活生生的过程之成问题界定的核心。由于未能明确区分作为正式法律的宪法与作为真实过程的宪法，一体化理论有时就沦为威权主义的花言巧语。在其最后的著作《国家理论》中，黑勒致力于发展一种更加明晰且更具分析性的宪法概念，在某种程度上是为了对付内在于斯门德方法中的危险。[101]黑勒区分了研究宪法的两种基本认识论。首先，宪法可以从社会学的角度予以观察，宪法是作为一个"生命整体"（斯门德的观念），或者是在相对狭隘的意义上作为赋予国家统一体的、随着时间的推移而保持相对稳定的规则与程序。之后的"基本结构"似乎与黑勒的"组织"观念保持一致。其次，从法律上看，宪法要么是由所有调节国家行为的法律规范（类似于拉班德国家法概念的某个东西）所构成，要么是由（在相对狭隘的意义上）国家"基本秩序"的所有基本法律方面的内涵所构成。[102]

黑勒的观点仍然是支离破碎的。尽管如此，他仍然很明显地将四种类型的分析方法视为辩证地相互依存的。如果缺乏某些法律结构方面的知识，"国家"的社会学分析就是不可能的，反之亦然。例如，当一个法学家描述国家的基本法时，这一描述就假设这个法学家能够区分本质的与非本质的，或琐碎的规范，那么，这一区分就应该来自于对社会实践的观察。与此相似，对国家的"基本结构"进行社会学描述则依赖于什么样的法律规范决定"应该"去做的有关知识。如何将社会事实与规范，亦即实然与应然，联系在一起的方法论的中心问题，出现在

《国家理论》的最后章节中。黑勒为辩证理解政治整体与组织、机构有效性的现实及其与规范性秩序之间的不同进行了辩护。[103]

黑勒为这些宪法观念增加了第五种分析方法：所谓正式的或成文的宪法本身。初看起来，正式宪法在黑勒对国家的政治分析中或许是一个毫不相干的"异物"（斯门德）。事实上，黑勒指出，由于宪法作为真实的组织始终处于发展之中并且不断变化，因此，正式宪法与实质性宪法之间完全一致是不可能的。[104]但是，他的论证虽然反对消除"常态"与"规范性"之间的区别，却赞成真实的、现有的存在。"实然"与"应然"间的区别只能辩证地予以设想。规范要求某种规律性及效率以便行之有效，然而，作为规范，它也可能被侵犯并因此而与实际行为不相一致。法律规范既与存在相联系，又超越存在。[105]黑勒认为，正式的、成文的宪法在现代民主国家的发展过程中扮演着关键性政治角色。作为遵循基本规则而构建国家这一普遍过程的一部分，宪法由此而兴起，并变得与法律和伦理的其他部分有所不同。从经济上及政治上看，基本法与其他法律之间的区别使国家行为变得可预测并可控制。[106]

黑勒声称，正是这些历史与政治方面的考量，而非实证法应该是什么这类观念，使拉班德学派传统中的"法律方法"对于法律学者而言非常重要。出于政治上的原因，为了使制度及组织的现实一致并可预测，法学家假设有一个能决定国家机构管辖权的封闭性法律秩序是合理的。但是，黑勒认为，以法律教义学为基础的分析本身并不充分；触及司法决断的实践性法案也会涉及实在法的扩展与"具体化"。法律只有对手册的作者而言才是"无缝隙"的。在实践中，它要求法律行动者调整规范以适应现实。[107]与凯尔森和托玛一样，黑勒指出，法学家的权威在哪演变为公民的伦理与政治推理，哪里的法理学就会变成"世界性的知识"。但是，与此同时，政治世界的知识为法律实证主义的法理学

第五章　宪政实践与民主主权的内在性

提供了辩证的理由。

黑勒为形式主义的宪法解释方法所做的实质性辩护出现在1927年他提交给德国国家法学者协会的论文中。他从肯定斯门德的解释方法及其法哲学开始,"在所有本质性方面"(都予以肯定),出现在提交给协会同一次会议的论文中。[108]但是,他使用了"文化历史"的手段去证明对《魏玛宪法》中法令的正式理解。通过将法令构建为国家意志的直接表达及国家法的基础,绝对主义传统集中了国家权力。[109]黑勒坚持认为,作为"决策单元"的绝对主义国家观念对现代国家仍然是根本性的,在其中,决策是有组织程序的产品。"资产阶级革命"不仅确立了人民通过集会参与决定君主制法律的权力,而且创制了司法和行政从属于立法的法案。黑勒认为,对有效的法律而言,正式的和程序性的前提构成了其政治与历史的正当性:在创造国家意志的过程中,创制法律的宪法程序保卫了社会的自主权。[110]法律的实质性方面,它的"普遍性",被镶嵌进法律的形式之中。它因此而没有根据对应用的连续性或普遍性之类的实质性标准予以界定。黑勒拒绝了法律的正式方面与实质性方面之间的区别,它曾经是拉班德的帝国法理学与施米特的法律理论的核心,这些理论坚决反对立法机关的权力。[111]

通过拒斥这种观念,即,法律具有某些优先于其形式或程序的真实的本质,例如普遍性或连续性,黑勒走出了拉班德学派的传统。与凯尔森一样,黑勒认为,所有的法律行动,从法律到合同条例,都采取了法律规范的形式。从纯粹形式的视角来看,立法机关能够承认法律的任何内涵,无论是普遍的规范,还是个别的命令。[112]施米特试图从其理想的资产阶级法治国系统中推衍出对法律的僵硬限制,黑勒与施米特有所不同,他坚持认为,由于民族的政治与社会条件的变迁,对立法活动的限制也会随之而发生波动。和凯尔森一样,他将法律的内涵留给了现存权力关系和政治需求。然而,与凯尔森不同的是,黑勒将其法律概念建立在政治争论的基础之上。

黑勒关于法律超越性的观点既是形式性的,又是实质性的。对成文宪法的形式分析所得出的结论,既不多于也不少于法律是整个国家制度的基础,以及行政和司法机关都必须在宪法规范和法律的框架之下运作这类观点。正如黑勒所指出的那样,宪法只要诉诸少数规则的例外,例如,总统宣布赦免的权力(宪法第49条第1款),此后就会明确地这样做。[113]德国宪政主义的政治与文化传统给国会施加了很大压力,包括组织并代表社会利益、通过提供讨论与妥协的论坛而推进社会和平,以及通过创制法律的组织程序将复杂的社会利益转化为统一的决策。成文宪法中帝国国会作为人民的代表所具有的持续性和正式的优势,在其政治与历史地位中找到了资源。正如黑勒所说的那样,"法律的形式与内容不可分离。"[114]他因此认为,国会系统建立在立法机关做出了一个正确决定这一假设的基础上。[115]

黑勒的法律解释层次理论建立在其组织理论的基础上。只有在现有法律的约束范围内,司法机关才有权适用法律。如果国会有权制定法律,那么,这种权力只存在于由宪法所设定的正式且程序性的限制范围之内,由社会团体的充分代表予以保证。最后,立法机关(事实上是所有法律行动者)受一套不成文的普遍伦理原则的限制,它不得不具体化并且予以维持。由这些"权力的基本原则"所设置的边界随着时间的推移而变化,除非参照实际的政治实践,就不可能确定(这个边界)。在使具体原则具体化的过程中,民主性的立法机关能够调节社会,也许甚至能够超越现存社会关系以至于一种本质上全新的社会系统,社会**法治国**。[116]换一种略有不同的说法就是,宪法不仅为国家的延续而决定在特定区域内设置"形式",而且在形成国家目标的过程中允许广泛的发展或"自由"。[117]黑勒实现正式法律与社会内涵间协调的概念化方式,与其假想的对手,左翼自由实证主义以及议会民主的支持者,例如凯尔森和托玛,几乎完全相同。[118]

结论：
走向一种新的宪法学

斯门德与黑勒并未发展相互对立的宪法解释理论,毋宁说他们的理论是互补的。斯门德强调了解释过程中考虑价值因素的必要性;黑勒则指出了宪法本身的正式组织包含实质性价值。黑勒会在立法活动与司法活动之间划一条界线,以赋予民主性的立法机关以更大权力;斯门德所划的界限或许会更加支持保守的法官和行政部门(掌握更大权力)。正是在由两位法律思考者所勾勒的实践领域中,宪法解释、评估与划界等积极过程描摹出了西德1949年以后司法政治的基本特征。事实上,黑勒与斯门德将战后西德法理学将要面临的主要问题纳入了宪法解释的复杂理论框架之内,而由马丁·科赖尔、弗里德里希·穆勒以及罗伯特·阿列克西予以发展。[119]在某种意义上说,斯门德和黑勒所提出的问题也构成了当代美国宪法学辩论的主要框架。例如,罗纳德·德沃金与斯门德相似,他认为,作为法律过程的一部分,宪法法理学应该将基本权利视为从诸原则中流淌而出的东西,它们要求法官积极参与复杂的道德争论。约翰哈特·埃利与黑勒相近,他站在左翼,而罗伯特·博克则站在右翼,为更加具有限制性、程序性的权利解释而辩论,以便为立法机关保留更多权力。[120]颇为奇妙的是,在《魏玛宪法》争论中的政治角色,却在美国的宪法争论中被颠倒了,政治的实质性角色与左派、激进主义法官相联系,而其形式主义、原教旨主义方面则与右派法官紧密相关。[121]但是,问题却如出一辙。

斯门德与黑勒的宪法实践理论假设,存在一个稳定的宪法系统,一体化过程真正发生于其中,以及人民将国家机构视为正当的。这种稳定在1928年之后就消失了,随之而消失的是宪法实践理论的直接的政治相关性。

在媒体大亨阿尔弗雷德·胡根贝格(Alfred Hugenberg)接管了该党并公开宣布了威权主义目标之后,斯门德在1930年离开了极右翼德国国家人民党。在为《魏玛宪法》平装本撰写导言之前,斯门德声援共和国的决定已经变得非常清楚了。他声明,因为德国的贫穷以及战争的失败,宪法在将公民整合进共和国时面临着很多困难。无论是国会的优越性,即代议制民主的原则还是基本权利,都有助于实现一体化。斯门德回应了黑勒的观点,将新的社会权利视为"权利的客观的基本的原则",它包含资本主义与社会主义之间以及宗教力量与世俗力量间的必要妥协。与施米特相反,斯门德断言,这种妥协是使国家成为一个整体以及创造一个"活生生的统一体"这个过程的一部分。[122]他用来回应这种情绪的语言恰恰来自于共和国即将没落之前的1933年1月18日。在一篇几乎不加掩饰地攻击施米特的文章中,斯门德拒斥了多元主义的议会制度在事实上变得非正当的观念。恰恰相反,他肯定了民主国家中社会团体组织和参与决定国家政策的权利。他认为,工会和私人财产都应该受到宪法的保护。这种保护允许各阶级克服个人利益的资产阶级倾向,而将其作为公民的关切转向共同体的整体利益。正如黑勒那样,斯门德为社群主义的国家观进行了辩护,并且拒斥了施米特式的威权主义总统这一解决方案以及施米特几个月后公开支持的纳粹革命。[123]然而,同样真实的是,甚至在其最后阶段,斯门德也没有肯定政治性政党的地位,其共和国后期以来的著作也从未显示他接受了某些共和主义价值。[124]

1932年秋季,黑勒有机会将其关于正式宪法的本质性辩护纳入实践领域之中。在那个夏天,冯·帕彭总理已经说服了兴登堡总统颁布一项法令以取代普鲁士看守政府,新政府由社会民主党和天主教中央党担任各部部长,而由帕彭本人担任帝国的代表(commissar)。由黑勒所代表的普鲁士社会民主党、天主教中央党和其他邦将普鲁士总理把罢免案提交最高法院,认为联邦政府超越了其权力限制。宪法第6条从法律的立场对这类案件作了更加充分的处理。在现有条件下,重要的是黑勒拒绝施米特论断的方式,亦即,总统有权在其自由裁量权的范围内执行紧急状态法案,但是,总统的权力是中立的。[125]黑勒第一次明确声称,联邦政府干涉了一个邦的事务,故意侵犯而非保护宪法;因此,法院应该作出不利于政治性执行的判决,并且取消这一行动。[126]在得出这一结论并转而反对其早年所支持的施米特主义立场时,黑勒发现自己与实证主义传统的代表人物结成了同盟,包括拉班德学派的格尔哈特·安修茨和弗里德里希·吉斯,以及与凯尔森接近的汉斯·那维雅斯基。在这次审判之后不久,黑勒去英国做了一次巡回演讲。希特勒攫取权力之后,黑勒未能返回德国,他在马德里找到了一份教职,在1933年11月5日死于心脏病。

无论是斯门德还是黑勒都不可避免地抱有一些在政治上具有危险性的观念。他们都被早期新纳粹制度的拥护者所积极地引用,毕竟,他们也试图在一个意图实现民族共同体一体化的制度中统合国家主义与社会主义。[127]但是,正如我一开始就曾指出的那样,学者一旦涉足实践问题,就必然会暴露在政治危险之下。他们在1933年都未能抵挡法西斯主义的诱惑。黑勒公开捍卫社会民主党和《魏玛宪法》。斯门德在独裁期间没有发表支持纳粹的言论;此外,他对联邦主义的捍卫也是毫无疑问的,这使他在中央集权化的纳粹体制中不受信任。他被迫离开柏林大学的法学院(施米特替代了他的教席),并且在政治关联不那么紧密的哥廷根大学教会法和行政法研究中度过了战争岁月。两人都反思了带有民族主义色彩的公民共和主义坠入法西斯主义的方式。在1933年前,在分析并批判法西斯主义时,黑勒就这样做了,斯门德则在1945年之后。[128]尽管如此,他们都争辩说,某种不同形式的后实证主义公民共和主义或共同体主义的法律理论对于宪政民主发挥作用是必要的。

斯门德在1945年带着一个宪法学研究小组转向了公共领域。经历过这个研究小组的学生们成为德国最重要的宪法理论家。例如,皮特·黑贝勒同时使用斯门德和黑勒的理论,发展了对民主共和领域中政党与利益集团角色的实质性辩护。[129]霍斯特·厄姆克则检验了包含在宪法中的客观原则对宪法修订的内在限制,认为如同对待社会价值的新法理学一样,人们应该将斯门德的价值平衡观念与黑勒对社会法治国的呼唤统一起来。[130]借助这些及其他学者,斯门德和黑勒的宪政民主概念对1945年后西德的宪法学做出了重要贡献。

第六章

平等、财产权利和紧急状态：共和国最高法院的宪法法理学

前面的各章显示，在魏玛共和国的宪法理论与宪法政治之间存在着密切联系。德国最高法院也要面对宪政民主以及在学院中发展起来的宪法研究的新理论、新方法等方面的新要求。但是，它们对这些挑战的反应是间接的、犹豫不决的和缓慢的。这些有节制的反应在很大程度上归因于制度的连续性与稳定性目标，亦即，法院被认为应该在整个19世纪发展起来的**法治国**大陆传统中具体化。法官被认为应该以不偏离成文法并且不干预其他州的行动等方式适用法律和法令。具体决策则被视为应该表达抽象规范的客观内涵，符合安全和可预测性的要求。在德意志帝国中，法院的责任是实现那些在程序正确的法律中表述的国家意志。[1]

毫无疑问，此处所论述的司法实践的机械模型在1920年代中期是站不住脚的。对此的批评不仅来自于私法领域中的自由法律运动，也来自于那些最重要的新的宪法理论家们：凯尔森、施米特、斯门德以及

黑勒。法律理论与实际政治要求重新思考宪法中最高法院的地位。一些杰出的法学家寻找案例，以遵循另外两个联邦主义民主国家的先例，即美国和瑞士。在1925年5月30日写给司法部的一封密信中，德意志帝国最高法院（Reichsgericht）法官沃尔特·西蒙（Walter Simon）认为，美国和瑞士的例子说明，一个强大的法院是对人民主权的"必要平衡"。他接着说，授予最高法院以类似于美国最高法院所能享受的巨大权力，对德国将会是有益的。[2]但是，这种经由比较而得出的观点很快就遇到了制度与政治改革的障碍。

首先，这种简单模仿外国事例的观点忽视了被比较的国家之间存在着的历史与制度的关键性差异。美国违宪审查制度对于德国环境的适用性是可疑的。在过去的数十年中，美国最高法院已经保护了其司法审查的权力；事实上，美国司法审查最主要的案例，即马布里诉麦迪逊案（Marbury v. Madison），发生于1803年，即美国宪法被批准十六年之后。在随后的几十年中，宪法学得到了全面发展。[3]相反，《魏玛宪法》只延续了十四年，在其存在的最后三年中，立法机关濒临瘫痪。从制度上看，二者间的差别过于巨大。美国宪法将最高法院构建为这块土地上地位最高的法院。相反，德国的法院系统却支离破碎，（其权力）分散在刑事法庭、民事法庭和行政法庭中。德意志帝国最高法院建立于帝国早期，其目的是裁定叛国罪案件，并且作为由"普通"法院根据民法和刑法所判定的个别案件的最后上诉法院（以反对行政法院）。但是，其目的并不是统一整个法律系统，包括行政法在内，因为它将会侵蚀帝国的联邦主义原则。[4]其目的也不是裁决"高级政治"的问题。在君主立宪制的条件下，正式修订法律必须考虑国家意志的直接表达，没有为更高正义的护卫者预留空间。

对最高法院的制度结构进行更深入的审视会发现，在这一层面上

第六章 平等、财产权利和紧急状态

还存在着发展宪法实质性实践的另外一个重要限制。1929年,德意志帝国最高法院由差不多一百名法官所组成,他们分散在莱比锡十三个不同的法院中:八个民事法院的代表,四个刑事法院的代表,以及一个劳工法院(Labor Court)的代表。裁决是集体作出的,没有迹象表明哪一个法官书写了最后的决定,并且没有公开的意见分歧。德意志帝国最高法院每年都裁决成千上万的案件;少数几百个被司法部门视为很重要的案件被收入半官方但私下出版的裁决集中。这些印刷的裁决集往往只提供近期案件的粗略资料,所谋求的不是提供答案,而是抽象地提出法律方面的问题。单一的裁决结果罗列、有限的印刷数量、缺乏明确的授权或明确的歧见声明等,都为宪法设置了一系列客观限制。事实上,德意志帝国最高法院的结构妨碍了个别法官发展其适用宪法的个人能力,也妨碍了当代(以及此后的历史学家们)研究隐藏在特殊裁决背后的法官们个性与观念的能力。[5]

《魏玛宪法》在最高法院旁边创立了一个以特殊方式组织的国家法院(Staatsgerichtshof),它在司法系统中有不同的功能。当最高法院裁决"普通"的民事和刑事法案件时,国家法院却应该裁决宪法问题。其功能是处理"政治"问题,并且审查由最高国家机构所做出的涉及宪法制度摩擦的有关决定。在涉及管辖权或邦与联邦政府之间的冲突时,如果发生了"真正"的宪法性争议,最高法院的法官就会主持一个由七名法官组成的专门小组,包括普鲁士、巴伐利亚和萨克森的行政法最高法院的大法官及其助手在内。如果涉及诸如铁路和邮政服务在内的国有企业,国家法院也会吸收由国会和议会任命的专家参加专门小组。最后,如果涉及部长的弹劾,就会建立一个十五人小组,部分由国会中的政党直接任命。例如,在20世纪30年代早期,纳粹和共产党的代表都在这个法院为这类案件服务过。[6]宪法法院的分裂及其特别的组织形式，为1949年以后西德的宪法法院建立了雏形。[7]

147 鉴于制度的复杂性以及其中存在着的许多有权做决定的个人，由最高法院所发展的《魏玛宪法》学的历史一贯显得相当审慎。此外，对最高法院和特别国家法院在1923年至1924年间货币升值的危机中所做的诸多裁决进行检讨，揭示了一些重要的特征。首先，在回应宪法的新问题时，例如，法律面前人人平等的含义、财产权利以及总统权力等，最高法院逐渐变得更加积极。其次，这些转变往往是对保守主义政治立场的反应，从社会学层面的视角来看，这并不令人惊讶。许多法官似乎都希望限制民主性立法机关的权力，反对制度创建者的目的。第三，宪法学中所发生的变化同时也体现了对日益复杂的工业民主中客观问题的回应。[8]

海因里希·特里佩尔与升值的合宪性

在1924年1月8日的一封信中，最高法院法官协会的七人委员会威胁要废除对调控货币升值的法律与手段的实质性支持。[9]不久之后，海因里希·特里佩尔就准备了一份法律摘要，质疑与1923年10月8日颁布的授权法案相一致的行政行为是否合宪。由国家法领域中一个最受人尊敬和最杰出的训练有素的学者所写的这篇短文，为法院适用宪法而发明了一套新的术语和指南。在对政府操纵升值危机的批评中，特里佩尔检讨了对平等条款、财产权利以及行政部门紧急权力的解释，三者在共和国期间的司法实践中一直备受争议。

特里佩尔对法律面前的平等所做的分析与法律实证主义的分析截然不同。在其标准化评论中，安修茨认为，第109条宣布了法律面前的平等，但是，它仅仅指的是所有德国人在正确的正式法规面前都是平等

第六章　平等、财产权利和紧急状态

的。法律面前的平等因此变成了一个纯粹的形式原则,它声称:法律是什么,什么就是法律(what is law, is law.)。以不同(亦即不平等)的方式对待不同的社会团体是被允许的,只要这种处理方式包含在法律的形式中。正如安修茨所争辩的那样,第109条第1段规定"法律面前的平等,而非法律的平等"。[10]

特里佩尔反对安修茨的观点,认为基本权利比"空洞的声明"更加重要。第109条第1段限制了威胁"从所有法律约束中解放立法机关"的法律绝对主义(Gesetzesabsolutismus)。[11]他认为,平等条款是宪法的"内在原则",它要求立法机关合理地分辨各种类型社会团体间的区别。他将自己的立场概括如下:

> 所有的主观任意性都是背叛法律神圣精神的罪行。法律面前的平等这一基本原则意味着一个要求,即个别法律规范必须平等地处理每一件事情,不平等地处理某些事情就意味着任意性,亦即,其基础是缺乏审慎的考量。因为没有丝毫理由,或至少仅有一个理由:杰出的人迷惑了一个能够理性且正义地思考的人,法律面前的平等原则被伤害了,只能找到这一个借口。[12]

特里佩尔转向对立法活动的实质性的或伦理性的要求,因此既为司法审查(模仿美国最高法院)[13]也为自然法理论打开了大门。在特里佩尔描述问题的方式中,出现了一种保守主义逻辑。他将议会视为一个反复无常、不可预测的机构。"理性且正义地思考"的个体站在议会之外,并且根据他们的实质正义和理性决定其行动。[14]

特里佩尔短论的逻辑导致了以高级法为基础的对立法行动的评价,并且因此导致了总体上被帝国法律专家所拒斥的自然法理论。其中的含义在埃里希·考夫曼1926年提交德国国家法教授协会代表大会的论文中逐渐变得明朗起来。[15]考夫曼认为,法律面前的平等原则表述了政治系统中一个基本概念。对启蒙运动思想家们来说,"平等"意味着要求平等地适用于所有个体的抽象法律的统治。他继续写道,对20世纪20年代的德国来说,不可更改的"自由"原则不再是可接受的;"民族共同体"改变了平等的意义。平等的概念不再建立在"交换"正义(如平等地进入市场)的基础之上,而是基于"分配"和"制度"的正义。他认为,现在,法律之下的平等意味着要认识不平等,为了社会制度如婚姻和财产的利益,要么矫正不平等,要么保留不平等。法律面前的平等需要那些制定或适用法律的人考虑实质正义的观念,以及在民族共同体中占主导地位的右翼的利益。[16]考夫曼的语言暗示了对政治民主原则的激烈攻击。例如,他将右翼描述为一个"非常积极的秩序",实在法"可能不会伤害它"。[17]正义成为不是某种个人可以争论的东西(考夫曼将这种正义概念称为"相对主义"),而是一个"实质性的秩序,我们有责任实现它"。[18]用考夫曼的话来说,法律行动者变成了高级法的代理人:他不得不是一个"纯粹的化身",允许高级法注入其行动之中。"他的纯洁之心是正义的,因为他有所作为或拨乱反正,只有他是正义的。"[19]法律实证主义因此成为一种罪:"纯粹技术性的法律学者是个婊子,她被所有人所占有,并且要求占有所有东西。"[20]

　　1926年会议上的讨论都是一些战斗性的语言,涉及实证主义与自然法之间的纷争。"法律面前的平等"的含义之争反映了关于宪政民主正当性的更加普遍的争论。平等条款的实证主义解释的支持者如安修茨、托玛和黑勒等,正如前一章所显示的那样,也倾向于肯定新民主,并且倾向于政治性政党在创制法律中的正当性;特里佩尔、考夫曼、施米特以及其他反实证主义的保守主义者,对多元的、政党导向的民主的可行性与可欲性等均持严肃保留态度。[21]

根据特里佩尔的观点，法律面前的平等能够防止国会的恣意妄为。他为私人财产权利提供了类似的评论。特里佩尔质问，1924年3月28日颁布的调控货币升值的政府条例是否尊重第153条规定的财产权利。该条例的权威来自于1923年10月28日颁布的条例，后者则以国会1923年10月8日颁布的授权法案为基础。根据3月28日的条例，随着向金马克过渡，特别股（在通货膨胀期间发行以保护股东比德国企业中的外国人拥有更多投票权）的持有者在升值过程中将会比普通股持有者损失更多。[22]遵循保守派民法学家马丁·沃尔夫在一年前发表的一篇文章中的逻辑，特里佩尔认为，这一条例实际上剥夺了一群股东，并且因此而侵犯了宪法第153条，该条保护私人财产并且为法律上的征用规定了指导原则。他和沃尔夫所持有的观点意味着对财产权利的激进重构。[23]

首先，特里佩尔拓展了财产概念本身。根据1900年的《民法典》，财产由动产和不动产所构成，个人拥有绝对的控制权。对特里佩尔和沃尔夫来说，宪法关于财产的概念更加宽泛：它延伸到使用权或从财产获益的权利，例如特别股持有者对公司利润之一部分的特殊权利。特里佩尔推论说，如果这些权利也属于财产权利的范畴，那么，1924年3月28日的条例就是一次剥夺行为。如果使用美国20世纪80年代财产权利运动的语言，那么，财产被视为"一束权利"，对其中任何一项的侵扰都会构成要求赔偿的政府"获取"。[24]德国的剥夺则由宪法第153条第2段所控制，它既限制立法机关，同时也限制政府。[25]

其次，特里佩尔认为，第153条第2段为法律上的剥夺既设置了实质性要求，也设置了形式要求。剥夺行为必须符合"普遍的福利"利益，而非仅仅是为了回应某个社会团体当前的要求或国家财政方面的利益。而且,剥夺行为必须是客观的需要。[26]特里佩尔观点的逻辑结论是,宪法禁止国家采取任意剥夺的行为。但是,立法机关和行政部门在其决策中却享有自由裁量的自由,这些决策不能完全留给那些"有主权的人的心情",他们的权力超过了君主立宪制下享有无限权力的国王。"自由裁量决断"的正当领域并不包含侵犯财产的任意行为。[27]

尽管特里佩尔关于平等条款的理论在抽象层面上打开了法律通往自然法判断的大门,但是,他关于财产权利的讨论向与法律实证主义相关联的议会主权原则提出了具体的挑战。重构将决定财产的形式与内容的权力留给立法机关的第153条的条款(第1段第2部分),新的原则将立法机关和行政部门侵犯财产的行为暴露在法院的审查之下。而且,它还潜在地消除了对财产概念的限制。大部分国家都以某种方式影响财产的使用或个人权利。由特里佩尔和沃尔夫明确提出并且在魏玛共和国时期法院中发展而来的问题是,在迅速扩展的国家规制权力的时代中,怎样在剥夺与正常的国家规制之间划定界限。[28]

特里佩尔1924年的文章讨论了总统及其部长们(政府)的规制权力,而非立法机关的规制权力。1923年10月10日的授权法案承认,政府有权采取必要的手段处理恶性通货膨胀以及随之而来的国内动乱。特里佩尔认为,这一领域中的行政自由裁量决策应该服从严格的司法检验。首先,他质疑政府是否有权在授权法的基础上授予自身更大的自由裁量权。他声称,这种再授权行为逾越了最初授权法的正式界限。至少有一个政府所颁布的处理升值的法令因此是非法的。[29]随后,特里佩尔呼吁对行政条例进行实质性的司法审查,以确保它们是必要的和合理的。他承认,实质性审查既没有被法律学者所接受,也没有被最高法院所接受,尽管如此,他仍然坚持认为,法院应该能够区分自由裁量的领域和随意性的领域,而且法院有权审查行政行为,正如他们应该审

第六章　平等、财产权利和紧急状态

查警察或立法机关行为的合理性一样。[30]

特里佩尔对政府行为进行司法审查的呼吁（反对低级行政部门的行动）在共和国前半段一直是孤立的。像托玛和安修茨这样的民主共和主义者认为，控制行政行为（的权力）应该保留在立法机关，并且司法机关应该扮演次要角色。而像卡尔·施米特和卡尔·比尔芬格这样要求限制民主性立法机关的保守主义者，却反对为了国家的理由而审查总统和行政机关的行为。但是，特里佩尔不仅赞成对正式的行政命令进行司法审查，而且希望根据第48条第1段的规定来限制总统的权力，该条允许总统采取紧急行动以"执行"没有被某个邦恰当执行的联邦法律。他几乎独自一人站在国家法学者中间，但他仍然在1923年的一篇文章中认为，总统干预"执行"法律只有在国家法院决策的基础上才是被允许的。他再一次声明："自由裁量权并不意味着任意性。不仅行政机关的自由裁量权，而且政府和立法机关处于法律之下的自由裁量权，都有其限制。"[31]但是，甚至特里佩尔在国家处于紧急状态下也解除了对总统权力的这些限制。对于总统以第48条第2段为依据而采取的紧急行动——它扩展了总统对"公共安全与秩序"的严重干扰予以回应的非常权力——他明确表示反对进行实质性审查。他说，真正的紧急行动都是"高度政治性的"，并且因而处于法律的约束之外。[32]正如对第48条第2段中的最高法院法理学的一个研究所显示的那样，在共和国末期，这种对总统的保守主义的尊重具有灾难性的结果。

平等条款

在1923年的危机岁月之后，最高法院开始（谨慎且秘密地）处理如何既限制立法机关和行政机关的过分行为却又不否决政治决策的难题。两种观点都危如累卵：到底法院是否能够审查法令是否符合宪法，以及在何种基础上合宪性可以得到讨论。

第一种观点在1925年11月4日的一个案件中得到了回应。[33]这个案子涉及一桩债务，负债于1909年生效而于1914年后被修改。如果负债人用贬值的货币偿还债务的话，债权人在1923年将蒙受巨额损失。法院判定，即使该法案根据不同或"不平等"的升值利率处理不同的债务，1925年7月25日颁布的《升值法案》仍然为债权人从债务人那里要求更多金钱提供了充分支持。最高法院支持该法案的合宪性，它根据整体经济的利益而重组，但没有消除私人财产。但与此同时，法院又宣称，它有权在第一时间听取这个案子："既然宪法本身没有规定应该将判定帝国法律合宪性之规范的权力从法院那里拿走并且移交给另一个权威，那么，法院审查帝国法律之合宪性的决定权力与责任就必得到承认。"[34]法院判定，在这个案子中，没有理由说平等的人受到了不平等的对待，也不能说不平等的人受到了平等的对待；特里佩尔所提出的标准并不违宪；因此，做出决定的时机还没有出现。[35]最高法院审查了《升值法案》的合理性，然后用法律应该被视为"合理"的这一事实宣布，没有必要审查其合理性。

在魏玛共和国期间，帝国最高法院越来越诉诸这种假想的论证。1929年11月3日的一个裁决说明了这一点。[36]这个案子涉及多个威斯特伐利亚贵族家庭，他们要求每年都得到拿破仑入侵期间土地损失的赔偿。在通货膨胀期间，普鲁士邦的威斯特伐利亚省在这些赔偿方面陷入拖欠问题，一个初级法院承诺按照正常数额的60%给予这些家庭赔偿。威斯特伐利亚省根据帝国1929年的一项法律提出上诉，该法律规定，凡涉及养老金的久拖不决的案子应该由各邦受理。贵族家庭认为，这条法律对他们不公平。法院拒绝了这个观点并且拒绝重新审查

第六章 平等、财产权利和紧急状态

《升值法案》。

这个案子的判决结论并不比做出判决的理由更加重要:

> 即使人们采取更加严格的方法(关于第109条第1段的问题)并且将规则视为一个对立法者有约束力(的规范),根据最高法院以前的裁决,人们唯一能够归咎于它的只是法律的含义,即,不平等地处理这类案件可能是任意的,在合理考虑的基础上不可能是公正的,此时,法律就应该平等地处理这类案件……人们可以就所采纳手段的必要性、有效性和公平性展开争论;却不能断言他们的理由是荒唐的。[37]

在上述裁决中,值得注意的是,在由民主选举或任命的法官们精心制定的政策范围内,法院做出了明确的努力以保留"自由裁量的王国"。在大量其他案例中,最高法院声称,**如果**法院有权裁决平等原则是否侵权,**那么**,问题就在于立法机关的行为是否是任意的,**但是**,在本案中却并非如此。[38]一次又一次,法院实际上做出了裁决,与此同时却又声称不知道是否能够做出裁决。

然而,最高法院并没有根据其审查的权力而开展行动,这种权力在假想的裁决中开始实施。在某种程度上,这种决策很可能是在等待国会去对付司法改革的提议——来自于学术界的争论,包括司法审查之可取性的最终决定。[39]国会的瘫痪导致1929年的改革努力无疾而终。可以从两个不同的渠道读出这些决策。格哈德·莱布霍尔茨,特里佩尔和斯门德的学生,认为他们发展了一种全新的宪法学,充分考虑了保留立法机关和行政机构对政治问题的自由裁量权的必要性,与此同时,却又根据区分不同团体是"不合理"的这种观念,为国家行动设置了特定限制。[40]遵循莱布霍尔茨的解释,法院的行动类似于美国最高法院在马布里诉麦迪逊案中的表现,它为美国的司法审查打开了大门,却又避免了在这个问题上的直接对抗。与莱布霍尔茨相反,特里佩尔认为,德意志帝国最高法院实际上并没有做出任何有争议的裁决,也没有精确指出"合理性"意味着什么。[41]

关于德意志帝国最高法院就第109条所做裁决之意义的争论表明,大众民主制度中司法机构角色存在着深刻的分歧。安修茨为这种制度中民主的立法机关的正当性而争论。莱布霍尔茨尽管支持某些民主原则,却为一个更加强有力的司法机构辩护。在共和国期间,政治争论并没有得到解决。最高法院关于平等条款的法理学被1930年后立法机关权力的崩溃所终止。只是在与纳粹专政存在着极大不同的西德,才做出了关于司法审查的决定。莱布霍尔茨研究平等条款的方法在那时是适当的,被新的联邦宪法法院(莱布霍尔茨自己在其中担任第一任法官)几乎逐字逐句地接受了。[42]

重构财产权利

由特里佩尔和沃尔夫发展起来的关于财产及其剥夺的争论,在魏玛共和国时期最高法院的裁决中也有所体现。事实上,法院参与了与两位学者的对话,试图在某些案例中限制却又在其他案例中适用新的观念,即财产是一束权利,干扰这些权利就构成了剥夺,法院有权审查影响财产的规章的合宪性。[43]

在最高法院的法理学中,随着对1918年革命的反动以及个别德国邦中左派的兴起,财产权利开始发生变化。在1921年11月18日,最高法院裁决了一个案子,为以后有关财产权利的裁决确立了一个先例。[44]

第六章 平等、财产权利和紧急状态

革命之后,利珀(Lippe)的地产被一个左派政府所控制,对利珀王室一个旁系的后裔停止了始于1762年的支付协议。那些后裔提起诉讼,最高法院支持初级法院的判决,认为利珀的法律侵犯了宪法第153条第1段(保护财产)和第2段(要求对没收予以赔偿)。这一裁决的大部分都是无可争议的。法院当然有权审查各州的法律是否符合联邦宪法,而且,第153条第2段肯定只为联邦立法机关保留了剥夺却不予赔偿的权力,明确剥夺了州的这种权力。[45]裁决的争议部分是其假设,即中止了每年构成"对合法的私人权利的剥夺",并有权要求赔偿的收入。[46]

通过广泛传播包含在第153条中的财产概念,1921年的裁决改变了相关讨论的用语。1924年11月13日的一项裁决为这种新方式提供了更多细节。[47]由于预计战后煤炭产业将会带来超额利润,安哈尔特州(Anhalt)政府增加了煤炭产业的税额;此外,它还规定,那些超过一定额度的利润将流进州的金库之中。最高法院裁决,新的管制构成了对财产的剥夺,将它定义为"所有主观的私人权利,包括金融债券的权利"。最高法院认为,"经济价值"的"主观权利"应该被视为受宪法第153条保护的财产。[48]然而,后来的裁决虽然重复了1921年和1924年裁决中所用的语言,却没有为划定财产权利与其他任何具有经济意义的主观私人权利之间的界限而发展更深层次的准则。[49]

在1927年3月11日的一项有争议的裁决中,这些新的财产观念对州政府和市政府所造成的威胁逐渐变得清晰起来。[50]根据为《汉堡保护历史遗迹与大自然法》,与汉堡的加尔艮堡小镇接壤的土地被列为历史遗迹,其所有者在1924年4月26日试图从其财产中清除沙子和碎石。市政官员干预并阻止了这一行为。他们将其财产登记为"处于历史遗迹之中的区域"并因此处在土地使用限制之下。土地所有者将这个案子提交法院,因为丧失了财产权利而要求赔偿。初级法院驳回了申诉,最高法院裁定,土地所有者因为"剥夺"而应该得到适当赔偿,也就是说,限制了所有者使用自己财产的权利。

正如评论者所意识到的那样,1927年裁决的后果是巨大的。[51]法院实质上批准,限制财产使用的制度要求因为丧失使用权而予以赔偿。既然联邦法律能够废除赔偿的要求,最高法院的裁决就潜在地给地方的计划、区划和管制强加了巨大的财政责任。在1930年和1931年的一系列关于建筑条例的规定中,这个问题到了危急的关头。1930年2月28日的重要裁决涉及柏林市郊万湖(Wannsee)一块土地的所有者。[52]他在那儿建一栋别墅的计划被在那个地区布置和建设新建筑的一套新规定所阻碍。这个所有者将柏林市告上了法院,在赔偿中要求十万马克再加上利息,一个巨大的数额。最高法院的裁决对他有利。法院裁定,第153条无疑适用于"地产负担",而且这种强加的负担要求充分赔偿。[53]关于市政监管的裁决打开了针对州政府和地方州府因侵犯其财产而提出可能是无限制索赔的通道。案件的爆发危及了州和地方州府的财政,并且终止了像普鲁士的环境立法之类的管制法律的改革,(其所造成的严重后果)犹如大萧条所带来的打击。[54]

至此为止,本章已经研究了最高法院的裁决,涉及州和地方法律或联邦法律的实施。在已经出版的处理联邦立法之合宪性的案例中,法院从广泛的审查中大幅度让步了,尽管其在平等条款的法院审判规程中已有体现。[55]但是,只要一个有争议的案子就可能会吞没最高法院:1926年,国会提议剥夺德国所有前王室的权利却不予任何赔偿。裁定自从20世纪20年代初就已经禁止萨克森—哥达(Saxony-Gotha,后来的图林根)和利珀(Lippe)取消给王室的巨额付款,并且禁止剥夺他们的地产。这些裁决引发了危机,不仅来自于左派,而且来自于保守派法学家,例如奥托·科埃尔鲁伊特,后来成为重要的纳粹法学家。[56]王室已

第六章 平等、财产权利和紧急状态

经在许多案例中改变了其地产的法律地位，使之符合私法的规则，以便确保对王室财产的清除在法律意义上必然构成剥夺。[57]国会中的代表，包括民主党（DDP）、共产党（KPD）以及社会民主党（SPD），要求法院在有关剥夺特权的案件中禁止王室接触。KPD在1925年底向国会提交了一份彻底剥夺王室特权的议案。因为将宪法性权利变成了司法程序，所以需要三分之二以上的多数通过，这个议案被否决了，正如由民主党所提交的一份不那么激烈的议案一样，它将有争议的决定权、拒绝合法上诉的权力转交给了州。在议案又一次被非社会主义政党所否决后，现在被社会主义和共产主义合作的幽灵刺激了，此时，由社会民主党和共产党支持的全民公决在1926年的4月和5月再次向国会提交了该议案。现在，自由主义者和保守主义者都感到了恐惧，即，剥夺某一特定团体却不予赔偿并且禁止合法上诉，将侵犯法治国的基本原则。[58]

卡尔·施米特将剥夺议案视为强调另外一个观念的机会，对于开展关于财产和剥夺的辩论非常重要。他认为，1926年全民公决的结果将可能产生一部影响某一单个团体的法律，因此侵犯了施米特所捍卫的"实质性"的法律概念——亦即法律在适用时必须是普遍的——并且将因此而是违宪的。正如第4章所揭示的那样，施米特的观点是限制议会权力这一更普遍策略的一部分，直接反对由法律实证主义发展而来的议会主权理论。[59]因为国会并没有批准剥夺王室特权的议案，最高法院就没有被迫面对如何根据宪法第153条审查国会立法的难题。在后来的裁决中，议案被推到联邦立法机关，宣称它是一个"自我统治"的实体（selbstherrlich，这个词也暗示了"专制"），只受宪法及自己法律的约束。[60]最高法院并没有明说宪法是如何限制立法机关的，但是，它采纳了施米特和其他人的言辞，根据"个别干预"是一种"剥夺"的说法,并因此为国会的正常立法权设置了限制。[61]

但是,正如最高法院1930年5月27日的裁决所显现的那样,个别法律与一般法律之间全新对抗的用处是有限的。[62]一名受雇于一家医院,专门治疗女性性病患者的江湖医生在国会通过1927年的《性病防治法》之后,丢掉了工作,该法案将此类疾病的治疗保留给了经国家许可的医生。[63]他将德国政府告上法院,声称他的技术构成了要求赔偿的"主观财产权利"。根据财产是一束权利的概念,最高法院被迫将其要求视为正当的,但用其他理由拒绝了原告的赔偿要求:法律并不是对特定社会团体的剥夺,而是禁止任何人从事性病的自然治疗;法律是普遍性的,而不是具体的干预。事实上,新法律对特殊人群所造成的影响像区划及其他市政条例一样多。德国的最高法官无法区分剥夺与非剥夺规则之间的界限。[64]

在致力于对抗地方、州和联邦各层面上的左派民主性因素的过程中,最高法院将财产作为一束权利予以全面解释,对它的取消或限制都潜在地构成了要求赔偿的征用。新法律原则的一部分将在1949年后的西德得到改造;事实上,无论在魏玛共和国还是在联邦共和国都做出了强有力的论证,即,在一个日益复杂的社会系统中,对规则予以审慎的审查并且对财产予以更加复杂的理解都是必要的。[65]但是,在魏玛共和国的环境中,最高法院的裁决都是灾难性的。根据劳工部部长亚当·斯蒂格沃尔德(Adam Stegerwald)(天主教工会运动的领导者)的说法,新原则将可能花费柏林"数百万马克"。[66]斯蒂格沃尔德建议为了市政当局的利益而通过一条撤销法院裁决的新法律,在大萧条岁月中,市政当局在社会服务的要求下已经走投无路了。他的立法建议废除了所有基于建筑法因为剥夺而索赔的要求。该法由1931年6月5日的总统紧急状态法予以颁布实施。[67]在1932年7月2日发布的一项关于该法令的裁决中,最高法院自己承认了财产权利原则的消极后果。尽管提到了由其裁决而强加给市政当局的财政负担,法院还是维持了1931年6月5日的法令。[68]

正如当代评论者所注意到的那样,最高法院的新原则立场看起来更多的是基于对民主性立法机关的恐惧,而非此前作为德国法治国之标志的司法逻辑。[69]尽管最高法院竭力限制地方和州政府的权力以及议会多数派的反复无常,它却仍然选择不审查总统紧急状态法的内容。它宣布总统只受第48条第2段的约束,承认总统有权悬置基本权利,无论他是否明确宣示该事实。[70]法院不信任民主性的立法机关,却信任总统,这二者之间的截然不同,变得再明显不过了。

总统的紧急权力与联邦主义

在魏玛共和国的所有岁月中,法院在审查总统紧急状态法的立场上让步了,它认为第48条第2段承认总统实际上享有不受限制的权力。法院的处理方式反映了在第一次世界大战期间发展起来的关于专政权力的极其广泛的概念(第2章讨论了这个问题)。[71]

对总统紧急状态法的挑战通常涉及宪法的争论,例如联邦政府与州之间的关系、州政府之间的纷争、内阁行动的合宪性以及弹劾总统或部长的程序等。作为最高的"普通"法院,最高法院拒绝裁决这些"政治"问题。因为涉及宪法中的争论,这些案件就落入采取七人裁定小组形式的国家法院的管辖范围之内。[72]在20世纪20年代中期,在有关州政府行为的裁决中,这种形式的国家法院开始发展一种关于紧急状态法的法理学。

1925年11月25日,国家法院发布了第一项重要裁决。[73]这个案子涉及1925年3月普鲁士政府在普鲁士州议会长达一周的休会期间颁布的一系列紧急状态法。保守的德国国家人民党的一部分在普鲁士议会中挑战了该行动的合法性。国家法院支持这些法令的合宪性，并在此过程中明确了这一事实，即，它认为对这些法令的争议在其管辖范围之内。这些案子中的裁决声称，法院应该确定紧急条例是否是"紧急的"和"必要的"；但是，也应该为政府保留足够的空间，以便在回应紧急状态时执行自由裁量权。事实上，"只要对方不是毫无疑问"，法院就应该认为州政府的紧急状态法是正当的。[74] 几年后，国家法院驳回了普鲁士政府的一条紧急状态法。1929年3月23日的裁决涉及一条法令，在得知该地区发现新油田之后，它将普鲁士对煤炭和石油勘探权和开发权的垄断延伸到没有被原先的条例所覆盖的部分土地上。[75] 尽管它重申了政府在紧急状态下应该有行动的自由这一原则，但是，国家法院同时也认为，紧急条例的内容应该权衡与行动目标间的关系。将一个裁决延伸到新的管辖范围不单单意味着时效有限的法令。相反，新条例意在成为持久的法律规范。它侵入了适合立法的领域。[76] 因此，国家法院对紧急条例的裁决无效。

然而，代表第48条权威的总统紧急状态法是另外一个问题。到1931年为止，国家法院一直在回避处理是否及如何审查总统紧急状态法的难题。当布吕宁政府在1930年颁布一连串广泛的法律时，国家法院发现自己被迫面对这些难题。它最初这样做是在两项1931年12月5日发布的裁决中，它们都关注总统紧急状态法授权州以颁布属于它们自己的紧急状态法的方式。

在第一个案子中，总统在1931年8月24日颁布了所谓的Dietramzeller法案（根据他正在度假的地方命名），它允许州政府在萧条期间采取必要手段解决州和社区的财政问题。按照这些办法，州政府被允许偏离他们的宪法。[77]梅克伦堡—斯特雷利茨政府使用了这种授权,将一个小规模、境况不佳的市并入一个大市。这个小市和德国国家人民党在普鲁士州议会中的一部分代表将这个案子上诉到国家法院,认为州政府和总统都逾越了他们的合法权力。原告控诉总统通过允许州政府偏离州的宪法而侵犯了《魏玛宪法》第17条,该条声明所有州都应该是民主的和宪政的。国家法院否决了这一论据。它认为,在并非来自其他由宪法确定的司法权的意义上,例如总统或国会的正式权力,第48条第2段是"管辖权的独立规范"。它承认总统正常时期中的紧急条例,即使在正常时期由《魏玛宪法》保留给州政府的领域中也是如此。[78]法院认为,无论条件如何,裁决都使利用第48条第2段这一行为正当化了,此外,恢复秩序的手段也应该"在原则上"留给总统。[79]

1931年12月5日的案子涉及相似的争论。经济萧条开始之后以及伟大联盟在1930年初破裂之后,布吕宁政府被任命了,它在1930年7月16日颁布两条远远超出总统权力的紧急状态法,企图借此规避国会对其社会和经济行动的反对。7月18日,国会投票暂停紧急状态法,此时,总统解散了议会。7月26日,布吕宁政府又重新颁布了法令。该法令与这个案子相关联的部分授权州政府颁布紧急状态法,允许他们提高公共赋税。萨克森州政府所作的反应是向啤酒及其他饮料征收更高的税额。德国中产阶级的政党控诉说,萨克森州政府颁布征税制度已经超越了其合法权力。[80]在这一裁决中,国家法院宣称,一项紧急状态法必须满足三个条件。首先,必须存在对公共安全与秩序的显著干扰或威胁,包括经济危机。萧条显然满足这个条件。其次,所采取的手段应该适合于恢复安全与秩序的目标。稳定市财政构成了恢复经济秩序的恰当工具。最后,所采取的手段必须是临时性的。法院注意到,它已经将这三个标准应用于评估州政府所颁布的紧急状态法。它还进一步宣称:"人们可以认为,相应的考虑在此也适用(于总统的紧急状态法)。"但是,它接着说,这种考虑是毫无意义的,因为明显的干扰的确存在,政府正在采取措施对付它们,并且,无论如何,即使在为州保留的领域中,第48条第2段也赋予总统采取行动的"独立管辖权"。[81]正如最高法院用假设语言通过将其立法审查建立在平等条款的基础上而回避了棘手的局面一样,国家法院也宣布,既然为其实施所必需的前提条件已经明显得到了满足,因此就不必审查总统的紧急状态法。

正当魏玛共和国逐渐步入其生命的最后岁月时,国家法院关于总统紧急状态法的法理学仍然模糊不清。它并没有明确陈述它是否有权进行审查;也没有暗示根据第48条第2段限制总统的"独立管辖权";它同样没有明确"自由裁量的判断"在何处终止、非法的行动或任意性始于何处。总统管辖权的独立规范这一原则甚至允许总统远远超越正常的立法。在梅克伦堡—斯特雷利茨的案子中,法院实际上承认了行动的永久性影响,即一个社区并入另一个社区,它侵蚀了紧急状态法必须是临时性的这一要求的根基。这就是总统紧急权力法理学的状态,此时,国家法院被要求对一个决定共和国命运的案子进行裁决:1932年7月20日,总统的紧急状态法采取了反对普鲁士的行动。

1932年7月20日总统干预普鲁士

普鲁士州议会1932年4月24日的选举使国家社会主义党成为州议会最强大的部分,并且使共产党和纳粹合起来占代表的绝对多数。一个亲共和主义联盟的出现已经不再有任何可能性。但是,在4月12日颁布的普鲁士州法规中发生了一个变化,在多数派内阁建立一个新政府之前,来自于社会民主党和基督教中央党的普鲁士前内阁仍然是看守政府。旧政府因而设法阻止纳粹在这个德国最大的州掌握权力。反对纳粹侵入政府的强硬路线似乎符合联邦的政策。4月13日,兴登堡总统和布吕宁总理颁布了一条法令,取缔纳粹的冲锋队和党卫军。但是,一个突然的变化在5月底随之而来。以冯·施莱歇将军为首的阴谋家说服了兴登堡,认为布吕宁政府不值得信任。兴登堡任命弗朗茨·冯·帕彭代替了布吕宁,帕彭身为贵族,属于基督教中央党的极右派、与君主主义者联系密切、是一个反对共和主义的反动分子。通过承诺重新举行议会选举并且解除关于冲锋队的禁令,帕彭和施莱歇尔试图安抚纳粹并且取得他们在议会中的支持。在一次不信任投票之后,议会于6月4日被解散。10天后,一个总统令解除了对冲锋队的禁令。不久之后,联邦政府剥夺了州禁止在大街上穿着军装的权力。[82]

结果是长达两个月的街头暴乱。在他们被告知要禁止冲锋队集会仅仅几个月之后,普鲁士警察却接到命令,允许冲锋队毫无阻拦地在街道上游行示威。(相反,共产党的准军事组织,红色阵线,自从1929年就被取缔了。)7月17日,汉堡北部阿尔托纳(Altona)的工人阶级街区发生了血腥的巷战,冲锋队在那里发动了一次游行,制造了许多意外事故并造成了十七人死亡。7月18日,普鲁士警方带着更多警力采取行动以控制纳粹在哥尼斯堡的集会,从而引起了纳粹领导人对帕彭政府的抗议。帕彭政府指责普鲁士政府未能制止该州的内战、"依赖"共产党、缺乏食物供应(等情况),于7月20日颁布了兴登堡一周前签署的紧急状态法。帕彭取代柏林的警察头目普莱希姆(Praesidium)成为普鲁士的代理人,社会民主党成员被清除出了政府高层。普鲁士政府,一个社会民主党和基督教中央党的联盟,实际上已经被推翻了。[83]

在随后的一个星期中,帕彭采取了进一步行动,宣布作为总统的代理人代表国家。他解雇了公务员,任命了帝国议会的代表。根据法律,普鲁士内阁被停止了,普鲁士议会中的社会民主党和基督教中央党的代表,以及巴伐利亚州和巴登州向国家法院提起上诉。首先,原告否认存在允许适用第48条于普鲁士的客观条件。其次,他们宣称,代理人对联邦主义基本结构的干预,包括任命议会中的代表,是违宪的。最后,他们指控帕彭政府利用紧急行动与纳粹一起发动了他们的政治阴谋。[84]

在长达六天的辩论(参与者都是德国最重要的宪法学者,包括安修茨、那维雅斯基、黑勒、施米特及比尔芬格在内)之后,国家法院在10月25日做出了一项裁决。[85]在其结论中看待这场辩论的方式是着眼于审讯期间所提供的更多细节。在当前的情况下,有趣的是裁决本身,它同时揭示了与国家法院早期裁决之间的连续性与非连续性。

帕彭政府基于第48条第1、2两段,正当化了7月20日的总统紧急状态法。在某个州政府不能履行其对联邦政府的责任时,第1段赋予总统予以干预的权力;第2段则赋予总统在面临严重骚乱或严重威胁公共安全与秩序的情况下采取非常措施的权力。国家法院分别考虑了每一项声明的有效性。在这样做时,法院否定了帕彭政府的声明,即,当联邦政府和州政府的政治关系陷入危机时,第48条的两段条文授予总统不受审查的和实际上不可分割的独立管辖权。[86]

法院宣称,根据第48条第2段,联邦政府并没有满足干预一个州所必需的条件。在仔细审查各方所提供的事实后,法院发现,没有证据表明普鲁士政府侵犯了执行联邦法律的责任。此外,尽管个别社会民主党官员曾经与个别共产党员有过交谈,但是,没有证据表明社会民主党依赖于共产党。最后,法院否定了这一主张,即,更改普鲁士州议会的法律,与此同时,依然允许州议会的多数选举一个新普鲁士政府,这标志着与宪法第17条所要求的议会民主原则之间的决裂。[87]国家法院已经冒险审查了根据第48条第1段的权威而制定的总统紧急状态法,以发现它是否满足合宪性的前提:州政府对联邦政府所负责任的客观侵犯应归咎于州政府,或者,背离议会民主的原则。法院宣布,缺乏这些前提条件。[88]

国家法院用一只手给了普鲁士一次胜利。但是,它却用另外一只手拿走了胜利。在对专政条款(第48条第2段)的裁决中,法院几乎给予总统一只利用紧急状态法的自由之手。但是,这些裁决仍然有其未曾言明的含义,它暗示了将来界定(紧急状态)的可能性。首先,法院处理了是否允许审查紧急状态法的前提问题。在这个案子中,它拒绝做这件事,宣称紧急状态的存在是"明显的",并且总统合理地判断将普鲁士和联邦的权力集中在一个人手中将有助于缓解紧急状态。[89]正当德意志帝国最高法院根据平等条款对立法机关进行假想审查时,国家法院却在实际上审查了第48条第2段的前提条件,肯定了总统的判断,并且拒绝宣布它是否有权进行审查。[90]

国家法院接着解释了总统自由裁量权的使用。首先,法院询问自由裁量权是否被作为帕彭与希特勒间秘密协议的一部分而被错误地使用了。它否定了这一声明,认为没有证据表明存在秘密协议。[91]值得注意的是,国家法院没有询问帕彭是否打算使用紧急状态权力以便在权威主义的角度上更改宪法,这一点能够得到帕彭广播讲话的支持。但是,原告也没有做出这种抗辩,反而依赖于对阴谋的指控。[92]其次,法院检讨了总统是否超越了采取行动所必须达到的目的。它认为,为普鲁士任命一个代理人并没有超越对总统紧急状态权力的合理限制,因此,只有总统,而绝非国家法院,才得到了授权以审查其代理人的特殊行为。[93]事实上,法院重复了其早些时候的观点,即,第48条第2段构建了管辖权的独立规范,允许总统(或他的代理人)接管某一地区,尽管正常的宪法将它置于州的管辖权之下。[94]

但国家法院也宣布,宪法对总统权力的绝对限制由《魏玛宪法》所创造。第17条声明,每一个州都应该有一个根据民主程序选举产生的属于州自身的政府。因此,联邦的代理人不应该任命自己作为州的政府。第60条和第63条为各州提供了帝国议会,各州在其中都有代表并且都拥有对特定法律的投票权,包括联邦制度在内。既然联邦的代理人并非各州的真正代表,那么,他就不能任命帝国议会的代表。[95]最高法院第一次做出了有约束力的决定,根据第48条第2段为总统权力设置了绝对限制。

普鲁士因此庆祝了一个皮洛士的胜利(a Pyrrhic victory):国家法院宣布,帕彭政府不能彻底废除普鲁士的代表机构,但是与此同时,它却授权这个代理人政府采取任何他认为必要的具体性且临时性的行动。帕彭政府发现自身处境尴尬。法院创造了一种双重体制,帕彭在其中可以采取行动却没有州的权力,州能够执行权力却不能采取具体行动。帕彭拒绝让这些部长们回到他们原来的办公室。几个月后希特勒掌权,合法行动与代理人体制间的对抗戛然而止。[96]

1932年7月20日的总统紧急状态法毁掉了魏玛共和国的联邦主义制度,侵蚀了普鲁士议会民主制的堡垒,这意味着帕彭发动了一场政变。但是,令人惊讶的却是,国家法院在其裁决中竟然走得如此之远。作为法官需要具备英雄主义精神,并且愿意突然改变最高法院拒绝审查行政机关自由裁量行动的传统。鉴于魏玛共和国最高法院的历史,不但这种突然的中断是不太可能的,而且也很难想象国家法院的保守主义法官(包括在整个纳粹期间担任德意志德国最高法院院长的首席法官欧文·布姆克在内)会赢得对赤色普鲁士社会民主党的胜利。[97]

第六章　平等、财产权利和紧急状态

结　论

1932年10月25日的裁决作为司法机关试图制止解散共和国的一次惨痛失败而被载入史册——用卡尔·迪特里希·布拉赫尔的话来说，它是"国家法院理论的悲剧"。[98]当代对此的反应却截然不同。事实上，那些最初为共和国辩护的人欢迎这种裁决，但那些试图更改宪法的帕彭和独裁主义的支持者们却被它所激怒。[99]

汉斯·纳维雅斯基，代表巴伐利亚，和阿诺德·布莱希特，被废黜的普鲁士政府的首席律师，都将这一裁决视为一个胜利而予以欢呼。[100]三十五年后，布莱希特仍然为国家法院的这一裁决辩护，认为这一裁决不仅允许联邦政府执行必要的和迫切的紧急行动，而且要求尊重德国的联邦结构并保存普鲁士。[101]安修茨也同样欢迎这部分裁决。[102]

海因里希·特里佩尔愿意支持国家法院对总统紧急行动所施加的限制，他对这一裁决的反应暗示，保守主义者甚至那些表面上的保守主义者，对拓展法院角色的支持是多么微乎其微。特里佩尔谴责这一裁决"在很大程度上是错误的"。无论普鲁士是否背叛了它忠于联邦政府的义务，审查具体问题都是总统的责任，而且，法院不应该用自己的价值判断代替总统的价值判断。此外，特里佩尔还否定了州的代表机构不受总统的限制这一观念。他声称，专政是"宪法的反常"。他在描述这一制度时所使用的语言不禁令人想到了施米特，特里佩尔认为："这是该制度所特有的辩证法，亦即，它**必须**攻击它应该保护的东西，这就是在保护它。"[103]特里佩尔为统一的行政机构权力所做的辩护，与他呼吁限制政党政治的议会（他视之为"原子论的、个人主义"的大众政党国家的一部分)形成了鲜明对照。他甚至在1929年之前就曾呼吁用有机的社会政治系统代替"现代的机械化社会"。[104]尽管特里佩尔不是纳粹,但是,在这些行动干扰德意志国家的团结和力量时,他肯定也不是一个民主和联邦主义的拥护者。

实际上,对国家法院裁决的保守主义批评逐渐演变成了禁止"政治"领域中司法活动的普遍要求。[105]这种要求在希特勒掌权之后很快就得到了回应。在《国家、运动与民族》(1933)这本小册子中,卡尔·施米特,他现在坚定地支持纳粹革命,声称《魏玛宪法》中的国家法院制度毁灭了元首(Führer)这个政治观念,并且授予旨在摧毁国家的军队以权力。[106]奥托·科埃尔鲁伊特,甚至在1932年之前就是纳粹的公开支持者,攻击国家法院在审判中将州政府和联邦政府视为平等的当事人而开展了"政治审判"。[107]这两位纳粹国家法的官方代表人物都将1932年10月25日的裁决视为自由民主政权最后的垂死挣扎,而非打开通往独裁主义统治的大门。他们都欢迎即将到来的阿道夫·希特勒全新的、"负责任的"领导。

施米特和科埃尔鲁伊特所做的批评暗示了回顾魏玛共和国中司法政治的复杂性。最高法院的宪法学至少传达了两条信息。首先,在当下的政治语境中,它传达了保守主义的信息。法院的裁决表达了对民主性立法机关的不信任以及对限制其活动的渴望。[108]其次,法院的行动体现了处理社会和政治生活新型挑战的努力。通过宣布有权利(尽管是假设)根据第109条在立法的实质性公平方面予以审查之外,德意志帝国最高法院也许还用民主的立法机关的视角取代了自己的保守主义世界观。但是,它也使得保护少数对抗立法机关中的多数成为可能。如果最高法院不太明确的"征收"原则在共和国中有更多有害的而非积极的后果,那么,它也显示,最高法院正在努力调整其裁决以适应管制型国家和管制型社会这一截然不同的世界。国家法院对总统紧急状态法的审查虽然没有制止冯·帕彭总理的反民主实践,但是,审查是可能的,而且即使行政机关也不得不向最高法院详尽而合理地解释其行为,这些都逐渐变得明确了。德意志帝国最高法院和国家法院没有明确解决最高法院在宪政民主制度中所应该扮演的恰当角色这一问题。但是,他们的确已经开始探索将来发生宪政民主意义之争的那些领域,并且在此过程中开始反思宪政民主中司法机关与法治国之间的关系。 170

结　论
宪政民主的危机

　　本书以宪政民主制放弃自己,向敌人屈服这一图像作为开端,以1932年联邦政府干预普鲁士辩论的裁判解释作为结束。这场审判从两个方面展示了宪政民主的投降情形。首先,"宪政民主"没有"放弃自己"。那些宣称保护"宪政民主"的个体行动者们采取行动来保卫或摧毁《魏玛宪法》的具体条款。其次,导致宪政民主投降的更加抽象的原因是"宪政民主"概念本身仍处于争论之中。事实上,与国家法院1932年10月25日的裁决至少同样有趣的是法学家们在裁决中所提出千差万别的宪政民主概念。

　　卡尔·施米特的思想中出现了激进的、存在主义的宪政民主观念,这在为帕彭政府发表的公开声明中可见一斑。[1]1917年之后,施米特提出一个紧急状态的超法律逻辑:在内战状态下,某些人必须做出区分合法政党和非法政党的最高决断。在紧急状态之下,"非法"(illegal)不仅意味着缺乏与实证法律规范的一致性,而且意味着成为国家公敌的实际状态。关于谁是朋友以及谁是敌人的具体决断属于总统及其

结论　宪政民主的危机

政府,施米特断言,他们必须"独立"且"高于政党"。[2]施米特的分析将宪法第48条视为民主的"真正"根基。根据施米特的理论,司法机关和正常情况下用来进行统治的宪法条文都不应该限制总统的紧急权力:"根据第48条,在具体情境中处理具体问题是总统的事务。"既然总统本人直接表达了制度的统一、"民主"的根基,他就不受多元论或者联邦利益的限制。正如施米特所言,"民主机构的确倾向于将国家的民主性、同质性和国家的政治共同体放在首要位置。"[3]施米特在辩论中所捍卫的宪政民主观导致由国家的单一代表(总统)所保卫的实质性政治共同体,反对可能分裂主权国家和联合国家的利益。施米特认为,由于这个原因,多元主义是非宪政主义的,它将会导致政治实体的终结。他用亚伯拉罕·林肯的话总结了审讯中的陈词:"内讧家庭难以长存。"[4]

慕尼黑的公法教授汉斯·纳维雅斯基创建了一套宪法的法律实证主义方法,与汉斯·凯尔森的方法有诸多相似之处。纳维雅斯基指出,在施米特的阐释中,第48条为非常时期创造了优先于所有其他"普通"宪法条文的第二宪法。[5]用凯尔森的术语来说就是,在施米特的宪政理论中有两个"基本规范",其一,承认正常时期成文法的有效性;其二,认定非常时期总统紧急行为的有效性高于国家行为。正如纳维雅斯基所注意到的那样,施米特认为,紧急状态下总统无需对任何其他国家机关负责,这是一种总统专制主义理论。[6]相反,纳维雅斯基预先认定实证《魏玛宪法》的有效性,并且运用这些实证主义规范合法界定联邦政府和**各州**的权利与义务。创建议会制的立法机关必然意味着创建一个允许多种利益都被代表的制度;与此相似,创建一个每个州都有自己代表的制度,必然意味着政治既产生于联邦的权力,也产生于地方权力。[7]施米特强调了宪政民主的被统一的人民(demos),纳维雅斯基却将宪法视为民主的合法"创建者"。总统、国会、州议会、**联邦**政府以及法院都属于"广义国家"(Gesamtstaat)。[8]因此,当他听到像施米特及其论辩中的同盟者卡尔·比尔芬格的观点时,即,为了政治上的便利,实证主义规范"只是"应该予以改造或者被忽视,他感觉到一种"法学家心脏的剧痛"。[9]

或许是因为纳维雅斯基一直代表巴伐利亚,所以他的立场与实证法完全一致。巴伐利亚主张审讯中的辩护权,因为帕彭任命联邦参议院(Reichsrat)普鲁士代表(这一行为)已经破坏了代表州利益的最重要机构。由于联邦干涉国家事务具有正当性,州将因此而蒙受巨大损失。相反,格尔哈特·安修茨的法律实证主义和赫尔曼·黑勒的"有机主义"宪法理论都成为政治计划的一部分,他们都主张国家的统一和国会的权力。相对于纳维雅斯基,他们都甘于根据第48条将更多权力让渡给总统。例如,他们都认为,根据第48条第一段,国家法院的更高决策对于总统行为并不都是必需的;州对义务的背叛,总统干预的先决条件,也可能构成对不成文规范的侵犯。[10]但是,对于安修茨和黑勒而言,单一国家的主权是由实证法律本身构建的。因此,他们都拒绝了施米特对宪法的"情景式"解读,它允许"纯粹的"(mere)成文规则被德意志人民唯一的真正代表,即总统悬置起来。[11]正如安修茨所言:"宪法**需要一个联邦国家并且需要一种……议会民主**。"[12]

因此,安修茨所坚持的法律实证主义与黑勒的国家理论在实质上非常相似。但是他们在性格上的差异掩盖了这些相似之处。在法院的第一次陈述中,安修茨向朝他嚷嚷让他"大声一点"的听众们回应说:"我不是在跟你们这些听众说话,而是在与法院和反对党的专家代表们说话。"[13]稍后,他谴责了"提高音量"和政治诉讼的程序。虽然他手边没有与案件直接相关的材料,但他仍然试图抽象地说明总统紧急权力的相对和绝对范围。[14]拉班德在回忆录中写道,安修茨论辩式风格的价值在于他以一种非政治的、逻辑的方式推进了法院行为的正当化进程。[173]他的证词几乎成为7月20日国家法院决定审查和削弱总统紧急权力的核心。但是,安修茨不认同施米特的政治观点,因为施米特认为国家所面临的生存危机超越了实证主义宪法所处理的情形。

黑勒作为社会民主党的代表人物,与施米特的政治观点针锋相对。他否认帕彭采取了任何保卫宪法的行动。黑勒认为,帕彭的目标不在于破坏与改变宪法,而在于消融宪法的正式部分。根据黑勒的国家理论,它们正是宪法本质的实质性部分。[15]审讯中的其他律师以调侃或蔑视的方式提到了黑勒的"脾气",布姆克法官有一次甚至警告黑勒要降低音量。[16]但是,黑勒的高声调和他的政治评论与他对宪法的实证主义分析方式结合在一起,[17]他将"权利的基本原则"置于首要位置或者已经体现了他扩大法律争论范围的努力。毕竟,总统权威的相对和绝对限制在这一案件中已经显得岌岌可危。经由人民主权的意志认可的政治性机构和规则是国家权力的创造者,也成为争论的焦点。《魏玛宪法》的"机构"将工人整合进国家,黑勒已经在关于魏玛的文章中讨论过了。正如他在审讯中所说的那样,施米特对总统独裁的要求将会动摇甚至摧毁首要政治制度的正当性,因为该制度允许社会主义者参与政府。[18]

黑勒是正确的。在帕彭和施莱歇尔任总理期间,总统权威的试验失败了。帕彭对基本宪政机构的激烈干预为希特勒后来摧毁整个宪政制度埋下了伏笔。首先,如果老态龙钟的容克(Junker)没有能力对案件中的环境进行判断,总统能够有权宣布紧急状态,那么,施米特所提出的观点就为总统及其政府合法地保留了不受限制的权力。在最初的几个月,希特勒政权扩大了这项权力的运用范围,2月28日国会纵火案之后，他利用"国民与国家保护紧急法令"搁置了基本权利，将这项权力运用到极致。1933年2月23日，国会通过授权法案，宣布进入永久紧急状态，扩大了希特勒直接独裁的权力。这种永久性紧急状态吊诡地被制度化了。[19] 其次，帕彭已经在普鲁士采取了一些行动来"清洗公务员的身体"，[20] 其中包括审讯中已经提到过的清除一些与社会民主党关系友好的官员。[21] 1933年4月7日，纳粹颁布了公务员复位法，使早年的清洗活动正式化，并扩展到其它政治组织以及"非雅利安人"之中。[22] 最后，帕彭政府的法学家们宣称，各州不可反对国家政策，在紧急情况下，联邦政府有权指派一名代表来接管州的职能，包括代议功能在内；事实上施米特认为，普鲁士只是总统行政权力的一个极小的、有限制的案例。[23] 从1933年3月开始，希特勒政权通过一系列法令与州和国家政策展开"合作"。1934年1月30日，《德国重建法》颁布，正式废除了州议会和政府的独立。[24] 在纳粹初期的著作中，卡尔·施米特坚决支持这些措施，他认为这些措施将保护国家免受国家法院和联邦主义的危害。[25]

帕彭针对普鲁士的政变标志着制度过程的开始，并在国家社会主义者强化权力中达到了顶峰。1934年1月30日发生的一系列事件也让希特勒成为国家的最高裁决者。那天，他在纳粹党内发布命令，要求处死政治对手。恩斯特·罗姆、库尔特·冯·施莱歇尔以及其他数十人被谋杀，然而这不过是这一发展过程的最终阶段而已，用其宪法逻辑的术语来说就是，它已经在1932年10月呈现于帕彭政府在这一紧急状态的案件中向国家法院要求行使总统自由裁量权的公平、自由的领域。[26]

施米特的宪政民主观在共和国的最后几个星期里最终获得成功——它最终取代了施米特自己早年协助建立的、更加激进的且缺乏正式规则的国家社会主义。[27]然而,这场争论的结束不应该抹去它提出的哲学和法律问题的持久重要性。这些问题仍然是西德基本法中核心的宪法问题,它们也反映了美国当代的争论。宪法的根基有赖于公民的超法律的同质性,一套共同的道德和价值,基督教信仰,在这些美国和德国都曾经做出的论断中能够发现对宪法的"实质性"基础、对超越"宪政爱国主义"的爱国主义等方面的渴望。相反,另一些政治家和自由主义政治理论家却争辩说,宪法本身就提供了一个机构,它创造了作为宪政民主基础的统一人民。高等法院在"政治"事务中的角色也存在争议。每当美国最高法院或德国的联邦宪法法院限制多数人统治以保护少数人时,辩论就会接连发生。左派和右派的政治评论家们都在讨论政策和权利意义的艰难决策是否应该交给民选机构。最终,尤其是美国联邦法院和国会实施公民权利改革之后,联邦制政治不断激起民愤。即使政府拒绝特定组织参与政治制度(比如吉姆·克劳法),拒绝他们进入政治机构,拒绝保护他们的权利,国家权利的守护者们仍然要求对联邦干涉州政府的行为进行严格限制。

宪法和政治语境中的对于何谓"左派"和"右派"的区分大不相同。因而在在宪法争论中指出它们的相同之处并不等于这些争议的政治意义也是相同的。例如,保卫联邦制是1932年德意志共和国左派凝聚群众的口号,它也是当代美国极右翼的、反自由主义政治的关注焦点。本书的首要任务是在魏玛共和国的独特语境下分析宪法争论中的政治利害关系。第二个任务是分析即将伴随宪政民主而来的宪法和宪法争论的变化。随着宪政民主的到来,依靠德意志帝国稳定的宪政制度发展起来的法律实证主义指导原则信受攻击。"人民"即主权的假设开启了对《魏玛宪法》实质性根基的讨论,其中以凯尔森和施米特之间就谁是"宪法的保卫者"的争论最为激烈。黑勒和斯门德不同的论述方法导致了民主宪法在政治学和实践的宪法阐释中的分歧。最终,德国最高法院宪法法理学的开端意味着,在具体案例中确定宪法的实质性或者"政治性"内涵遭遇了严重的问题。

本书追溯了全新的德国宪政文化的开端。在这一环境下,"文化"所指的不是指导法律实践的一套被普遍接受的稳定的社会规范,而是内在于"宪政民主"本身的一系列矛盾和冲突,它们在不同的语境中具有不同的政治意义。然而,能够清晰阐述宪政民主的不同方法一般都被限定于任一给定的宪政体制。例如,现在的美国,虽然每一激进立场的因素似乎都嵌入在一些较为温和的政治计划中,但是,诸如国家语境下的种族主义观念和人民主权凌驾于财产权利之上的社会主义观念等宪政民主的解释方式都被边缘化了。在魏玛共和国的宪政文化中,值得注意的是一种特殊的企图支配政治生活宪政民主观念的失败。

德意志联邦共和国的故事则有所不同。纳粹独裁与战争所带来的创伤,暴行和大屠杀的爆发,国家的东西分裂都导致了既不信任人民的权力也不信任国家权力的宪法和宪政文化。战后西德的宪政主义定型于1950年代,它强调联邦主义和强有力的制度主义的民主观念,青睐稳定的政党和利益集团,以及宪法法院的实质性司法审查,这种机制从某种程度上说来自魏玛的国家法院。尽管在1970年到1980年间受到了左派的挑战,西德的宪政民主模式仍然保持稳定。

东欧"人民民主"的崩溃和1990年东德和西德的统一都没有从根本上改变德国宪政主义的特征,最起码当时的著作告诉了我们这一点。[28] 东德革命之后,宪政民主问题在学术界又再次浮出水面。东德反对派的一些领袖代表联合西德的左派通过直接手段如人民倡议和全民公决来呼吁一种更加激进的宪政民主观。[29] 因为国家统一这一事实而

结论　宪政民主的危机

获得了知识分子的尊重,极右派在1980年代开始倡导他们发展起来的主题,寻求强大的机构、同文同种以及公共讨论中爱国主义的核心地位等。[30]关于对宪法法院衡量在立法机关的决策是否合宪时所扮演角色的批评,有代表性的案例是1993年堕胎案的裁决及1995年巴伐利亚教室中十字架案的裁决,它们已经激起对司法审查的新一轮且更加尖锐的抨击。[31]宪政民主的这些批评之音再次浮现这一事实意味着,宪政民主之困境在今天依然如故。

178

注 释

中文版前言

1 Ulrich K. Preuss, *Constitutional Revolution: The Link Between Constitutionalism and Progress*, tr., Deborah Lucas Schneider(Atlantic Highlands, NJ: Humanities, 1995); Bruce Ackerman, *The Future of Liberal Revolution*(New Haven: Yale University Press, 1994).
2 魏玛共和国的宪法标准研究,见Christoph Gusy, *Die Weimarer Reichsverfassung* (Tübingen: Mohr/Siebeck, 1997)。
3 20世纪60年代以后,历史学派已经扭转了早年将集体运动等同于布尔什维克主义的局面。比如,可见Eberhard Kolb的优秀作品,Eberhard Kolb, *Die Arbeiterräte in der deutschen Innenpolitik 1918—1919*(Dusseldorf: Droste, 1962),以及Peter von Oertzen, *Betriebsräte in der Novemberrevolution: Eine politikwissenschaftliche Untersuchung über Ideengehalt und Struktur der betrieblichen und wirtschaftlichen Arbeiterräte in der deutschen Revolution* (Dusseldorf: Droste, 1963),这些作品迅速地改变了讨论的风向。
4 这一观点的核心文本见Oswald Spengler, "Prussianism and Socialism," tr. Donald O. White(Chicago: Gateway, 1967),成为Martin Geyer的研究背景,见Martin Geyer, *Verkehrte Welt: Revolution, Inflation und Moderne. München 1914—1924* (Göttingen: Vandenhoeck und Ruprecht, 1998)。
5 见Alexander Gallus, "Die vergessene Revolution von 1918/1919—Erinnerung und

Deutung im Wandel," in ibid., *Die vergessene Revolution von 1918/1919* (Göttingen: Vandenhoeck und Ruprecht, 2010), 14—38。

6 可以特别参考托马斯对海勒的深度阅读,见 *Politische Einheitsbildung und technische Realisation: Über die Expansion der Technik und die Grenzen der Demokratie* (Baden-Baden: Nomos, 1990), 67ff。

7 特别可以参考他将《魏玛宪法》看作这一改变的文本的评论: *Die Verfassung des Deutschen Reichs vom 11. August 1919* (Berlin: Sieben-Stäbe-Verlag, 1929)。目前还没有可靠的斯门德的传记。

8 见 Christoph Schönberger, "Demokratisches Denken in der Weimarer Republik—ein kurzes Fazit," in Christoph Gusy, ed., *Demokratisches Denken in der Weimarer Republik* (Baden-Baden: Nomos, 2001), 664—669。这一卷当中主要包含一些近年来最重要的学者们纠正魏玛政治理论的研究工作,这是未来研究不可或缺的起点。

9 四位精通魏玛时期思想的学者们最近正在重新解读联邦宪法法院的历史,见 Christoph Möllers, Matthias Jenstaedt, Christoph Schönberger, and Oliver Lepsius, *Das entgrenzte Gericht: Eine kritische Bilanz nach sechzig Jahren Bundesverfassungsgericht* (Frankfurt am Main: Suhrkamp, 2011)。一些左派将联邦宪法法院视为民主权力的篡夺者,回顾我自己在书中所坚持的立场来看,显得不那么令人信服,见 "Legal Positivism and Weimar Democracy," *American Journal of Jurisprudence* 39 (1994), 273—301。

10 关于凯尔森的立场,特别可以参见 Robert Chr. van Ooyen, *Der Staat der Moderne: Hans Kelsens Pluralismustheorie* (Berlin: Duncker und Humblot, 2003)。

11 Möllers, *Staat als Argument*, 124—125; 在联邦共和国早期,海勒的回应更多是政治的,而不是法律的。

12 尤其可以参考 Konrad Hesse 的优秀作品, *Grundzüge des Verfassungsrechts der Bundesrepublik Deutschland*, 1st ed. (Karlsruhe: Müller, 1967)。联邦共和国时期,对斯门德和施米特的整个讨论都非常重要的是: Frieder Günther, *Denken vom Staat her: Die bundesdeutsche Staatsrechtslehre zwischen Dezision und Integration 1049—1970* (Munich: Oldenbourg, 2004)。

13 见 Peter Unruh, "Erinnerung an Gerhard Leibholz (1901—1982): Ein Staatsrechtler zwischen den Zeiten," *Archiv des öffentlichen Rechts* 126 (2001), 60—92。

14 Jans-Werner Müller, *A Dangerous Mind: Carl Schmitt in Post-War European Thought* (New Haven: Yale University Press, 2003).

15 关于凯尔森的回应，见 Christoph Möllers, *Staat als Argument*（Munich: Beck, 2000），125。当然，存在着一些意外。更新的研究，尤其可以见 Stanley L. Paulson and Michael Stolleis, ed., *Hans Kelsen: Staatsrechtslehrer und Rechtstheoretiker des 20. Jahrhunderts*（Tübingen: Mohr/Siebeck, 2005）; Larx Vinx, *Hans Kelsen's Pure Theory of Law: Legality and Legitimacy*（New York: Oxford, 2007）。

16 Kelsen, *Werke*, ed. Matthias Jenstaedt in cooperation with the Hans Kelsen Institute（Tübingen: Mohr/Siebeck, 2007ff）; Matthias Jenstaedt, ed., *Hans Kelsen und die deutsche Staatsrechtslehre: Stationen eines wechselvollen Verhältnisses*（Tübingen: Mohr/Siebeck, 2013）.

导 言
人民主权和法治：
魏玛共和国的宪政民主问题

1 在纳粹党员的威胁之下，授权行为获得批准。见 Karl Dietrich Bracher, *The German Dictatorship: The Origins, Structure, and Effects of National Socialism*, trans. Jean Steinberg（New York: Praeger, 1970），199—201；以及 Rudolf Morsey 收集的一系列文献，见 Rudolf Morsey, *Das Ermächtigungsgesetz vom 24. März 1933*（Dusseldorf: Droste, 1968）。

2 关于共和国"无力设防"的叙述，见 Hagen Schulze, *Weimar. Deutschland 1917—1933*, 4th ed.（Berlin: Severin und Siedler, 1994），102—105；他的引用来自"社会民主党人凯尔森的"相对主义和宪法"无根基的慷慨"（bodenlose Liberalität）。Schulze 在共和国期间重复了激进的权利观：凯尔森，一个犹太人，宣称自己是与自由主义紧密联系的社会民主党人（实际上，他是无党派成员），这种自由主义被当作缺乏"根基"，或者说缺乏"土壤"（Boden）。

3 见 Schulze, *Weimar*, xii；更多细节，见 Friedrich Karl Fromme, *Von der Weimarer Verfassung zum Bonner Grundgesetz. Die Verfassungspolitischen Folgerungen des Parlamentarischen Rates aus Weimarer Republik und nationalsozialistischer Diktatur*［Tübingen: J. C. B. Mohr（Paul Siebeck）, 1960］。

4 联邦共和国的宪法指南处处涉及魏玛辩论，比如，见 Konrad Hesse, *Grundzüge des Verfassungsrechts der Bundesrepublik Deutschland*, 18th ed.（Heidelberg: C. F. Müller, 1991），涵盖了魏玛大人物自始至终所有的讨论；Peter Badura, *Staatsrecht. Systematische Erläuterung des Grundgesetzes für die Bundesrepublik*

注 释

Deutschland(Munich: C. H. Beck, 1986), 11—13页讨论凯尔森、施米特和斯门德; Ekkehard Stein以斯门德为中心, 见Ekkehard Stein, *Staatsrecht*, 9th ed. [Tübingen: J. C. B.(Mohr Paul Siebeck), 1984], 97, 253, 268;关于黑勒的论述, 见第268—269页。

5 见Alexander Bickel, *The Least Dangerous Branch: The Supreme Court at the Bar of Politics*, 2d ed.(New Haven: Yale University Press, 1986), 16—23。

6 更具体地说, 是"更狭义的国家法", 比如, 宪法和法律调节了最高国家机关的行为。见B. Erwin Grueber, *Einführung in die Rechtswissenschaft. Eine juristische Enzyklopädie und Methodologie*(Berlin: Ö. Häring, 1908), 91—108; Friedrich Giese, *Einführung in die Rechtswissenschaft*, 2d ed.(Berlin: Spaeth und Linde, 1932), 62—65。

7 见Walter Ott, *Der Rechtspositivismus. Kritische Würidigung auf der Grundlage eines juristischen Pragmatismus*(Berlin: Duncker und Humblot, 1976); 在某些地方我简化了他的论述。

8 在德语语境中, 见Eugen Ehrlich, *Fundamental Principles of the Sociology of Law*(1913), trans. Walter L. Moll(Cambridge: Harvard University Press, 1936)。Lawrence M. Friedmann明确描述了法律的社会学客体的集权主义的公共规则, 见*Law and Society: An Introduction*(Englewood Cliffs, N.J.: Prentice-Hall, 1977), 3—5。Niklas Luhmann在《社会中的法》中表达了"经典"立场, 见 *Rechtssoziologie*, 3d ed.(Opladen: Westdeutscher, 1987), 23。

9 See Hart's uow classic work: The concept of law(London: Oxford University Press, 1961).

10 1916年至1917年间, 在汉斯·凯尔森和尤尔根·埃尔利希之间的著名交易中提出这一区分, 见*Archiv für Sozialwissenschaft und Sozialpolitik*, repr. as *Hans Kelsen und die Rechtssoziologie. Auseinandersetzungen mit Hermann U. Kantorowicz, Eugen Ehrlich und Max Weber*, ed. Stanley Paulson(Aalen: Scientia, 1992)。"法律实证主义" 明确排斥的法律路径是关注交流、实践和互动的一种人类学。见Lon L. Fuller的争论, *The Morality of Law*, rev. ed.(New Haven: Yale University Press, 1969), esp. 106—108, 145, 237—242。

11 关于拉班德对这一事件的明确立场, 见*Das Staatsrecht des Deutschen Reiches*, 4 vols., 5th ed.(1911—1913; repr., Aalen: Scientia, 1964), 2: 39—40。

12 Kelsen, *Hauptprobleme der Staatsrechtslehre, entwickelt aus der Lehre vom Rechtssatze*[Tübingen: J. C. B. Mohr(Paul Siebeck), 1911].

13 在1919—1924年间,艾伯特以紧急法律为基础创制了超过130种的法规条例,绝大多数都在回应公民冲突。见Ulrich Scheuner, "Die Anwendung des Art. 48 der Weimarer Reichsverfassung unter den Präsidentschaften von Ebert und Hindenburg, " in *Staat, Wirtschaft und Politik in der Weimarer Republik. Festschrift für Heinrich Brüning*, ed. Ferdinand A. Hermens and Theodor Schieder (Berlin: Dunker und Humblot, 1964), 249—286; Harlow James Heneman, *The Growth of Executive Power in Germany: A Study of the German Presidency* (Minneapolis: Voyageur, 1934), 180—181, 183—186; Ernst Rudolf Huber, *Deutsche Verfassungsgeschichte seit 1789*, vol. 7: *Ausbau, Schutz und Untergang der Weimarer Republik* (Stuttgrat: W. Kohlhammer, 1984), 363—364, 422—425; 紧急法令中总统行动的英文清单见Lindsay Rogers, Sanford Schwarz, and Nicholas S. Kaltchas, "German Political Institutions II. Article 48," *Political Science Quarterly* 47(1932): 583—594; 也见Clinton L. Rossiter, *Constitutional Dictatorship: Crisis Goverment in the Modern Democracies* (Princeton: Princeton University Press, 1948), 31—73。

14 Triepel, *Goldbilanzenverordnung und Vorzugsaktien. Zur Frage der Rechtsgültigkeit der über sogenannte schuldverschreibungsähnliche Aktien in den Durchführungsbestimmungen zur Goldbilanzen-Verordnung enthaltenen Vorschriften* (Berlin: Walter de Gruyter, 1924). 关于Triepel的论述,见Alexander Hollerbach, "Zu Leben und Werk Heinrich Triepels," *Archiv des öffentlichen Rechts* 91(1996): 417—441。

15 Leibholz, *Die Gleichheit vor dem Gesetz. Eine Studie auf rechtvergleichender und rechtphilosophischer Grundlage* (Berlin: Otto Liebmann, 1925). 关于Leibholz的论述,见Manfred H. Wiegandt, *Norm und Wirklichkeit. Gerhard Leibholz* (1901—1982). *Leben, Werk und Richteramt* (Baden-Baden: Nomos, 1995).

16 Smend, *Verfassung und Verfassungsrecht* (1928), repr. in *Staatsrechtliche Abhandlungen und andere Aufsätze*, 3d ed. (Berlin: Duncker und Humblot, 1994), 119—276. 关于斯门德的论述,见Axel Freiherr von Campenhausen, "Rudolf Smend (1882—1975). Intergration in zerrissener Zeit," in *Rechtswissenschaft in Göttingen. Göttinger Juristen aus 150 Jahren*, ed. Fritz Loos (Göttingen: Vandenhoeck und Ruprecht, 1987), 510—527。

17 Carl Schmitt, *Verfassungslehre*, 6th ed. (repr. of 1st, 1928, ed.; Berlin: Duncker und Humblot, 1983). 关于施米特的论述,见Reinhard Mehring, *Carl Schmitt: Eine Einführung* (Hamburg: Junius, 1992)。

18 黑勒的作品收录成 *Gesammelte Schriften*, 3 vols., 2d ed., ed. Fritz Borinski, Martin Drath, Gerhart Niemeyer, and Otto Stammer [Tübingen: J. C. B. Mohr (Paul Siebeck), 1992]。他的著作导读可见 Christoph Müller, "Hermann Heller: Leben, Werk, Wikung."。

19 见 Ernst Fraenkel, "Der Ruhreisenstreik 1928—1929 in historisch-politischer Sicht," in Hermens and Schieder, eds., *Staat, Wirtschaft und Politik in der Weimarer Republik*, 97—117; 有关社会民主党攻击"经济民主"的背景,见 Heinrich August Winkler, "Unternehmer und Wirtschaftsdemokratie in der Weimarer Republik," in *Probleme der Demokratie Heute, Sonderheft 2* of *Politische Vierteljahrsschrift* (1970): 308—322。

20 Bracher 对事件进行了总体统计, 见 Bracher, *Die Auflösung der Weimarer Republik: Eine Studie zum Problem des Machtverfalls in der Demokratie*, 5th ed. (1971; repr., Dusseldorf: Droste, 1984)。Detlev Peukert, *The Weimar Republic: The Crisis of Classical Modernity*, trans. Richard Deveson (New York: Hill and Wang, 1992), 将这些危机放在更广阔的文化、经济和社会语境中来对待。

21 对布吕宁的攻击, 见 Scheuner, "Die Anwendung des Art. 48," 279—280; 以及 Heinrich August Winkler, *Weimar 1919—1933. Die Geschichte dr ersten deutschen Demokratie* (Munich: C. H. Beck, 1993), 376。关于宪政政治的内容回忆, 见 Karl Otmar Freiherr von Aretin, "Brünings ganz andere Rolle," *Frankfurter Hefte 26* (1971): 931—939。对回忆的肯定和布吕宁的原初宪政民主制国家的质疑, 见 Frank Müller, *Die "Brüning Papers." Der letzte Zentrumskanzler im Spiegel seiner Selbstzeugnisse* (Frankfurt am Main: Peter Lang, 1993), esp. 12—13, 72—80。

22 1932 年夏天发生的各个事件, 见 Bracher, *Die Auflösung der Weimarer Republic*, 503—518; Scheuner, "Die Anwendung des Art. 48," 282—285。施米特的立场写在 *Legalität und Legitimität* (1932), repr. in *Verfassungsrechtliche Aufsätze aus den Jahren 1924—1954. Materialien zu einer Verfassungslehre*, 2d ed. (Berlin: Duncker und Humblot, 1973), 262—350。

23 完整讨论见两位深受魏玛辩论影响的律师的作品, 见 Friedrich Müller, *Juristische Methodik*, 3d ed. (Berlin: Duncker und Humblot, 1989); and Martin Kriele, *Theorie der Rechtgewinnung entwickelt am Problem der Verfassungsinterpretation*, 2d ed. (Berlin: Duncker und Humblot, 1976)。

24 研究施米特的早期英语作品都多少带有歉意: Joseph W. Bendersky, *Carl Schmitt: Theorist for the Reich* (Princeton: Princeton University Press, 1983);

George Schwab, *The Challenge of the Exception: An Introduction to the Political Ideas of Carl Schmitt between 1921—1936* (Berlin: Duncker und Humblot, 1970); Paul Edward Gottfried, *Carl Schmitt: Politics and Theory* (New York: Greenwood, 1990)。晚近的政治学家们已经试图重新利用施米特的一些主张来复兴民主多元论。例子可见 Chantal Mouffe, "Pluralism and Modern Democracy: Around Carl Schmitt," *New Formations* 14 (1991): 1—16; John McCormick 提出更加尖锐的方法,"Fear, Technology and the State: Carl Schmitt, Leo Strauss and the Revival of Hobbes in Weimar and National Socialist Germany," *Political Theory* 22 (1994): 619—652, and *Against Politics as Technology: Carl Schmitt's Critique of Liberalism* (New York: Cambridge University Press, 1997)。更为批判性的回应也随即出现。以下列举少数几个: Richard Wolin, "Carl Schmitt: The Conservative Revolutionary Habitus and the Aesthetics of Horror," *Political Theory* 20 (1992): 424—447; William P. Scheuerman, *Between the Norm and the Exception: The Frankfurt School and the Rule of Law* (Cambridge: MIT Press, 1994); Stephen Holmes, *The Anatomy of Antiliberalism* (Cambridge: Harvard University Press, 1993), 37—60。

25 比如,可见随后的一些精彩的理论研究: Stanley L. Paulson, "Introduction" to Hans Kelsen, *Introduction to the Problems of Legal Theory. A Translation of the First Edition of the Reine Rechtslehre or Pure Theory of Law*, trans. Bonnie Litschewski Paulson and Stanley L. Paulson (Oxford: Clarendon, 1992), v—xlii, 更多的参考书目,见第 145—153 页; Hans Aufricht, "The Theory of Pure Law in Historical Perspective," in *Law, State, and International Legal Order. Essays in Honor of Hans Kelsen*, ed. S. Engel (Knoxville: University of Tennessee Press, 1964), 29—41; and Ronald Moore, *Legal Norms and Legal Science. A Critical Study of Kelsen's Pure Theory of Law* (Honolulu: University of Hawaii Press, 1978)。然而,出现了一些例外,比如,见 Paul Silverman, "Law and Economics in Interwar Vienna. Kelsen, Mises, and the Regeneration of Austrian Liberalism" (Ph.D. diss., University of Chicago, 1984)。Stanley Paulson 关于凯尔森纯粹法理论的新调查研究引发了对历史的分析。见他的研究概要:"Toward a Periodization of the Pure Theory of Law," in *Hans Kelsen's Legal Theory: A Diachronic Point of View*, ed. Letizia Gianformaggio (Turin: G. Giappichelli, 1990), 11—48。

26 关于黑勒,见 Ellen Kennedy, "The Politics of Toleration in Late Weimar: Hermann Heller's Analysis of Fascism and Political Culture," *History of Political Thought*

注 释

5(1984): 109—125; 以及接下来David Dyzenhaus的研究: *Truth's Revenge: Carl Schmitt, Hans Kelsen and Hermann Heller in Weimar*(New York: Clarendon, 1997)。唯一注明日期的英语研究斯门德的资料来自社会学和政治学领域,见Werner S. Landecker, "Smend's Theory of Integration," *Social Forces* 29 (1950): 39—48; Otto Butz, *Modern German Political Theory*(Garden City, N.Y.:Doubleday, 1955), 44—46。

27 布鲁斯·阿克曼试图调和共和主义和自由主义,其中出现了这一问题: *We the People*, vol. 1: *Foundations*(Cambridge: Harvard University Press, 1991);在阿克曼的专题论文集中,问题被全方位地提出来, *Ethics 104*(1994): 446—535。

28 斯门德,"Das Recht der freien Meinungsäusserung, "*Veröffentlichungen der Vereinigung der deutschen Staatsrechtslehrer* (hereafter abreviated VVDSRL), 1—7 vols. (Berlin: Walter de Gruyter, 1928), 4:44—74。

29 关于在美国法律中实现"平衡",见Edward S. Corwin, *The Constitution and What It Means Today*, 14th ed., rev. Harold W. Chase and Craig R. Ducat(Princeton: Princeton University Press, 1978), 307—309;对以价值为基础的法理学的一般评论,以及"平衡"财产权,见Richard A. Epstein, "Property, Speech, and the Politics of Distrust," in *The Bill of Rights in the Modern State*, ed. Geoffrey R. Stone, Richard A. Epstein, and Cass Sunstein(Chicago: University of Chicago Press, 1992), 41—89。

30 比如,可见Hans Boldt, *Deutsche Verfassungsgeschichte*, 2 vols.(Munich: DTV, 1984, 1990); Boldt对结构主义方法的辩护,见*Einführung in die Verfassungsgeschichte. Zwei Abhandlungen zu ihrer Methode und Geschichte*(Dusseldorf: Droste, 1984)。 183

第一章
国家意志与德意志民族的救赎:
德意志帝国的法律实证主义与君主立宪政体

1 Wolfgang J. Mommsen, "Die Verfassung des Deutschen Reiches von 1871 als dilatorischer Herrschaftskompromiss"(1983), repr. in *Der autoritäre Nationalstaat. Verfassung, Gesellschaft und Kultur im deutschen Kaiserreich*(Frankfurt am Main: Fischer, 1990), 39—65.

2 Hans-Ulrich Wehler将这套制度归纳为一个"独裁的半专制的伪宪政制度"[*The German Empire 1871—1918*, trans. Kim Traynor(Leamington Spa:Berg, 1985), 55],这一分析掩盖了制度中的自由主义成分;大体说来,可以参阅Helga

Grebing, *Der deutsche Sonderweg in Europa 1806—1945. Eine Kritik*（Stuttgart: W. Kohlhammer, 1986）, 96—101。Wolfram Siemann 在 *Gesellschaft im Aufbruch. Deutschland 1849—1871*（Frankfurt am Main: Fischer, 1990）第218—231页列举了民族自由主义者接受1871年折中方案的原因。在自由主义者看来，核心的宪政制度已经由 Thomas Nipperdey 重点突出，参阅 *Deutsche Geschichte 1800—1866: Bürgerwelt und starker Staat*（Munich: C. H. Beck, 1983）, 290—298; 也可以参阅 Nipperdey, *Deutsche Geschichte 1866—1918*, vol. 2: *Machtstaat vor der Demokratie*（Munich: C. H. Beck, 1990）, 37—39, 314—317, 有关于自由主义与统一的讨论。关于民法的讨论，可以参阅 Michael John, *Politics and the Law in Late Nineteenth-Century Germany. The Origins of the Civil Code*（Oxford: Clarendon, 1989）。关于反对社会主义的法律，可以参阅 Ernest Rudolf Huber, *Deutsche Verfassungsgeschichte seit 1789*, vol. 3: *Bismarck und das Reich*, 3d ed.（Stuttgrat: W. Kohlhammer, 1988）, 1021—1022; vol. 4: *Struktur und Krisen des Kaiserreichs*（Stuttgrat: W. Kohlhammer, 1969）, 1157—1160; and "Grundrechte im Bismarckschen Rechtssystem," in *Festschrift für Ulrich Scheuner*（Berlin: Duncker und Humblot, 1973）, 175—176。关于法院制度创立的讨论，参阅 Ken Ledford, "Lawyers, Liberalism, and Procedure: The German Imperial Justice Law of 1877—1879," *Central European History* 26（1993）: 165—193。

3 保罗·拉班德, *Das Staatsrecht des Deutschen Reiches*, 3 vols.（Tübingen: H. Laupp, 1876）, 1:10。

4 拉班德本人并不是正式的国家自由党成员。1887年1月11日的一场国会演讲中，俾斯麦告诉自由主义者们去阅读 "the books of law friendly to your convictions" by von Rönne and Laband: Bismarck, *Werke im Auswahl*, 9 vols., ed. Gustav Adolf Rein et al.（Stuttgrat: W. Kohlhammer, 1981）, 7:450; 也可以参阅 Wilhelm Raimund Beyer 的报道, "Paul Laband: ein Pionier des öffentlichen Rechts," *Neue Juristische Wochenheft* 41（1988）: 2227。

5 埃斯特—沃尔夫冈·伯肯弗尔德考虑到国家统一而对历史主义和实证主义的隐秘协议作出解释，见 "The School of Historical Jurisprudence and the Problem of the Historicity of Law"（1965）, repr. in *State, Society and Liberty. Studies in Political Theory and Constitutional Law*, trans. J. A. Underwood（New York: Berg, 1991）, 1—25。Rupert Emerson 详细描述了"有机体学派"的理论，见他的 *State and Sovereignty in Modern Germany*（New Haven: Yale University Press, 1928）, 126—154。吉尔克的德意志民族统一体的假定可以参考他的 "Labands Staatsrecht

注 释

und die deutsche Rechtswissenschaft," *Schmollers Jahrbuch für Gesetzgebung, Verwaltung und Volkswirthschaft im Deutschen Reich* 7(1883): 31—32。关于实证主义和欧洲国家的讨论,可以参考 W. A. Tumanov, *Contemporary Bourgeois Legal Thought: A Marxist Evaluation of the Basic Concepts* (Moscow: Progress, 1974), 112—124。

6 卡尔·弗里德里希·冯·格贝尔, *Über öffentliche Rechte* [1852; repr. Tübingen: J. C. B. Mohr (Paul Siebeck), 1913], 16ff; idem, *Grundzüge des deutschen Staatsrechts*, 3d ed. (1880; repr., Aalen: Scientia, 1969), 217—225; Walter Pauly, *Der Methodenwandel im deutschen Spätkonstitutionalismus. Ein Beitrag zu Entwicklung und Gestalt der Wissenschaft vom öffentlichen Recht in 19. Jahrhundert* [Tübingen: J. C. B. Mohr (Paul Siebeck), 1993], 92—167; Walter Wilhelm, *Zur juristischen Methodenlehre im 19. Jahrhundert. Die Herkunft der Methode Paul Labands aus der Privatrechtswissenschaft* (Frankfurt am Main: Vittorio Klostermann, 1958); Perter von Oertzen, *Die politische Funktion des staatsrechtlichen Positivismus. Eine wissenssoziologische Studie über die Entstehung des formalistischen Positivismus in der deutschen Staatsrechtswissenschaft*, ed. Dieter Sterzel (Frankfurt am Main: Suhrkamp, 1974); Michael Stolleis, *Geschichte des öffentlichen Rechts in Deutschland*, vol. 2: *Staatsrechtslehre und Verwaltungswissenschaft 1800—1914* (Munich: C. H. Beck, 1992), 331—337; Emerson, *State and Sovereignty*, 48—56。

7 吉尔克的批评可在"Labands Staatsrecht"中第17—22、34—35、39—41页中找到。

8 关于拉班德和格贝尔的区别,可以参阅 Pauly, *Methodenwandel*, 13—14; 以及 Ingeborg Maus, "Plädoyer für eine rechtsgebietsspezifische Methodologie oder: wider den Imperialismus in der juristischen Methodendiskussion," *Kritische Vierteljahresschrift für Gesetzgebung und Rechtswissenschaft* 74(1991): 114—115。

9 见拉班德的 Lebenserinnerungen (printed privately, 1918), repr. in *Abhandlungen, Beiträge, Reden und Rezensionen*, vol.1 (Leipzig: Zentralantiquariat der DDR, 1980—1983)。积极回应工作的事例可以参考 Rudolf von Gneist, *Gesetz und Budget. Constitutionelle Steitfragen aus der preussischen Ministerkrisis vom März 1878* (Berlin: Julius Springer, 1879); Joseph von Pözl, review in *Kritische Vierteljahresschrift für Gesetzgebung und Rechtswissenschaft* 13(1871): 567—575; 更多细节可以参考 Michael Stolleis, *Geschichte des öffentlichen Rechts*, 2:341—342。

195

10 关于拉班德的政治行为的讨论，可以参考Bernhard Schlink, "Laband als Politiker," *Der Staat* 31(1992): 553—569。

11 拉班德开始着手写作，包括*Archiv für öffentliches Recht* in 1886, *Deutsche Juristen-Zeitung* in 1896, 以及*Jahrbuch für öffentliches Recht* in 1907。关于**档案材料**，见 Erk Volkmar Heyen, "Die Anfangsjahre des 'Archivs für öffentliches Recht.' Programmatischer Anspruch und redaktioneller Alltag im Wettbewerb," in *Wissenschaft und Recht der Verwaltung seit dem Ancien Regime. Europäische Ansichten*, ed. Heyen (Frankfurt am Main: Vittorio Klostermann, 1984), 347—443。关于拉班德在德意志国家法中的重要性，可以参考 Ernst Landsberg, *Geschichte der Deutschen Rechtswissenschaft*, vol. 2, pt. 3 (Munich: R.Oldenbourg, 1910), 833; Heinrich Triepel, *Staatsrecht und Politik* (Berlin: Walter de Gruyter, 1927), 8—9; Walter Mallmann, "Laband," in *Staatslexikon. Recht-Wirtschaft-Gesellschaft*, 6th ed., vol. 5 (Freiburg: Herder, 1960), 203—207; Manfred Friedrich, "Paul Laband und die Staatsrechtswissenschaft seiner Zeit," *Archiv des öffentlichen Rechts* 111, (1986): 199—201; and Stolleis, *Geschichte des öffentlichen Rechts*, 2: 343—373。

12 Dieter Grimm 对此进行解释，in "Methode als Machtfaktor" (1982) repr. in *Recht und Staat der bürgerlichen Gesellschaft* (Frankfurt am Main: Suhrkamp, 1987), 365。

13 拉班德, *Das Staatsrecht des Deutschen Reiches*, 5th ed., i:ix. 除非有另外说明，所有对国家法律更加深入的论述都出自这个版本。Claus-Ekkehard Bärsch, "Der Gerber-Laband'sche Positivismus," in *Staat und Recht. Die deutsche Staatslehre im 19. und 20. Jahrhundert*, ed. Martin J. Sattler (Munich: List, 1972), 43—71, 审查了方法论规范；对实践的更多关注来自 Maximilian Herberger, "Logik und Dogmatik bei Paul Laband. Zur Praxis der sog. Juristichen Methode im 'Staatsrecht des Deutschen Reiches,'" in Heyen, ed., *Wissenschaft und Recht der Verwaltung*, 91—104。

14 拉班德, *Das Staatsrecht des Deutschen Reiches*, 1: vii, x。也可参阅 Emerson, *State and Sovereignty*, 57: "简单来说，根据拉班德的主张，这不是法学家的原因，他们只是接受既定的规范并建立一个概念性的框架。"

15 R. K. Gooch 建议将 octroyée 翻译为 "condescended", *Parliamentary Government in France: Revolutionary Origins, 1789—1791* (Ithaca: Cornell University Press, 1960)。

16 埃斯特—沃尔夫冈·伯肯弗尔德，"The German Type of Constitutional Monarchy in the Nineteenth Century" (1967), repr. in his *State, Society and Liberty*, 87—114; Dieter Grimm, *Deutsche Verfassungsgeschichte, 1789—1866* (Frankfurt am Main:

Suhrkamp, 1987), 116—119。这一争论起源于卡尔·施米特对军国主义和威权主义的研究, *Staatsgefüge und Zusammenbruch des Zweiten Reiches. Der Sieg des Bürgers über den Soldaten* (Hamburg: Hanseatisch, 1934)。与施米特相反, Ernst Rudolf Huber 认为君主立宪制代表了一个连贯和稳定的政府制度:"Bismark und der Verfassungsstaat" (1964), repr. in *Nationalstaat und Verfassungsstaat. Studien zur Geschichte der modernen Staatsidee* (Stuttgart: W. Kohlhammer, 1965), 188—223。关于争论的讨论, 可以参阅 Hasso Hofmann, "Das Problem der cäsaristischen Legitimität im Bismarckreich" (1977), repr. in *Recht-Politik-Verfassung. Studien zur Geschichte der politischen Philosophie* (Frankfurt am Main: Alfred Metzner, 1986), 181—205, esp. 181—182, n. 1; and Elisabeth Fehrenbach, *Verfassungsstaat und Nationsbildung 1815—1871* (Munich: Oldenbourg, 1992), 71—72。

17 除非另有说明, 所有的宪政都与德国宪法相联系, *Deutsche Verfassungen*, 20th ed., ed. Rudolf Schuster (Munich: Wilhelm Goldmann, 1992)。

18 关于君主立宪制和德意志宪政制度的讨论, 参考 Otto Hintze, "Das monarchische Prinzip und die konstitutionalle Verfassung" (1911), in *Gesammelte Abhandlungen*, vol.1: *Staat und Verfassung. Gesammelte Abhandlungen zur allgemeinen Verfassungsgeschichte*, 2d ed. Gerhard Oestreich (Göttingen: Vandenhoeck und Ruprecht, 1962), 359—389; Georg Jellinek, *Regierung und Parlament in Deutschland. Geschichtliche Entwickelung ihres Verhältnisses* (Leipzig: B. G. Teubner, 1909)。

19 Dieter Grimm. "Der Wandel der Staatsaufgaben und die Krise des Rechtsstaats" (1990), in *Zukunft der Verfassung* (Frankfurt am Main: Suhrkamp, 1991), 161—163.

20 Boldt, *Deutsche Verfassungsgeschichte*, 2: 103—105.

21 Huber, *Deutsche Verfassungsgeschichte seit 1789*, vol. 2: *Der Kampf um Einheit und Freiheit 1830 bis 1850*, 3d ed. (Stuttgart: W. Kohlhammer, 1988), 492—498, 582—586.

22 在处理有关国民财产的事务, 包括商业和债务时, 国王制定和废除协定的权利仅仅受到议会权利的限制。(宪法第48条)

23 Huber, *Deutsche Verfassungsgeschichte*, 3:55—57, 65—68; Grimm, *Deutsche Verfassungsgeschichte*, 216. Boldt, *Deutsche Verfassungsgeschichte*, 2:198, 讨论保守主义和自由主义不同的内阁责任制的方法。

24 Böckenförde, "The German Type of Constitutional Monarchy," 109; Ludwig

von Rönne, *Das Staats-Recht der preussischen Monarchie*, vol. 1, pt. 2 (Leipzig: Brockhaus, 1870), 597—601. 与这类争论相联系的法律与政治的争论在1850年之前已经出现；参阅 Hans-Christof Kraus, "Ursprung und Genese der 'Lückentheorie' im preussischen Verfassungskonflikt," *Der Staat* 14 (1990): 209—234。

25 Otto Pflanze, *Bismarck and the Development of Germany. The Period of Unification, 1815—1871* (Princeton: Princeton University Press, 1963), 156—167; Gordon Craig, *The Politics of the Prussian Army, 1640—1945* (London: Oxford University Press, 1955), 136—179; Dieter Grimm, *Deutsche Verfassungsgeschichte 1776—1866. Vom Beginn des modernen Verfassungsstaats bis zur Auflösung des Deutschen Bundes* (Frankfurt am Main: Suhrkamp, 1988), 231—237; Boldt, *Deutsche Verfassungsgeschichte*, 2:106—123。

26 议会在1862年10月7日和13日得出的方案极好地代表了这两种立场, repr. in *Dokumente zur deutschen Verfassungsgeschichte*, vol.2, ed. Ernst Rudolf Huber (Stuttgart: W. Kohlhammer, 1961), 45—46; 而且, 俾斯麦于1863年1月27日在这些代表们面前进行演讲(出处同上, 第49—53页); 也可以参考 Lothar Gall, *Bismarck: The White Revolutionary*, vol. 1:1851—1871, trans. J. A. Underwood (London: Allen and Unwin, 1986), 223—225。

27 Huber认为这是在两个对立且相互排斥的主权概念, 即君主和人民之间的矛盾; 只有俾斯麦在宪法的"价值制度"之内行动, 而不是自由主义(*Deutsche Verfassungsgeschichte*, 3:333—338; "Bismarck und der Verfassungsstaat," 198—201)。然而, 正如俾斯麦继续使用之前的预算法那样, 自由主义者似乎也愿意接受在君主立宪当中议会连带拥有更强的地位, 两者都意识到最终妥协的必要。参阅 Hans Boldt, "Verfassungskonflikt und Verfassungshistorie. Eine Auseinandersetzung mit Ernst Rudolf Huber," in *Probleme des Konstitutionalismus im 19. Jahrhundert, Der Staat*, Beiheft 1, ed. Ernst-Wolfgang Böckenförde (Berlin: Duncker und Humblot, 1975), 75—102。

28 伯肯弗尔德, "The German Type of Constitutional Monarchy," 105—109; Huber, *Dokumente*, 2:88—89; Nipperdey, *Deutsche Geschichte 1886—1918*, 2:35—36。

29 拉班德研究的背景可以参考 Thomas Nipperdey, *Deutsche Geschichte 1886—1918*, vol.1: *Arbeitswelt und Bürgergeist* (Munich: C. H. Beck, 1990), 658—662; 以及 Stolleis, *Geschichte des öffentlichen Rechts*, 2: 339—341, 347—348, and ch. 8, passim。

30 *Das Budgetrecht nach den Bestimmungen der Preussischen Verfassungs-Urkunde*

注 释

unter Berücksichtigung der Verfassung des Norddeutschen Bundes (Berlin: J. Guttentag, 1871), 1—2.
31 1850年普鲁士宪法很大一部分借用了1831年比利时宪法的内容,因为比利时宪法已经介绍了一种君主立宪制;参考John Gilissen, "La constitution belge de 1831: ses sources, son influence," *Res Publica* 10(1968): 107—141, esp.140。
32 *Budgetrecht*, 61—62, 63—64,79. 唯一的例外(49)关注的是联邦参议院在各国享有的复核宪政冲突的权利。
33 *Budgetrecht*, 3. 拉班德没有借助任何具体的可能已经清晰的特征(比如持续性或者普遍性)来给出定义(出处同上,第3—4, 11—12页)。拉班德最清楚的定义(同上,第12页)来自于格贝尔的Grundzüge, 220—222; Ernst-Wolfgang Böckenförde, *Gesetz und gesetzgebende Gewalt. Von den Anfängen der deutschen Staatsrechtslehre bis zur Höhe des staatsrechtlichen Positivismus* (Berlin: Duncker und Humblot, 1958), 233—234。
34 *Budgetrecht*, 5—6.
35 出处同上,第8—9页。
36 出处同上,第12—13页。
37 出处同上,第61页。
38 出处同上,第61—62页;当议会在海牙法案中要求军费支出的具体估算数据时,严格来说这一权利即陷入危机。
39 出处同上,第12—13页。
40 出处同上,第81—82页。
41 参阅Gerber, *Über öffentliche Rechte*, 16ff。
42 *Grundzüge*, 19—22. 也可参阅Oertzen, *Die Politische Funktion des staatsrechtlichen Positivismus*, 170—174,关于术语**有机体国家**的讨论。
43 特别参考*Staatsrecht*, 1:64—75, 90—91; Ortrun Fröhing, *Labands Staatsbegriff. Die anorganische Staatperson als Konstruktionsmittel der deutschen konstitutionellen Staatslehre*(Ph.D. diss., Universität Marburg, 1967), 26—40。
44 Oertzen, *Die Politische Funktion des staatsrechtlichen Positivismus*, 200—211.
45 Gall, *Bismarck*, 316—319; Bismarck, *Werke im Auswahl*, 4:31—50.
46 Albert Hänel, *Studien zum Deutschen Staatsrechte*, vol.2 bk. 1: *Die organische Entwicklung der deutschen Reichsverfassung* (Leipzig: Haessen, 1888), 7—96; Carl Betzold, ed., *Materialien der Deutschen Reichs-Verfassung*, vol. 1 (Berlin: Carl Habel, 1871—1873), 725—771.

47 Huber, *Deutsche Verfassungsgeschichte*, 3: 658—661, 898—900; Mommsen, "Die Verfassung des Deutschen Reichs, "51—56; 胡戈·普罗伊斯在亨乃尔工作的基础上进行研究,"Die organische Bedeutung der Art. 15 und 17 der Reichsverfassung, "Zeitschrift für die gesamte Staatswissenschaft 45 (1889): 420—449; 实质上,与普罗伊斯达成一致的是拉班德, *Staatsrecht*, 1:382, n. 2。

48 宪法规定,国王本人不得提出法案。

49 Huber, *Deutsche Verfassungsgeschichte*, 3:850; Max Weber, "Parliament and Government in Germany"(1918), repr. in *Political Writings*, ed. Perter Lassman and Ronald Speirs(Cambridge: Cambridge University Press, 1994), 168—170.

50 Huber, *Deutsche Verfassungsgeschichte*, 3:956—957.

51 *Budgetrecht*, 3.

52 奥斯丁, *The Province of Jurisprudence Determined*, ed. Wilfrid E. Rumble(Cambridge: Cambridge University Press, 1995), 212。有关议会制霸权学说的讨论,也可以参考 A. V. Dicey, *Introduction to the Law of the Constitution*, 8th ed. (London: Macmillan, 1915), 1—36。

53 Elisabeth Fehrenbach, *Wandlungen des deutschen Kaisergedankens 1871—1918* (Munich: Oldenbourg, 1969). 1878年1月15日的新规范规定副署签名的义务扩展至其他部长及其下属, repr. in Huber, *Dokumente*, 2:312—314; 也可参阅 Hänel, *Die organische Entwicklung*, 21—22; Laband, "Der Bundesrat"(1911), repr. in *Der Bundesrat. Die Staatsrechtliche Entwicklung des föderalen Verfassungorgans*, ed. Dieter Wilke and Bernd Schwelte (Darmstadt: Wissenschaftliche Buchgesellschaft, 1990), 40—50。

54 Böckenförde, "The German Type of Constitutional Monarchy," 107—109; Craig, *Politics of the Prussian Army*, 219—232, 238—251.

55 为了让皇帝免责, Bülow 在他的演讲中宣称自己对国会负责。这一演讲由 Huber 重新整理, Huber, *Dokumente*, 2:440—441; Nipperdey, *Deutsche Geschichte 1866—1918*, 2:734—737。

56 Beverly Heckart, *From Bassermann to Bebel: The Grand Bloc's Quest for Reform in the Kaiserreich, 1900—1914*(New Heaven: Yale University Press, 1974), 73—76; Huber, *Deutsche Verfassungsgeschichte*, 3:302—309. 1908年,由格奥尔格·耶利内克代表的具体改革方案极少提及议会制: "Die Verantwortlichkeit des Reichskanzlers"(1908), in *Ausgewählte Schriften und Reden*, vol. 2(Berlin: O. Häring, 1911), 431—438。耶利内克压根没有为议会制辩护;他认为,议会制会

摧毁帝国的联邦制基础；参考 "Bundesstaat und parlamentarische Regierung," in ibid., 2: 439—447。

57 Nipperdey, *Deutsche Geschichte 1866—1918*, 2:85—98.
58 Samuel Pufendorf, *Die Verfassung des deutschen Reichs*, ed. and trans. Horst Denzer (Stuttgart: Klett-Cotta, 1984), 503—505.
59 Huber, *Deutsche Verfassungsgeschichte*, 3:767; Elisabeth Fehrenbach, "Reich," in *Geschichtliche Grundbegriffe. Historisches Lexukon zur politisch-sozialen Sprache in Deutschland*, vol. 5 (Klett-Cotta, 1984), 504—505.
60 Boldt, *Deutsche Verfassungsgeschichte*, 2: 179; Otto Heinrich Meisner "Bundesrat, Bundeskanzle und Bundeskanzleramt (1867—1871)" (1943), repr. in *Moderne deutsche Verfassungsgeschichte (1815—1918)*, ed. Ernst-Wolfgang Böckenförde (Cologne: Kiepenheuer und Witsch, 1972), 76—77. "集体君主"这一词取自 Dieter Grimm。参考 Paul Laband, *Staatsrecht*, 1: 97—98。英文版的要点简介可以参考 Woodrow Wilson, *The State. Elenents of Historical and Practical Politics*, 2d. ed. (Boston: D. C. Heath, 1903), 258—264。
61 Boldt, *Deutsche Verfassungsgeschichte*, 2: 172—173; Reinhard Mussgnug, "Die Ausführung der Reichsgesetze durch die Länder und die Reichsaufsicht, " in *Deutsche Verwaltungsgeschichte*, vol. 3: *Das Deutsche Reich bis zum Ende der Monarchie* (Stuttgart: Deutsche Verlags-Anstalt, 1984), 186—206.
62 Huber, *Deutsche Verfassungsgeschichte*, 3:806—808; Manfred Messerschmidt, *Die politische Geschichte der preussisch-deutschen Armee, Hndbuch zur deutschen Militärgeschichte 1648—1939*, vol.4, pt. 1: *Militärgeschichte im 19. Jahrhundert 1840—1890* (Munich: Bernard von Graefe, 1979), 210—213.
63 1911年以后，阿尔萨斯—洛林在联邦参议院中增加了三个席位，总席位上升至61个。
64 值得关注的是，各个国家的政府，而不是"德意志皇帝"想要确信他们的领土不属于更高级的君主。见 Huber, *Deutsche Verfassungsgeschichte*, 3: 738—741。
65 Pflanze, *Bismarck and the Development of Germany*, 338—344; 保守主义者不满意俾斯麦的统一体，可以参考 Nipperdey, *Deutsche Geschichte 1866—1918*, 2: 332—333; Mommsen, "Die Verfassung des Deutschen Reiches," 56—57; and idem, "Die deutsche Kaiserreich als System umgangener Entscheidungen," 28; 总体来说，可以参考 Kersten Rosenau, *Hegemonie und Dualismus. Preussens staatsrechtliche Stellung im Deutsch Reich* (Regensburg: S. Roderer, 1986), 39—63, 109—117。

66 Craig, *Politics of the Prussian Army*, 219—220; Messerschmidt, *Politische Geschichte*, 205—210.
67 Huber, *Deutsche Verfassungsgeschichte*, 3:825—829; Nipperdey, *Deutsche Geschichte 1866—1918*, 2: 114—115; Arnold Brecht, *Federalism and Regionalism in Germany*. The Division of Prussia (New York: Oxford University Press, 1945), 17—18; and Rosenau, *Hegemonie und Dualismus*, 21—39.
68 Craig, *The Politics of the Prussian Army*, 223—224.
69 Laband, *Staatsrecht*, I: V.
70 参考 Max von Seydel 在1870年之后的文章, repr. in *Staatsrechtliche und Politische Abhandlugen* [Freiburg: J. C. B. Mohr (Paul Siebeck), 1893], 1—120; 他也运用Calhoun 来介绍他的 *Commentar zur Verfassungs-Urkunde für das Deutsche Reich*, 2d. ed. [Freiburg: J. C. B. Mohr (Paul Siebeck), 1897], 2—3。Justus B. Westerkamp, *Über die Reichsverfassung* (Hanover: Carl Rümpler, 1873)。直到内战之前,阿尔伯特·亨乃尔的美国历史体现在 *Studien zum Deutschen staatsrecht*, vol. 1: *Die vertragsmässigen Elemente der Deutschen Reichsverfassung*, 1—27。关于英国联邦制在德意志的争论,参阅 Emerson, *State and Sovereignty*, 105—106。
71 *Staatsrecht*, 1: 64—65.
72 出处同上, 1: 228—230。
73 出处同上, 1: 68—69; Gerber, *Grundzüge*, 3—4, 4, n. 2, 46—47, n. 2, 19—22。
74 *Staatsrecht*, 1: 72—75. 关于非主权国家的概念,见 Emerson, *State and Sovereignty*, 100—105, 以及53—55页格贝尔的主权观念。
75 参见胡戈·普罗伊斯的尖锐批评, "*Zur Methode juristischer Begriffskonstruktion*," *Schmollers Jahrbuch für Gesetzgebung, Verwaltung und Volkswirtschaft im Deutschen Reich* 24 (1900): 361。
76 *Staatsrecht*, 1: 57, 97—102. 正如亨乃尔在 *Die organische Entwicklung der deutschen Reichverfassung*, 24—30中所解释的, 在帝国的最早期, 这种观念与权力的实际联合毫不相关。Woodrow Wilson在 *The State* 中总结了拉班德。也可见 Emerson, *State and Sovereignty*, 105—106。
77 Seydel, *Commentar*, 2d ed., 5—6.
78 Laband, *Staatsrecht*, 1: 68—69.
79 Friedrich Müller已经解释了一个封闭的统一的法律秩序如何合情合理地与专制主义规划的国家联系起来, 参考他的 *Die Einheit der Verfassung. Elemente einer Verfassungstheorie III* (Berlin: Duncker und Humblot, 1979), 92—94; 以及作

者的 *Juristische Methodik*, 68—70。

80 Gerber, *Über öffentliche Rechte*, 62—66, 76—77; and *Grundzüge*, 33—35, 227—228; Pauly, *Methodenwandel*, 121, 157—168.
81 *Grundzüge*, 35ff. 关于具体的权利, 见第207—209页。Pauly, *Methodenwandel*, 141, 解释了格贝尔1865年研究的国家意志的附加条件。
82 *Staatsrecht*, 1: 150—151. 具体的权利时常在拉班德的研究当中出现的频率仅仅高于行政命令; 参见, 比如, *Staatsrecht*, 3: 60—65。他将更多的篇幅用来叙述义务的概念, 尤其是在1: 140—150页。
83 这一观点更详尽的表述可以参考 Georg Jellinek, *System der subjektiven öffentlichen Rechte*, 2d ed.[Tübingen: J. C. B. Mohr (Paul Siebeck), 1919], 42—43。
84 Boldt, *Deutsche Verfassungsgeschichte*, 2: 103—104.1850年, 普鲁士议会扩充了宪法第40条和第42条的内容, 更好地保护财产的自由交易。见 von Rönne, *Das Staats-Recht der preussischen Monarchie*, vol. 1, pt. 2, 81—91, 127—140; Huber, *Deutsche Verfassungsgeschichte*, 2: 312—313。
85 Huber, *Deutsche Verfassungsgeschichte*, 3: 104—105; 考虑到宪法第9条关于财产权的论述, 他形成了一个类似的观点, 见第110—111页。
86 进一步来说, 地方政府当局保留权利为约束议会和制定保护妇女、学生或者尚未加入政治俱乐部成员的新人的政策; 见 von Rönne, *Das Staats-Recht der preussischen Monarchie*, vol. 1, pt. 2, 209—210。
87 总体来说, 参阅 Ute Gerhard, Verhältnisse und Verhinderungen Frauenarbeit, Familie und Recht der Frauen im 19. *Jahrhundert* (Frankfurt am Main: Suhrkamp, 1978)。
88 Grimm 在 "Die Entwicklung der Grundrechtstheorie" 文中第324页分析了布伦奇利的权利的后革命理论。卡尔·马克思做出类似的尝试, 试图通过法律来分析权利的限度, in "The Constitution of the French Republic Adopted November 4, 1848" (1851, in English original), in *Marx-Engles Collected Works*, vol. 10 (Moscow: Progress, 1978), 569—570。
89 Austin, *The Province of Jurisprudence Defined*, 212; 代西在他的 *The Law of the Constitution* 一书中讨论了议会废除人身保护法的权利, 第139—142页。
90 Jacques Ellul, *Histoire des Institutions*, vol. 5: *Le XIXe siècle*, 6th ed. (Paris: Presses Universitaires de France, 1969), 318; 然而, 废除宪政条款需要两院的一个特别议会: 参考 Dicey, *Law of the Constitution*, 62—64。
91 Roel de Lange, "Paradoxes of European Citizenship," in *Nationalism, Racism and the Rule of Law*, ed. Peter Fitzpatrick (Aldershot: Dartmouth University Press,

1995），97—115.

92 Huber, "Grundrechte im Bismarckschen Rechtssystem," 167—170. 如果想了解自由出版和自由结社的权利案例，可以参阅 Huber, *Dokumente*, 2:368—378。

93 Huber, *Deutsche Verfassungsgericht*, 3:665—666; Boldt, *Deutsche Verfassungsgeschichte*, 2:180—181.

94 Betzold, *Materialien der Deutschen Reichs-Verfassung*, 1:401ff. esp. 431—453; and 2:896—1010（1873），esp. 956—963; Huber, "Grundrechte," 163—164; 关于天主教主义被视为自由主义的威胁，可以参考 Margaret Lavinia Anderson, "The Kulturkampf and the Course of German History," *Central European History* 19 (1986): 82—115; 以及 Vernon L. Lidtke, "Catholics and Protestants in Nineteenth-Century Germany. A Comment," *Central European History* 19 (1986): 120—122。

95 Grimm, "Die Entwicklung der Grundrechtstheorie in der deutschen Staatsrechtslehre des 19. Jahrhunderts" (1987), repr. in *Recht und Staat der bürgerlichen Gesellschaft*, 343—344; Friedrich Müller, "Der Vorbehalt des Gesetzes" (1960), repr. In *Rechtsstaatliche Form Demokratische Politik. Beiträge zu öffentlichem Recht, Methodik, Rechts-und Staatstheorie* (Berlin: Duncker und Humblot, 1977), 15—47, esp. 17—21; Gerhard Lassar, "Administrative Jurisdiction in Germany," *Economica* 7 (1927): 179—190.

96 参阅，比如，Otto Mayer, *Deutsches Verwaltungsrecht* (Leipzig: Duncker und Humblot, 1895), 104—118; Conrad Bornhak, *Grundriss des Verwaltungsrechts in Preussen und dem Deutschen Reiche*, 3d ed. (Leipzig: Deichert, 1911), 98: "主观权利是有可能的，"第122—124页讨论权利如何影响行政机关。Mayer 在第二版中调整了他的观点（106—116, esp. 110, n. 7），正如 Bornhak 的研究中的案例一样，他用自己的理论来反对警察国家。参考 Grimm, "Die Entwicklung der Grundrechtstheorie," 344。

97 Ulrich Scheuner, "Die Überlieferung der deutschen Staatsgerichtsbarkeit im 19. und 20. Jahrhundert, in *Bundesverfassungsgericht und Grundgesetz. Festgabe aus Anlass des 25jährigen Bestehens des Bundesverfassungsgerichts*, vol.1, ed. L. Stark [Tübingen: J. C. B. Mohr (Paul Siebeck), 1976], 2—41; Huber, *Deutsche Verfassungsgeschichte*, 3:974—984,1055—1064.

98 Huber, "Grundrechte," 175—176.

99 Friedrich Giese, *Die Grundrechte* [Tübingen: J. C. B. Mohr (Paul Siebeck), 1905], 1.

100 耶利内克出生于莱比锡，但是他一直在奥地利工作，直到反犹太主义使他

注 释

不得不离开。参阅Camilla Jellinek 和Josef Lukas的论文"Georg Jellinek. Sein Leben," *Neue Österreichische Biographie*, vol.7（Vienna: Amalthea,1931）136—152。

101 *Die Erklärung der Menschen-und Bürgerrechte. Ein Beitrag zur modernen Verfassungsgeschichte*, 2d ed.（Leipzig: Duncker und Humblot, 1904）.

102 出处同上,第26页。

103 这一立场最清楚明白的表达者是Karl Bergbohm, *Jurisprudenz und Rechtsphilosophie. Kritische Abhandlungen*, 第一卷（仅存的一卷）: *Einleitung—Erste Abhandlungen: Das Naturrecht der Gegenwart*（Leipzig: Duncker und Humblot, 1892）。

104 *System*, 8—9, 15—20; 参阅第12—41页耶利内克在认识论和法律科学方面的影响; 也可参阅*Allgemeine Staatslehre*, 3d ed.（Berlin: O. Häring, 1914）, 1921, 50—52, 第473—474页讨论格贝尔和主权的定义。

105 *System*, 40—41; 45—48页讨论Können和Dürfen; 第9—10页讨论公法的可能性; 第84—86页讨论"亚洲的专制统治",只有唯一的绝对统治者才是法人。

106 同上书第71页,耶利内克明确地解释道,增加的权利包括不断膨胀的行政复核制度。耶利内克关于行政复核的讨论和相关内容可以参阅Stolleis, *Geschichte des öffentlichen Rechts*, 2:375—76.

107 Jellinek, *System*, 44; Grimm, "Die Entwicklung der Grundrechtstheorie," 344; Emerson, *State and Sovereignty*, 83—85.

108 *System*, 96—101, 71—72.

109 耶利内克有关"客观的"主观权利的概念,见Massimo la Torre, "'Rechtsstaat' and Legal Science. The Rise and Fall of the Concept of Subjective Right," *Archiv für Rechts-und Sozialphilosophie 76*（1990）, 50—68。

110 *Staatsrecht*, 2:39—40.

111 出处同上, 2:40—41。

112 出处同上, 2:42—52。这些争论使钦佩拉班德的美国读者感到困惑。见e.g., John W. Burgess, "Laband's Public Law of the German Empire," *Political Science Quarterly* 3（1888）: 132—35; 以及*Political Science Quarterly* 6（1891）的第二版中的书评,第174页。Emerson在*State and Sovereignty*一书中详细解释了拉班德的君主制理论有可能对君主立宪制形成的约束。

113 这不是说拉班德反对所有有关基于宪法价值的争论。正如Bernhard Schlind所言,拉班德作为一名政客,准确地在阿尔萨斯—洛林的国家政务会中使用了这些争论:"拉班德也是一位政治家",第563页。

114 见Martin Kriele, *Theorie der Rechtsgewinnung*, 40—43,有关**帝国**宪政理论不实际的本质的讨论。

115 "Die Wandlungen in der Deutschen Reichsverfassung,"最早印刷在*Jahrbuch der Gehe-Stiftung zu Dresden* 1(1895);149—186, repr. In Laband, Abhandlungen Beiträge, Raden und Rezensionen, 1, 574—611(按照1895年标号方式进行引用)。关于*Gehe-Stiftung*可以参考T. Petermann, "Die Gehe-Stiftung zu Dresden in den ersten 15 Jahren Ihrer Thätigkeit," in Heinrich Dietzel, *Weltwirtschaft und Volksvirtschaft, Jahrbuch der Gehe-Stiftung zu Dresden*, 5(1900), i—xvii。

116 "Die Wandlungen in der Deutschen Reichsverfassung," 150. 正如Paul Nolte所言,宪法被视为准宗教的客体,在三月革命之间的宪政制度中占有重要地位,见"Die badischen Verfassungsfeste im Vormärz. Liberalismus, Verfassungskultur und soziale Ordnung in den Gemein," in *Bürgerliche Fete. Symbolische Formen politischen Handelns im 19.Jahrhundert*, ed. Manfred Hettling and Paul Nolte (Göttingen: Vandenhoeck und Rupreche, 1993), 63—64。

117 "Die Wandlungen in der Deutschen Reichsverfassung," 161—169; Boldt, *Deutsche Verfassungsgeschichte*, 2: 192—193.

118 "Die Wandlungen in der Deutschen Reichsverfassung," 169—179.拉班德将这些变化限制在国家可管控的限度之内——这一立场被后来与海军法案相关的不断增长的赤字的现实毁坏殆尽。参考Volker Berghahn, *Germany and the Approach of War in 1914*, 2d ed.(New York, St. Martin's Press, 1993), 86.

119 "Die Wandlungen in der Deutschen Reichsverfassung," 180—184.

120 出处同上,第151页。这一隐喻是胡戈·普罗伊斯在他的*Reichs-und Landesfinanzen*(Berlin: Leonhard Simon, 1894, 28—29)一书使用的修订版本。自始至终,拉班德都依赖他的"有机体论"对手的有关国家法的这篇论文来描述现实国家。

121 在Niklas Luhmann看来,制度"在规范上是封闭的,在认知上是开放的";"The Unity of the Legal System," in *Autopoietic Law: A New Approach to Law and Society*, ed. Gunther Teubner(Berlin: Walter de Gruyter,1988), 12—35。

122 吉尔克:《拉班德的国家法》,第35页;以及Eckart Kehr, "The Social System of Reaction in Prussia under the Puttkamer Ministry," in *Economic Interest, Militarism, and Foreign Policy: Essays in German History*, ed. Gordon Craig, trans. Grete Heinz(Berkeley: University of California Press, 1977),着重参考第116

页:"拉班德的宪法不仅符合俾斯麦的警察国家,甚至是明确沿着资本主义路线的警察国家。"也可参考 Hermann Klenner, *Deutsche Rechtsphilosophie im 19. Jahrhundert*(Berlin: Akademie,1991), 188—189。

123 见 e.g., Léon Duguit, *Law in the Modern State*, trans. Frida Laski and Harold Laski(London: Allen and Unwin, 1921),文中第32—39页讨论 Hauriou, Esmein, Barthélemy,第28—29页讨论卢梭和拉班德"专制主义"的主权概念;也可参阅 H. S. Jones, *The French State in Question: Public Law and Political argument in the Third Republic*(New York: Cambridge University Press, 1993); Stig Strömholm, *A Short Story of Legal Thinking in the West*(Stockholm: Norstedts, 1985), 278—280。

引自 *Introduction to the Study of the Law of the Constitution* 的序言。也可参阅 George Dangerfield 在 *The Strange Death of Liberal England*(New York: Smith and Haas, 1935)中提出的夸张命题;更晚近的马克思主义者 Stuart Hall 和 Bill Schwarz 对他的命题进行攻击, "State and Society, 1880—1930," in *Crisis in the British State 1880—1930*, ed. Mary Langan and Bill Schwarz(London: Hutchinson,1985), 7—32。

124 引自 *Introduction to the Study of the Law of the Constitution* 的序言。也可参阅 George Dangerfield 在 *The Strange Death of Liberal England*(New York: Smith and Haas, 1935)中提出的夸张命题;更晚近的马克思主义者 Stuart Hall 和 Bill Schwarz 对他的命题进行攻击, "State and Society, 1880—1930," in *Crisis in the British State 1880—1930*, ed. Mary Langan and Bill Schwarz(London: Hutchinson,1985), 7—32。

第二章
纯粹法学与军事独裁:
帝国时期的汉斯·凯尔森和卡尔·施米特

1 Stolleis, *Geschichte des öffentlichen Rechts*, 2:359—364. On Kaufmann and Smend: Stefan Korioth, "Erschütterungen des staatsrechtlichen Positivismus im ausgehenden Kaiserreich," *Archiv des öffentlichen Rechts* 117(1992): 212—238.

2 Felix Stoerk: *Zur Methodik des öffentlichen Recht*s(Vienna: Aflfred Hölder 1885), 112; Pauly, *Methokenwandel*, 236—240.

3 见 Hänel: Manfred Friedrich, *Zwischen Positivismus und materialem*

Verfassungdenken. Albert and Hänel und seine Bedeutung für die deutsche Staatsrechtswissenschaft（Berlin: Duncker and Humblot, 1971）。见 Kohler: Wolfgang Schild, "Die Ambivalenz einer Neo-Philosophie. Zu Josef Kohlers Neuhegelianismus, " in *Deutsche Rechts-und Sozialphilosophie um 1900, Archiv für Rechts-und Sozialphilosophie*, Beiheft 43, ed. Gerhard Sprenger（Stuttgart Franz Steiner, 1991）, 46—65。总体来说: Hermann Heller, "Rechtphilosophie im Deutschen Kaiserreich, " 出处同上, 第17页; Hermann Heller, *Rechtphilosophie im 19. Jahrhundert*, 196—208。最后, 见施托莱斯在 *Geschichte des öffentlichen Rechts*: 2: 344—364 一书中对路径的彻底清点。

4　*Die rechtliche Natur der Staatenverträge. Ein Beitrag zur juristischen Construktion des Völkerrechts*（Vienna: Aflfred Hölder 1880）, 32.

5　Georg Jellinek, *Die Lehre von den Staatenverbindungen*（Vienna: Aflfred Hölder 1882）, 18—22; *System*, 8—12; *Allgemeine Staatslehre*, 476—477.总体情况可以参阅 Emerson, *State and Sovereignty*, 59—68。

6　*Lehre von den Staatenverbindungen*, 16—36; *Allgemeine Staatslehre*, 10—12, 19—21. 参考 Kurt Sontheimer, *Politische Wissenschaft und Staatsrechtlehre*（Freiburg: Rembach, 1962）, 16—25; 英语作品可以参考 Edgar Bodenheimer, *Jurisprudence*（New York: McGraw-Hill, 1940）, 208—214。

7　E.g., *Die rechtliche Natur der Staatenverträge*, 57—59.

8　*Allgemeine Staatslehre*, 16—17, 51—52.

9　出处同上, 第355—361页。

10　见 Max-Emanuel Geis, "Der Methoden-und Richtungsstreit in der Weimarer Staatslehre," Juristische Schulung 29（1989）: 91—92。耶利内克作为犹太后裔的奥地利人, 生活在日益反犹太主义的德意志帝国的情况, 见 Stolleis, *Geschichte des öffentliche Rechts*, 2: 442; Nipperdey, *Deutsche Geschichte 1866—1918*, 1:661。参考 Klaus Rennert, Die *"geisteswissenschaftliche Richtung" in der Staatsrechtslehre der Weimarer Republik. Untersuchungen zu Erich Kaufmann, Günther Holstein und Rudolf Smend*（Berlin: Duncker and Humblot, 1987）, 55—56; 以及 Pauly, *Methodenwandel*, 219—223,他认为, 就社会学而言, 耶利内克脱离了拉班德学派。实际上, 虽然拉班德在法律的科学教条之内质疑社会事实的有效性, 他本人不否认社会事实的重要性, 这种观点和耶利内克的观点在本质上是一致的。

11　Luigi Lombardi Vallauri, *Geschichte des Freirecht*, trans. Lombardi and A. S. Fouckers（Frankfurt am Main: Vittorio Klostermann, 1971）; Klaus Riebschläger,

注 释

Die Freirechtbewegung. Zur Entstehung einer soziologischen Rechtsschule (Berlin: Duncker and Humblot, 1968); Dietmar Moench, *Die methodologischen Bestrebungen der Freirechtsbewegung auf dem Wege zur Methodenlehre der Gegenwart* (Frankfurt am Main: Athenäum, 1971); Rainer Schröder, "Die deutsche Methodendiskussion um die Jahrhundertwende: wissenstheoretische Präzisierungsversuche oder Antworten auf den Funktionswandel von Recht und Justiz," Rechtstheorie 19 (1988): 323—367.英语作品, 可见Albert S. Fouckes, "On the German Free Law School (Freirechtsschule)," *Archiv für Rechts-und Sozialphilosophie* 55 (1969): 366—417; James E. Hergret and Stephen Wallace, "The German Free Law Movement as the Source of American Legal Realism," *Virginia Law Review* 73 (1987): 399—455; James E. Hergret, "Unearthing the Origins of a Radical Idea: The Case of Legal Inderminacy" (with accompanying translation of Oskar von Bülow, "Gesetz und Richteramt"), *American Journal of Legal History* 39 (1995): 59—94。

12 Riebschläger, *Die Freirechtbewegung*, 19—25.

13 Gnaeus Flavius (Kantorowicz), *Der Kampf um die Rechtswissenschaft* (Heidelberg: Carl Winter, 1906), 7. 关于Kantorowicz的讨论, 见Karlheinz Muscheler, *Relativismus und Freiheit. Ein Versuch über Hermanmm Kantorowicz* (Heidelberg: C. F. Müller, 1984)。

14 俾斯麦在他的预算危机理论中大量使用裂隙一词, 使得该词非常受欢迎, Eugen Ehrlich 在介绍私法的文章中也开始使用该词, 见Eugen Ehrlich, "über Lücken im Recht" (1888), repr. in *Recht und Leben. Gesammelte Schriften zur Rechtstatsachenforschung und zur Freirechtslehre*, ed. M. Rehbinder (Berlin: Duncker and Humblot, 1967)。

15 Max Rumpf, *Gesetz und Richter, Versuch einer Methodik der Rechtsanwendung* (Berlin: Otto Liebmann, 1906). Ehrlich早期最重要的文章收录在*Recht and Leben*当中, 也可参见他的*Fundamental Principles of the Sociology of Law*, esp. chs. 1 and 6。Heck的基本立场写在"Interessenjurisprudenz und Gesetzestreue" (1905) repr. in *Interessenjurisprudenz*, ed. Günter Ellschied and Winfried Hassemer (Darmstadt: Wissenschaftliche Buchgesellschaft, 1974), 32—35。也可见Johann Edelmann, *Die Entwicklung der Interessenjurisprudenz. Eine historisch-kritische Studie über die deutsche Rechtmethodologie vom 18. Jahrhundert bis zum Gegenwart* (Bad Homburg vor der Höhe: Max Gehlen, 1967), 82—100。

16 Okko Behrends, "Von der Freirechtsschule zum konkreten Ordnungsdenken," in *Recht und Justiz im "Dritten Reich,"* ed. Ralf Dreier and Wolfgang Sellert（Frankfurt am Main: Suhrkamp, 1989）, 52—53, 57—58。马克斯·韦伯谴责后生组织不断寻求扩大他们的权力：见《经济与社会》, ed. Guenther Roth and Claus Wittich（New York: Bedminster, 1968）, 889—890。更中立的评论, 见 Kriele, *Theorie der Rechtsgewinnung*, 63—66。

17 Lombardi, *Geschichte des Freirechts*, 65—69; Fouckes, "On the German Free Law School," 384—385; Herget and Wallace, "The German Free Law Movements," 437—439。

18 见 Anschütz, "Lücken in den Verfassungs-und Verwaltungsgesetzen. Skizze zu einem Vortrage," *Verwaltungsarchiv* 14（1906）: 315—340; Jellinek, *Allgemeine Staatslehre*, 355—358; 以自由法批判之前的这些思想为例, Siegfried Brie, " Zur Theorie des constitutionellen Staatsrechts," *Archiv für öffentliches Recht* 4（1889）: 24—35, 引用自耶利内克。

19 凯尔森出生于1881年, 斯门德出生于1882年, 施米特出生于1888年, 黑勒出生于1891年。

20 根据卡米拉·耶利内克所言, 1870年, 格奥尔格·耶利内克参加了Treitschke在海德堡的讲座："格奥尔格·耶利内克踌躇满志, 他早就想去战争前线做一名志愿者, 但是当他的父母阻拦他时, 他沉重地放弃了他的想法。"（"格奥尔格·耶利内克", 137）

21 Stolleis, *Geschichte des öffentliche Rechts*, 2: 447—445; Emerson, *State and Sovereignty*, 155; 参考 Carl Schorske, *Fin de siècle Vienna*（New York: Vintage, 1981）。

22 Kelsen, *Hauptprobleme*.1923年文章再版时, 虽然主体部分未作改动, 增加了一个新的序言, 我将它称作"1923年序言"。

23 关于法律中新康德主义的讨论, 见 Emerson, Emerson, *State and Sovereignty*, 159—185。关于新康德主义哲学家的讨论, 见 *Neukantianismus. Texte der Marburger und der Südwestdeutscher Schule, ihrer Vorläufer und Kritiker*, ed. Hans-Ludwig Ollig（Stuttgart: Reclam, 1982）, 以及基本的文本。英语作品, 见 Thomas Willey, *Back to Kant: The Revival of Kantianism in German Social and Historical Thought*, 1860—1914（Detroit: Wayne State University Press, 1978）。

24 Jellinek, *System*, 13。

25 *Hauptprobleme*, 1923 Foreword, xvii—xviii, 主要讲述凯尔森转向海尔曼·科恩的研究; 可以见1933年8月3日凯尔森写给Renato Treves的信件, 法文版

注　释

由 Giorgio Bomio 翻译，"Un inédit de Kelsen," in Droit et Société 7 (1987): 333—335。第四章讨论凯尔森新康德主义思想的更多文学方面的细节。

26　凯尔森将他1911年的作品明确当作对"新自由主义"阵营的一份贡献（1911年版序言，第xi页），解决这一关系的是Paul Silverman，见Paul Silverman in "Law and Economics in Interwar Vienna. Kelsen, Mises, and the Generation of Sustrian Liberalism"(Ph. D. diss., University of Chicago, 1984)。奥匈帝国最"薄弱的"本质在于没有民族统一体，这可能致使凯尔森的抽象、规范的国家建构。见 Rudolf Aladar Métall, *Hans Kelsen. Leben und Werk* (Vienna: Franz Deuticke, 1969), 42。关于新自由主义概念的论述，见 Wilhelm Wadl, *Liberalismus und soziale Frage in Österreich. Deutschliberale Reaktionen und Einflüsse auf die frühe österreichische Arbeiterbewegung (1867—1879)* (Vienna: Österreichische Skademie der Wissenschaften, 1987), 19—20; and John W. Boyer, "Freud, Marriage, and Late Viennese Liberalism: A Commentary from 1905," *Journal of Modern History* 50 (1978): 73—82。

27　*Hauptprobleme*, 1911 Foreword, xiii; Métall, *Hans Kelsen*, 7—17; 对凯尔森的"传统"路径提出尖锐批评的是 Alf Ross，见 Alf Ross, *Towards a Realistic Jurisprudence: A Criticism of the Dualism in Law*, trans. Annie I. Fausboll (1946; repr., Aalen: Scientia, 1989), 40。

28　*Hauptprobleme*, 1911 Foreword, iii. 凯尔森将重建之后的法律规范定义为"以既定的国家意志为前提的判断"(出处同上，第211页)。关于概念的论述，见 Paulson 对拉班德所做的解释性评论，*Introduction to the Problems of Legal Theory*, 132—134; 以及 Friedrich Tenzer, "Betrachtungen über Kelsens Lehre vom Rechtssatz," *Archiv des öffentlichen Rechts* 28 (1912): 325—326。

29　*Hauptprobleme*, 8。

30　出处同上，第3—11页；1911年版序言，第vi—vii页。

31　*Hauptprobleme*, 1911 Foreword, iv—v, ix—x. 在 Rickert 和 Lask 之后，这一观点对法律思想的新康德主义传统形成破坏，它关注文化、价值和意义（*Sinn*）。见凯尔森的批判，"Rechtswissenschaft als Norm-oder als Kulturwissenschaft. Eine methodenkritische Untersuchung," in *Wiener Rechtstheoretische Schule*, 37—93。

32　*Hauptprobleme*, 11. 对康德伦理学理论的拒斥是新康德主义的标准主题。见 Uwe Justus Wenzel, "Recht und Moral der Vernunft. Kants Rechtslehre" Neue Literatur und neue Editionen, *Archiv für Rechts-und Sozialphilosophie* 76 (1990): 228; 凯尔森自己明确的讨论写在"Un inédit de Kelsen," 334—335。

33 *Hauptprobleme*, 53—55. 同时,凯尔森从自由意志的争论中提出法律他治的讨论,这是法学界不可或缺的一个重要概念,参考出处同上,第158—159、191—192页。
34 这一观点的逻辑和他对法律实证主义的意志基础的破坏都来自 Stanley L. Paulson, "Continental Normativism and Its British Counterpart: How Different Are They?" *Ratio Juris* 6(1993): 227—244。
35 *Hauptprobleme*, 19.
36 出处同上,第133—146页。
37 出处同上,第73页。Silverman指出,凯尔森理论中最核心的民事侵权案例来自他的"Law and Economics," 209—215。
38 *Hauptprobleme*, 71—72;关于Mensch 和Person相比较的论述,见第122、145—146、518—519页。
39 出处同上,第182—184、396、411—412、435页。
40 保守实证主义哲学家Ernest Topitsch强调,意识形态这一观念在他的凯尔森论文集 *Aufsätze zur Ideologiekritik*(Neuwied: Luchterhand, 1964)当中。Peter Römer提供了一种兼具批判和赞赏的阅读方式,见"Die Reine Rechtslehre Hans Kelsens als Ideologie und Ideologiekritik," *Politische Vierteljahresschrift* 12 (1971): 579—598。Ljubomir Tadich对凯尔森进行批评性的解释, "Kelsen et Marx. Contribution au problème de l'idéologie dans 'la théorie pure de droit' et dans le marxisme," *Archivs de Philosophie du Droit* 12(1967): 243—257。最终,为了防止凯尔森受到1945年之后的自然法批评者的攻击,见Norberto Bobbio, "La teorí pura del derecho y sus críticos"(1957), trans. Mario Cerda Median, in *Hans Kelsen 1881—1973*, ed. Agustín Squella(Valparaiso :Revista de ciencias sociales, 1974), 299—326。
41 *Hauptprobleme*, 162—168. 见Stanley L. Paulson对批评的总结, "Toward a Periodization of the Pure Theory of Law," 19—30。Pauly, *Methodenwandel*, 219—223,他主张拉班德和凯尔森对耶利内克的"自我限制"批评运用了相似的方法论逻辑;他没有说明二者的不同之处。参见拉班德以国家真实存在的意志为基础,对"自动局限性"的批判, in his review of A. Mérignhac, *Traité de Droit public international, in Archiv für öffentliches Recht* 20(1906): 302—305。
42 *Hauptprobleme*, 185—187.
43 出处同上,第99、269—270、630—631页;1911年版序言,第x页。在晚近的研究中,凯尔森主张法律界的公与私的区别主要是为了意识形态的目的。见, esp., "Rechtsstaat und Staatsrecht"(1973), repr. in *Weiner Rechtstheoretische Schule*,

注 释

1525—1532。
44 *Hauptprobleme*, 446—447.
45 出处同上,第245—249、434、511页。他之后的立场,见1923年版序言,第x—xii页。也可以见Manfred Pascher, "Hermann Cohens Einfluss auf Kelsens Reine Rechtslehre," *Rechtstheorie* 23(1992): 457—458。
46 *Hauptprobleme*, 226—227.
47 出处同上,第396—397页。
48 出处同上,第40—43页。
49 出处同上,第407—412、479—480页。
50 出处同上,第10页。大体上可以译为:"我可以说:我应该希望,但是我不可以说:我应该应该,这样会成为毫无意义的逻辑话语:我想要想要。"也见第409、466、440—441页。
51 出处同上,第410—411页。
52 出处同上,第50—551、247、334页。参见他后期的自我批评:1923年版序言,第xiv页。
53 出处同上,第412—429页。
54 1867年之后,奥地利君主关于立法机关和行政机关的宪政地位与德意志君主如出一辙。见Otto Stoly, *Grundriss der Österreichischen Verfassung-und Verwaltungsgeschichte* (Innsbruck: Tyrolia, 1951), 88—89, 118—119,122ff。
55 *Hauptprobleme*, 684.
56 出处同上,第689—690页。姑且不论他对隐喻轻描淡写,他在*Hauptprobleme*一书中,叙述君主制时,多次运用不同版本的隐喻,见第247、684、687、692页。
57 出处同上,第416—417、687页。
58 出处同上,第687—690页。凯尔森更深层的顾虑在于,根据他自己的理论原则,在现实中,只有部长,而不是君主,与法律论据毫不相关地做出正确的重要决定。
59 E.g., Gerber. *Grundzüge*, 77—79. 举个例子,凯尔森对立法机关和执行机关进行固定的区分,他对拉班德将一个用来破坏宪政制度的政治策略的一些条例,在本质上视为法规的见解进行批判。见"Zur Lehre vom Gesetz im formellen und materiellen Sinn, mit besonderer Berücksichtigung der österreichischen Verfassung" (1913), repr. in *Wiener Rechtstheoretische Schule*, 1533—1543。
60 *Hauptprobleme*, 441—442, n. 1.
61 出处同上,第235—237页。也见第257—258页,以及第15—16、495—497页,由于行政机关是实践的而不是理论的,它没有被包括在内。

62 Carl Schmitt, *Gesetz und Urteil. Eine Untersuchung zum Problem der Rechtspraxis* (1912; repr., Munich: C. H. Beck, 1969),2; and Schmitt, *Der Wert des Staates und die Bedeutung des Einzelnen* [Tübingen: J. C. B. Mohr(Paul Siebeck), 1914], esp. ch. 1("Recht und Macht"), 31—35, 文章中, 施米特将法律从权力、意志、伦理和本质目标中划分出来。施米特和凯尔森的联系在战争之前已经被写下来: Franz Weyr, review of *Wert des Staats* in *Österreichische Zeitschrift für öffentliches Recht* 1(1914): 578—581。Hasso Hofmann 在 *Legitimität gegen Legalität. Der Weg der politischen Philosophie Carl Schmitts* (Neuwied: Luchterhand, 1964)一书中写道, 他们二人之间有着本质区别。施米特断然否定这种联系, 见 *Die Diktatur. Von den Anfängen des modernen Souveränitätsgedankens bis zum proletarischen Klassenkampf*, 3d ed.(Berlin: Duncker and Humblot, 1964), xix—xx。

63 *Gesetz und Urteil*, 3, 20—21, 40—45, 还有其他未尽地方。特别参见施米特对于"虚幻的"立法意志的批评(第26—28页), 他也用"幽灵"来形容立法意志(第30—32页), 不禁让你回忆起凯尔森。他们二位都转向使用费英格的"假设"理论来讨论假设和虚构; 见施米特的"Juristische Fiktionen," *Deutsche Juristen-Zeitung* 18(1913): 804—806; 以及凯尔森对费英格的批评, "Zur Theorie der juristischen Fiktionen. Mit besonderer Berücksichtigung von Vaihingers Philosophie des Als Ob," *Vaihingers Annalen der Philosophie* 1(1919): 630—658。

64 *Gesetz und Urteil*, 49—55。

65 出处同上, 第69页。

66 出处同上, 第71页; 也可见第 vii、55—56、77—79页。

67 出处同上, 第71—72、116—118页, 其中, 施米特声称已经避免了反复和主观的问题。也可以参考 Felix Holdack 的精彩书评, *Kantstudien* 17(1912): 464—467. 以及 Michael Stolleis, "Carl Schmitt," in Sattler, ed., *Staat und Recht*, 128。Hofmann 认为, 只要法律的可预测性仍是重要的考量因素, 施米特拒绝回到资源的问题(*Legitimität gegen Legalität*, 34—35)就是不可信的。

68 *Gesetz und Urteil*, 49—55; 也可以见 *Wert des Staates*, 80; 以及 Hoffmann, *Legitimität gegen Legalität*, 31, 36—38。

69 *Wert des Staates*, 2—3, 52, 68. 也见 Helmut Rumpt, *Carl Schmitt und Thomas Hobbes. Ideelle Beziehungen und aktuelle Bedeutung mit einer Abhandlung über: Die Frühschriften Carl Schmitts* (Berlin: Dunker und Humblot, 1972), 13—17。

70 *Wert des Staates*, 73—78, 46, 53. 这一争论对我来说似乎很少有天主教自然法理论, 我们这些现代人只能当成断言来理解(参考 Rumpf, *Carl Schmitt und*

注 释

Thomas Hobbes, 15) ——装满了未能解决的问题——国家拥有像这样的一些超自然的立法机关。也可以见 Lorenz Kiefer, "Begründung, Dezision und Politische Theologie. Yu drei frühen Schriften von Carl Schmitt, " *Archiv für Rechts- und Sozialphilosophie* 76 (1990): 485—489。

71 *Wert des Staates*, ch. 3.

72 关于新黑格尔主义的论述,见 Georg Lukács, *Die Zerstörung der Vernunft* (1962), repr, in *Werke*, vol. 9 (Neuwied: Luchterhand, 1974), 474—505; Emerson, *State and Sovereignty*, 186—200; and Walter Friedmann, *Legal Theory*, 5th ed. (New York: Columbia University Press, 1967), 174—176,讨论新黑格尔主义和法西斯主义之间的联系。关于施米特大量选择性地引用黑格尔,见 Reinhare Mehring, *Pathetisches Denken. Carl Schmitts Denkweg am Leitfaden Hegels: Katholische Grundstellung und antimarxistische Hegelstrategie* (Berlin: Dunker und Humblot, 1989), 20, 106—110; Jean—Francois Kervegan, "Politik und Vernünftigkeit. Anmerkungen zum Verhältnis zwischen Carl Schmitt und Hegel, " *Der Staat* 27 (1988): 371—391。John McCormick 向我指出, *Wert des Staats* 一书中的国家本质上不是独裁主义的,当施米特完全打破新康德主义之后,国家本质发生了变化。然而,因为将国家建设成一个真实、中立的实体,施米特已经准备在两方面超越新康德主义理论。

73 在 *Wert des Staats* 一书中,这样的争论展示了一个不间断的主体,尤其是在第 54—55、81—83 页;也可以参见 Schmitt, "Die Sichtarkeit der Kirche," in *Summa* 1 (1917), esp. 76—77。在魏玛共和国,见 Schmitt, *Römischer Katholizismus und politische Form* (1923; repr., Stuttgart: Klett-Cotta, 1984), 49—50。

74 施米特后期表明,他的"政治理论"的声明是"一个法学家系统建构亲密关系的宣言,不论是在法律理论和法律实践上,还是理论逻辑和法律概念上都是如此"[*Politische Theologie* II. *Die Legende von der Erledigung jeder politischen Theologie* (Berlin: Dunker und Humblot, 1970), 101, n. 1]。简单来说,对问题的分析性讨论,见 Ernst-Wolfgang Böckenförde, "Politische Theorie und politische Theologie. Bemerkungen zu ihrem gegenseitigen Verhältnis, " in *Fürst dieser Welt*, ed. Jacob Taubes (Munich: Wilhelm Fink, 1983), 16—25。

75 举例来说, Erich Kaufmann 对真实意志的"伦理国家"大加赞颂,见 *Das Wesen des Völkerrechts und die clausula rebus sic stantibus. Rechtsphilosophische Studie zum Recht-, Staats-und Vertragsbegriffe* [Tübingen: J. C. B. Mohr (Paul Siebeck), 1911]。Reinhare Mehring 对施米特类似"天主教"专制主义的观点进行评

论，暗示新教主义更加世俗和自由，见"Zu den neugesammelten Schriften und Studien Ernst-Wolfgang Böckenförde,"*Archiv für öffentliches Recht* 117（1992）：449—473。一个更加均衡的评论是将施米特归于政治天主教独裁主义右翼，见Karl-Egon Lönne, "Carl Schmitt und der Katholizismus der Weimarer Republik," in *Die eigentlich katholische Verschärfung...Katholizismus, Theologie und Politik im Werk Carl Schmitts*, ed. Bernd Wacker（Munich: Wilhelm Fink, 1994）, 11—35。

76　Martin Kitchen, *The Silent Dictatorship. The Politics of the German High Command under Hindenburg and Ludendorff, 1916—1918*（London: Croom Helm, 1976）. Gerald D. Feldman, *Army, Industy and Labor in Germany, 1914—1918*（Princeton: Princeton University Press, 1966）, 407—408, 499—500。他建议，"独裁"（他的引用标志）受到他自身真实权力的极大限制；Hans Fenske主张，最高指挥部在众多权力当中拥有一个"至高无上的权力"，见"Die Verwaltung im Ersten Weltkrieg,"*Deutsche Verwaltungsgeschichte*, vol. 3: *Das Deutsche Reich bis zum Ende der Monarchie*（Stuttgart: Deutsche Verlags-Anstalt, 1984）, 875—876。

77　Albrecht Mendelssohn-Bartholdy, *The War and German Society. The Testament of a Liberal*（1937; repr., New York: Howard Fertig, 1971）, esp. chs. 8—10.

78　Laband, *Staatsrecht*, 4: 43—51.

79　关于巴伐利亚的例外情况，见Huber, *Deutsche Verfassungsgeschichte* 3: 1044—1045。

80　Schmitt, "Die Einwirkungen des Kriegszustandes auf das ordentliche strfprozessuale Verfahren,"*Zeitschrift für die gesamte Strafrechtwissenschaft* 38（1917）: 786—787.

81　Prussian statute repr. in Huber, Dokumente, 1: 414—418; 见Huber, *Deutsche Verfassungsgeschichte* 3: 60—62。

82　Wilhelm Hardy, *Der Belagerungszustand in Preussen*（Tübingen: J. C. B. Mohr, 1906）, 62—64, 37; 也可见Bodlt, *Rechtsstaat und Ausnahmezustand*, 136。

83　Wilhelm Deist, ed., Militär und Innenpolitik im Weltkrieg 1914—1918, vol. 1（Dusseldorf: Droste, 1970）, xlii and Documents 18 and 19, 35—41; Boldt, *Rechtsstaat und Ausnahmezustand*, ed. Ernst Fraenkel（Berlin: Colloquium, 1965）, 21: 使用café和bon-bons这些词的国民可能会被军事首领关进监狱，这将会毁灭公共安全。正如Kitchen指出的那样（*The Silent Dictatorship*, 51—54）, 首领将直接对（不起作用的）制度的关键——皇帝负责。也可见Fenske, "Die Verwaltung im Ersten Weltkrieg,"877—888。

84　Rosenberg, "Die rechtlichen Schranken der Militärdiktatur," in *Zeitschrift für die*

gexamte Strafrechtswissenschaft 37（1916）：813, 822—825.
85 从Josef Kohler关于围困状态和占领比利时的研究中选取段落, Not kennt kein Gebot. *Die Theorien des Notrechtes und die Ereignisse unserer Zeit*（Berlin: Walther Rothschild, 1915）。这本书对爱默生试图将科勒从更独裁的新黑格尔主义学者考夫曼和拉森中间区分出来提出质疑（*State and Sovereignty*, 197—198）。
86 "Diktatur und Belagerungszustand. Eine staatsrechtliche Studie," *Zeitschrift für die gesamte Strafrechtswissenschaft* 38（1917）：161, n. 52.关于施米特在战争期间的论述, 见Bendersky, *Carl Schmitt*, 15—16, 19; Piet Tommissen, "Bausteine zu einer wissenschaftlichen Biographie（Periode: 1888—1933）," in *Gomplexio Oppositorum. Über Carl Schmitt*, ed. Helmut Quaritsch（Berlin: Duncker und Humblot, 1988）, 76—77; and Paul Noack, *Carl Schmitt*（Frankfurt am Main: Propyläen, 1993）, 37—42,尤其是忽略了施米特关于独裁的文章。
87 "Diktatur und Belagerungszustand," 156,在初版中进行强调。
88 E. g., George Schwab, *The Challenge of the Exception*, 14—15; Bendersky, *Carl Schmitt*, 19—20.
89 "Diktatur und Belagerungszustand," 138.
90 关于差异性的论述,见Bodenheimer, *Jurisprudence*, 87—89。
91 晚些时期,施米特将以他的"唯心主义"为中心,创立一个概念性制度。特别可见, *Political Theology. Four Chapters on the Concept of Sovereignty*, trans. From the 2 d（1934）ed. By George Schwab（Cambridge: MIT Press, 1985）, 59—60。施米特的其他书中都与普鲁士军事传统有着极大关系。在Römischer Katholizismus und politische Form, 32中,他指的是传统真实的政治代表的"四根支柱"：英国上议院、普鲁士总参谋部、法国研究院和罗马教廷——这是至今仅存的教廷（直到1923年）。也可以参考施米特在1934年关于普鲁士宪政冲突的文章*Staatsgefüge und Zusammenbruch des Zweiten Reiches*,其中,施米特希望普鲁士成为"士兵国家",而不是中立的、非政治的、官僚自由主义的法治国家。几年之后,施米特其中一个得意门生Ernst Forsthoff明确区别了政府的三种国家风格：以法律为基础的法国立法权、英国司法权以及德国行政权：*Der Staat der Industriegesellschaft. Dargestellt am Beispiel der Bunderrepublik Deutschland*（Munich: C. H. Beck, 1971）, 106—107。
92 "Diktatur und Belagerungszustand," 140—141.
93 出处同上,第152页。
94 出处同上,第143页。

95　出处同上,第155页。
96　出处同上,第153页。参见"Die Einwirkungen des Kriegszustandes,"783—796。
97　"Diktatur und Belagerungszustand,"139—140,160—161.
98　出处同上,第156页。
99　出处同上,第156—157页。
100　出处同上,第158页。
101　在脚注中,施米特提出他的1912年审判理论在行政机关内的适用性(158,n.6)。
102　出处同上,第157页。
103　出处同上,第159页第42个脚注。
104　出处同上,第157页。
105　出处同上,第159页。
106　出处同上,第160页。
107　出处同上,第154—155页,因为这些原因,第二章宪法第9条的重要性被质疑。
108　施米特在 Gesetz und Urteil 第15页使用。Hofmann对黑格尔和施米特规范的"坏的无限性"的评论,见 Legitimität gegen Legalität,54—55。
109　"Diktatur und Belagerungszustand,"160.
110　出处同上,第161页。
111　出处同上,第156、161页。
112　值得注意的是,由于专制主义者,这篇文章从未讨论拿破仑三世,没有将拿破仑·波拿巴纳入考虑,将他视为不相关的因素(出处同上,第149—150页)。在 Die Diktatur 中,施米特既要避免君主专制和军事独裁问题,又试图将独裁当成**宪政国家**可接受的概念。Die Diktatur 也运用一系列的历史案例,这些案例的重要程度或与具体问题的联系和如何解释正当的德意志宪法始终没有厘清。见 Leo Wittmayer 的书评,Zeitschrift für öffentliches Recht 5(1926):492—495。
113　Boldt,Rechtsstaat und Ausnahmezustand,205—209;同时也可参考 Bendersky, Carl Schmitt,17;Schmitt "saw no redeeming aspect to the war whatsoever"。

第三章
激进的宪政革命:
法律实证主义与《魏玛宪法》

1　Craig,Politics of the Prussian Army,299—341;Peter Graf Kielmansegg,Deutschland *und der Erste Weltkrieg*（Frankfurt am Main: Athenaion, 1968）, 162—204, 450—451; Huber, *Deutsche Verfassungsgeschichte*, 5: 73—95, 584—592; Jürgen Kocka, *Facing Total War: German Society 1914—1918*, trans. Barbara Weinberger（Cambridge:Harvard University Press,1984）; Elisabeth Domansky, "Militarization and Reproduction in World War One Germany," in *Society, Culture and the State in Germany, 1870—1930*, ed. Geoff Eley（Ann Ardor: University of Mivhigan Press, 1996）, 427—463; Boldt, *Deutsche Verfassungsgeschichte*, 2:205—216; Gerald Feldman, *Army, Industry and Labor*.

2 Hans Boldt, "Die Weimarer Reichsverfassung," in *Die Weimarer Repudlik 1918—1933. Politik-Wirtsvhaft-Gesellschaft*, ed. Karl-Dietrich Bracher, Manfred Funke, and Hans-Adolf Jacobsen（Dusseldorf: Droste, 1987）, 44—47.

3 Dieter Grosser, *Vom monarchischen Konstitutionalismus zur parlamentarischen Demokratie. Die Verfassungspolitik der deutschen Parteien im letzten Jahrzehnt des Kaiserreiches*（The Hague: Nijhoff, 1980）, 11, 38, 60—69; Preuss, "Die Sozialdemokratie und der Parlamentarismus"（1891）and "Volksstaat oder verkehrter Obrigkeitsstaat"（Novemder 14, 1918）, both in *Staat, Recht und Freiheit. Aus 40 Jahren deutscher Politik und Geschchte*（1926; repr., Hildesheim: Georg Olms, 1964）, 144—172, 365—368; Siegfried Grassmann, *Hugo Preuss und die deutsche Selbstverwaltung*（Lüberck: Matthiesen, 1965）, 9—10; Ernst Portner, *Die Verfassungspolitik der Lideralen 1919. Ein Beitrag zur Deutung der weimarer Reivhsverfassung*（Bonn: Röhrscheid, 1973）, 42—43; and Willibalt Apelt, *Geschichte der Weimarer Verfassung*（Munich: Biederstein,1946）, 56.那位Ebert选择了自由主义者而不是社会民主党人，不仅反映至关重要的考虑，也反映在SPD内部缺乏对宪政主义的严谨研究。见Heinrich A. Winkler, *Von der Revolution zur Stabilisierung. Arbeiter und Arbeiterbewegung in der weinarer Republik 1918 bis 1924*（Berlin: Dietz Nachfolger, 1989）, 227。

4 Apelt, *Geschichte der eimarer Verfassung*, 56—57; Wolfgang J. Mommsen, "Editorischer Bericht" to the stenographic notes of the meeting, "Beiträge zur Verfassungsfrage anlässlich der Verhandlungen im Reichsamt des Innern vom 9. Bis 12, Dezemder 1918," *in Max Weber Gesamtausgabe*, pt. 1, vol. 16: *Zur Neuordnung Deutschlands. Schriften und Reden 1918—1920*, ed. Wolfgang J. Mommsen and Wolfgang Schwentker［Tübingen: J. C. B. Mohr（Paul Siebeck）, 1988］, 49—55.

5 见Apelt对写作过程的简述, Apelt, *Geschichte der Weimarer Verfassung*, 56—124;

也可以见 Boldt, "Die Weimarer Reichsverfassung," 47—50。
6 见 Thoma, "Rechtsstaatsidee und Verwaltungsrechtswissenschaft," *Jahrbuch des öffentlichen Rechts der Gegenwart* 4(1910): 196—218, 强调行政法中法律的首要地位, 反对非形式主义路径。
7 关于托玛的生平, 见 Hans-Dieter Rath, *Positivismus und Demokratie. Richard Thoma 1874—1957* (Berlin: Duncker und Humblot, 1981), 19—31; Adolf Schüle, "Richard Thoma zum Gedächtnis," *Archiv des öffentlichen Rechts* 82 (1957): 153—156; Hermann Mosler, "Richard Thoma zum Gedächtnis," *Die öffentliche Verwaltung* 30 (1957): 826—828。
8 以一场世纪之末的演讲为例, 安修茨将帝国议会视为联邦制的例外并且故意不讨论这一话题, in *Bismarck und die Reichsverfassung* (Berlin: Carl Heymann, 1899), 16—17。
9 Anschütz, *Die preussische Wahlreform* (Berlin: Julius Springer, 1917); idem, *Parlament und Regierung im Deutschen Reich* (Berlin: Otto Liebmann, 1918); Ernst-Wolfgang Böckenförde, "Gerhard Anschütz" (1986), repr. in *Recht, Staat, Freiheit. Studien zur Rechtsphilosophie, Staatstheorie und Verfassungstheorie* (Frankfurt am Main: Suhrkamp, 1991), 373—375; Walter Pauly, introduction to Anschütz, *Aus meinem Leben*, ed. Walter Paupy (Frankfurt am Main: Vittorio Klostermann, 1993), xxvii—xxix.
10 Böckenförde, "Gerhard Anschütz," 375; Anschütz, *Aus meinem Leben*, 239.
11 *Handbuch des Deutschen Staatsrechts*, 2 vols., ed. Richard Thoma and Gerhard Anschütz [Tübingen: J. C. B. Mohr (Paul Siebeck), 1930—1932].
12 关于他们与 DDP 的联系, 见 Anschütz, *Aus meinem Leben*, 179—180; Thoma, "Gerhard Anschütz zum 80. Geburtstag," *Deutsche Rechts-Zeitschrift* 2 (1947): 26; Rath, *Demokratie und Positivismus*, 39—45; Herbert Döring, *Der Weimarer Kreis. Studien zum politischen Bewusstwein verfassungstreuer Hochschullehrer in der Weimarer Republik* (Meinenheim am Glan: Anton Hain, 1975)。关于法律实证主义成为政治策略的叙述, 见 Everhardt Frassen, "Positivismus als juristische Strategie," *Juristenzeitung* 24 (1969): 766—774; Peter Caldwell, "Legal Positivism and Weimar Democracy," *American Journal of Jurisprudence* 39 (1994): 273—301。
13 安修茨自 1933 年之后解释他的立场的信件都收录在 Ernst Forsthoff, "Gerhard Anschütz," *Der Staat* 6 (1967): 139。
14 托玛从国家法领域撤退到行政法, 然而, 这很难成为一块"无政治的"土地, 见

注 释

Rath, *Demokratie und Positivismus*, 25—28。
15 *Verfassung des Deutschen Reiches* (Berlin: Georg Stilke, 1921), 25—26; 14th ed. (Berlin: Georg Stilke, 1933), 31—32.
16 *Verfassung des Deutschen Reiches*, 14th ed., 32, 37—38.
17 *Drei Leitgedanken der Weimarer Verfassung. Rede, gehalten bei der Jahresfeier der Universität Heidelberg am 22. Novemder 1922* [Tübingen: J. C. B. Mohr (Paul Siebeck), 1923], 16, 23—24, 29—30. See also "Parlament und Regierung," 6—7, for his notion of "democracy".
18 Anschütz, *Drei Leitgedanken*, 34.
19 出处同上,第2页。
20 Anschütz, *Verfassung des Deutschen Reiches*, 14th ed., 38; 也可见 Thoma, "Das Reich als Demokratie," in *Handbuch des Deutschen Staatsrechts*, 1: 187。
21 Max Weber, "Deutschlands künftige Staatsform" (1918), in *Gesammelte politische Schriften*, 5th ed. [Tübingen: J. C. B. Mohr (Paul Siebeck), 1988], 472; idem, "The President of the Reich," in *Political Writings*, 304—308; Mommsen, *Max Weber and German Politics 1890—1920*, 2d ed., trans. Michael S. Steinberg (Chicago: University of Chicago Press, 1984), 347.这一立场也被其他的左翼自由主义者(例如雨果·普罗伊斯)所分享,受到Robert Redslob对英国议会研究的影响,他错误地将英国君主当成一个强大的国家机构。见 Portner, *Die Verfassungspolitik der Liberalen*, 136—138。
22 韦伯对于委员会的论述,见 Weber, *Zur Neuordnung Deutschlands*, 56—90。安修茨反对直选总统,希望通过议会投票确保代表的合法性:"Die kommende Reichsverfassung," *Deutsche Juristen-Zeitung* 24. 3—4 (February 1, 1919): 121—122。
23 Reinhard Schiffers, *Elemente direkter Demokratie im Weimarer Regierungssystem* (Dusseldorf: Droste, 1971), 109—110; Udo Wengst, "Staatsaufbau und Verwaltungsstruktur," in *Die Weimarer Republik*, 63—64. 英语作品可见 Heneman, *The Growth of Executive Power*, 26—58。
24 Apelt, *Geschichte der Werfassung Verfassung*, 99—101; Heneman, *The Growth of Executive Power*, 46—49.
25 Anschütz, *Verfassung des Deutschen Reiches*, 14th ed., 394.
26 Apelt, *Geschichte der Wermarer Verfassung*, 188—192, 197—198.
27 关于总统权利和义务的综述,见 Otto Meissner, "Der Reichspräsident," in

Handbuch der Politik, vol. 3, ed. Gerhard Anschütz (Berlin: Dr. Walter Rothschild, 1921), 41—44。

28 安修茨评论的第一版已经认识到这些惯例的空洞，见 Verfassung des Deutschen Reiches, 79。

29 Friedrich Giese, Deutsches Staatsrecht. Allgemeines Reichs-und Landes-Staatsrecht (Berlin: Spaeth und Linde, 1930), 138.

30 Anschütz, Verfassung des Deutschen Reiches, 1st ed., 106—108; Friedrich Giese, Die Verfassung des Deutschen Reiches vom 11. August 1919, Taschenausgabe (Berlin: Carl Heymann, 1919), 170—175; Ulrich Scheuner, "Die Anwendung des Art. 48," 249—258; Boldt, "Die Weimarer Reichsverfassung," 51—54.

31 对于宪法的平民表决的因素，见 Schiffers, Elemente direkter Demokratie, 110—117, 130—154。

32 Anschütz, Verfassung des Deutchen Reiches, 14th ed., 401, 403.

33 Thoma, "Die juristische Bedeutung der grundrechtlichen Sätze der Deutschen Reichsverfassung im allgemeinen," in Die Grundrechte und Grundpflichten der Reichsverfassung. Kommentar zum zweiten Teil der Reichsverfassung, vol. 1, ed. Hans-Carl Nipperdey (Berlin: Reimar Hobbing, 1929), 40—41; idem, "Das Reich als Demokratie," 193—194.

34 Thoma, "Die juristische Bedeutung der grundrechtlichen Sätze," 7; idem, "Der Begriff der modernen Demokraie in seinem Verhältnis zum Staatsbegriff," in Hauptprobleme der Soziologie. Erinnerungsgabe für Max Weber, ed. Melchior Palyi (Munich: Duncker und Humblot, 1923), 41—42.

35 Thoma, "Das Reich als Demokratie," 193.

36 Preuss, "Denkschrift zum Entwurf des allgemeinen Teils der Reichsverfassung vom 3. Januar 1919," in Staat, Recht und Freiheit, 370—371. 对于这些提案的失败，见 Preuss, Artikel 18 der Reichsverfassung: Seine Entstehung und Bedeutung (Berlin: Carl Heymann, 1922); Hans Herzfeld (a member of the Preuss committee), Die Selbstverwaltung und die Wermarer Epoche (Stuttgart: W. Kohlhammer, 1957), 18—19; Portner, Die Verfassungspolitik der Liberalen, 97—106; Apelt, Geschichte der Weimarer Verfassung, 57—64。Constitutional drafts are reproduced in Heinrich Triepel, ed., Quellensammlung zum Deutschen Reichsstaatsrecht, vol. 1: Quellensammlung zum Staats-, Verwaltungs-und Völkerrecht, vornehmlich zum akademischen Gebrauch, 5th ed. (1931; repr., Aalen: Scientia, 1987). 关于地图对提案作用的反映，见

Ludwig Biewer, *Reichsreformbestrebungen in der Weimarer Republik. Fragen zur Funktionalreform und zur Neugliederung im Südwesten des Deutschen Reiches* (Frankfurt am Main: Peter D. Lang, 1980), 43。

37 见 Apelt, *Geschichte der Weimarer Verfassung*, 66—82, on the *Staatenausschuss*; Huber, *Deutsche Verfassungsgeschichte seit 1789*, vol. 6: *Die Weimarer Rerchsverfassung* (Stuttgart: W. Kohlhammer, 1981), 374—389; Boldt, "Die Weimarer Reichsverfassung," 54—57。

38 这些机构在1920年和1921年正式建立起来。Friedrich Giese, *Deutsches Staatsrecht*, 160,184—185.

39 Anschütz, "Die kommende Reichsverfassung," 117.

40 比如，可以见 Anschütz, *Das preussisch-deutsche Problem. Skizze zu einem Vortrage* [Tübingen: J. C. B. Mohr(Paul Siebeck), 1922], 12—14; and idem, "Der deutsche Föderalismus in Vergangenheit, Gegenwart und Zukunft," *VVDSRL*, 1: 30—32 (1924)。安修茨意识到德国联邦制改革的需要，见 *Verfassung des Deutschen Reiches*一书第14版附录，第769—770页。
接下来，我将Reich一词翻译为"联邦政府"来传达联邦制的意义。文中所用的**政府**一词不是德语*Regierung*，而是Reich层面上的所有国家机关。

41 Anschütz, *Verfassung des Deutschen Reiches*, 14th ed., 131—132; *Drei Leitgedanken*, 7—10.

42 这是对卡尔·施米特的 *Verfassungslehre* 一书的解释，第390—391页。也可见 Hans Nawiasky, *Grundprobleme der Reichsverfassung*. Erster Teil: *Das Reich als Bundesstaat*(Berlin: Julius Springer, 1928), 64; Anschütz, *Verfassung des Deutschen Reiches*, 14th ed., 146—159; Oskar Altenberg, "Gebietsänderungen im Innern des Reiches nach der Verfassung des Deutschen Reiches vom 11 August 1919," *Archiv des öffentlichen Relhts* 40 (1921): 173—215; Giese, *Grundriss des neuen Reichstaatsrechts*, 24—25。

43 *Verfassung des Dentschen Reiches*, 1st ed., 62; see also 14th ed., 146—147.这一段在上述引用的中间省略了规则的一个例外，那就是人民的首创精神。也可见 Böckenförde, "Gerhard Anschütz," 368—369。

44 Nawiasky, *Grundprobleme der Reichsverfassung*, 65. 关于Nawiasky的论述，见 Hans F. Zacker, "Hans Nawiasky," in *Juristen im Portrait. Verlag und Autoren in 4 Jahrzehnten. Festschrift zum 225 jährigen Jubiläum des Verlages C. H. Beck* (Munich: C. H. Beck, 1988), 598—607。

45 见安修茨对Nawiasky的回应，*Verfassung des Deutschen Reichs*, 14th ed., 145—146,当安修茨在帝国为俾斯麦制度辩护时，与之相反，他为他的联邦主义者反抗集权的帝国议会。参考Richard Thoma, "Gerhard Anschütz," 26。

46 Anschütz, *Verfassung des Deutschen Reiches*, 14th ed., 269—277.

47 Nawiasky, *Grundprobleme der Reichsverfassung*, 68; Art, 13, par. 2,因为成为国家反抗联邦政府的一个隐形武器。

48 *Verfassung des Deutschen Reiches*, 14th ed., 272—275;也可见 "Die Reichsexekution," in *Handbuch des Deutschen Staatsrechts*, 1: 378—379,在这里，安修茨用同样的词语来表达他的主张。

49 在凯尔森的短语 "*Gesamtverfassung*" 中，安修茨本人质疑是否有一个共同的、更高的法律机构高踞在联邦政府和各个国家之上，他明确说明，国家法院（Staatsgerichtshof）是联邦政府的一个机构，而不是第三方力量。见 "Das System der rechtlichen Beziehungen zwischen Reich und Länder," in *Hamdbuch des Deutschen Staatsrechts* 2: 198。

50 *Verfassung des Detschen Reiches*, 1st ed., 45—47; 14th ed., 101—105.

51 Kelsen, discussion in "Bundesstaatliche und gliedsstaatliche Rechtsordnung," *VVDSRL*,6: 57（1929）. Nawiasky在他的*Grundprobleme der Reichsverfassung*中悄然接受了凯尔森的主张，甚至没有讨论宪法第13条第1段。也可见Kelsen, "Die Bundesexekution. Ein Beitrag zur Theorie und Praxis des Bundesstaates, unter besonderer Berücksichtigung der deutschen Reichs-und der österreichischen Bundesverfassung," in *Festgabe für Fritz Fleiner zum 60. Geburtstag 24. Januar 1927*［Tübingen: J. C. B. Mohr（Paul Siebeck）, 1927］, 180—181, and 167—171,书中，凯尔森承认了《魏玛宪法》的一处错误，来澄清第13条第1段、第19条以及第48条第一段之间的关系，使得安修茨的文章从实证主义视角看是可成立的。

52 Anschütz, discussion in "Bundesstaatliche und gliedsstaatliche Rechtsordnung," *VVDSRL*, 6:65.

53 Apelt, *Geschichte der Weimarer Verfassung*, 58—59; *Max Weber Gesamtausgabe*, pt. 1, vol. 16, 71; Boldt, "Die Weimarer Reichsverfassung," 57—59.在普罗伊斯对国民议会的演讲中几乎是顺带的描述，被重印为 "Begründung des Entwurfs einer Verfassung für das Deutsche Reich"（1919）, in *Staat, Recht und Freiheit,* 419。

54 Naumann, "Versuch volksverständlicher Grundrechte," repr. in *Werke*. vol. 2（Cologne: Westdeutscher, 1964）, 573—579.见瑙曼的解释：*Verfassung des Deutschen Reiches*, 1st ed., 183—184; and Apelt. *Geschichte der Weimarer Verfassung*. 106—110.

55 Apelt, *Geschichte der Weimarer Verfassung*, 110—119.
56 Adalbert Düringer,在1919年3月3日的国民议会第19次会议, in *Die Deutsche Nationalversammlung im Jahre 1919*, vol. 2, ed. Eduard Heilfron(Berlin: Norddeutsche, n.d.), 1172—1173。
57 后来从宪法中去掉一条,规定基本权利将成为限制立法机关、行政机关和司法机关的手段,见Giese, *Die Verfassung des Deutschen Reiches*, 292—293。然而,安修茨注意到,这一条款仍然没有对这样的规范如何实施做出任何说明,因此实际上没有任何意义(*Verfassung des Deutsvhen Reiches*, 1st ed., 187—188)。
58 Anschütz, *Verfassung des Deutschen Reiches*, 1st ed., 187—188;关于分析风格的案例,见第200页,第119条关于婚姻的条款对于立法者来说成为一个"消极的原则"。也可见Anschütz, *Die Verfassungs-Urkunde für den preussischen Staat vom 31. Januar 1850. Ein Kommentar für Wissenschaft und Praxis*(Berlin: O. Häring, 1912), 94—95。
59 *Verfassung des Deutschen Reiches*, 1st ed., 186—187; *Die Verfassungs-Urkrnde für den preussischen Staat*, 95—96。
60 *Verfassung des Deutschen Reiches* 1st ed., 185—186; *Die Verfassungs-Urkrnde für den preussischen Staat*, 96—97。安修茨明确跟随耶利内克,将国家的主体定义为"人"(*Persönlichkeit*),而不是"市民"(*Bürger*)。见Jellinek, *System*, 76—80。
61 见Anschütz, *Verfassung des Deutschen Reiches*, 1st ed., 198。
62 *Verfassung des Deutschen Reiches*, 1st ed., 185, 189: "(Art. 109, par. 1,)要求平等位于法律之前,而不是法律上的平等"; *Die Verfassungs-Urkunde für den preussischen Staat*, 96—97。
63 *Verfassung des Deutschen Reiches*, 1st ed., 200—201; 14th ed., 508.
64 Burlage, speech of July 16, 1919(58th sess.), *Die Deutsche Nationalversammlung*, 6: 3923—3924.
65 Anschütz, *Verfassung des Deutschen Reiches*, 14 th ed., 563—564; Alfred Wieruzowski, "Artikel 119. Ehe, Familie, Mutterschaft," in Nipperdey, ed., *Grundrechte und Grundpflichten*, 2: 72—94.
66 见C. J. Klumker的批评性评论, "Artikel 121. Stellung der unehelichen Kinder," in Nipperdey, ed., *Grundrechte und Grundpflichten*, 2:107—108; and Renate Pore, *A Conflict of Interest. Women in German Social Democracy 1919—1933* (Westport, Conn.: Greenwood, 1981), 40—44。
67 Zietz, speeches on July 15 and 16, 1919 (57th and 58th sess.), *Die Deutsche*

68 *Nationalversammlung*, 6: 3812—3814, 3915—3922.
Verfassung des Deutschen Reiches, 14th ed., 563—564.
69 Apelt, *Geschichte der Weimarer Verfassung*, 323—329; Rudolf Morsey, *Die deutsche Zentrumspartei 1917—1923*（Dusseldorf: Droste, 1966）, 208—217; 关于当代制度的论述, 见Donald Kommers, *The Constitutional Jurisprudence of the Federal Republic of Germany*, 2d ed.（Durham: Duke University Press, 1997）, 489—491。
70 *Verfassung des Deutschen Reiches*, 14th ed., 698.
71 出处同上, 第697页。
72 见Otto Kirchheimer对基本权利中的许多对立的价值进行怀疑论的重新审视, "Weimar-und was dann? Analyse einer Verfassung"（1930）, repr. in *Politik und Verfassung*（Frankfurt am Main: Suhrkamp, 1964）, 32—33; 晚些时期, 施米特主张, 权利总体来说就是资产阶级价值观的实质性的保证: "marriage, religion, and private property": *Legalität und Legitimität*, 299—301, 关于Kirchheimer and Schmitt的论述, 见Scheuerman, *Between the Norm and the Exception*, 26—27。
73 Thoma, "Die juristische Bedeutung," 7—9; see also Franz Neumann, "Die soziale Bedeutung der Grundrechte in der Weimarer Verfassung"（1930）, in *Wirtschaft, Staat, Demokratie. Aufsätze 1930—1954*, ed. Alfons Söllner（Frankfurt am Main: Suhrkamp, 1978）, 74; and Scheuerman, *Between the Norm and the Exception*, 47—51.
74 安修茨的著名叙述"Das Staatsrecht hört hier auf", 是对拉班德解释预算法的批判。见Anschütz and Geoug Meyer, *Lehrbrch des deutschen Staatsrechts*, 7th ed.（Munich: Duncker und Humblot, 1917）, 906; Forsthoff, "Gerhard Anschütz," 149。
75 Thoma, "Das richterliche Prüfungsrecht," *Archiv des öffentlichen Rechts* 43（1922）: 270. 大体上来说, 见Anschütz, *Verfassung des Deutschen Reiches*, 14th ed., 369—375。
76 Thoma, "Das richterliche Prüfungsrecht," 274.
77 出处同上, 第275—279页。托玛没有以法学专家的身份来重新审视立法程序的一致性, 也许他属于1920年奥地利宪法中凯尔森那一类的解决方法。
78 Thoma, "Grundrechte und Polizeigewalt," in *Verwaltungsrechtliche Abhanelungen. Festgabe zur Feier des fünfzigjährigen Bestehens des Preussischen Oberverwaltungsgericts 1875—1920. November 1925*, ed. Heinrich Triepel（Berlin: Carl Heymann, 1925）, 217—222.
79 "Das System der subjektiven öffentlichen Rechte und Pflichten," *Handbuch des Deutschen Staatsrechts*, 2: 608.

80 比如,见James Goldschmidt的反对意见,"democratic absolutism of the majority," in "Gesetzesdämmerung" (1924), repr. in *Zur Problematik der höchstrichterlichem Entscheidung*, ed. Gerd Roellecke (Darmstadt: Wissenschaftliche Buchgesellschaft, 1982), 76—91。

81 Thoma, "Das Reich als Demokratie," 199—200.

82 出处同上。关于民主的类似的实证主义评价,见Hams Kelsen, *Das Problen des Parlamentarismus* (1926; repr., Darmstadt: Wissenschafiliche Buchgesellschaft, 1968); idem, "Die Entwicklung des Staatsrechts in Oesterreich seit dem Jahre 1918," in *Handbuch des Deutschen Staatsrechts*, 1: 165。

83 "Das Reich als Demokratie," 195; Mosler, "Richard Thoma," 828.

84 "Das Reich als Demokratie," 187—188; "Die rechtliche Ordnung des parlamentarischen Regierungssystems," in *Handbuch des Deutschen Staatsrechts*, 1: 503—511. 这一逻辑导向一种形式和程序的稳定,成为国家政治化的途径,这一观点来自Leo Wittmayer的*Reichsverfassung und Politik* [Tübingen: J. C. B. Mohr (Paul Siebeck), 1923]。

85 比如,见安修茨的评论,危机之后的1925年修订版: *Die Verfassung des Deutschen Reiches*, 8th ed. (Berlin: Georg Stilke, 1928), 170—177;参考Carl Schmitt和Ernst Jacobi提议修正,他们试图找到制约行政命令的本质方法,也宣称这些命令会侵犯基本权利: "Die Diktatur des Reichspräsidenten nach Art. 48 der Reichsverfassung," *VVDSRL*, 1: 63—136。

86 Anschütz, "Die kommende Reichsverfassung," 123; 也见Ingeborg Maus, *Bürgerliche Rechtstbeorie und Faschismus. Zur sozialen Faschismus. Zur sozialen Funktion und aktuellen Wirkung der Theorie Carl Schmitts* (Munich: Wilhelm Fink, 1976), 32—33。

87 战前的"常态"受到失败的主旋律的压力,见Richard Bessel, *Germany after the First World War* (Oxford: Clarendon, 1993)。

88 Huber, *Deutsche Verfassungsgeschichte*, 7: 363—364; Huber, *Dokumente*, 2d ed., 3: 188.

89 Huber, *Deutsche Verfassungsgeschichte*, 7: 422—425; 国会乐意接受这些决定,信任艾伯特总统,见Wengst, "Staatsaufbau und Verwaltungsstruktur," 72—73。

90 Michael L. Hughes, *Paying for the German Inflation* (Chapel Hill: University of North Carolina Press, 1988), 42—68; Gerald Feldman, *The Great Disorder: Politics, Economics, and Society in the German Inflation, 1914—1924* (New York: Oxford University Press, 1993), 812—819; Gertrude Lübbe-Wolff, "Safeguards of Civil and

Constitutional Rights-The Debate on the Role of the Reichsgericht," in *German and American Constitutional Thought: Contexts, Interaction, and Historical Realities*, ed. Hermann Wellenreuther (New York: Berg, 1990), 361—363. 由最高法院的总统沃尔特·西蒙斯签署的信件最初出现在1924年1月15日的 *Juristische Wochenschrift* 第15页; repr. in Huber, *Dokumente*, 3: 383—384。

91　立法浪潮的比喻出现在 Geis, "Der Methoden-und Richtungsstreit," 91—96。

92　Triepel, "Die Vereinigung der deutschen Staatsrechtslehrer," *Archiv des öffentlichen Rechts* 43 (1922): 349; 一般来说，见 Hollerbach, "Zu Leben und Werk Heinrich Triepels"。

93　Smend, "Die Vereinigung der deutschen Staatsrechtslehrer und der Richtungsstreit," in *Festschrift für Urich Scheuner zum 70. Geburtstag* (Berlin: Duncker und Humblot, 1973), 576.

94　Fritz Stier-Somlo, "Die zweite Tagung der Vereinigung der deutschen Staatsrechtslehrer," *Archiv des öffentlichen Rechts* 46 (1924): 88: "Einheit, Harmonie, geistige Gemeinschaft"; idem, "Die dritte Tagung der Vereinigung der deutschen Staatsrechtslehrer," *Archiv des öffentlichen Rechts* 48 (1925); 99: summarizing "the" (singular) result; Günther Holstein, "Von Aufgaben und Zielen heutiger Staatsrechtswissenschaft. Zur Tagung der Vereinigung der drutschen Staatsrechtslehrer," *Archiv des öffentlichen Rechts* 50 (1926): 38—40, 强调这些现存的统一价值; Albert Hensel, "Die fünfte Tagung der Vereinigung der deutschen Staatsrechtslehrer," *Archiv des öffentlichen Rechts* 52 (1927): 97—98: 宣布委员会已经成功地统一了专业; Lutz Richter, "Die sechste Tagung der Vereinigung der deutschen Staatsrechtslehrer," *Archiv des öffentlichen Rechts* 53 (1928): 443: 宣布一个"单一的特点"; Hans Gerber, "Die siebente Tagung der Vereinigung der deutschen Staatsrechtslehrer," *Archiv des öffentlichen Rechts* 56 (1929): 253—254: "Einheit in der Vielheit." 自Köttgen在一个政党中明显看到国家法传统制度的改变，他作了总结报道，本质上略有不同。见 Arnold Köttgen, "Die achte Tagung der Vereinigung der deutschen Staatsrechtslehrer," *Archiv des öffentlichen Rechts* 60 (1932): 404—431。

95　Smend, "Die Vereinigung der Deutschen Staatsrechtslehrer," 579.

96　"Wesen und Entwicklung der Staatsherichtsbarkeit," *VVDSRL*, 5 (1929): Triepel's presentation, 2—29; Kelsen's, 30—88; discussion, 88—123. 也见 Ulrich Scheuner, "50 Jahre deutsche Staatsrechtswissenschaft im Spiegel der Verhandlungen der

Vereinigung der Deutschen Staatsrechtslehrer. I. Die Vereinigung der Deutschen Staatsrechtsaehrer in der Zeit der Weimarer Republik," *Archiv des öffentlichen Rechts* 97(1972): 350。

97 "Wesen und Entwicklung der Staatsgerichtsbarkeit," *VVDSRL*, 5:104.
98 出处同上,5: 117。
99 双重风格一词是 Ernst Fraenkel 以施米特的学说为基础,晚些时期在纳粹法中的言论。Ernst Fraenkel, *The Dual State: A Contributon to the Theory of Dictatorship*, trans. E. A. Shils, E. Loewenstein, and K. Knorr(New York: Oxford University Press, 1941).
100 "Überprüfung von Verwaltungsakten durch die ordentlichen Gerichte," *VVDSRL*, 5: 207, 230.
101 Hippel, review of Wilhelm Jöckel, *Hans Kelsens rechtstheoretische Methode*, in *Juristische Wochenschrift* 60(1931): 1175.这骇人的引用最初围绕着"undeutsch"; 它们的意义尚不清楚。
102 Freiherr Marschall von Bieberstein, *Vom Kampf des Rechts gegen die Gesetze* (Stuttgart: W. Kohlhammer, 1927), 95—97;对于控告政府的审讯,见 Huber, *Deutsche Verfassungsgeschichte*, 6: 992。
103 Carl Bilfinger, "Verfassungsrecht als Politisches Recht," *Zeitschrift für Politik* 18 (1928): 281—98; Manfred Friedrich, "Paul Laband," 204.
104 Ernxt Forsthoff 指出这种类型的重要性,见 "Gerhard Anschütz",第143—145页。
105 Franz Hartung, review in *Zeitschrift für die gesamte Staatswissenchaft* 87(1929): 225,引用自 Reinhard Meinhard Mehring, "Carl Schmitts Lehre von der Auflösung des Liberalismus; Das Sinngefüge der 'Verfassungslehre' als historisches Urteil," *Zeitschrift für Politik* 38(1991): 200—201。
106 卡尔·施米特是时代潮流中人[Hans Mayer, *Ein Deutscher auf Widerruf. Erinnerungen*, 2 vols.(Frankfurt am Main: Suhrkamp, 1982), 1:142],是唯一一位在共和国清楚界定政治概念的法学家,见 *Der Begriff des Politischen. Texte von 1932 mit einem Vorwort und drei Corollarien*(Berlin: Duncker und Humblot, 1963)。然而,他创制的这一概念是激进的,也是"存在主义"的,不能真正地与国家法任何理论相匹配;见 Heinrich Triepel's comments in "Wesen und Entwicklung der Staatsgerichtsbarkeit," *VVDSRL*, 5: 6—7; and Bilfinger, "Verfassungsrecht als politisches Recht," 294—295。其他人坚持认为,一个主观且规范的,比如,政治的时刻对于法学界来说是必然的。见 Rudolf Laun, "Der

Staatrechtslehrer und die Politik," *Archiv des öffentlichen Rechts* 43 (1923):145—199; and Triepel, *Staatsrecht und Plitik*。然而，当法学家们在实际中具体定义政治时，都失败了。举例来说，特里佩尔在他的"Wesen und Entwicklung der Staatsgerichtsbarkeit"中不能超越一些高级政治的含糊概念和国家的保存。

107 例如，见Kaufmann, *Kritik der neukantianischen Rechtsphilosophie. Eine Betrachtung über die Beziehungen zwischen Philosophie und Rechtswissenschaft* [Tübingen: J. C. B. Mohr (Paul Siebeck), 1921], 79—80; Smend, *Verfassung und Verfassungsrecht*, 124; Heller, "Die Krise der Staatslehre"(1926), repr. in *Gesammelte Schriften*, 2: 5。

108 例如, Gerhard Lassar, "Der Schut des öffentlichen Rechts. Die neueste Entwicklung des Gemeindeverfassungsrechts," *VVDSRL*, 2: 95 (1925);作为使少数派免受多数派的保护手段，斯门德对"自由化"的解释，见"Das Recht der freien Meinungsäusserung," *VVDSRL*, 4: 47—48; Carl Schmitt, *Verfassungslehre*, 225。

109 施米特"真正的"基本权利观是保护个人免受国家侵害，见 *Verfassungslehre*, 164—165。

110 Gerber,讨论的贡献, "Verwaltungsrecht der öffentlichen Rechts," *VVDSRL*, 6:154; Smend, "Das Recht der freien Meinungsäusserung," *VVDSRL*, 4:62; Triepel, "Wesen und Entwicklung der Staatsgerichtsbarkeit," *VVDSRL*, 5: 21—22。

111 Kaufmann, 讨论, "Verwaltungsrecht der öffentlichen Rechts," *VVDSRL*, 6: 151; Köttgen, in ibid., 6: 105; Heller, "Der Begriff des Gesetzes in der Reichsverfassung," in *VVDSRL*, 4; 127; 同时, Hans Layer将拉班德视为君主制的拥护者，见"Krise der deutschen Staatslehre von Bismarck bis Weimar" (1931), repr. in *Karl Marx und das Elend des Geistes. Studien zur neuen deutschen Ideologie* (Miesenheim am Glan: Westkulturverlag Anton Hain, 1948), 54—55。

112 Kaufmann, discussion, "Das Recht der freien Meinungsäusserung," *VVDSRL*, 4: 19—80; idem, "Gleichheit vor dem Gesetz im Sinne des Art. 109 der Reichsverfassung,: *VVDSRL*, 3: 15—16 (1927); Smed, "Das Recht der freien Meinungsäusserung," *VVDSRL*, 4: 46—47. Wolfram Bauer讨论价值相对论的问题，见Wolfram Bauer, *Wertrelativismus und Wertbestimmtheit im Kampr um die Weimarer Republik. Zur Politologie des Methodenstreites der Staatsrechtslehre* (Berlin: Duncker und Humblot, 1968)。

113 Jellinek, "Die Schutz des öffentlichen Rechts durch ordentliche und durch Verwaltungsgerichte (Fortschritte, Rückschritte und Entwicklungstendenzen seit der

注　释

Revolution)," *VVDSRL*, 2: 79—80.
114　Carl Bilfinger, *Nationale Demokratie als Grundlage der Weimarer Verfassung* (Halle an der Saale: Max Niemeyer, 1920); Schmitt, Verfassungslehre, 102—112. Kurt Somtheimer, *Antidemokratisches Denken in der Weimarer republic. Die politischen Ideen des deutschen Nationalismus zwischen 1918 und 1933* (Munich: Nymphenburger, 1962),在魏玛反民主意识形态的大语境下审视各种观点。
115　Freiherr Marschall von Bieberstein, *Vom Kampf des Rechts gegen die Gesetze*, 13—14.
116　Schmitt, *Hüter der Verfassung* [Tübingen: J. C. B. Mohr (Paul Siebeck), 1931].
117　Günther Holstein, "Von Aufgaben und Zielen heutiger Staatsrechtswissenschaft, 26, " Saturiertheit一词最初是俾斯麦用来平息其他国家关于德意志对外政策的意图, Erich Kaufmann也使用了这一单词, "Die Gleichheit vor dem Gesetz," *VVDSRL*, 3: 3; see also Schmitt, *Verfassungslehre*, 55; and Hermann Heller, *Staatslehre* (1934), repr. in *Gesammelte Schriften*, 3: 118。
118　共和国齐声宣告国家法危机,包括Erich Kaufmann, *Kritik der neukantianischen Rechtsphibosophie*, preface, 1—5; Smend, *Verfassung und Verfassungsrecht* 121—123; Triepel, *Staatsrecht und Politik*; Otto Koellreutter, "Staatsrechtswissenschaft und Politik," *Deutsche Juristen-Zeitung* 33 (1928): 1221—1226; Hermann Heller, "Die Krise der Staatslehre," 3—30; and Hans Mayer, "Die Krise der deutschen Staatslehre."

第四章
宪政民主的矛盾基础：
魏玛共和国时期的汉斯·凯尔森和卡尔·施米特

1　雅克·德里达:"独立宣言",《新政治科学》卷15,(1986):7—15;参阅Bonnie Honig, "Declarations of Independence: Arendt and Derrida on the Problems of Founding a Republic," *American Political Science Review* 85 (1991): 97—113。
2　On Schmitt's style: Reinhard Mehring, Pathetisches Denken, 20—22, esp. n. 58; Holmes, *Anatomy of Antiliberalism*, 39.
3　可参考Metall:《汉斯·凯尔森》,第34—37页;以及埃里克·沃格林:"凯尔森的纯粹法学",《政治科学季刊》卷42(1927):第268—276页。关于凯尔森在起草1920年奥地利宪法中的角色,参见Felix Ermacora, "Österreichische

Bundesverfassung und Hans Kelsen,"in *Festschrift für Hans Kelsen zum 90。 Geburstag*, ed. Adolf Merkl et al. (Vienna: Franz Deuticke, 1971), 22—54; 以及下列资料选辑: *Karl Renners Briefe aus Saint Germain und ihrerechtspolitische Folgen*, Schritenreihe des Hans-Kelsen-Instituts, vol.16, ed. Georg Schmitz (Vienna: Manz, 1991); *Die österreichische Bundesverfassung und Hans Kelsen. Analysen und Materialien. Zum 100. Geburtstag von Hans Kelsen*, ed. Felix Ermacora and Christiane Wirth (Vienna: Wilhelm Braumüller, 1982); *Die Enstehung der Bundesverfassung 1920, vol. 4: Die Sammlung der Entwürfe zur Staatsbzw. Bundesverfassung*, ed. Felix Ermacora (Vienna: Wilhelm Braumüller, 1990); 以及 *Die Vorentwürfe Hans Kelsens für die österreichische Bundesverfassung*, Schriftenreihe des Hans-Kelsen-Instituts, vol. 6, ed. Georg Schmitz (Vienna: Manz, 1981), esp. 109—112. Robert Walter 在 "Die Gerichtsbarkeit" 中讨论了奥地利的司法审查传统, 见 *Das österreichische Bundes-Verfassungsgesetz und seine Entwicklung*, ed. Herbert Schambeck (Berlin: Dunker und Humbolt, 1980), 443—480。英语文献有: Klaus Von Beyme, "The Genesis of Constitutional Review in Parliamentary Systems," in *Constitutional Review and Legislation: An International Comparison*, ed. Christine Landfried (Baden-Baden: Nomos, 1988), 21—38。

4　1929年改革赋予了总统更多权力, 其主要动因之一是凯尔森的宪法法院所做的一个决定, 它允许维也纳的社会民主党市长废除婚姻法。保守主义对这一正式决定的抗议直接反对的是凯尔森本人。参见 Metall, *Hans Kelsen*, 48ff.; Paul Silverman, "Law and Economics in interwar Vienna," 690—702。

5　关于纯粹理论与实践政治间的关系, 参见 Horst Dreier, *Rechtslehre, Staatssoziologie und Demokratietheorie bei Hans Kelsen* (Baden-Baden: Nomos, 1986), 第249—294页提供了进一步解释。关于凯尔森的政治著作, 尤其可以参考 *Vom Wesen und Wert der Demokratie*, 2d ed. [Tübingen: J. C. B. Mohr (Paul Siebeck), 1929]; 关于他与改革派社会民主党的关系, 参见 "Die politische Theorie des Sozialismus," *Österreichische Rundschau* 19 (1923): 113—135; "Marx Oder Lassalle. Wandlungen in der politischen Theorie des Marxismus," *Archiv für die Geschichte des Sozialismus und der Arbeiterbewegung* 11 (1925): 261—298。

6　参见 Bendersky, *Carl Schmitt*; Tommissen, "Bausteine zu einer wissenschaftlichen Biographie," 71—100; 以及 Mehring, *Carl Schmitt zur Einführung*, 33—40。Moritz Julius Bonn 将1920年代的施米特描述为"杰出的天才", 却受限于"无限的虚荣"和"知识上的任性", 参见 *Wandering Scholar* (New York: John Day, 1948),

注 释

330—331; 这个判断得到了Naock的支持,参见 *Carl Schmitt*。

7 *Political Romanticism*, trans. From the 2d German ed. (1923) by Guy Oakes (Cambridge: MIT Press, 1986); *Die Diktatur* (1921); *Political Theory, Four Chapters on the Concept of Sovereignty*, trans. from the 2d ed. (1934) by George Schwab (Cambridge: MIT Press, 1985).

8 Ernst Rudolf Huber, "Carl Schmitt in der Rechtskrise der Weimarer Endzeit," in *Complexio Oppositorum*, 33—50; Bendersky, *Carl Schmitt*, chs. 8 and 9; Bernd Rüthers, *Carl Schmitt im Dretten Reich. Wissenschaft als Zeitgeist-Verstärkung*, 2d ed. (Munich: C. H. Beck, 1990), 57—71.

9 施米特的追随者往往拒绝评论施米特的思想从批评魏玛转向纳粹正当化过程中的延续性,例如, Helmut Quaritsch, *Positionen und Begriffe Carl Schmitts*, 2d ed. (Berlin: Duncker und Humblot, 1991), ch. 4, "Der Konvertit 1933—1936": "Wer zu Wölfen reden will, muss mit den Wölfen heulen." Günter Maschke, *Der Tod des Carl Schmitt. Apologie und Polemik* (Vienna: Karolinger, 1987), 对施米特的恶意反犹主义及希特勒的支持就不置一词。参阅 Peter Römer 的批判性研究报告, 见 "Tod und Verklärung Carl Schmitts," *Archiv für Rechts-und Sozialphilosophie* 76 (1990): 373—399; Stephen Holmes, "The Scourge of Liberalism," *New Republic* 199 (August 22, 1988): 31—36; Bernd Rüthers, *Entartetes Recht. Rechtslehren und Krojuristen im Dritten Reich*, 3d ed. (Munich: DTV, 1994), 集中报道了施米特的案子; Mering, *Carl Schmitt*, 101—124; and Peter Caldwell, "National Socialism and Constitutional Law: Carl Schmitt, Otto Koellreutter, and the Debate over the Nature of the Nazi State, 1933—1937," *Cardozo Law Review* 16 (1994): 399—427, with additional references。

10 这一时间的确定依据的是史丹利·L. 鲍尔森(Stanley L. Paulson)的最新著作, "Zur neukantianischen Dimension der Reinen Rechtslehre. Vorwort zur Kelsen-Sander Auseinan-dersetzung," 见 *Die Rolle des Neukantianismus in der Reinen Rechtslehre. Eine Debatte Zwischen Sander und Kelsen*, ed. Paulson (Aalen: Scientia, 1988), 7—22; 同上, 序言和导论对凯尔森的介绍; 以及同上, "Toward a Periodization of the Pure Theory of Law." 对于理解凯尔森的新康德主义具有重要意义的是, 他在 *Hauptprobleme* (xvii—xviii; 但是, 在 Un inedit de Kelsen 中, 凯尔森却批评科恩是一个宗教思想家, 334—335)第二版前言中参考了赫尔曼·科恩(Hermann Cohen)。但是, 鲍尔森("Toward a Periodization of the Pure Theory of Law," 35—37)却认为这一参考是批评新康德主义方法论的一个迹

象,马里欧·G.洛萨洛(Mario G. Losano)("The Periodization of Kelsen proposed by S. L. Paulson," in Hans Kelsen: A Diachronic Point of View, 120)却争辩说,科恩仅仅给了凯尔森的理论外部支持;鲍尔森似乎接受了他后来在"Kelsen and the Marburg School: Reconstructive and Historical Perspectives"中所做出的判断,强调海德堡学派而非乔治·席美尔(Georg Simmel)和乔治·耶利内克(Georg Jellinek)的影响,参见 *Prescriptive Formality and Normative Rationality in Modern Legal Systems. Festschrift for Robert S. Summers*, ed. Werner Krawietz, Neil MacCormick, and Georg Jellinek von Wright (Berlin: Duncker und Humblot, 1994), 481—494。也参见 Manfred Paschke, "Hermann Cohens Einfluss auf Kelsens Reine Rechtslehre," 445—466; Moore, *Legal Norms and Legal Science*, 7; 以及 Helmut Holzhey, "Die Transformation neukantianischer Theoreme in die reine Rechtslehre Kelsens," in *Hermeneutik und Strukurtheorie des Rechts, Archiv für Rechts-und Sozialphilosophie*, Beiheft 20 (Wiesbaden: Franz Steiner, 1984), 99—110。对新康德主义法律现象学的一般讨论,参见 Dreier, *Rechtslehre, Staatssoziologie und Demokratietheorie*, 57—82。

11 *Das Problem der Souveränität und die Theorie des Völkerrechts. Beiträge zu einer Reinen Rechtslehre* [Tübingen: J. C. B. Mohr (Paul Siebeck), 1920]; *Der soziologische und der juristische Staatsbegriff. Kritische Untersuchungen des Verbältnisses von Staat un Recht* [Tübingen: J. C. B. Mohr (Paul Siebeck), 1922]; *Allgemeine Staatslehre* (Berlin: Springer, 1925); 关于自然法,特别参阅 "The Idea of Natural Law" (1928), trans. Peter Heath, in *Hans Kelsen. Essays in Legal and Moral Philosophy*, ed. Ota Weinberger (Dordrecht: D. Reidel, 1973), 27—60; and "Natural Law Doctrine and Legal Positivism" (1928), trans. Wolfgang Herbert Kraus, as an appendix to *General Theory of Law and State* (Cambridge: Harvard University Press, 1949), 391—446; and the English translation of the *Reine Rechtslehre*, 1st ed.: *Introduction to the Problem of Legal Theory*, trans. Bonnie Litschewski Paulson and Stanley L. Paulson。

12 同上,第2章,第28页。

13 *Staatsbegriff*, 235 (开始部分的强调); 也参见 *Allgemeine Staatslehre*, 54—55; 及 *Introduction to the Problem of Legal Theory*, 23—24。关于凯尔森法律规范理论的发展,(在诸多著作中)可参考 Dreier, *Rechtslehre, Staatssoziologie und Demokratietheorie*, 196—199; 以及 Hendrik J. Eikema Hommes, "The Development of Hans Keisen's Concept of Legal Norm," in Rechtssystem und gesellschaftliche

Basis bei Hans Kelsen, Rechtstheorie, Beiheft 5, ed. Werner Krawietz and Helmut Schelsky(Berlin: Duncker und Humblot, 1984), 159—174。
14 *Introduction to the Problem of Legal Theory*, 24; Paulson, "Zur neukantianischen Dimension der Reinen Rechtslehre," 15—22.
15 这种思维路径已经出现在"Rechtswissenschaft als Normoder als Kulturwissenschaft," 46。
16 对此的批评可以在以下著作中找到, Hermann Heller, *Die Souveränität*, 26; *Staatslehre*, 149—151; Kurt Sontheimer, *Politische Wissenschaft und Staatsrechtslehre*, 21—23; Wolfgang Schluchter, *Entscheidung für den sozialen Rechtsstaat, Hermann Heller und die Staatstheoretische Diskussion in der Weimarer Republik*(Cologne: Kiepenheuer und Witsch, 1968), 43—52; and Chritoph Müller, "Kritische Bemerkungen zur Auseinandersetzung Hermann Hellers mit Hans Kelsen," in *Der soziale Rechtsstaat. Gedächtnisschrift für Hermann Heller 1891—1933*, ed. Müller and Ilse Staff(Baden-Baden: Nomos, 1984), 693—722。
17 当凯尔森在其著作中的这一段文字中将"精神—肉体"分开时, 其理想主义已经清晰可见了, 例如 *Statsbegriff*, 75—76。在《逻辑理论问题导言》(32—35)中, 凯尔森将其总体计划置于疑问之下, 他认为, 既然被偶然因素所决定的法律应该是纯粹的和简单的, 因此, 法律学者的总体追求应该是意识形态的。在他离开欧陆以逃离法西斯主义时, 这一观点也许体现了凯尔森的悲观主义。也要注意他对"自由"或人民立法自主性的怀疑主义评论, 见 *Vom Wesen und Wert der Demokratie*, 3—13, 84—86。
18 "Juristischer Formalismus und Reine Rechtslehre," *Juristische Wochenschrift* 58 (1929): 1723—1724.
19 " Natural Law Doctrine and Legal Positivism," 416.
20 *Introduction to the Problems of Legal Theory*, 18—19. Horst Dreier 间接地暗示, 凯尔森的批评应该主要从保守主义的角度来衡量, 见 *Rechtslehre, Staatssoziologie und Demokratietheorie*, 163, 170—174; 参阅凯尔森对列宁无政府主义的批评, 见" Die politische Theorie des Sozialismus," 113—135。
21 " Juristischer Formalismus und Reine Rechtslehre," 1723.
22 *Staatsbegriff*, 115—116.通常反对耶利内克, 同前, 第114—136; *Introduction to the Problems of Legal Theory*, 97; *Allgemeine Staatslehre*, 6—7; 及 "Un inedit de Kelsen," 333。也参见 Paulson, " Zur neukantianischen Dimension der Reinen Rechtslehre," 13—14; 同前, "Toward a Periodization of the Pure Theory of

Law," 20—28。
23 "Justiz und Verwaltung"（1929）, repr. in *Weiner Rechtstheoretische Schule*, 1784.
24 例如，参见 *Problem der Souveränität*, 11—12; *Staatsbegriff*, 213—215; *Introduction to the Problem of Legal Theory*, 99—106; summary in *Allgemeine Staatslehre*, 16—17。
25 *Staatsbegriff*, 89—90.关于国家"精神"存在的清晰表达，前揭，第91页。类似的评论均见 *Introduction to the Problems of Legal Theory*, 104—105。
26 凯尔森在另一处提到"我们称之为国家的这一规范秩序的客观有效性。规范的有效性是国家存在于其中的特殊领域"（"Wesen des Staates"）(1926—1927), repr. *Wiener rechtstheoretische Schule*, 1715）.
27 *Allgemeine Staatslehre*, 105; *Staatsbegriff*, 86—88.
28 *Problem der Souveränität*, 12—13.
29 Heller, *Die Souveränität*, 78, 85—86.
30 尤其参见 "Das Wesen des Staates," 1713—1715, 1718—1721; "Die Lehre Von den drei Gewalten order Funktion des Staates"（1923—1924）, repr. *Wiener rechtstheoretische Schule*, 1626; "prima causa" is discussed in *Staatsbegriff*, 84, 128—129, 223—225; *Allgemeine Staatslehre*, 102; and *Problem der Souveränität*, 5—6, 56—58.英语文献的相关讨论见《上帝与国家》(1922—1923)，收于《法律与道德哲学文集》，第61—68页。
31 感谢史丹利·L. 鲍尔森（Stanley L. Paulson）所做的精确界定。
32 参见 *Hauptprobleme*, 1923 Foreword, xii—xvi。On Merkl: Wolf-Dietrich Grusmann, *Aldolf Julius Merkl. Leben und Werk*, Schriftenreihe des Hans-Kelsen-Instituts, vol. 13（Vienna: Manz, 1989）; *Adolf Julius Merkl. Werk und Wirksamkeit*, Schriftenreihe des Hans-Kelsen-Instituts, vol. 14, ed. Robert Walter（Vienna: Manz, 1990）。
33 *Problem der Souveränität*, 93—94; 类似的段落见 *Staatsbegriff*, 93—94。
34 **基本法**这一概念在历史上指的是规制国家行为且不必完全包含契约的任何一套基本法律。参见 Dieter Grimm, "Der Verfassungsbegriff in historischer Entwicklung," in *Die Zukunft der Cerfassung*（Frankfurt am Main: Suhrkamp, 1991）, 102—103。
35 "Die Lehre von den drei Gewalten," 1634; 也参见 *Allgemeine Staatslehre*, 249; 及 *Introduction to the Problems of Legal Theory*, 63—65.
36 Kelsen, *österreichisches Staatsrecht. Ein Grundriss, entwicklungsgeschichtlich*

注 释

dargestellt[Tübingen: J. C. B. Mohr(Paul Siebeck), 1923], 74—153.
37 同上, 第78—79页。这一逻辑倒退的理论问题, 在*Introduction to the Problems of Legal Theory*(62—63)中予以讨论。凯尔森文本中出现的这种逻辑连续性断裂的其他例子, 包括1867年双重独裁及1861年和1865年关于独裁法令的解体, 详见*österreichisches Staatsrecht*, 20—22。由于凯尔森将宪法独裁下的技术变革与1918年对制度本身的革命等量齐观, 所以, 他将缺乏法律权威支持的这种变革视为"革命", 是确切无疑的。至于法学家是否有权认定哪些法律是有效的, 他没有提出批评。参见Heinrich Herrfahrdt, *Revolution und Rechtswissenschaft. Untersuchungen über die juristische Erfassbarkeit von Revolutionsvorgängen und ihre Bedeutung für die allgemeine Rechtslehre*(1930; repr. Aalen: Scientie, 1970), esp. 7—9; 及Margrit Kraft-Fucks, "Kelsen Staatstheorie und die Soziologie des Staates," *Zeitschrift für öffentliches Recht* 11(1931): 410—415。
38 例如可参阅对康德契约理论的批评, 见*Staatsbegriff*, 141—142, *Allgemeine Staatslehre*, 250—251; 及"Die Lehre von den drei Gewalten," 1625—1626。
39 *Problem der Souveränität*, 97—98, n. 1。
40 例如*Allgemeine Staatslehre*, 249; *Introduction to the Problems of Legal Theory*, 58, 63—65。
41 在这个意义上, 并且仅仅在这个意义上来说, 凯尔森提出了某些类似于由哈特(H. L. A. Hart)予以理论化的"同意的统治"之类的概念, 它允许法律行动者认可一个合法地构成的权威; 参见Hart, *The Concept of Law*, 97—120。但是, 需要注意的是, 哈特拒绝了凯尔森的新康德主义(前揭, 245—246), 却转向了鲍尔森所描述的"社会事实"。参见Paulson, "Continental Normativism and its British Counterpart."
42 "Natural Law Doctrine and Legal Positivism," 401.
43 *Problem der Souveränität*, 96.
44 *Staatsbegriff*, 83—84.
45 同上, 91—92。
46 同上, 92—93。
47 同上, 95—96。
48 同上, 97。
49 参见*Problem der Souveränität*, 96—98; *Allgemeine Staatslehre*, 18—19; *Introduction to the Problems of Legal Theory*, 58—60。其明晰且辩论性的正式阐述, 参见*Der Staat als Integration. Eine prinzipielle Auseinandersetzung*(Vienna: Julius Springer,

1930), 13—14。
50 在魏玛共和国时期,这类批评尤其可参考Schmitt, *Verfassungslehre*, 9—10; 及 Heller, *Staatslehre*, 304—305, 330—331。战后的类似批评均见Horst Ehmke, *Grenzen der Verfassungsänderung* (1952), repr. *Beiträge zur Verfassungstheorie und Verfassungspolitik*, ed. Peter Häberle (Könistein: Athenäum, 1981), 37—42; Ernst Block, *Naturrecht und menschliche Würde* (Frankfurt am Main: Suhrkamp, 1972), 168—174; and Dreier, *Rechtslehre, Staatssoziologie und Demokratietheorie*, 55—56。
51 *Introduction to the Problems of Legal Theory*, 58.
52 *Problem der Souveränität*, v—vi, 8—9; "Natural Law Doctrine and Legal Positivism," 401. 以及Dreier, *Rechtslehre, Staatssoziologie und Demokratietheorie*, 50—56; Paulson, "Zur Hermann Hellers Kritik an die Reine Rechtslehre," in *Der soziale Rechtsstaat*, 683—687。
53 "Das Wesen des Staates," 1716; 也参见 *Problem der Souveränität*, 97; *Staatsbegriff*, 93—95。
54 Heller, "Die Krise der Staatslehre," 23—24.
55 尤其参见阿尔夫·罗斯(Alf Ross)在《走向现实主义的法理学》(*Toward a Realistic Jurisprudence*, 57—59)中所提出的严厉批评,他认为,所谓"规范"命题只不过是重复了19世纪实证主义发现的关于国家主权的自相矛盾罢了。凯尔森的另外一个学生,奥塔·魏因伯格(Ota Weinberger)转向了一种"制度主义"方法,认为规范与事实认识对于法律科学来说都是必要的: Weinberger and Neil Macmick, *An Institutional Theory of Law. New Approaches to Legal Positivism* (Dordrech: D. Reidel, 1986), 19—20; Weinberger, "Beyond Positivism and Natural Law," in ibid., 114; Weinberger, "The Theory of Legal Dynamics Reconsidered," *Ratio Juris* 4 (1991): 18—35。史丹利·L.鲍尔森(Stanley L. Paulson)争辩道,凯尔森式的抽象推理,至少"蜕化"形式与新康德主义相同,不能排除对法律现象进行非规范阐释的可能性,并且,在该形式中,至少是失败的: introduction to Kelsen, *Introduction to the Problem of Legal Theory*, xxxviii—xli。
56 最小与最大相关的概念来自于 *Staatsbegriff*, 92—93, 95—96; *Allgemeine Staatslehre*, 18—19; *Introduction to the Problem of Legal Theory*, 59—60。
57 "The idea of Natural Law," 36—38; "Natural Law Doctrine and Legal Positivism," 393—394.
58 Strauss, "Notes on Carl Schmitt, *The Concept of the Political*" (1932), repr. in Heinrich Meier, *Carl Schmitt and Leo Strauss: The Hidden Dialogue*, trans. J. Harvey

注 释

Lomax(Chicago: University of Chicago Press, 1995), 94—95; 迈耶(Meier)指出(前揭, 第12—14页), 施特劳斯强化了施米特关于这一点的论辩。也参见 Schmitt, *Begriff des Politischen*, 26。

59 *Römischer Katholizismus und Politische Form*, 22, 50.这一辩论的基础是John McCormick *Against Politics as Technology: Carl Schmitt's Critique of Liberalism* (New York: Cambridge University Press, 1997)的前言, " Dangers of Mythologizing Technology and Politics: Nietzsche, Schmitt and the Antichrist," *Philosophy and Social Criticism* 21(1995): 55—92,以及Klaus Kröger的非批判性讨论, 参见 "Bemerkungen zu Carl Schmitts 'Römisscher Katholizismus und Politische Form,' " in Complexio Oppositorum, 159—165。

60 作为这种观点的代表, 参见*Römischer Katholizismus und Politische Form*, 31—36,以及*Verfassungslehre*, 212, 209。关于天主教如何克服"犹太教一神论"的"绝对至上"的有关论述, 参见*Römischer Katholizismus*, 12—13。尘世间的新教城市居民不能将其自身与任何领土(Boden)联系在一起, 前揭, 17—18。另一个有争议的问题主要是这些观点在何种程度上是地道的"天主教"的观点。根据Bernd Wacker编辑的*Die eigentlich katholsche Verschärfung*中各篇论文的观点, 施米特所代表的是政治性天主教主义中相当边缘化的因素。但是, 施米特的反犹主义立场在其所有著作中显然具有连续性。参见Raphael Gross, "Carl Schmitts 'Nomos' und die 'Juden,' " *Merur* 47(1993): 410—420;以及他即将发表的相关论文。

61 关于施米特对凯尔森的批评, 参见David Dyzenhaus, " 'How the Machine Runs Itself': Carl Schmitt on Hobbes and Kelsen," *Cardozo Law Review* 16(1994): 10—15。施米特对凯尔森究竟理解了多少是有疑问的。例如, 在《政治神学》(*Political Theology*: 18—20)中, 他先是将基本规范等同于国家, 稍后却又将它称为一个"神话"(被Schwab错误地翻译为"假设")。

62 参见*The Crisis of Parliamentary Democracy*(Cambridge: MIT Press, 1985), ch. 4。艾伦·肯尼迪(Ellen Kennedy)根据第二版(1926年版)翻译。同样参见施米特《政治神学》(*Political Theology*)第一版[(Berlin: Duncker und Humblot, 1922)14—15, 27—28]中对埃里克·考夫曼(Erich Kaufmann)的政治性"Lenbensphilosophie"的多次正面参考。关于作为国家的总体性现实的战争,参见*Der Begriff des Politischen*, 33。

63 *Political Theology*, 15.这一处引用参考了Kierkegaard的信仰的神奇基础概念。施米特从"例外"转向超越个体的国家层面, 参见Carl Löwith, "Der

okkasionelle Dezisionismus von Carl Schmitt"(1935), Repr. in *Samtliche Schriften*, vol. 8: *Heidegger-Dencker in dürftiger Zeit*(Stuttgart: J. B. Metzlersche, 1984), 32—71。Recard Wolin强调了施米特的"决断论"及其与"绝对主义"(vitalist)传统的联系,见"Carl Schmitt: The Conservative Revolutionary Habitus and the Aesthetics of Horro," *Political Theory* 20(1992): 424—447; 也参见Jeffrey Herf, *Reactionary Modernism: Technology, Culture and Politics in Weimar and the Third Reich*(Cambridge: Cambridge University Press, 1984), esp. 44—46, 118—121。

64 绝大多数批评都出现在《政治浪漫主义》(*Political Romanticism*)中。同样参见《政治神学》第3章和第4章,尤其是第65—66页:只有在完全清除了自由主义之后才会发生善良意志与邪恶意志之间的真正的战争;最后的战争将发生在无神论与信仰之间、无政府主义与独裁之间。现有的争论集中于施米特的法律理论,而非其政治见解的动机。关于施米特的动机,参见Nicolaus Sombart, *Die deutschen Männer und ihre Feinde. Carl Schmitt—ein deutsches Schicksal zwischen Männerbund und Matiarchatsmythos*(Munich: Hanser, 1991)。

65 *Die Diktatur*, xii.

66 前揭, xiv—xvi, 135, 194.同样参见*Verfassungslehre*(48—49)和Political Theology(5)所给出的界定。正如他在1917年所做的那样,施米特使用了黑格尔主义的方式来描述专政概念: *Die Diktatur*, xvi。

67 *Die Diktatur*, 130.

68 前揭,138。

69 施米特在多处重复了他关于人民是上帝的世俗化概念的理论。特别参见*Crisis*, 31—32及*Die Diktatur*, xvi。

70 *Die Diktatur*, 137.

71 但是请比较Schwab, *The Challenge of the Exception*, 30—37; 及Bendersky, *Carl Schmitt*, 31—33。

72 *Die Diktatur*, 142. Reinhard Mering注意到了这一工作对于施米特后期现代民主理论的重要意义,参见Carl Schmitt, 38—40。

73 *Die Diktatur*, 140.

74 前揭, 143—152, 204—205。在《代议制民主的危机》(*Crisis of Parliamentary Democracy*)第3章和第4章,施米特详尽地阐述了主权专政与无产阶级的阶级斗争之间的关系。同样参见Stefan Breuer, "Nationalstaat und pouvoir constituent bei Sieyes und Carl Schmitt," *Archiv für Rechts-und Sozialphilosophie* 70(1984): 495—517。

75 请参照 Schwab, *The Challenge of the Exception*, 33—34。
76 *Verfassungslehre*, 58—60。施米特谨慎地避免用 representation 和 representative 这两个词（它们与他的教堂理论有关）来指代帝国议会；相反，他使用了官僚化的"Beauftragte"。词语的选择涉及施米特的一个强烈暗示，亦即，既然实际的争论被利益集团和游说团体所取代，那么，议会制的代表就不是真正的代表（*Verfassungslehre*, 217—219）。
77 *Verfassungslehre*, 44。
78 前揭, 11—20。
79 前揭, 75—79, 91—92, 238。反驳凯尔森，参见 7—9。在第 10 页结束处直截了当地断言，一个真正的意志构成了宪政制度的基础。沃格林（Erich Voegelin）已经指出，施米特 *Verfassungslehre* 中的许多观点乃是由论断而非辩论所组成："Die Verfassungslehre von Carl Schmitt. Versuch einer konstruktiven Analyse ihrer staatstheoretischen Prinzipien," *Zeitschrift für öffentliches Recht* 11 (1931): 93。
80 *Verfassungslehre*, 61; 及 50。
81 *Begriff des Politischen*, 特别是 28—30, 33—35, 43, 50。关于政治的概念及其与 *Verfassungslehre* 的关系，参见 Ernst-Wolfgang Böckenförde, "Der Begriff des Politischen als Schlüssel zum staatsrechtlichen Werk Carl Schmitts" (1988), 再版于 *Recht, Staat, Freiheit. Studien zur Rechtsphilosophie, Staatstheorie und Verfassungsgeschichte* (Frankfurt und Main: Suhrkamp, 1991), 344—366; Scheurman, *Between the Norm and the Exception*, 17—24。请参考 McCormick, "Fear, Technology, and the State," 在与霍布斯主义及技术批评理论联系在一起时，它发展了敌人这一概念。
82 类似的分析是 Hasso Hofmann, *Legalität gegen Legitimität*, 134—141 和 Maus, *Bürgerliche Rechtstheorie und Faschismus*, 121—122。
83 "Das Wesen des Staates," 1718—1719; *Introduction to the Problem of Legal Theory*, 31。
84 但并非来自于"法律"本身！特别参考克里斯托弗·穆勒（Christoph Müller）对弗里德里希·穆勒（Friedrich Müller）这一观点的批评，见 "Die Bekenntnispflicht der Beaten. Bemerkungen zu § 35 Abs. 1 S. 2 BRRG, zugleich Anmerkungen zur Methodologie Friedrich Müllers," in *Ordnungsmatht? Über das Verhältnis von Legalität, Konsens und Herrschaft*, ed. Dieter Deiseroth, Freidhelm Hase, and Karl-Heinz Ladeur (Frankfurt am Main: Europäische Verlagsanstalt, 1981), 223—224。

85 黑勒的批评见 *Souveränität*, 78, 85—86。特别是 Kelsen's discussion contribution to " Die Gleichheit vor dem Gesetz im Sinne des Art. 109 der Reichsverfassung, " in *VVDSRL*, 3: 55。

86 在批评桑德尔时（"Rechtswissenschaft und Recht," 411），凯尔森通过参考康德的先验逻辑与贝克莱自我封闭的"我"之间的关键区别，从而明确了主观主义的问题。

87 *Verfassungslehre*, 227; 关于施米特的同质性假设，参见 Thomas Vesting, *Politische Einheitsbidung und technische Realisation. Uber die Expansion der Technik und die Grenzen der Demokratie*（Baden-Baden: Nomos, 1990），47—58; Ultich K. Preuss, " Constitutional Powermaking of the New Polity: Some Deliberations on the Relations Between Constituent Power and the Constitution," in *Constitutionism, Identity, Difference, and Legitimacy: Theoretical Perspectives*, ed. Michel Rosenfeld（Durham: Duke University Press, 1994），153—155。

88 *Verfassungslehre*, 51, 216. 施米特的资产阶级法治国的一般理论，经施米特同意，由 Werner Becher 进行概括，见 "Der bügerliche Rechsstaat," *Die Schildgenossen* 8 (1928): 127—133; 感谢 Raphael Gross 的这一提醒。

89 *Verfassungslehre*, 125—126; 200—202. 类似的讨论见 *Begriff des Politischen*, 69. 关于"实质平等"与同质性，见 *Verfassungslehre*, 226—234。施米特并不认为同质性本身就能够产生政治形式。无论是 führer 还是君主，在对内在的、经济思想的批评中，他都更青睐"代表"的中介角色。参见 Woegelin, "Verfassungslehre von Carl Schmitt," 99—100（论述无产阶级如何变成纯粹无形式的消极性）; 以及 Günter Meuter, "Zum Begriff der Transzendenz bei Carl Schmitt," *Der Staat* 32 (1991): 486—489。

90 *Verfassungslehre*, 305—306, 41; *Crisis of Parliamentary Democracy*, 35—36. 施米特否认"受过教育的并且拥有财产的"资产阶级是模糊的（例如，*Verfassungslehre*, 308）。通过避免使用作为一个阶级的资产阶级的任何实质性概念，施米特就避开了对自己阶级地位的讨论。关于施米特的"社会学"，参见 Woegelin, "Verfassungslehre von Carl Schmitt," 96—97。

91 *Political Romanticism*, 12—13; *Verfassungslehre*, 125。

92 *Verfassungslehre*, 126（开始处的强调）。

93 *Verfassungslehre*, 163—170. 这也是拉班德学派理解"主观的私人权利"的传统方式，例如 Giese, *Die Grundrechte*, 44—50。

94 *Verfassungslehre*, 182—199.

注 释

95 例如行政法,前揭,130—131。
96 前揭,133。
97 前揭,7,134;同样参见vii, 53—56。
98 前揭, 139, 143—50。请注意Behörde这个词的使用方式,它指的是行政机关,而非立法机构。
99 *Unabhängigkeit der Richter, Gleichheit vor dem Gesetz und Gewährleistung des Privateigentums nach der Weimarer Verfassung. Ein Rechtsgutachten zu den Gesetzentwürfen über die Vermögensauseinandersetzung mit den früher regierenden Fürstenhäusen*(Berlin: Walter de Gruyter, 1926), 9—11, 16—17; *Verfassungslehre*, 152.我在此所做的评论依赖于Ingeborg Maus, *Bürgerliche Rechtstheorie und Faschismus*.Jerry Z. Muller对Maus的解读——即她只看到了两位非代表向莱茵(Rhineland)工业家发表的演说——没有处理她对贯穿于施米特著作中反社会主义主题所作的更具根本性的批评;施米特肯定会愿意容忍国家对经济的干预,但是,绝非根据社会主义、共产主义与左翼自由主义政党(的纲领)。请参考Muller, *The Other God That Failed: Hans Freyer and the Deradicalization of German Conservatism*(Princeton: Princeton University Press, 1987), 211, n. 93。
100 *Unabhängigkeit der Richter*, 17—18, 20.
101 前揭, 13—14; *Verfassungslehre*, 141—142, 151, 154—155。进一步的讨论,参见Joachim Perels, "Die Gleichheit vor dem Gesetz," in Grundrechte als Fundament der Demokratie, ed.Joachim Perels(Frankfurt am Main: Suhrkamp, 1979), 69—95,特别是71—76关于魏玛的争论。
102 *Verfassungslehre*, 18—20, 25, 26; "Zehn Jahre Reichsverfassung," in *Verfassungslehre Aufsätze*, 38—39.
103 Maus, *Bürgerliche Rechtstheorie und Faschismus*, 18—19.
104 Heller, "Der Begriff des Gesetzes in der Reichsverfassung," VVDSRL, 4:108—110.
105 *Verfassungslehre*, 144—145;同样参见192,施米特在那儿争论说,只有"在议会将自身仅限制于财政控制及避免指令和干预"的情况下,议会才有预算权。在此,施米特与拉班德观点的相似性,正如他们在政治功能方面的相似性一样,是无可置疑的。参见Müller, "Die Bekenntnispflicht der Beamten," 239—240, n. 32。
106 *Unabhängigkeit der Richter*, 26.
107 *Verfassungslehre*, 31, 35; *Legalität und Legitimität*, 299—300.
108 关于"虚假决策",参见*Verfassungslehre*, xii, 108, 150。

109 Maus, *Bürgerliche Rechtstheorie und Faschismus*, 57—58, 111—112; Wolfgang Luthardt, Sozialdemokratische Verfassungstheorie in der Weimarer Republik (Opladen: Westdeutscher, 1986).改革派社会主义不理解施米特,他们只能想到一些替代资产阶级法治国和共产主义革命的极端方式。在 *Verfassungslehre* (30—31,225—226)中,改革派社会主义变成了自由主义;而在 *Unabhängigkeit der Richter*(26—27)中,改革派社会主义的立法则变成了雅各宾派的恐怖。

110 "Juristischer Formalismus und reine Rechtslehre," 1723; *Introduction to the Problems of Legal Theory*, 77—89; "On the Theory of Interpretation"(1934), trans. Bonnie Litschenwski Paulson and Stanley L. Paulsion, *Legal Studies* 10 (1990): 127—135.

111 "Die Lehre von den drei Gewalten," 1633—1634; *Introduction to the Problems of Legal Theory*, 70.凯尔森根据立法或普通法来看待法律资源的问题。

112 *Introduction to the Problems of Legal Theory*(81—82)接受了自由法律运动所使用的语言;"Juristischer Formalismus und reine Rechtslehre,"(1726)则明确诉诸该运动。

113 关于立法的理论,参见 Peter Römer,"Reine Rechtslehre und Gesetzgebungslehre," in *Rechtstheorie und Gesetzgebung. Festschrift für Robert Weimarer*(Frankfurt am Main: Peter Lang, 1986), 26—27; 关于阐释的理论,参见 Dreier, *Rechtslehre, Staatssoziologie und Demokratietheorie*, 145—155, 159—183, and pt. 5。Carl Larenz 对凯尔森阐释理论的批评(认为它是"空洞的"、仅仅是批评性的——是正确的,但用错了地方。参见 *Methodenlehre der Rechtswissenschaft*, 5th ed. (Berlin: Springer, 1983), 69—81。另外,对凯尔森的证明和捍卫,参见 Kurt Reinghofer, "Interpretation und Reine Rechtslehre. Gedanken zu einer Kritik," in *Festschrift für Hans Kelsen zum 90. Geburtstag*, ed. Adol Merki et al.(Vienna: Franz Deuticke, 1971), 198—210。在某种程度上更具批判性的是 Stanley Paulson, "Kelsen on Legal Intepretation," *Legal Studies* 10(1990): 136—152。

114 "Die Diktatur des Reichspäsidenten nach Artikel 48 der Weimarer Verfassung," 在 *Die Diktatur*(239)再版中的附加部分。

115 前揭,236—238。

116 前揭,241。

117 *Verfassungslehre*, 11.

118 "Die Diktatur des Reichspäsidenten," 242—243.

119 前揭,241。

120 前揭。帝国议会从未根据这一段来限制总统的权力,这在很大程度上是因为艾伯特和兴登堡总统都抵制对其权力的限制: Bracher, *Die Auflösung der Weimarer Republik*, 47—52。
121 "Die Diktatur des Reichspäsidenten,"234—235.
122 *Political Theory*, 11。(翻译有改动)
123 前揭,12(翻译有改动)。
124 Bracher, *Die Auflösung der Weimarer Republik*, 52—54.对Bracher解释的争论,参见Stanley L. Paulson, "The Reich President and Weimar Constitutional Politics: Aspects of the Schmitt-Kelsen Dispute on the'Guardian of the Constitution'"(提交美国政治科学学会的会议论文, Chicago, I11, September 1, 1995), 37—40。Hans Nawiasky 做出了类似的批评,认为施米特的方法对于限制总统权力存在着潜在的缺陷,见 "Die Auslegung des Art. 48 der Reichsverfassung," *Archiv des öffentlichen Rechts 48*(1925): 1—55。
125 对布吕宁超常手段进行共和主义正当化的例子包括Richard Thoma, "Die Notstandsverordnung des Reichspäsidenten vom 26. Juli 1930,"*Zeitschrift für öffentliches Recht 11*(1931): 12—33; 对布吕宁后来更加激烈手段的评论,见Gerhard Anschütz and Walter Jellinek, *Reichskredite und Diktatur. Zwei Rechtsgutachten*[Tübingen: J. C. B. Mohr(Paul Siebeck), 1932], 在22和44页引用了施米特。也参见Gerhard Schulz, *Zwischen Demokratie und Diktatur. Verfassungspolitik und Reichsreform in der Weimarer Republik*, vol. 3: *Von Brüning zu Hitler. Der Wandel des Politischen Systems in Deutschland 1930—1933*(Berlin: Walter de Gruyter, 1992), 374—375, 792—793; Winkler, *Weimar*, 397—398。对兴登堡在布吕宁政府期间利用宪法第48条的一个辩护,见前揭,376, 以及 Scheuner, "Die Anwendung des Art. 48 der Weimarer Reichsverfassung," 272—281。
126 例如 Hermann Heller, "Ziele und Grenzen einer deutschen Verfassungsreform"(1931), 再版于 *Gesammelte Schriften*, 2: 411—417。参见Hans Mommsen, "Government without Parties: Conservative Plans for Constitutional Revision at the End of Weimar Republic," 收于 Between Reform, Reaction, and Resistance: Studies in the History of German Conservatism from 1789 to 1945, Larry Eugene Jones 和 James Retallack 编辑(Providence: Berg, 1993), 350—351。
127 Bund zur Erneuerung des Reiches, *Die Rechte des Deutschen Reichspäsidenten nach der Reichsverfassung. Eine gemeinverständliche Darstellung*(Berlin: Bund zur Erneuerung des Reiches, 1929); 同前, *Welche Rechte hat der Reichspäsident?*

(Berlin: Bund zur Erneuerung des Reiches, 1931）。关于布吕宁君主倾向的研究，参见 Karl Otmar Freiherr von Aretin: "Brünings ganz andere Rolle"；关于帕彭，参见第6章。

128 "Das Reichsgericht als Hüter der Verfassung," in *Verfassungsrechtliche Aufsätze*, 69—70.

129 *Hüter der Verfassung* [Tübingen: J. C. B. Mohr（Paul Siebeck）, 1931], 12—70. 详尽的批评见 Kelsen, "Wer soll der Hüter der Verfassung sein?"（1931）, repr. in *Weiner rechtstheoretische Schule*, 1873—1922。

130 *Der Hüter der Verfassung*, 31—33, 39n.

131 参阅第2章；以及 Paulson, "The Reich President and Weimar Constitutional Politics," 20—33。

132 "Wer soll der Hüter der Verfassung sein?" 1885.

133 *Hüter der Verfassung*, 42—43; "Wer soll der Hüter der Verfassung sein?" 1883, 1886—1888.

134 *Hüter der Verfassung*, iii; 对普芬道夫进行历史性的介绍，参阅 Horst Denzer 所写的关于普芬道夫的编后记，*Die Verfassung des deutschen Reiches*, 161—211。

135 引自 *Verfassungsrechtliche*, 49。

136 Pufendorf, *Die Verfassung des deutschen Reiches*, 4—5, 96—107.

137 Hegel, Werke, vol. 1: *Früber Schriften*, ed. Eva Moldenhauer and Karl Markus Michel（Frankfurt am Main: Suhrkamp, 1971）, 451—610.

138 *Hüter der Verfassung*, 67—68.

139 前揭，113—114。黑格尔对 *itio in partes* 的讨论，见 *Die Verfassung Deutschlands*, 520—521。

140 *Hüter der Verfassung*, 110.

141 例如，前揭，53—54，关于作为契约的宪法观念。施米特反对国家与联邦政府间冲突的司法裁决，是拒绝契约观念的逻辑结果。参阅，前揭，55—60；及 *Verfassungsrechtliche*, 361—391。反对主观的公共权利，参见 *Hüter der Verfassung*, 68。

142 *Hüter der Verfassung*, 71—73.

143 前揭，第78至79页。凯尔森批评了19世纪国家中立的自由主义观念，参见 "Wer soll der Hüter der Verfassung sein?" 1899。

144 *Hüter der Verfassung*, 83—84.

145 *Crisis of Parliamentary Democracy*, 6—7, 49—50.

注　释

146　*Hüter der Verfassung*, 89—90.
147　前揭,131。
148　前揭,100—101,18。
149　前揭,131。
150　前揭,24—25,145。"Das Reichsgericht als Hüter der Verfassung," 69.
151　*Hüter der Verfassung*, 136.
152　前揭,158—159。
153　前揭,91—94,115—116。
154　参见*Legalität und Legitimität*, 266—267.这种争论在国家社会主义体制下继续进行,见"Weiterentwicklung des totalen Staates in Deutschland"(February 1933), in *Verfassungsrechtliche Aufsätze*, 359—365。
155　Harold Laski, *The American Presidency, an Interpretation* (New York: Harper and Brothers, 1940);关于技术统治,参见William E. Akin, *Technocracy and the American Dream: The Technocratic Movement, 1900—1941* (Berkeley: University of California Press, 1977)。
156　*Der Hüter der Verfassung*, 159.
157　Heller, *Souveränität*, 89—90.
158　"Wer soll der Hüter der Verfassung sein?" 1909—1910.
159　事实上,正如凯尔森所注意到的那样,恰恰是因为总统成为案件的一方,奥地利宪法法院才会遭到攻击。前揭,1910—1912,1917—1919页; Kelsen, "Judicial Review of Legislation: A Comparative Study of the Austrian and the American Constitution," *Journal of Politics* 4 (1942): 188,参考了《魏玛宪法》第48条。
160　"Wer soll der Hüter der Verfassung sein?" 1920.
161　Schmitt, *Der Hüter der Verfassung*, 158—159; Kelsen, "Wer soll der Hüter der Verfassung sein?" 1914—1916.
162　参阅Kelsen, "Wer soll der Hüter der Verfassung sein?" 1874—1975。
163　*Allgemeine Staatslehre*, 89;也见246—248页关于行政"自由"的论述,以及402—405页的引述。
164　Laband, *Staatsrecht*, 2: 44—50;简短的摘要,见Christoph Gusy, Richterliches Prüfungsrecht. Eine verfassungsgeschichtliche Untersuchung (Berlin: Duncker und Humblot, 1985), 65—68。
165　*Problem der Souveränität*, 25—26;关于圣·奥古斯丁强盗团伙的问题,参见

The Pure Theory of Law, 2d., 48—50。

166 对这一延续性的强调,见Vesting, *Politische Einheitsbildung*, 44—47; Ingeborg Maus, "Zur 'Zäsur' von 1933 in der Theorie Carl Schmitts" (1969), repr. in *Rechtstheorie und politische Theorie in Industriekapitalismus*, 93—110。

167 *Introduction to the Problems of Legal Theory*, 99—101.

168 Schmitt, "Staatsethik und pluralistischer Staat," *Kantstudien* 35 (1930): 28—29.

169 Scheuerman重点强调了施米特通过帝国议会抵制社会法的拓展,并借此反对社会民主党的行为,见*Between the Norm and the Exception*, 71—80。关于工业社会中国家的结构性变迁方面的问题,参见Thomas Vesting, "Erosionen staatlicher Herrschaft. Zum Begriff des Politischen bei Carl Schmitt," *Archiv des öffentlichen Rechts* 117 (1992):4—45。

170 参见"Der Staatsbegriff und die Psychoanalyse" (1927), repr. in *Wiener rechtstheoretische Schule*, 212—213; 关于作为一种"图腾面具"的人民主权,参见"Demokratie" (1927), 前揭, 1762。

171 *Vom Wesen und Wert der Demokratie*, 2d ed., 26—27.

第五章
宪政实践与民主主权的内在性:
鲁道夫·斯门德、赫尔曼·黑勒与宪法的基本原则

1 Francesco Gentile, "Hobbes et Kelsen. Éléments pour une lecture croisée," *Cahiers Vilfreto Pareto. Revue européenne des sciences sociales* 61 (1982): 379—392.凯尔森也强调过"客观的"法律在确保"社会和平"这一个霍布斯主义的主题的过程中所可能扮演的角色;参见*Vom Wesen und Wert der Demokratie*, 2d ed., 66—68。施米特自己声称要留在霍布斯主义的传统中。这是真的,我认为,只要"霍布斯主义"指的是霍布斯的建构作为主权的国家的特殊法律方面的内涵,而不是他的政治学与文化观念。关于施米特背离霍布斯的和平与个人主义价值观的论述,参见Meier, *Carl Schmitt and Leo Strauss*, 32—38; Leo Strauss, "Notes on Schmitt's *Concept of Political*," 前揭, 99—102, 115; John McCormick, "Fear, Technology, and the State"; 以及Holmes, *Anatomy of Antiliberalism*, 41—42, 50—53。

2 Fuller, *The Morality of Law*; 及Dworkin, *Taking Rights Seriously*, 2d ed. (Cambridge: Harvard University Press, 1978)。

3　勒南被引用于 Smend, *Verfassung und Verfassungsrecht*, 136; Heller, *Die Souveräntität*, 104; *Staatslehre*, 261, 325。
4　Freiherr von Campenhausen, "Rudolf Smend"（1882—1975）, 523—526.
5　"Integrationslehre"（1956）, repr. in *Staatsrechtliche Abhandlungen*, 475; 同样参阅对一体化的"共同体主义"描述, 见"Integration"（1956）, repr. in *Staatsrechtliche Abhandlungen*, 486, 引用于 Campenhausen, "Rudolf Smend," 522—523。关于斯门德著作中的宗教面向, 参见 Rennert, *Die "geisteswissenschaftliche Richtung" in der Staatslehre der Weimarer Republik*, 47, 256—257。
6　*Verfassung und Verfassungsrecht*, 274, 180—181, 212—213.
7　关于"组织"中断与实证主义关联的环境, 参见 Korioth, "Erschütterungen des staatsrechtlichen Positivismus im ausgehenden Kaiserreich," 221—228, 234。
8　"Ungeschriebenes Verfassungsrecht im monarchischen Bundesstaat"（1916）, repr. in *Staatsrechtliche Abhandlungen*, 54.
9　Kaufmann, *Studien zur Staatslehre des monarchischen Prinzipes*（Leipzig: O. Brandstetter, 1906）; Smend, *Die Preussische Verfassungsurkunde im Vergleich mit der Belgischen*（Göttingen: Diederich, 1904）.
10　"Ungeschriebenes Verfassungsrecht," 39—59. Manfred Friedrich 强调这篇文章的核心对斯门德思想的重要性, 见"Rudolf Smend 1882—1975," *Archiv des öffentlichen Rechts* 112（1987）: 3—5。进一步的分析见 Stefan Korioth, *Integration und Bundesstaat. Ein Beitrag zur Staats-und Verfassungslehre Rudolf Smends*（Berlin: Duncker und Humblot, 1990）, 20—91。
11　"Ungeschreibenes Verfassungsrecht," 50—58.
12　前揭, 249, 引用了施米特关于议会主义的观点。斯门德对议会主义的批评已经出版, 见"Die Verschiebung der konstitutionellen Ordnung durch die Verhältniswahl"（1919）（即施米特的《代议制民主的危机》四年之前）, repr. in *Staatsrechtliche Abhandlungen*, 60—67。
13　*Verfassung und Verfassungsrecht*, 141, 232—233.
14　斯门德及其同事海因里希·特里佩尔 1930 年离开了德意志民族人民党, 此时, Hugenberg 正在谋划公开支持独裁。参见 Friedrich, "Rudolf Smend," 16; 关于 DNVP 的分裂, 参见 Bracher, *Die Auflösung der Weimarer Republik*, 276—287。
15　斯门德意识到了阐述其理论时所遇到的方法论方面的问题: *Verfassung und Verfassungsrecht*, 188—189。关于这篇文章的结构, 参见 Peter Häberle, "Zum Tode von Rudolf Smend"（1975）, repr. in *Verfassung als öffentlicher Prozess.*

Materialien zu einer Verfassungstheorie der offenen Gesellschaft(Berlin: Duncker und Humblot, 1978), 685—687。

16 后者是一般阐释，见 Jügen Poeschel, *Anthropologische Voraussetzungen der Staatstheorie Rudolf Smends. Die elementaren Kategorien Leben und Leistung* (Berlin: Duncker und Humblot, 1978), 48—49。

17 Kelsen, *Der Staat als Integration*, 23.类似的批评性分析，参见 Hans Klingghofer, "Smends Integrationstheorie. Bemerkungen zu Smends Schrift 'Verfassung und Verfassungsrecht,' " *Die Justiz* 5 (1929—1930): 418—431。Fritz Stier-Somlo, "Verfassung, Verfassungsrecht," in *Handwörterbuch der Rechtswissenschaft*, vol. 6 (Berlin: Walter de Gruyter, 1929), 387—389; 更加克制的批评见 Oertzen, *Die soziale Funktion des staatsrechtlichen Positivismus*, 17。

18 参见注 17 中的文献，以及 Otto Koellreutter, *Integrationslehre und Reichsreform* [Tübingen: J. C. B. Mohr (Paul Siebeck), 1929]，关于斯门德和联邦主义的论述。需要注意斯门德的重要角色，见 Carl Bilfinger 的评论："Verfassungsrecht als politisches Recht, " 281—298; 在 Richard Thoma 为 *Handbuck des Deutschen Staatsrechts* 所做的序言中，斯门德具有突出地位："Gegenstand. -Methode. -Literatur," 1:5。

19 Edgar Tatarin-Tarnheyden, review of *Verfassung und Verfassungsrecht*, *Juristische Wochenschrift* 57 (1928): 1028—1029.

20 *Verfassung und Verfassungsrecht*, 120, 136.

21 前揭，129, 165—166; "Die politische Gewalt im Verfassungsstaat und das Problem der Staatsform" (1923), repr. in *Staatsrechtliche Abhandlungen*, 80.尽管斯门德认为斯宾塞的思想是"无机的"，但是他仍然从斯宾塞那里借用了**一体化**这个词: *Verfassung und Verfassungsrecht*, 136—137, n. 3; 也参见 "Die Verschiebung der konstitutionellen Ordnung durch die Verhältniswahl," 67，斯门德在其中呼吁一种"基于社会学的宪法理论"。斯门德所使用的真实的意志统一体这个词，*Verfassung und Verfassungsrecht* 第 127 页开始部分的标题，不由得使人想到基尔克的国家有机体概念。积极地引用基尔克的"方法论上的幼稚"，见前揭，123—124; 消极地引用社会学和新理学的"机械主义"概念，见第 126—130 页。

22 *Verfassung und Verfassungsrecht*, 136.凯尔森是斯门德的主要对手。前揭，121—124。与此同时，凯尔森认为斯门德所使用的**生命**这个词是"真正的盲目崇拜"(*Die Staat als Integration*, 24)，甚至斯门德的捍卫者 Poeschel 也注意到了 Leben 这个词的模糊性(*Anthropologische Voraussetzungen*, 128—129)。

Wolfgang Schluchter将凯尔森与斯门德之间的争论视为魏玛国家理论关键对抗: *Entscheidung für den sozialen Rechtsstaat*, 26—89。

23 Dieter Grimm关于斯门德与施米特的观点,见"Die 'neue Rechtswissenschaft' - über Funktion und Formation nationalsozialistische Jurisprudenz"(1985), repr. in *Recht und Staat der Bürgenlichen Gesellschaft*, 391。

24 *Verfassung und Verfassungsrecht*, 161. Schluchter关于"sublatin of difference"的写作,见*Entscheidung für den sozialen Rechtschaft*, 391。

25 "辩证的"形式出现在斯门德引用Litt的地方:例如,第131—132页;他随即认为非辩证的国家是"命运共同体",并且解释了那些沉睡者们,即精神无能者们和孩子们,为什么都属于"总体性存在与活生生的经验"的一部分(*Wesens- und Erlebnisganzen*)。凯尔森指出,斯门德背离了Litt,见*Staat als Integration*, 44—45。保守主义的、新黑格尔主义法学家卡尔·拉伦斯(Karl Larenz)赞赏斯门德放弃Litt的辩证法,赞同真实的、现实存在的国家理论,见*Staats-und Rechtsphilosophie der Gegenwart*(Berlin: Junker und Dünnhaupt, 1931), 99—103。

26 *Verfassung und Verfassungsrecht*, 150—152.

27 前揭,130—135。解剖学和生理学都被提及,见"Die Verschiebung der konstitutionellen Ordnung," 60。

28 *Verfassung und Verfassungsrecht*, 142—143. 为了感受一下斯门德的风格,请注意下面这个完整的句子:"Theoretisch wirkt es (the liberal theory of the leader) sich aus in der Betrachtung der Geführten als (im physikalischen Sinne) träger Masse, auf die eine Kraft von aussen wirkt—ein mechanistisches Denken, das die notwendige Spontaneität und Produktivität auch der Geführten übersieht, die zwar zum Gruppenleben angeregt warden, aber dies Leben dann alsbald als ihr eigenes Leben, in dessen Erleben der führer nicht alleinige Kraft und sie selbst passive Geschobene, sondern in dem sie selbst lebendig und die führer Lebensform der sozial und geistig in ihnen lebendig und aktiv Werden sind."

29 前揭,144—146。斯门德在这段中所使用的一些句子是从托马斯·曼(Thomas Mann)的*königliche Hoheit*(1909)中借用的。

30 前揭,145。斯门德引用了Marianne Weber, *Max Weber. Ein Lebensbild* (Heidelberg: Lambert Schneider, 1950), 698。这一处引用实际上是错误的。玛丽安娜·韦伯并没有说她的丈夫认为东欧犹太人都在"本质上"不能实现一体化,而是认为许多犹太人(并不是特指那些东欧犹太人)"政治上的不明智"在这次革命中起着主导作用。

31　*Verfassung und Verfassungsrecht*, 145, n.7.
32　前揭, 149。
33　前揭, 159。
34　前揭, 157。Gerhard Leibholz 在其维阿研究中发展了一种类似的"公民投票的民主"："Die Reform des Wahlrechtes," *VVDSRL*, 7: 170 (1932)。
35　*Verfassung und Verfassungsrecht*, 160.
36　前揭, 162—164。
37　前揭, 166。
38　前揭, 163, nn. 9,10,164, n.15。
39　前揭, 141; 更多事例, 见 175, 216, n.5。
40　Fritz Borinski 就黑勒与青年社会主义者右翼之间的关系给出了一个很好的解释, 但是与此同时, 他却又令人难以置信地认为, 黑勒并没有参与其"宗派"活动："Hermann Heller: Lehrer der Jugend und Vorkämpfer der freien Erwachsenenbildung," in *Der soziale Rechtsstaat*, 89—110。关于黑勒的生活, 参见 Müller, "Herman Heller: Leben, Werk, Wirkung," 433—442。黑勒的遗著毁于西班牙内战。
41　Smend, "Zur Geschichte der Berliner Juristenfakultät im 20. Jahrhundert," in *Studium Berolinense*, ed. Hans Leussinl, Eduard Neuman, and Georg Kotowski (Berlin: Walter de Gruyter, 1960), 124, 被引用于 Meyer, "Hermann Heller," 81; 也参见 Müller, "Herman Heller: Leben, Werk, Wirkung," 438, n. 30。
42　*Sozialismus und Nation* (1925), repr. in *Gesammelte Schriften*, 1: 439.
43　关于黑勒接受马克思及其理想主义的社会主义观念, 参见 Ruedi Waser, *Die sozialistische Idee im Denken Hermann Hellers. Zur politischen Theorie und Praxis eines demokratischen Sozialismus* (Basel: Helbing und Lichtenhahn, 1985), 34ff. 关于黑勒在《国家理论》之前对马克思主义所做的还原主义理解, 81ff. 关于黑勒的民族主义, 见该文。Eike Hennig 指责黑勒对资本主义进行了模糊不清的、伦理主义的和"激动人心的"批评, 见 "Hermann Heller. Anmerkungen zum Versuch einer Synthese von Nationalismus und Sozialismus," *Neue politische Literatur* 4 (1971):512。但是, 请特别参考 Müller, "Herman Heller: Leben, Werk, Wirkung," 443—448, 其中具体描述了黑勒的批评。
44　Gerhard Robbers, *Hermann Heller: Staat und Kultur* (Baden-Baden: Nomos, 1983), 11—12. 这一轶事也被 Klaus Meyer 所引用, 见 "Hermann Heller. Eine biographische Skizze" (1967), repr. in *Der soziale Rechtsstaat*, 70—71。

45 关于Hofgeismarkreis, 参见Franz Osterroth (一个前成员), "Der Hofgeismarkreis der Jungsozialisten," *Archiv für Sozialgeschte* 4 (1964): 525—569; Dan S. White, *Lost Comrades: Socialists of the Front Generation, 1918—1945* (Cambridge: Harvard University Press, 1992), 48—51。这两本著作都没有将该派与那个古怪的、极右极左的人物Ernst Niekisch联系在一起。参见Otto-Ernst Schüddekopf, *Linke Leute von rechts. Die nationalrevolutionären Minderheiten und der Kommunismus in der Weimarer Republk* (Stuttgart: W. Kohlhammer, 1960), 170—175。寡欲左翼的批评, 参见Young Socialists中的讨论, Repr. in *Gesammelt Schriften*, 1: 553—563。不幸的是, 近期再现的左翼对黑勒的批评, 与无根据的论断和有偏见的错误解释一起, 被动摇了, 见Peter Kratz, *Rechte Genossen. Neokonservatismus in der SPD* (Berlin: Elefanten Press, 1995), 228—230。

46 Meyer, "Hermann Heller," 68. 对"Versailler Diktat"的一个批评, 见*Die politischen Ideenkreise der Gegenwart* (1926), repr. in *Gesammelte Schriften*, 1: 359; 对德国会成为美国白人的一个殖民地的担忧, 见*Sozialismus und Nation*, 520—522; "Rechtsstaat oder Diktatur?" (1929), repr. in *Gesammelte Schriften*, 2: 461; *Europa und der Faschismus*, 2d ed. (1931), repr. in *Gesammelte Schriften*, 2: 470。关于欧洲, 见*Die Souveränität*, 201; *Die politischen Ideenkreise*, 407—409; Robbers, *Hermann Heller*, 97—99。

47 对凯尔森的公开而刻薄的攻击, 见"Der Begriff des Gesetzes in der Reichsverfassung," VVDSRL, 4: 176—180 (Kelsen), 201—204 (Heller); 5: 113—114 (Heller), 121—123 (Kelsen)。

48 *Die Souveränität*, 42—43, 84—86, 157; "Bemerkungen zur staats-und rechtstheoretischen Problematik der Gegenwart" (1929), repr. in *Gesammelte Schriften*, 2: 261, 276. "Die Krise der Staatslehre," 15—24. 关于自由主义的实证主义, 参见"Bemerkungen," 256; 关于凯尔森的"资产阶级"国家理论及其接近于"马克思主义的实证主义", 见前揭, 260—261。

49 关于作为"实然"与"应然"之统一体的国家: "Bemerkungen," 266—267; 国家主义得到发展, 见"Grundrechte und Grundplichten" (1924), repr. in *Gesammelte Schriften*, 2: 283—285; *Die politischen Ideenkreise*, 275—282; *Die Souveränität*, 38—41; "Bemerkungen," 253—254; *Staatslehre*, 221—236。

50 导言重印于 *Gesammelte Schriften*, 1: 13—20。

51 "Hegel und die deutsche Politik" (1924), repr. in *Gesammelte Schriften*, 1: 244.

52 对考夫曼的批评, 见*Hegel und der nationale Machtstaatsgedanke*, 235—238;

Staatslehre, 329。相关段落见 Erich Kaufmann, *Das Wesen des Völkerrrechts*, 146; 黑勒对现代战争的残忍与冷酷的谴责,见 *Sozialismus und Nation*, 523—524; Müller, "Herman Heller: Leben, Werk, Wirkung," 426。

53 *Die Souveränität*, 141—144, 164—165: 国际法预设了国家的主权,而不是国际法的体系;185—186: 既然国家是一个优越于国际法的活生生的意志,因此,国家就能够决定对抗国际法;187—189: 关于国家的自我保存权,这里使用了埃里克·考夫曼的观点。在这部著作中,黑勒称施米特关于主权的讨论是"值得模仿的",特别是赋予国家这一"主题"以"意志"的研究(88)。但是,目前的研究往往来自于埃里克·考夫曼。

54 在1925年4月12日至13日著名的青年社会主义者第三次大会上,黑勒与阿德勒关于国家问题的争论,见 Jena, "Staat, Nation und Sozialdemokratie," in *Gesammelte Schriften*, 1: 527—542; 阿德勒的演讲,见前揭,542—553,热烈讨论见553—563。

55 特别是 "Sozialistische Aussenpolitik?" (1924), repr. in *Gesammelte Schriften*, 1: 415—420。这部著作是专门为霍夫盖斯马派而写的。

56 黑勒在1926年青年社会主义者大会上所遭到的批评就是一个很好的例子。参见 "Staat, Nation und Sozialdemokratie," 540, 541; 阿德勒的回应,见552。参与讨论的绝大多数人在许多观点上都批评了霍夫盖斯马派的极右政治主张。问题是,黑勒没有得到那些接受 *Souveränität* 的保守者的帮助,例如,极右的公法学者 Otto Koellruetter,见 *Archiv des öffentlichen Rechts* 52(1928): 133—137。

57 清晰的表述,见 "Staat, Nation und Sozialdemokratie," 537—538; *Sozialismus und Nation*, 480—481。

58 *Sozialismus und Nation*, 452—453; *Staatslehre*, 246—267.

59 见 *Sozialismus und Nation*, 453—455.

60 从先验到内在的政治现实概念的历史性转向发生在 "Bemerkungen," 254。

61 *Sozialismus und Nation*, 466—468; *Die Souveränität*, 105. 当黑勒认为美国的"黑人问题"是一个人类学问题而不是一个文化问题时,人们很难不被激怒["Politische Demokratie und soziale Homogenität" (1928), repr. in *Gesammelte Schriften*, 2: 243]。

62 *Europa und der Faschismus*; Robbers, *Hermann Heller*, 16.

63 *Staatslehre*, 236—305. 弗兰茨·纽曼1935年的评论指出了这一关键努力的重要意义: "Zur marxistischen Staatstheorie," in *Wirtschaft, Staat, Demokratie*, 136—139。

64 "Politische Demokratie und soziale Homogenität," 427—428; *Staatslehre*, 345—346.
65 *Die Souveränität*, 125—126, 133.
66 黑勒对霍布斯的简要讨论见 *Staatslehre*, 108—109 [英文见 "Political Science" (1934), repr. in *Gesammelte Schriften*, 3: 62—63]。
67 *Die Souveränität*, 128, 104.
68 前揭, 102—103。
69 *Staatslehre*, 342, 361—362。
70 前揭, 343—344, 130—142; *Die Souveränität*, 122—123。*Wirklichkeitswissenschaft* 这个词是从 Hans Freyer 那里借来的; 相关概念的讨论, 见 Muller, *The other God That Failed*, 162—185。
71 *Die Souveränität*, 70, 107—108.
72 *Staatslehre*, 267.
73 *Die Souveränität*, 71—72, 107. Wolfram Bauer 认为, 黑勒的**法律原则**理论代表了一种向自然法回归的趋势, 见 *Wertrelativismus und Wertbestimmtheit*, 395—396。但是必须注意的是, 黑勒的公式直接导致的是实证法的问题。正如凯尔森在其关于自然法的讨论 ("Natural Law Doctrine and Legal Positivism," 397—398) 中所注意到的那样, 立法的需要要求回到实证主义的问题。参见 Iles Staff, "Staatslehre in der Weimarer Republik," in *Staatslehre in der Weimarer Republik. Hermann Heller zu ehren*, ed. Staff and Christoph Müller (Frankfurt am Main: Suhrkamp, 1985), 13—15。
74 明确的表述见 *Die Souveränität*, 69, 113—114; *Staatslehre*, 214—215, 377—379。
75 *Staatslehre*, 393; Maus, *Bürgerliche Rechtstheorie und Faschismus*, 64—66.
76 "Staat, Nation und Sozialdemokratie," 535—536; *Staatslehre*, 323—325; 对黑勒社会**法治国**概念的捍卫与阐述, 参见 Müller, "Hermann Heller: Leben, Werk, Wirkung," 448—450。
77 Kelsen, *Der Staat als Integration*, 60—66; Klinghofer, "Smends Intergrationstheorie," 426—429.
78 *Verfassung und Verfassungsrecht*, 189.
79 前揭, 207—208。请特别参考 Ernst Forsthoff, 他认为斯门德像孟德斯鸠一样认识到了司法本身缺乏政治上的重要性: *Lehrbuch des Verwaltungsrechts*, vol. 1: *Allgemeiner Teil*, 9th ed。(Munich: C. H. Beck, 1966), 7。尽管斯门德未能确定如何将司法概念化, 但是, 这种去政治化 (depoliticizing) 的取向与其著作中的一般趋势似乎显得有些格格不入。

80　*Verfassung und Verfassungsrecht*, 190.
81　前揭，190。
82　前揭，238—239, 262, 265—266。
83　Smend, "Das Recht der freien Meinungsäusserung," *VVDSRL*, 4: 46—48.也参见 *Verfassung und Verfassungsrecht*, 264; Vesting, *Politische Einheitsbildung und technische Realisation*, 189—192。
84　我本人的翻译。
85　参见 Anschütz, *Die Verfassung des Deutschen Reiches*, 14th ed., 550—556, 对非形式主义方法只做了有限让步。
86　"Das Recht der freien Meinungsäusserung," *VVDSRL*, 4: 51—52.
87　前揭，53。
88　前揭，56—57。请注意，在共和国末期，Anschütz 逐渐接受了一种更加"斯门德主义"的立场：*Verfassung des Deutschen Reiches*, 14th ed., 659。
89　"Das Recht der freien Meinungsäusserung," *VVDSRL*, 4: 57—61.但是斯门德却暗示，只有马克思主义仍然相信学术的进步。见前揭，63—64。
90　前揭，61。
91　关于斯门德与学术精英，参见 Müller, "Hermann Heller: Leben, Werk, Wirkung."
92　前揭，53。
93　*Verfassung und Verfassungsrecht*, 265—266.
94　斯门德似乎做出了一个假设，即现象学方法将会揭示共同体"真实"的价值系统。其年轻的追随者，Günther Holstein，在其关于1926年国会的重要报告中，使这一假设变得更加清晰："Von Aufgaben und Zielen heutiger Staatsrechtswiisenschaft," 35—36。
95　一个尖锐批评见 Vesting, *Politische Einheitsbildung und technische Realisation*, 63, 66—67。
96　"Das Recht der freien Meinungsäusserung," 65—66.
97　*Verfassung und Verfassungsrecht*, 211; Vesting, *Politische Einheitsbildung und technische Realisation*, 63—65.
98　Schmitt, *Verfassungslehre*, 207—208.
99　从这一观点出发批评斯门德的理论，见 Karl Rothenbücher, "Smends *Verfassung und Verfassungsrecht*," in *Reichsverwaltungsblatt und Preussisches Verwaltungsblatt* 49（1928）: 555。也参见 Friedrich Müller 对斯门德渴望将宪法视为价值统一体这一点所提出的政治上与方法论上的批评，见 *Die Einheit der Verfassung*, 83—

84, 131—132, 146—147, 232, n. 573。
100 斯门德在 Verfassung und Verfassungsrecht 中多次使用了**主权**这个词,却没有为它留下理论位置;参见139、155及195—196等页,在这些地方,它变成了某种类似于勒南(Renan)的永远更新的肯定。Rennert(*Die "geistesgeschtliche Richtung,"* 234—235)认为,斯门德旨在从这些视角出发解释人民主权。但是,问题并非斯门德是否是一个"民主主义者",毋宁是为何是国家而非其他社会组织拥有"主权"。
101 反对斯门德,见 *Staatslehre*, 300。但是,值得注意的是,黑勒从未针对斯门德发起过尖锐的政治性论战。
102 *Staatslehre*, 390—391; Robbers, *Hermann Heller*, 72—77,区分了关于宪法的八个相互分离的定义。同样参见 Dian Schefold, "Hellers Ringen um den Verfassungsbegriff," in *Der soziale Rechtsstaat*, 556—564。
103 *Staatslehre*, 136—138; Schluchter, *Entscheidung für den sozialen Rechtsstaat*, 261—270.
104 *Staatslehre*, 391.
105 前揭,288—291。在后来所讨论的这一点上,他开始引用凯尔森的观点,即"实然"与"应然"处于持续紧张状态。1929年后关于凯尔森与黑勒的类似观点见 Christoph Müller, "kritische Bemerkungen," 139—143; Stanley Paulson, "Zu Hermann Hellers Kritik an die Reine Rechtslehre," 681—683。Friedrich Müller 将黑勒视为新康德主义"实然—应然"区分的中断,见 *Strukturierende Rechtslehre*, 2d ed.(Berlin: Duncker und Humblot, 1994), 36—37, 81—82; cf. 73—74。
106 *Staatslehre*, 385—389.Thomas Vesting 强调了黑勒的国家演化观与 Niklas Luhmann 的系统演化理论之间存在的相似性和区别,见 *Politische Einheitsbildung und technische Realisation*, 139—149。
107 *Staatslehre*, 380—382.
108 "Der Begriff des Gesetzes," *VVDSRL*, 4: 98.
109 前揭,101—102; *Staatslehre*, 106—109.
110 "Der Begriff des Gesetzes," *VVDSRL*, 4: 116.
111 前揭,106—115。
112 前揭,108。
113 前揭,122—123。
114 前揭,103。
115 前揭,121。

116 "Staat, Nation und Sozialdemokratie," 535—536; *Staatslehre*, 132—140; Robbers, *Hermann Heller*, 68—71; Luthardt, *Sozialdemokratische Verfassungstheorie*, 41—45.

117 "Freiheit und Form in der Reichsverfassung"（1929—1930）, repr. in *Gesammelte Schriften*, 2: 371—377; Kennedy, "The Politics of Toleration in Late Weimar," 109—125.

118 Maus, *Bürgerliche Rechtstheorie und Faschismus*, 31—31, 42—43, 64—66; 同前, "Zur Transformation des Volkssouveränitätsprinzips in der Weimarer Republic," in *Politik-Verfassung-Gesellschaft. Traditionslinien und Entwicklungsperspektiven. Otwin Massing zum 60. Geburtstag*, ed. Peter Nahamowitz and Stefan Breuer（Baden-Baden: Nomos, 1995）, 113—114.

119 Kriele, *Theorie der Rechtsgewinnung*; Müller, *Juristische Methodik*. Robert Alexy, *Theorie der Grundrechte*（Baden-Baden: Nomos, 1985）, 依赖于德沃金的著作而非斯门德与黑勒。

120 Ronald Deworkin, *Life's Dominion: An Argument about Abortion, Euthanasia, and Individual Freedom*（New York: Vintage, 1993）, 118—147; John H. Ely, *Democracy and Distrust: A Theory of Judicial Review*（Cambridge: Harvard University Press, 1980）, 特别是在第58—59页反对德沃金; Robert H. Bork, *The Tempting of America: The Political Seduction of the Law*（New York: Free Press, 1990）, 同时批评德沃金（176—177）和Ely（194—199）背离了建国者们的初衷。

121 *Substantivist*这个词借自Robert S. Summers, "Theory, Formality, and Practical Legal Criticism," in *Essays on the Nature of Law and Legal Realism*（Berlin: Duncker und Humblot, 1992）, 154—176。Scheuerman, *Between the Norm and the Exception*, 第245—248页指出, 通过将关键的法律研究与对德国权利的争论相提并论, 左派在战争期间转向了"本质主义", 其中存在一些问题。

122 *Die Verfassung des Deutschen Reichs vom 11. August 1919, Eingeleitet von Prof. Dr. R. Smend*（Berlin: Sieben Stäbe, 1929）.黑勒在任何意义上都不是唯一一个参考宪法中*Rechtsgrundsätze*的人, 例如, 保守主义者Carl Bilfinger, *Nationale Demokratie*, 17。

123 Smend, "Bürger und Bourgeois im deutschen Staatsrecht"（1933）, repr. in *Staatsrechtliche Abhandlungen*, 309—325; Reinhard Mehring, "Integration und Verfassung. Zum politischen Verfassungssinn Rudolf Smends," in *Politisches Denken, Jahrbuch 1994*, ed. Volker Gerhardt, Henning Ottmann, and Martyn P. Thompson（Stuttgart: J. B. Metzler, 1995）, 25—26.

124 Vesting, in *Politische Einheitsbildung und technische Realisation*, 192, 认为只有斯门德的学生们实现了一体化理论的民主转向。
125 *Preueesn contra Reich*（Berlin: Dietz Nachfolger, 1933）, 76—78; 第135—139页论述了宪法第48条第一段的前提条件; 167—169。
126 前揭, 293—294, 据宪法第48条第二段对干预设置的实质性限制。
127 在其成为纳粹"皇冠法学家"的失败的努力过程中, Otto Koellreutter曾正面引用过黑勒。参见 *Vom Sin und Wesen der nationalen Revolution*［Tübingen: J. C. B. Mohr（Paul Siebeck）, 1933］, 10, n. 1; *Grundriss der allgemeinen Staatslehre*［Tübingen: J. C. B. Mohr（Paul Siebeck）, 1933］, 23—24。利用斯门德的著作为"纳粹革命"进行辩护, 见Ulrich Scheuner, "Die nationale Revolution. Eine staatsrechtliche Untersuchung," *Archiv des öffentlichen Rechts* 62（1933—1934）: 166—220, 261—344; 也参见Wolfgang Kohl和Michael Stolleis, "Im Bauch des Levithan. Zur Staats-und Verwaltungslehre im Nationalsozialismus," *Neue Juristische Wochenschrift* 41（1988）: 2852。
128 在"Integrationslehre"第480—481页, 斯门德批评了他的融合理论忽视了法律与组织的形式重要性。
129 Häberle, *Verfassung als öffentlicher Prozess zu einer Verfassungstheorie der offenen Gessellschaft*（Berlin: Duncker und Humblot, 1978）.
130 Ehmke, *Grenzen der Verfassungsänderung*; "'Staat' und 'Gesellschaft' als Verfassungstheoretisches Problem," in *Staatsverfassung und Kirchenordnung. Festgabe für Rudolf Smend zum 80. Geburtstag am 15. Januar 1962*, ed. Konrad Hesse, Siegfried Reicke, and Ulrich Scheuner［Tübingen: J. C. B. Mohr（Paul Siebeck）, 1962］, 23—49.

第六章
平等、财产权利和紧急状态:
共和国最高法院的宪法法理学

1 对宪法的一般性的讨论, 参见Gerhard Göhler, "Politische Institutionen und ihr Kontext. Begriffliche und uonzeptionelle Überlegungen zur Theorie politischer Institutionen," in *Die Eigenart der Institution. Zum Profil politischer Institutionentheorie*（Baden-Baden: Nomos, 1941）, 19—46。关于德国的司法传统, 见John P. Dawson, *The Oracles of the Law*（Ann Arbor: University of

Michigean Law School, 1968), 432—461。关于法治国传统及其转型,见 Ernst-Wolfgang Böckenförde, "Entstehung und Wandel des Rechtsstaatsbegriffs," in *Recht, Staat, Freiheit. Studien zur Rechtsphilosophie, Staatstheorie und Verfassungsgeschichte*(Frankfurt am Main: Suhrkamp, 1991), 143—169。

2　Akten der Reichskanzlei: R 43 I/1211 315—320.
3　关于这个案子在美国宪法史上的地位,参见Henry J. Abraham, *The Judicial Process: An Introductory Analysis of the Courts of the United States, England, and France*, 5th ed.(New York: Oxford University Press, 1986), 320—330; Bruce Ackerman, *The Future of Liberal Revolution*(New Haven: Yale University Press, 1992), 99—100。
4　J. J. Lenoir, "Judicial Review in Germany under the Weimar Constitution," *Tulane Law Review* 14(1940): 363—365; Johannes Mattern, *Principles of the Constitutional Jurisprudence of the German National Republic*(Baltimore: Johns Hopkins University Press, 1928), 566—567. 关于最高法院(Reichsgericht)的创立,参见Ken Ledford, "Lawyers, Liberalism, and Procedure."
5　Dawson, *Oracles of the Law*, 446—447, 473—475,论述了裁决的风格及其变化趋势,即更加注重在细节上评估裁决的后果。关于书写其他法院历史中的相似问题,参见Marc Lindner, *The Supreme Labor Court in Nazi Germany: A Jurisprudential Analysis*(Frankfurt am Main: Vittorio Klostermann, 1987), x—xi。最高法院的统计数据,见*Handbuch für das Deutsche Reich 1929*, ed. Reichsministerium des Innern(Berlin: Carl Heymann, 1929), 213—214。
6　Huber, *Deutsche Verfassungeschichte*, 6: 546—547; Huber, *Dokumente*, 3: 193—195.
7　Kommers, *Constitutional Jurisprudence of the Federal Republic of Germany*, 4—5, 8, 17—18.
8　Lübbe-Wolff, "Safeguards of Civil and Constitutional Rights," 365—372.
9　Knut Wolfgang Nörr, *Zwischen den Mühlsteinen. Eine Privatrechtsgeschichte der Weimarer Republik*[Tübingen: J. C. B. Mohr(Paul Siebeck), 1988], 57—58.
10　*Verfassung des Deutsches Reiches*, 1st ed., 185, 189.
11　Triepel, *Goldbilanzenverordnung und Vorzugsaktien*, 28.
12　前揭,30。更加一般性的讨论,见Huber, *Deutsche Verfassungeschichte*, 6: 104—105; Hollerbach, "Heinrich Triepel," 425—426。
13　与美国的比较,见Triepel, *Goldbilanzenverordnung und Vorzugsaktien*, 28—29, 30—32;对这种比较的辩护,见"Gleichheit vor dem Gesetz," *VVDSRL*, 3:50。

注　释

Walter Simons 是 1920 年代中期最高法院的首席法官,将美国最高法院视为德国违宪审查的典范,他声称《魏玛宪法》的奠基者们"或多或少有意识地"做了同样的事情(这显然是夸大其词),见 "Zum Geleit," in *Die Rechtsprechung des Staatsgerichtshofs für das Deutsche Reich und des Reichsgerichts auf Grund Artikel 13 Absatz 2 der Reichsverfassung*, vol. 1, ed. Walter Simons and Hans-Hermann Lammers(Berlin: Georg Stilke, 1929),8—9。Gerhardt Leibholz 在 *Gleichheit vor dem Gesetz* 中大量使用了美国的案例。

14　与此同时,在 1926 年就此原则而展开的争论中,特里佩尔试图将法律面前的平等的涵义问题与谁将适用它的问题区分开来,却任凭司法审查的问题悬而未决。见 "Gleichheit vor dem Gesetz," *VVDSRL*, 3:53。

15　"Die Gleichheit vor dem Gesetz im Sinne des Art. 109 der RV," *VVDSRL*, 3:2—24.

16　前揭,13—18。

17　前揭,3。

18　前揭,11。

19　前揭,12。

20　前揭,23。

21　参见第 3 章。

22　Triepel, *Goldbilanzenverordnung und Vorzugsaktien*, 4—6; Feldman, *The Great Disorder*, 149, 185—186, 278—279.

23　Wolff, *Reichsverfassung und Eigentum*, 选印自 *Festgabe der Berliner Juristischen Fakultät für Wilhelm Kahl zum Doktorjubiläum am 19. April 1923* [Tübingen: J. C. B. Mohr(Paul Siebeck), 1923]。批评 Wolff 的观点是这一传统的突然中断,见 Apelt, *Geschichte der Weimarer Verfassung*, 339—342。关于相关争论,见 Albrecht Buschke, *Die Grundrechte der Weimarer Verfassung in der Rechtsprechung des Reichsderichts*(Berlin: Georg Stilke, 1930), 106—107; Helmut Rittstieg, *Eigentum als Verfassungsproblem. Zu Geschichte und Gegenwart des bürgerlichen Verfassungsstaates*(Darmstadt: Wissenschaftliche Buchgesellschaft, 1975), 258—259。

24　特别参见 Richard Epstein, *Takings: Private and the Power of Eminent Domain*(Cambridge: Harvard University Press, 1985)。

25　Triepel, *Goldbilanzenverordnung und Vorzugsaktien*, 15—16.

26　前揭,18—22。Triepel,这个比较宪法学专家,是不是因为慎重对待政府干预财产权利的效力而将 Lochner v. New York(1905)模式视为美国支持财产权利的一个重要案例? 他对美国最高法院公司法和劳动法判例的比较研究,见前揭, 30—31。

27 前揭,23。

28 Wolff, *Reichsverfassung und Eigentum*, 23—27, 清晰地陈述了这个问题,却没有为划定正当性规制与非正当性剥夺之间的界限提供一个令人满意的理论基础;参见Helmut Rittstieg, "Artikel 14/15," in *Kommentar zum Grundgesetz für die Bungesrepublik Deutschland*, 2d ed. (Neuwied: Luchterhand, 1989), 1056—1057。

29 *Goldbilanzenverordnung und Vorzugsaktien*, 8—9。

30 前揭,1—14。

31 Heinrich Triepel, *Streitkeiten zwischen Reich und Ländern. Beiträge zur Auslegung des Artikels 19 der Weimarer Reichsverfassung* (1923; repr., Bad Homburg von der Höhe: Hermann Gentner, 1965), 61—64, 98—101。

32 *Streitkeiten zwischen Reich und Ländern*, 64, 98—100, 同样的争论意在从法院的判决中清除立法中的"政治性"决断。

33 *Entscheidungen des Reichsgerichts in Zivilsachen*, 帝国民事法庭裁决(后来缩写为RGZ), 172 vols. (Berlin: Walter de Gruyter, 1880—1945), 111: 320—335。

34 前揭,111: 323。Heinrich Stoll在其评论中注意到,法院所迈出的"勇敢的一步"究竟有多么激进,见"Zur 3.A," *Juristische Wochenschrift 55* (1926): 1429—1430。也参见Rittstieg, *Eigentum als Verfassungsproblem*, 265; Gerhard Robbers, "Die historische Entwicklung der Verfassungsgerichtsbarkeit," *Juristiche Schulung 30* (1990): 262—263; Lübbe-Wolff, "Safeguards of Civil and Constitutional Rights," 359—361。

35 RGZ, 111: 328—330; Leibholz, "Die Gleichheit vor dem Gesetz. Ein Nachwort zur Auslegung des Art. 109 Abs. 1 RV," *Archiv des öffentlichen Rechts 51* (1927): 27—32.

36 RGZ, 128: 165—172。

37 前揭,170。

38 值得注意的是,在描述每一个并不悬置法律的裁决中,最高法院使用了完全相同的词汇。参见:1926年1月26日的裁决 *RGZ*, 113: 6—17, 12—13(有关法令对联合股公司所造成的影响不违背平等条款);1929年9月17日的裁决,*RGZ*, 125: 369—372(普鲁士给予未婚公务员用于住房开支的额外薪水低于已婚公务员的法律并不违反宪法第109条);1932年5月27日的裁决,*RGZ*, 136: 211—223, 221(利珀对贵族地产的规制并不是违反宪法第109条的例外);1932年11

月24日的裁决, *RGZ*, 139: 6—12, 11—12(重估法令对政府债券持有者的影响不违背平等条款)。
39 1920年代末的争论情况, 见Fritz Stier-Somlo, "Artikel 109. Gleichheit vor dem Gesetz," in *Die Grundreche und Grundplichten der Deutschen*, 1: 76—77。
40 Gerhard Leibholz, "Höchstrichterliche Rechtsprechung und Gleichheitssatz," *Archiv des öffentlichen Rechts 58*(1930):428—442, esp. 441—442.
41 Anschütz, *Die Verfassung des Deutschen Reiches*, 14th ed., 525—526; 与此相似, 见Franz Neumann, "Die soziale Bedeutung der Grundrechte in der Weimarer Verfassung," 66。关于这个问题的一般性讨论, 见Wiegandt, *Norm und Wirklichkeit*, 145—146。
42 Leibholz, "Legal Philosophy and the German Constitutional Court"(1962), repr. in *Politics and Law*(Leiden: A. W. Sijthoff, 1965), 296—313。
43 唯一得以出版的最高法院直接反对特里佩尔观点的案件发生于1924年3月1日, 当时, 法院所做的判决有利于一个德国原告根据与重估有关的临时税法试图避免向一家瑞士公司赔付利润, 但特里佩尔质疑了其宪法理据(*RGZ*, 107: 370—377)。一个政治偏见也许早就卷入了形式主义的裁决: 这个案子反对一家外国的保险公司。Walter Schelcher主张, 直到1930年为止, 最高法院一直都完全接受了沃尔夫—特里佩尔方法: "Artikel 153. Die Rechte und Pflichten aus dem Eigentum," in Nipperdey, ed., *Grundrechte und Grundpflichten*, 3: 202。
44 *RGZ*, 103: 200—2 2; Rittstieg, *Eigentum als Verfassungsproblem*, 257; 关于Lippe-Detmold的情况, 见Franklin C. West, *A Crisis of the Weimarer Republic: A Study of the German Referendum of 20 June 1926*(Philadelphia: American Philosophical Siciety, 1985), 26—27。
45 Art. 153, par. 2's, 应该在国会努力限制地方层次的"野蛮的社会主义化"这一环境下, 理解限制邦的有关条款: Apelt, *Geseichte der Weimarer Verfassung*, 111—112, 360—361; Anschütz, *Verfassung des Deutschen Reiches*, 14th ed., 709; Huber, Deutsche Verfassungsgeschichte, 5: 1203, 但是, 第153条的意义是模糊的, 因为向左翼的开放包含在允许社会主义化的第156条中。
46 *RGZ*, 103: 201.
47 *RGZ*, 109:310—223。
48 前揭, 319。
49 参见1925年6月18日的裁决, *RGZ*, 111: 123—134, 引述了Wolff(1929年撒克逊—哥达的革命委员会对贵族家庭的剥夺违反了宪法第153条); 1925年12月

8 日的裁决，*RGZ*, 112: 189—194。(地方政府没收财产以应对住房短缺必须进行补偿，不仅要补偿足够水平的租金和必要的变更，而且要对低阶层邻居财产租赁所造成的不良影响进行补偿。)
50 *RGZ*, 116: 268—274.
51 Schmitt, "Die Auflösung des Enteignungsbgriffs"（1929）, repr. *in Verfassungsrechtliche Aufsätze*, 110—118；追随施米特的是 Otto Kirchheimer, "Reichsgereicht und Enteignung. Reichsverfassungswidrigkeit des Preussischen Fluchtliniengesetzes?"（1929—1930）, repr. in *Von der Weimarer Republik zum Faschismus: Die Auflösung der demokratischen Rechtsordung*, ed. Wolfgang Luthardt（Frankfurt am Main: Suhrkamp, 1976）, 83—84。
52 *RGZ*, 128: 18—34.
53 前揭，29—30。
54 例如 1931 年 3 月 3 日的裁决，*RGZ*, 132: 69—76（否决了低级法院从剥夺概念中排除某些规制措施的企图，由于 Mecklenburg 建筑法令对所有者造成的负担，最高法院允许予以补偿）。参见普鲁士环境法的例子，见 Karl Arndt 对耶利内克的评论，*Entschädigung für baurechtliche Eigentumsbeschränkungen*, in *Juristische Wochenschrift* 59（1930）: 789—790。批判性评论参见 Alfons Steininger 所做的注，*RGZ*, 128: 18—34, *Juristische Wochenschrift* 59（1930）: 2427—2428。它参考了斯门德的观点，支持一种平衡权利与共同体要求的法律方法。
55 1924 年 3 月 1 日的裁决，见 *RGZ*, 107: 370—377,前引；1926 年 1 月 29 日的裁决，*RGZ*, 113: 6—17（根据 1924 年 3 月 28 日颁布的联邦法令，将特别股转换成普通股，对公司的绝大多数持股者形成了利好，但不违反第 153 条）；值得注意的是，两个案例都向特里佩尔提出了异议。
56 对环境的描述见 Rittstieg, *Eigentum als Verfassungsproblem*, 260—262。Anschütz, *Verfassung des Deutschen Reiches*, 14th ed., 714—716, 需要注意的是，最初要求对皇室家庭的国家剥夺予以审查的，是政府本身对计划中在 Waldeck 进行剥夺所做出的反应。
57 Otto Koellreutter, "Die Auseinandersetzung mit den ehemaligen Fürstenhäusern," *Deutsche Juristen-Zeitung* 31（1926）: 109—115; 但是，他的主要目标是国会，因为它没有能够颁布一套普遍性规则以妥善处理此前国家的君主制问题。
58 West, *A Crisis of the Weimar Republic*; Huber, *Deutsche Verfassungsgeschichte*, 7: 577—580, 590—593; Erich Eyck, *A History of the Weimar Republic*, 2 vols., trans. Harlan Hanson and Robert White（Cambridge: Harvard University Press, 1963）, 2:

注　释

62—66.
59　Schmmit, *Unabhängigkeit der Richter*; Maus, *Bürgerliche Rechtstheorie und Faschismus*, 115.
60　1927年11月4日的裁决, *RGZ*, 118: 325—330（一个债权人不能得到通货膨胀期间损失的补偿, 在她看来, 通货膨胀完全是由糟糕的政府政策所引发的）。
61　Anschütz, *Verfassung des Deutschen Reiches*, 14th ed., 713—714, 有来自于法院规制的案例。
62　*RGZ*, 129: 146—149.
63　这一法律事实上意在从医生这一职业中淘汰某些特别团体, 见Atina Grossmann, *Reforming Sex: The German Movement for Birth Control and Abortion Reform, 1920—1950*（New York: Oxford University Press, 1995）, 11。
64　对此问题的一般性讨论, 见Kirchheimer, "Reichsgericht und Enteignung," 82—83。
65　根据后自由主义的、"社会的"财产观念对第153条的广泛干预进行辩护, 见Günther Holstein, *Fideikommissauflösung und Reichsverfassung*（Berlin: Carl Heymann, 1930）, 3—6；将拓展财产权利阐释为对技术—驱动的资本主义变迁的反应, 见Forsthoff, *Lehrbuch des Verfassungsrechts*, 1: 243—246；1949年后的财产观念不仅发展了广泛的财产概念, 而且对其阐释设置了限制, 相关的论点见Kommers, *The Constitutional Jurisprodence of the Federal Republic*, 250—261。
66　参阅第4章, 1930年6月28日他对关于剥夺的赔偿法案草稿所做的解释, 见Akten der Reichskanzlei R 43 I/2337 55—61；同前, 第三页的修订案, 1931年3月28日, 见Akten der Reichskanzlei R 43 I/2337 71—81。Stegermann的建议是一项更加广泛的努力的一部分, 借此, 布吕宁政府将削减支出作为对萧条做出反应的通货紧缩政策的一部分。
67　关于立法议案的材料, 包括来自于家庭所有者组织的反对意见陈述, 见Akten der Reichskanzlei R 43 I/2337 55 138。
68　*RGZ*, 137: 183—89；有关批准, 见第188页。也参见Forsthoff, *Lehrbuch des Verwaltungsrechts*, 242—243, n. 3; Apelt, *Geschichte der Weimarer Verfassung*, 341—342。
69　Schelcher, "Artikel 153," 204—205; Schmitt, "Auflösung des Enteignungsbegriffs," 114—115; Buschke, *Grunderrechte der Weimarer Reichsverfassung*, 105; Kirchheimer, "Reichsgericht und Enteignung," 89—90.
70　*RGZ*, 137: 187.

71 引用见 Anschütz, *Verfassung des Deutschen Reiches*, 14th ed., 280—282; Rossiter, *Constitutional Dictatorship*, 70—71;对该条的标准阐释,见 Richard Grau, "Die Diktaturgewalt des Reichspräsidenten," *Handbuch des Deutschen Staatsrechts*, 2: 293—295。
72 关于 *Verfassungsstreitugkeiten* 的概念,参见 Anschütz, *Verfassung des Deutschen Reiches*, 14th ed., 161—170。
73 印刷本见 *RGZ*, 112: appendix, 1—12。
74 前揭,8—9。
75 印刷本见 *RGZ*, 124: appendix, 19—39。值得注意的是,国家法院(the State Court)与帝国法院存在着明显区别,拒绝承认作为一种剥夺行为的法令具有合法性。
76 前揭,36—37。
77 印刷本见 *RGZ*, 134: appendix, 12—26;对 Dietramzeller Decree 环境描述,见 Schulz, *Zwischen Demokratie und Diktatur*, 3: 486—490; Gerhard Jasper, *Die gescheiterte Zähmung. Wege zur Machtergreifung Hitlers 1930—1934*(Frankfurt am Main: Suhrkamp, 1986), 76。
78 *RGZ*, 134: appendix, 21;关于这一特别裁决的逻辑,见 Rossiter, *Constitutional Dictatorship*, 61—62; Grau, "Die Diktaturgewalt des Reichspräsidenten," 276—277。关于"漂浮的裁决权"逻辑的战略性转向,见 Schulz, *Zwischen Demokratie und Diktatur*, 3: 376—378。
79 *RGZ*, 134: appendix, 22.
80 *RGZ*, 134: appendix, 26—56.
81 前揭,42—46。
82 一般性讨论见 Jasper, *Die gescheiterte Zähmung*, 83—94; Dietrich Orlow, *Weimarer Prussia 1929—1933: The Illusion of Strength*(Pittsburgh: University of Pittsburgh Press, 1991), 207—212;关于地方法规以及普鲁士选举的变化,见 Prussia, Winkler, *Weimarer*, 456—458。
83 Jasper, *Die gescheiterte Zähmung*, 94—96; Orlow, *Weimarer Prussia 1929—1933*, 225—233,详细讨论了对帕彭政府的指控; Schulz, *Zwischen Demokratie und Diktatur*, 3: 920—930,描述了这次政变行动。
84 这一抱怨的概括,见最高法院1932年10月25日的裁决, repr. in *Preussen contra Reich*, 493—494。Henning Grund, *"Prwussenschlag" und Staatsgerichtshof im Jahre 1932*(Baden-Baden: Nomos, 1976)提供了关于这次审判所有法律层面的

详尽研究。
85 裁决印刷在 *Preussen contra Reich*, 492—517。
86 关于联邦政府的立场，参见 Schmmit, "Die Verfassungsmässigkeit der Bestellung eines Reichskommissars für das Land Preussen," *Deutsche Juristen-Zeitung 37*(1932): 956; 同前，见 *Preussen contra Reich*, 177—181; Grund, "*Preussenschlag*," 91。
87 *Preussen contra Reich*, 511—513; 施米特认为，改变州的地方法律是一个政治性政党试图保留权力的行动，因此也是不正当的行动："Verfassungsmässigkeit," 958。
88 Anschütz(*Verfassung des Deutschen Reiches*, 14th ed., 782) 注意到，这一裁决构成了普鲁士的胜利，并且证实了他对宪法第48条第1段的解释。Grund ("Preussenschlag," 103—104) 也注意到了这一裁决的重要性。
89 *Preussen contra Reich*, 513—514。
90 正如安修茨所注意到的那样，国家法院事实上的确"采取了一个立场"：*Verfassung des Deutschen Reiches*, 14th ed., 782n.; 与此相似，见 Fritz Poetzsch-Heffter, "Staatspolitische Würdigung des Staatsgerichtshofs vom 25. Oktober 1932 im Konflikte des Reiches mit Preussen," *Reich und Länder 6*(1932): 315. 相反的解释，见 Scheuner, "Die Anwendung des Art. 48," 282—283。
91 *Preussen contra Reich*, 514. 对这种解释的辩护，见 Grund, "Preussenschlag," 21—25。
92 Fritz Poetzsch-Heffter, "Der Spruch des Staatsgerichtshofes," *Deutsche Juristen-Zeitung 37*(1932): 1377; Grund ("Preussenschlag," 21—25, 130) 注意到，国家法院仍然通过考虑其动机而做出了一个重要改变。关于帕彭政府的"新国家"计划，见 Eberhard Kolb and Wolfram Pyta, "Die Staatsnotstandsplanung unter den Regierungen Papen und Schleicher," in *Die deutsche Staatskrise 1930—1933*, ed. Heinrich August Wirnkler (Munich: Oldenbourg, 1993), 159—163; Grimm, "Verfassungserfüllung—Verfassungsbewahrung—Verfassungsauflösung. Positionen der Staatsrechtslehre in der Staatskrise der Weimarer Republik," 前揭, 185。
93 *Preussen contra Reich*, 514—515。
94 前揭, 515。
95 前揭, 515—517。关于总统紧急权力"绝对界限"的争论已经成为一个得以充分发展的法律原则的一部分；见 Grau, "Die Diktaturgewalt des Reichspräsidenten," 280。
96 Orlow, *Weimarer Prussia 1925—1933*, 244—246。

97 关于Bumke,参见Ingo Müller, *Hitler's Justice: The Courts of the Third Reich*, trans. Deborah Lucas Schneider(Cambridge: Harvard University Press, 1991), 39—41。Müller对纳粹时期Bumke在帝国法院的行动所做的道德谴责,也渗入了他在1932年对Bumke的评价以及他所猜想的这个案子中反对原告的阴谋之中。但是,这一审判的历史及其记录却没有提供任何显示不公平或恣意的证据。另一方面,Grund("*Preussenschlag*," 150—151)却在对帝国法院裁决的毫无保留的辩护中走得太远了,以至于对Bumke的政治立场置若罔闻。更加平衡的判断见Müller, "Hermman Heller: Leben, Werk, Wirkung," 440。

98 Bracher, *Die Auflösung der Weimarer Republik*, 556—563.

99 Grund, "*Preussenschlag*," 10.

100 Nawiasky, "Zum Leipziger Urteil," Bayerische Verwaltungsblätter 80(1932): 338—345; Brecht为*Preussen contra Reich*(xii)所做的前言;Ernst Fraenkel在共和法学季刊*Die Justz*发表的报告也提供了一些证据对这一裁决表达了基本的尊重: Hugo Sinzheimer and Ernst Fraenkel, *Die Justiz in der Weimarer Republic. Eine Chronik*, ed. Thilo Ramm(Neuwied: Luchterhand, 1936), 377, 384, 397。

101 Arnold Brecht, *Mit der Kraft des Geistes. Lebenserinnerungen. Zweite Hälfte: 1927—1967*(Stuttgart: Deutsche Verlags-Anstalt, 1967), 229—232.

102 Anschütz, *Die Verfassung des Deutschen Reiches*, 14th ed., 780—783.

103 Triepel, "Die Entscheidung des Staatsgerichtshofs im Verfassungsstreit zwischen Preussen und dem Reiche," *Deutsche Juristen-Zeitung* 37(1932): 1501—1508. 对这一裁决的其他保守主义的批评包括Von Campe["Der Prozess Preussen cintra Reich im Lichte vom Rechtsgefühl," *Deutsche Juristen-Zeitung* 37(1932): 1384—1389.]声称,国家法院甚至没有解决这个案子,因此任何裁决都将导致"法治国概念的超载",因此,法院就不应该审查在阻止国家解体的紧急行动。

104 Triepel, *Die Staatsverfassung und die politischen Parteien*(Berlin: Otto Liebmann, 1927), 36.

105 特别参见Ernst Rudolf Huber, *Reichsgewalt und Staatsgerichtshol*(Oldenburg im Ostfriesland: Gerhard Stalling, 1932); 同前, *Deutsche Verfassungsgeschichte*, 7: 1125, 提出了相似的观点。

106 *Staat, Bewegung, Volk. Die Dreigliederung der politischen Einheit*(Hamburg: Hanseatisch, 1933), 38—39.

107 Koellreutter, *Deutsches Verfassungsrecht. Ein Grundriss*, 3d ed.(Berlin: Junker und Dünnhaupt, 1938), 181.

108 这一观点来自于Eyck, *History of the Weimar Republic*, 1: 286—288; 参见最高法院1932年10月25日的裁决; Sontheimer, *Antidemokratisches Denken in der Weimarer Republk*, 91—94; Peukert, *The Weimar Republic*, 223—225; Lübbe-Wolff("Safeguards of Civil and Constitutional Rights," 365—372)提出了一个对法院权利原则的内涵及其政治结果的平衡解释。

结　论
宪政民主的危机

1　格奥尔格·戈特海纳将这些答辩案件整理起来。但是, 卡尔·施米特既在审讯之前为帕彭政权提供核心论辩, 在审讯之中也成为答辩的一部分。Ernst Rudolf Huber, "Carl Schmitt in der Rechtskrise der Weimarer Endzeit," *Complexio Poopsitorum*, 33—50, 他将施米特(和帕彭)在1932年夏季的行为视为对德国共产党和纳粹的打击, 似乎忽略了帕彭的目标和他们在普鲁士驱逐中央党政权代理人的非法行为。有关论述可见上书, 第51—70页。总体来说, 审讯中各方立场可见David Dyzenahus, *Truth's Revenge: Carl Schmitt, Hans Kelsen, and Hermann Heller in Weimar*(Oxford: Claredon, 1997)。
2　Schmitt, in *Preussen contra Reich*, 39—40。
3　前揭, 179, 311; 在共和国内寻求国家政治的同质性, 第313—314页。
4　前揭, 181。
5　Nawiasky, in *Preussen contra Reich*, 329.
6　前揭, 244。
7　前揭, 234—235。
8　前揭, 174。
9　前揭, 338。
10　Anschütz, in *Preussen contra Reich*, 125—130, 161—163; 以及Heller, in ibid., 136—138; 相反, Nawiasky, in ibid., 172—173, 国家义务的主观暴力必须在执行之前就确定下来; 在别处, 他明确提出法院的优先统治权(Grundprobleme der Reichsverfassung, 68)。
11　Anschütz, in *Preussen contra Reich*, 124—125; Heller, 前揭书, 137—138。
12　Anschütz, 前揭书, 126(加重点号)。
13　前揭, 125。
14　前揭, 301—307。

15 Heller, *Preussen contra Reich*, 37—38, 76, 214, 293—294.关于黑勒在审讯中的角色，他的政治角色已经超过法律角色，见Andreas Kaiser, "Preussen contra Reich. Hermann Heller als Prozessgegner Carl Schmitts vor dem Staatsgerichtshof 1932," in *Der soziale Rechtsstaat*, 287—311；更一般的来说，见David Dyzenhaus, "Hermann Heller and the Legitimacy of Legality"（美国政治科学联合会会议论文，芝加哥，1995年9月1日，Ⅰ11.）。

16 比如，Nawiasky, in *Preussen contra Reich*, 233—234; Judge Bumke，前揭书，252。

17 在1914年之前，施米特错误地指责黑勒和拉威尔斯基的低劣的独裁制，黑勒居然允许自己关于独裁制的研究在论辩中输给施米特，以此为交换导致施米特对布姆克法官的巨大非难：*Preussen contra Reich*, 353—356; 也可参考布姆克之后对施米特更加公开的反击，也见本书，第469—470页。

18 Heller, in *Preussen contra Reich*, 407—408; 几个月后，斯门德在文中关注类似的合法性问题，见 "Bürger und Bourgeois."

19 卡尔·施米特在"Zum 21. März 1933"中立刻表达了授权法案的革命性意义，*Deutsche Juristen-Zeitung* 38（1933）：453—458；也见Bendersky, *Carl Schmitt*, 199—200. Ernst Fraenkel, *The Dual State*, 3—6,将授权法案放在转向"特权国家"这一更大的语境中来讨论，这种表述开始于1933年2月28日紧急法案。也见Martin Broszat, *The Hitler State: The Foundation and Development of the Internal Structure of the Third Reich*, trans. John W. Hiden（London: Longman, 1981）, 80—84。

20 Friedrich Giese是宪法的标准实证主义评论家，在审判中成为普鲁士的律师，他在*Preussen contra Reich*中将这一词组归咎于帕彭和布拉赫特代表，第267页。这一控告在后来的辩护中没有被撤销。

21 帕彭政权调动公务人员的原因仅仅在于他们与SPD的友好关系已经在审判中暴露出来：Gottheiner（被告方首席律师）, in *Preussen contra Reich*, 164—165, 166—167; 黑勒和布姆克法官之间的交易, in ibid., 249—251; Arnold Brecht（原告方首席律师）, in ibid., 261。

22 Repr. in *Nazism 1919—1945*, vol. 2: *State, Economy and Society 1933—1939. A Documentary Reader*, 5th ed., ed. J. Noakes and G. Pridham（Exeter: University of Exeter Press, 1994）, 223—225.

23 Schmitt, in *Preussen contra Reich*, 321—322.

24 Repr. in *Nazism 1919—1945*, 2: 250—251; Broszat, *The Hitler State*, 106—132.

25 Schmitt, *Das Reichsstatthaltergesetz*, 2d ed.（Berlin: Carl Heymann, 1934）, 尤其

注 释

是在第7页当中,施米特追溯了1932年7月20日帕彭行为和后来纳粹巩固国家行为之间的连续性,第23页,他关注到国家法院没有遵循新法律。也见 Bendersky, *Carl Schmitt*, 199—201。

26 关于净化的法律和制度意义,见 Otto Gritschneder, "Der Führer hat Sie zum Tode verurteilt...", Hitlers "Röhm-Putsch" -Morder vor Gericht (Munich: C. H. Beck, 1993); Bernd Rüthers, *Entartetes Recht*, 120—125; Carl Schmitt, " Der Führer schützt das Recht" (1934), repr. in *Positionen und Begriffe*, 199—203。

27 从广义语言学的角度来对施米特在纳粹体制中的角色所做的介绍,见 Rüthers, *Entartetes Recht*; and Caldwell, "National Socialism and Constitutional Law," 399—427。

28 John Hahlen, "Verfassungsreform als Problem des deutschen Wiedervereinigungsprozesses," in *Probleme des Zusammenwachsens im wiedervereinigten Deutschland*, ed. Alexander Fischer and Manfred Wilke (Berlin: Duncker und Humblot, 1994), 63—74; Robert Hettlage, "Integrationsleistungen des Rechts im Prozess der deutschen Einheit," in *Deutschland nach der Wende. Eine Zwischenbilanz*, ed. Hettlage and Karl Ley (Munich: C. H. Beck, 1995), 28—35.悬而未决的统一和议会制宪法委员会的问题,见 *Verfassungsentwicklungen in Deutschland nach der Wiedervereinigung*, ed. Eckart Klein (Berlin: Duncker and Humblot, 1994)。1993年之前关于发展的英语作品,见 Peter Merkl, *German Unification in the European Context* (University Park: Pennsylvania State University, 1993), 167—230。

29 左派的观点,见 *Der Souverän auf Nebenbühne. Essays und Zwischenrufe zur deutschen Verfassungsdiskussion*, ed. Bernd Guggenberger and Andreas Meier (Opladen: Westdeutscher, 1994); 新宪政主义者周边的重要理论构想,见 Ulrich K. Preuss, *Constitutional Revolution: The link between Constitutionalism and Progress*, trans. Deborah Lucas Schneider (Atlantic Highlands, N.J.: Humanities Press, 1995)。

30 新右派的知识谱系,尤其是与卡尔·施米特和统一国家论者之间的联系,见 Thomas Asshener and Hans Sarkowicz, *Rechtsradikale in Deutschland. Die alte und die neue Rechte* (Munich: C. H. Beck, 1990)。

31 关于1993年之后宪法法院的危机,见 Uwe Wesel, "Die Zweite Krise," *Die Zeit*, October 6, 1995, 7—8; Kommers, *The Constitutional Jurisprudence of the Federal Republic*, 55—57, 349—356, 472—484。

参考文献

文献集合

Akten der Reichskanzlei, 1919-1945. Microform copies of the Bundesarchiv Koblenz holdings, housed in the Georgetown University Library, Washington, D.C.
The Democratic Tradition: Four German Constitutions. Ed. Elmar Hucko. Oxford: Berg, 1989.
Die Deutsche Nationalversammlung im Jahre 1919. 9 vols. Ed. Eduard Heilfron. Berlin: Norddeutsche, n.d.
Deutsche Verfassungen. 20th ed. Ed. Rudolf Schuster. Munich: Wilhelm Goldmann, 1992.
Dokumente zur deutschen Verfassungsgeschichte. 3 vols. Ed. Ernst Rudolf Huber. Stuttgart: W. Kohlhammer, 1961.
Entscheidungen des Reichsgerichts in Zivilsachen. 172 vols. Berlin: Walter de Gruyter, 1880-1945.
Die Entstehung der Bundesverfassung 1920. Vol. 4, *Die Sammlung der Entwürfe zur Staats- bzw. Bundesverfassung.* Ed. Felix Ermacora. Vienna: Wilhelm Braumüller, 1990.
Das Ermächtigungsgesetz vom 24. März 1933. Ed. Rudolf Morsey. Dusseldorf: Droste, 1968.
Karl Renners Briefe aus Saint Germain und ihre rechtspolitische Folgen. Ed. Georg

参考文献

Schmitz. Schriftenreihe des Hans-Kelsen-Instituts, vol. 16. Vienna: Manz, 1991.
Materialien der Deutschen Reichs-Verfassung. 3 vols. Ed. Ernst Betzold. Berlin: Carl Habel, 1871-1873.
Militär und Innenpolitik im Weltkrieg 1914-1918. 2 vols. Ed. Wilhelm Deist. Dusseldorf: Droste, 1970.
Nazism 1919-1945. 3 vols. 5th ed. Ed. J. Noakes and G. Pridham. Exeter: University of Exeter Press, 1994.
Neukantianismus. Texte der Marburger und der Südwestdeutscher Schule, ihrer Vorläufer und Kritiker. Ed. Hans-Ludwig Ollig. Stuttgart: Reclam, 1982.
Die österreichische Bundesverfassung und Hans Kelsen. Analysen und Materialien. Zum 100. Geburtstag von Hans Kelsen. Ed. Felix Ermacora and Christine Wirth. Vienna: Wilhelm Braumüller, 1982.
Preussen contra Reich vor dem Staatsgerichtshof. Stenogrammbericht der Verhandlungen vor dem Staatsgerichtshof in Leipzig vom 10. bis 14. Oktober 1932. Berlin: Dietz Nachfolger, 1933.
Quellensammlung zum Deutschen Reichsstaatsrecht. 5th ed. Vol. 1, *Quellensammlung zum Staats-, Verwaltungs- und Völkerrecht, vornehmlich zum akademischen Gebrauch.* Ed. Heinrich Triepel. 1931. Reprint, Aalen: Scientia, 1987.
Die Rechtsprechung des Staatsgerichtshofs für das Deutsche Reich und des Reichsgerichts auf Grund Artikel 13 Absatz 2 der Reichsverfassung. Vol. 1. Ed. Walter Simons and Hans-Hermann Lammers. Berlin: Georg Stilke, 1929.
Veröffentlichungen der Vereinigung der deutschen Staatsrechtslehrer. Vols. 1-7. Berlin: Walter de Gruyter, 1924-1932.
Die Vorentwürfe Hans Kelsens für die österreichische Bundesverfassung. Ed. Georg Schmitz. Schriftenreihe des Hans Kelsen-Instituts. Vol. 6. Vienna: Manz, 1981.

1945年前出版的文献

Altenberg, Oskar. "Gebietsänderungen im Innern des Reiches nach der Verfassung des Deutschen Reiches vom 11. August 1919." *Archiv des öffentlichen Rechts* 40 (1921): 173-215.
Anschütz, Gerhard. *Aus meinem Leben.* Ed. Walter Pauly. Frankfurt am Main:

Vittorio Klostermann, 1993.

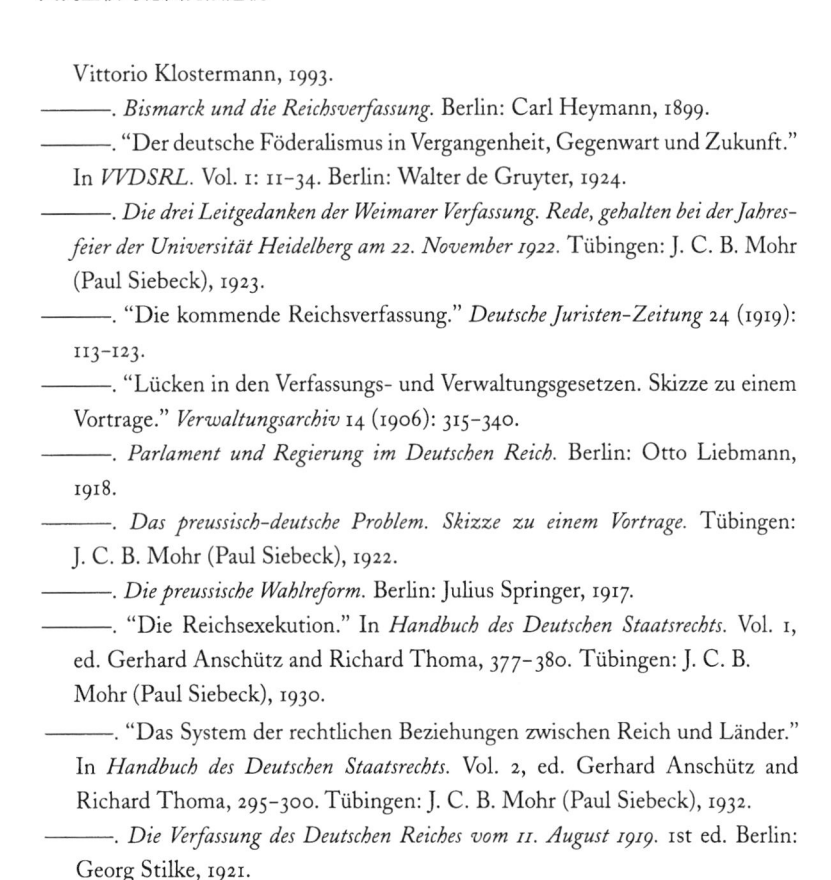

———. *Bismarck und die Reichsverfassung.* Berlin: Carl Heymann, 1899.

———. "Der deutsche Föderalismus in Vergangenheit, Gegenwart und Zukunft." In *VVDSRL.* Vol. 1: 11–34. Berlin: Walter de Gruyter, 1924.

———. *Die drei Leitgedanken der Weimarer Verfassung. Rede, gehalten bei der Jahresfeier der Universität Heidelberg am 22. November 1922.* Tübingen: J. C. B. Mohr (Paul Siebeck), 1923.

———. "Die kommende Reichsverfassung." *Deutsche Juristen-Zeitung* 24 (1919): 113–123.

———. "Lücken in den Verfassungs- und Verwaltungsgesetzen. Skizze zu einem Vortrage." *Verwaltungsarchiv* 14 (1906): 315–340.

———. *Parlament und Regierung im Deutschen Reich.* Berlin: Otto Liebmann, 1918.

———. *Das preussisch-deutsche Problem. Skizze zu einem Vortrage.* Tübingen: J. C. B. Mohr (Paul Siebeck), 1922.

———. *Die preussische Wahlreform.* Berlin: Julius Springer, 1917.

———. "Die Reichsexekution." In *Handbuch des Deutschen Staatsrechts.* Vol. 1, ed. Gerhard Anschütz and Richard Thoma, 377–380. Tübingen: J. C. B. Mohr (Paul Siebeck), 1930.

———. "Das System der rechtlichen Beziehungen zwischen Reich und Länder." In *Handbuch des Deutschen Staatsrechts.* Vol. 2, ed. Gerhard Anschütz and Richard Thoma, 295–300. Tübingen: J. C. B. Mohr (Paul Siebeck), 1932.

———. *Die Verfassung des Deutschen Reiches vom 11. August 1919.* 1st ed. Berlin: Georg Stilke, 1921.

———. *Die Verfassung des Deutschen Reiches vom 11. August 1919.* 8th ed. Berlin: Georg Stilke, 1928.

———. *Die Verfassung des Deutschen Reiches vom 11. August 1919.* 14th ed. Berlin: Georg Stilke, 1933.

———. *Die Verfassungs-Urkunde für den preussischen Staat vom 31. Januar 1850. Ein Kommentar für Wissenschaft und Praxis.* Berlin: O. Häring, 1912.

Anschütz, Gerhard, and Walter Jellinek. *Reichskredite und Diktatur. Zwei Rechtsgutachten.* Tübingen: J. C. B. Mohr (Paul Siebeck), 1932.

Anschütz, Gerhard, and Georg Meyer. *Lehrbuch des deutschen Staatsrechts.* 7th ed. Munich: Duncker und Humblot, 1917.

参考文献

Arndt, Karl. Review of *Entschädigung für baurechtliche Eigentumsbeschränkungen*, by Walter Jellinek. *Juristische Wochenschrift* 59 (1930): 789-790.
Austin, John. *The Province of Jurisprudence Determined*. Ed. Wilfrid E. Rumble. Cambridge: Cambridge University Press, 1995.
Bergbohm, Karl. *Jurisprudenz und Rechtsphilosophie. Kritische Abhandlungen*. Vol. 1: *Einleitung. Erste Abhandlung. Das Naturrecht der Gegenwart*. Leipzig: Duncker und Humblot, 1892.
Bilfinger, Carl. *Nationale Demokratie als Grundlage der Weimarer Verfassung*. Halle an der Saale: Max Niemeyer, 1929.
———. "Verfassungsrecht als politisches Recht." *Zeitschrift für Politik* 18 (1928): 281-298.
Bismarck, Count Otto von. *Werke im Auswahl*. 9 vols. Ed. Gustav Adolf Rein et al. Stuttgart: W. Kohlhammer, 1981.
Bornhak, Conrad. *Grundriss des Verwaltungsrechts in Preussen und dem Deutschen Reiche*. 3d ed. Leipzig: Deichert, 1911.
Brie, Siegfried. "Zur Theorie des constitutionellen Staatsrechts." *Archiv für öffentliches Recht* 4 (1889): 1-61.
Bund zur Erneuerung des Reiches. *Die Rechte des Deutschen Reichspräsidenten nach der Reichsverfassung. Eine gemeinverständliche Darstellung*. Berlin: Bund zur Erneuerung des Reiches, 1929.
———. *Welche Rechte hat der Reichspräsident?* Berlin: Bund zur Erneuerung des Reiches, 1931.
Burgess, John W. "Laband's Public Law of the German Empire." *Political Science Quarterly* 3 (1888): 132-135.
———. Review of *Staatsrecht des Deutschen Reiches*, by Paul Laband, 2d ed. *Political Science Quarterly* 6 (1891): 174.
Buschke, Albrecht. *Die Grundrechte der Weimarer Verfassung in der Rechtsprechung des Reichsgerichts*. Berlin: Georg Stilke, 1930.
Campe, von. "Der Prozess Preussen contra Reich im Lichte vom Rechtsstaat und Rechtsgefühl." *Deutsche Juristen-Zeitung* 37 (1932): 1384-1389.
Dicey, Albert. V. *Introduction to the Law of the Constitution*. 8th ed. 1915. Reprint, Indianapolis: The Liberty Fund, 1982.
Duguit, Léon. *Law in the Modern State*. Trans. Frida Laski and Harold Laski. London: Allen and Unwin, 1921.

Ehrlich, Eugen. *Fundamental Principles of the Sociology of Law* (1913). Trans. Walter L. Moll. Cambridge: Harvard University Press, 1936.

———. "Über Lücken im Recht" (1888). Reprinted in *Recht und Leben. Gesammelte Schriften zur Rechtstatsachenforschung und zur Freirechtslehre*. Ed. Manfred Rehbinder. Berlin: Duncker und Humblot, 1967.

Gerber, Carl Friedrich von. *Grundzüge des Deutschen Staatsrechts*. 3d ed. 1880. Reprint, Aalen: Scientia, 1969.

———. *Über öffentliche Rechte*. 1852. Reprint, Tübingen: J. C. B. Mohr (Paul Siebeck), 1913.

Gerber, Hans. "Die siebente Tagung der Vereinigung der deutschen Staatsrechtslehrer." *Archiv des öffentlichen Rechts* 56 (1929): 253–286.

Gierke, Otto von. "Labands Staatsrecht und die deutsche Rechtswissenschaft." *Schmollers Jahrbuch für Gesetzgebung, Verwaltung und Volkswirtschaft im Deutschen Reich* 7 (1883): 1–99.

Giese, Friedrich. *Deutsches Staatsrecht. Allgemeines Reichs- und Landes-Staatsrecht*. Berlin: Spaeth und Linde, 1930.

———. *Einführung in die Rechtswissenschaft*. 2d ed. Berlin: Spaeth und Linde, 1932.

———. *Die Grundrechte*. Tübingen: J. C. B. Mohr (Paul Siebeck), 1905.

———. *Die Verfassung des Deutschen Reiches vom 11. August 1919. Taschenausgabe*. Berlin: Carl Heymann, 1919.

Gneist, Rudolf von. *Gesetz und Budget. Constitutionelle Streitfragen aus der preussischen Ministerkrisis vom März 1878*. Berlin: Julius Springer, 1879.

Goldschmidt, James. "Gesetzesdämmerung" (1924). Reprinted in *Zur Problematik der höchstrichterlichen Entscheidung*, ed. Gerd Roellecke, 76–91. Darmstadt: Wissenschaftliche Buchgesellschaft, 1982.

Grau, Richard. "Die Diktaturgewalt des Reichspräsidenten." In *Handbuch des Deutschen Staatsrechts*. Vol. 2, ed. Gerhard Anschütz and Richard Thoma, 274–295. Tübingen: J. C. B. Mohr (Paul Siebeck), 1932.

Grueber, B. Erwin. *Einführung in die Rechtswissenschaft. Eine juristische Enzyklopädie und Methodologie*. Berlin: O. Häring, 1908.

Haldy, Wilhelm. *Der Belagerungszustand in Preussen*. Tübingen: J. C. B. Mohr, 1906.

参考文献

Handbuch für das Deutsche Reich 1929. Ed. Reichsministerium des Innern. Berlin: Carl Heymann, 1929.

Hänel, Albert. *Studien zum Deutschen Staatsrechte.* Vol. 1, *Die vertragsmässigen Elemente der Deutschen Reichsverfassung.* Vol. 2, bk. 1, *Die organische Entwicklung der deutschen Reichsverfassung.* Leipzig: H. Haessel, 1888.

Heck, Phillip. "Interessenjurisprudenz und Gesetzestreue" (1905). Reprinted in *Interessenjurisprudenz,* ed. Günter Ellschied and Winfried Hassemer, 32-35. Darmstadt: Wissenschaftliche Buchgesellschaft, 1974.

Hegel, Georg Wilhelm Friedrich. *Die Verfassung Deutschlands* (1798-1800). Reprinted in *Werke.* Vol. 1, *Frühe Schriften.* Ed. Eva Moldenhauer and Karl Markus Michel, 451-610. Frankfurt am Main: Suhrkamp, 1971.

Heller, Hermann. "Der Begriff des Gesetzes in der Reichsverfassung." In *VVDSRL.* Vol. 4: 98-135. Berlin: Walter de Gruyter, 1928.

———. "Bemerkungen zur staats- und rechtstheoretischen Problematik der Gegenwart" (1929). Reprinted in *Gesammelte Schriften.* 2d ed. Ed. Fritz Borinski, Martin Drath, Gerhart Niemeyer, and Otto Stammer, 249-278. Tübingen: J. C. B. Mohr (Paul Siebeck), 1992.

———. *Europa und der Faschismus.* 2d ed. (1931). Reprinted in *Gesammelte Schriften.* 2d ed. Ed. Fritz Borinski, Martin Drath, Gerhart Niemeyer, and Otto Stammer, 2:463-609. Tübingen: J. C. B. Mohr (Paul Siebeck), 1992.

———. "Freiheit und Form in der Reichsverfassung" (1929-1930). Reprinted in *Gesammelte Schriften.* 2d ed. Ed. Fritz Borinski, Martin Drath, Gerhart Niemeyer, and Otto Stammer, 2:371-377. Tübingen: J. C. B. Mohr (Paul Siebeck), 1992.

———. *Gesammelte Schriften.* 2d ed. 3 vols. Ed. Fritz Borinski, Martin Drath, Gerhart Niemeyer, and Otto Stammer. Tübingen: J. C. B. Mohr (Paul Siebeck), 1992.

———. "Grundrechte und Grundpflichten" (1924). Reprinted in *Gesammelte Schriften.* 2d ed. Ed. Fritz Borinski, Martin Drath, Gerhart Niemeyer, and Otto Stammer, 2:281-317. Tübingen: J. C. B. Mohr (Paul Siebeck), 1992.

———. *Hegel und der nationale Machtstaatsgedanke in Deutschland. Ein Beitrag zur politischen Geistesgeschichte* (1921). Reprinted in *Gesammelte Schriften.* 2d ed. Ed. Fritz Borinski, Martin Drath, Gerhart Niemeyer, and Otto Stammer, 1:21-240. Tübingen: J. C. B. Mohr (Paul Siebeck), 1992.

———. "Hegel und die deutsche Politik" (1924). Reprinted in *Gesammelte Schriften*. 2d ed. Ed. Fritz Borinski, Martin Drath, Gerhart Niemeyer, and Otto Stammer, 1:241-255. Tübingen: J. C. B. Mohr (Paul Siebeck), 1992.

———. "Die Krise der Staatslehre" (1926). Reprinted in *Gesammelte Schriften*. 2d ed. Ed. Fritz Borinski, Martin Drath, Gerhart Niemeyer, and Otto Stammer, 2:3-30. Tübingen: J. C. B. Mohr (Paul Siebeck), 1992.

———. "Political Science" (1934). Reprinted in *Gesammelte Schriften*. 2d ed. Ed. Fritz Borinski, Martin Drath, Gerhart Niemeyer, and Otto Stammer, 3:45-75. Tübingen: J. C. B. Mohr (Paul Siebeck), 1992.

———. "Politische Demokratie und soziale Homogenität" (1928). Reprinted in *Gesammelte Schriften*. 2d ed. Ed. Fritz Borinski, Martin Drath, Gerhart Niemeyer, and Otto Stammer, 2: 421-433. Tübingen: J. C. B. Mohr (Paul Siebeck), 1992.

———. *Die politischen Ideenkreise der Gegenwart* (1926). Reprinted in *Gesammelte Schriften*. 2d ed. Ed. Fritz Borinski, Martin Drath, Gerhart Niemeyer, and Otto Stammer, 1:267-412. Tübingen: J. C. B. Mohr (Paul Siebeck), 1992.

———. "Rechtsstaat oder Diktatur?" (1929). Reprinted in *Gesammelte Schriften*. 2d ed. Ed. Fritz Borinski, Martin Drath, Gerhart Niemeyer, and Otto Stammer, 2:443-462. Tübingen: J. C. B. Mohr (Paul Siebeck), 1992.

———. *Die Souveränität. Ein Beitrag zur Theorie des Staats- und Völkerrechts* (1927). Reprinted in *Gesammelte Schriften*. 2d ed. Ed. Fritz Borinski, Martin Drath, Gerhart Niemeyer, and Otto Stammer, 2:31-202. Tübingen: J. C. B. Mohr (Paul Siebeck), 1992.

———. *Sozialismus und Nation* (1925). Reprinted in *Gesammelte Schriften*. 2d ed. Ed. Fritz Borinski, Martin Drath, Gerhart Niemeyer, and Otto Stammer, 1:437-526. Tübingen: J. C. B. Mohr (Paul Siebeck), 1992.

———. "Sozialistische Aussenpolitik?" (1924). Reprinted in *Gesammelte Schriften*. 2d ed. Ed. Fritz Borinski, Martin Drath, Gerhart Niemeyer, and Otto Stammer, 1:415-420. Tübingen: J. C. B. Mohr (Paul Siebeck), 1992.

———. "Staat, Nation und Sozialdemokratie" (1925). Reprinted in *Gesammelte Schriften*. 2d ed. Ed. Fritz Borinski, Martin Drath, Gerhart Niemeyer, and Otto Stammer, 1:527-563. Tübingen: J. C. B. Mohr (Paul Siebeck), 1992.

———. *Staatslehre* (1934). Reprinted in *Gesammelte Schriften*. 2d ed. Ed. Fritz Borinski, Martin Drath, Gerhart Niemeyer, and Otto Stammer, 3:79-395.

Tübingen: J. C. B. Mohr (Paul Siebeck), 1992.

———. "Ziele und Grenzen einer deutschen Verfassungsreform" (1931). Reprinted in *Gesammelte Schriften*. 2d ed. Ed. Fritz Borinski, Martin Drath, Gerhart Niemeyer, and Otto Stammer, 2:411-417. Tübingen: J. C. B. Mohr (Paul Siebeck), 1992.

Hensel, Albert. "Die fünfte Tagung der Vereinigung der deutschen Staatsrechtslehrer." *Archiv des öffentlichen Rechts* 52 (1927): 97-121.

Hintze, Otto. "Das monarchische Prinzip und die konstitutionelle Verfassung" (1911). Reprinted in *Gesammelte Abhandlungen*. 2d ed. Vol. 1, *Staat und Verfassung. Gesammelte Abhandlungen zur allgemeinen Verfassungsgeschichte*. Ed. Gerhard Oestreich, 359-389. Göttingen: Vandenhoeck und Ruprecht, 1962.

Hippel, Ernst von. Review of *Hans Kelsens rechtstheoretische Methode*, by Wilhelm Jöckel. *Juristische Wochenschrift* 60 (1931): 1175.

———. "Überprüfung von Verwaltungsakten durch die ordentlichen Gerichte." In *VVDSRL*. Vol. 5: 178-202. Berlin: Walter de Gruyter, 1929.

Holdack, Felix. Review of *Gesetz und Urteil*, by Carl Schmitt. *Kantstudien* 17 (1912): 464-467.

Holstein, Günther. *Fideikommissauflösung und Reichsverfassung*. Berlin: Carl Heymann, 1930.

———. "Von Aufgaben und Zielen heutiger Staatsrechtswissenschaft. Zur Tagung der Vereinigung deutscher Staatsrechtslehrer." *Archiv des öffentlichen Rechts* 50 (1926): 1-40.

Jacobi, Erwin. "Die Diktatur des Reichspräsidenten nach Art. 48 der Reichsverfassung." In *VVDSRL*. Vol. 1:105-136. Berlin: Walter de Gruyter, 1924.

Jellinek, Camilla, and Josef Lukas. "Georg Jellinek. Sein Leben." *Neue Österreichische Biographie*. Vol. 7:136-152. Vienna: Amalthea, 1931.

Jellinek, Georg. *Allgemeine Staatslehre*. 3d ed. Berlin: O. Häring, 1914.

———. "Bundesstaat und parlamentarische Regierung." In *Ausgewählte Schriften und Reden*. Vol. 2:439-447. Berlin: O. Häring, 1911.

———. *Die Erklärung der Menschen- und Bürgerrechte. Ein Beitrag zur modernen Verfassungsgeschichte*. 2d ed. Leipzig: Duncker und Humblot, 1904.

———. *Die Lehre von den Staatenverbindungen*. Vienna: Alfred Hölder, 1882.

———. *Die rechtliche Natur der Staatsverträge. Ein Beitrag zur juristischen Construktion des Völkerrechts*. Vienna: Alfred Hölder, 1880.

———. *Regierung und Parlament in Deutschland. Geschichtliche Entwickelung ihres Verhältnisses.* Leipzig: B. G. Teubner, 1909.

———. *System der subjektiven öffentlichen Rechte.* 2d ed. Tübingen: J. C. B. Mohr (Paul Siebeck), 1919.

———. "Die Verantwortlichkeit des Reichskanzlers." In *Ausgewählte Schriften und Reden.* Vol. 2:431-438. Berlin: O. Häring, 1911.

Jellinek, Walter. "Der Schutz des öffentlichen Rechts durch ordentliche und durch Verwaltungsgerichte (Fortschritte, Rückschritte und Entwicklungstendenzen seit der Revolution)." In *VVDSRL.* Vol. 2:8-80. Berlin: Walter de Gruyter, 1925.

Kantorowicz, Hermann. *Der Kampf um die Rechtswissenschaft.* Heidelberg: Carl Winter, 1906.

Kaufmann, Erich. "Die Gleichheit vor dem Gesetz im Sinne des Art. 109 der Reichsverfassung." In *VVDSRL.* Vol. 3:2-24. Berlin: Walter de Gruyter, 1927.

———. *Kritik der neukantianischen Rechtsphilosophie. Eine Betrachtung über die Beziehungen zwischen Philosophie und Rechtswissenschaft.* Tübingen: J. C. B. Mohr (Paul Siebeck), 1921.

———. *Studien zur Staatslehre des monarchischen Prinzipes.* Leipzig: O. Brandstetter, 1906.

———. *Das Wesen des Völkerrechts und die clausula rebus sic stantibus. Eine rechtsphilosophische Studie zum Rechts-, Staats- und Vertragsbegriffe.* Tübingen: J. C. B. Mohr (Paul Siebeck), 1911.

Kelsen, Hans. *Allgemeine Staatslehre.* Berlin: Springer, 1925.

———. *Aufsätze zur Ideologiekritik.* Ed. Ernst Topitsch. Neuwied: Luchterhand, 1964.

———. "Die Bundesexekution. Ein Beitrag zur Theorie und Praxis des Bundesstaates, unter besondere Berücksichtigung der deutschen Reichs- und der österreichischen Bundesverfassung." In *Festgabe für Fritz Fleiner zum 60. Geburtstag 24. Januar 1927,* 127-187. Tübingen: J. C. B. Mohr (Paul Siebeck), 1927.

———. "Demokratie" (1927). Reprinted in *Die Wiener rechtstheoretische Schule,* by Hans Kelsen, Adolf Merkl, and Alfred Verdross. 2 vols. Ed. Hans Klecatsky, Rene Marcic, and Herbert Schambeck, 2:1743-1776. Vienna: Europa-Verlag, 1968.

参考文献

———. "Die Entwicklung des Staatsrechts in Österreich seit dem Jahre 1918." In *Handbuch des Deutschen Staatsrechts*. Vol. 1, ed. Gerhard Anschütz and Richard Thoma, 147-165. Tübingen: J. C. B. Mohr (Paul Siebeck), 1930.

———. "God and the State" (1922-1923). Reprinted in *Hans Kelsen. Essays in Legal and Moral Philosophy*. Ed. Ota Weinberger. Trans. Peter Heath, 61-82. Dordrecht: D. Reidel, 1973.

———. *Hauptprobleme der Staatsrechtslehre entwickelt aus der Lehre vom Rechtssatze*. 1st ed. Tübingen: J. C. B. Mohr (Paul Siebeck), 1911.

———. *Hauptprobleme der Staatsrechtslehre entwickelt aus der Lehre vom Rechtssatze*. 2d ed. Tübingen: J. C. B. Mohr (Paul Siebeck), 1923.

———. "The Idea of Natural Law" (1928). Reprinted in *Hans Kelsen. Essays in Legal and Moral Philosophy*. Ed. Ota Weinberger. Trans. Peter Heath, 27-60. Dordrecht: D. Reidel, 1973.

———. "Un inédit de Kelsen concernant ses sources kantiennes." Trans. Giorgio Bomio. *Droit et Société* 7 (1987): 327-335.

———. *Introduction to the Problems of Legal Theory. A Translation of the First Edition of the Reine Rechtslehre or Pure Theory of Law*. Trans. Bonnie Litschewski Paulson and Stanley L. Paulson. Oxford: Clarendon, 1992.

———. "Judicial Review of Legislation: A Comparative Study of the Austrian and the American Constitution." *Journal of Politics* 4 (1942): 183-200.

———. "Juristischer Formalismus und Reine Rechtslehre." *Juristische Wochenschrift* 58 (1929): 1723-1726.

———. "Justiz und Verwaltung" (1929). Reprinted in *Die Wiener rechtstheoretische Schule*, by Hans Kelsen, Adolf Merkl, and Alfred Verdross. 2 vols. Ed. Hans Klecatsky, Rene Marcic, and Herbert Schambeck, 2:1781-1811. Vienna: Europa-Verlag, 1968.

———. "Die Lehre von den drei Gewalten oder Funktionen des Staates" (1923-1924). Reprinted in *Die Wiener rechtstheoretische Schule*, by Hans Kelsen, Adolf Merkl, and Alfred Verdross. 2 vols. Ed. Hans Klecatsky, Rene Marcic, and Herbert Schambeck, 2:1625-1660. Vienna: Europa-Verlag, 1968.

———. "Marx oder Lassalle. Wandlungen in der politischen Theorie des Marxismus." *Archiv für die Geschichte des Sozialismus und der Arbeiterbewegung* 11 (1925): 261-298.

———. "Natural Law Doctrine and Legal Positivism" (1928). Trans. Wolfgang Herbert Kraus. Reprinted in *General Theory of Law and State*, 391-446. Cambridge: Harvard University Press, 1949.

———. "On the Theory of Interpretation" (1934). Trans. Bonnie Litschewski Paulson and Stanley L. Paulson. *Legal Studies* 10 (1990): 127-135.

———. *Österreichisches Staatsrecht. Ein Grundriss, entwicklungsgeschichtlich dargestellt.* Tübingen: J. C. B. Mohr (Paul Siebeck), 1923.

———. "Die politische Theorie des Sozialismus." *Österreichische Rundschau* 19 (1923): 113-135.

———. *Das Problem der Souveränität und die Theorie des Völkerrechts. Beitrag zu einer reinen Rechtslehre.* Tübingen: J. C. B. Mohr (Paul Siebeck), 1920.

———. *Das Problem des Parlamentarismus.* 1926. Reprint, Darmstadt: Wissenschaftliche Buchgesellschaft, 1968.

———. *The Pure Theory of Law.* 2d ed. Trans. Max Knight. Berkeley: University of California Press, 1967.

———. "Rechtsstaat und Staatsrecht" (1913). Reprinted in *Die Wiener rechtstheoretische Schule,* by Hans Kelsen, Adolf Merkl, and Alfred Verdross. 2 vols. Ed. Hans Klecatsky, Rene Marcic, and Herbert Schambeck, 2:1525-1532. Vienna: Europa-Verlag, 1968.

———. "Rechtswissenschaft als Norm- oder als Kulturwissenschaft. Eine methodenkritische Untersuchung" (1916). Reprinted in *Die Wiener rechtstheoretische Schule,* by Hans Kelsen, Adolf Merkl, and Alfred Verdross. 2 vols. Ed. Hans Klecatsky, Rene Marcic, and Herbert Schambeck, 1:37-93. Vienna: Europa-Verlag, 1968.

———. "Rechtswissenschaft und Recht. Erledigung eines Versuchs zur Überwindung der 'Rechtsdogmatik'" (1922). Reprinted in *Die Rolle des Neukantianismus in der Reinen Rechtslehre. Eine Debatte zwischen Sander und Kelsen,* ed. Stanley L. Paulson, 279-411. Aalen: Scientia, 1988.

———. *Der soziologische und der juristische Staatsbegriff. Kritische Untersuchungen des Verhältnisses von Staat und Recht.* Tübingen: J. C. B. Mohr (Paul Siebeck), 1922.

———. *Der Staat als Integration. Eine prinzipielle Auseinandersetzung.* Vienna: Julius Springer, 1930.

———. "Der Staatsbegriff und die Psychoanalyse" (1927). Reprinted in *Die*

Wiener rechtstheoretische Schule, by Hans Kelsen, Adolf Merkl, and Alfred Verdross. 2 vols. Ed. Hans Klecatsky, Rene Marcic, and Herbert Schambeck, 1:209-214. Vienna: Europa-Verlag, 1968.

———. *Vom Wesen und Wert der Demokratie*. 2d ed. Tübingen: J. C. B. Mohr (Paul Siebeck), 1929.

———. "Wer soll der Hüter der Verfassung sein?" (1931). Reprinted in *Die Wiener rechtstheoretische Schule*, by Hans Kelsen, Adolf Merkl, and Alfred Verdross. 2 vols. Ed. Hans Klecatsky, Rene Marcic, and Herbert Schambeck, 2:1873-1922. Vienna: Europa-Verlag, 1968.

———. "Das Wesen des Staates" (1926-1927). Reprinted in *Die Wiener rechtstheoretische Schule*, by Hans Kelsen, Adolf Merkl, and Alfred Verdross. 2 vols. Ed. Hans Klecatsky, Rene Marcic, and Herbert Schambeck, 2:1713-1728. Vienna: Europa-Verlag, 1968.

———. "Wesen und Entwicklung der Staatsgerichtsbarkeit." In *VVDSRL*. Vol. 5: 30-88. Berlin: Walter de Gruyter, 1929.

———. "Zur Lehre vom Gesetz im formellen und materiellen Sinn, mit besonderer Berücksichtigung der österreichischen Verfassung" (1913). Reprinted in *Die Wiener rechtstheoretische Schule*, by Hans Kelsen, Adolf Merkl, and Alfred Verdross. 2 vols. Ed. Hans Klecatsky, Rene Marcic, and Herbert Schambeck, 2:1533-1543. Vienna: Europa-Verlag, 1968.

———. "Zur Theorie der juristischen Fiktionen. Mit besonderer Berücksichtigung von Vaihingers Philosophie des Als Ob." *Vaihingers Annalen der Philosophie* 1 (1919): 630-658.

Kelsen, Hans, Adolf Merkl, and Alfred Verdross. *Die Wiener rechtstheoretische Schule*. 2 vols. Ed. Hans Klecatsky, Rene Marcic, and Herbert Schambeck. Vienna: Europa-Verlag, 1968.

Kelsen, Hans, et al. *Hans Kelsen und die Rechtssoziologie. Auseinandersetzungen mit Hermann U. Kantorowicz, Eugen Ehrlich und Max Weber*. Ed. Stanley L. Paulson. Aalen: Scientia, 1992.

Kirchheimer, Otto. "Reichsgericht und Enteignung. Reichsverfassungswidrigkeit des Preussischen Fluchtliniengesetzes?" (1929-1930). Reprinted in *Von der Weimarer Republik zum Faschismus: Die Auflösung der demokratischen Rechtsordung*, ed. Wolfgang Luthardt, 77-90. Frankfurt am Main: Suhrkamp, 1976.

———. "Weimar—und was dann? Analyse einer Verfassung" (1930). Reprinted in *Politik und Verfassung*, 9-56. Frankfurt am Main: Suhrkamp, 1964.

Klinghofer, Hans. "Smends Integrationstheorie. Bemerkungen zu Smends Schrift 'Verfassung und Verfassungsrecht.'" *Die Justiz* 5 (1929-1930): 418-431.

Koellreutter, Otto. "Die Auseinandersetzung mit den ehemaligen Fürstenhäusern." *Deutsche Juristen-Zeitung* 31 (1926): 109-115.

———. *Deutsches Verfassungsrecht. Ein Grundriss.* 3d ed. Berlin: Junker und Dünnhaupt, 1938.

———. *Grundriss der allgemeinen Staatslehre.* Tübingen: J. C. B. Mohr (Paul Siebeck), 1933.

———. *Integrationslehre und Reichsreform.* Tübingen: J. C. B. Mohr (Paul Siebeck), 1929.

———. Review of *Die Souveränität*, by Hermann Heller. *Archiv des öffentlichen Rechts* 52 (1928): 133-137.

———. "Staatsrechtswissenschaft und Politik." *Deutsche Juristen-Zeitung* 33 (1928): 1221-1226.

———. *Vom Sinn und Wesen der nationalen Revolution.* Tübingen: J. C. B. Mohr (Paul Siebeck), 1933.

Kohler, Josef. *Not kennt kein Gebot. Die Theorien des Notrechtes und die Ereignisse unserer Zeit.* Berlin: Walther Rothschild, 1915.

Köttgen, Arnold. "Die achte Tagung der Vereinigung der deutschen Staatsrechtslehrer." *Archiv des öffentlichen Rechts* 60 (1932): 404-431.

Kraft-Fuchs, Margrit. "Kelsens Staatstheorie und die Soziologie des Staates." *Zeitschrift für öffentliches Recht* 11 (1931): 402-415.

Laband, Paul. *Das Budgetrecht nach den Bestimmungen der Preussischen Verfassungs-Urkunde unter Berücksichtigung der Verfassung des Norddeutschen Bundes.* Berlin: J. Guttentag, 1871.

———. "Der Bundesrat" (1911). Reprinted in *Der Bundesrat. Die staatsrechtliche Entwicklung des föderalen Verfassungsorgans*, ed. Dieter Wilke and Bernd Schwelte, 40-50. Darmstadt: Wissenschaftliche Buchgesellschaft, 1990.

———. *Lebenserinnerungen* (1918). Reprinted in *Abhandlungen, Beiträge, Reden und Rezensionen.* Vol. 1:1-112. Leipzig: Zentralantiquariat der DDR, 1980-1983.

———. Review of *Traité de Droit public international*, by A. Mérignhac. *Archiv für öffentliches Recht* 20 (1906): 302-305.

———. *Das Staatsrecht des Deutschen Reiches.* 1st ed. 3 vols. Tübingen: H. Laupp,

1876–1882.

———. *Staatsrecht des Deutschen Reiches.* 5th ed. 4 vols. 1911–1913. Reprint, Aalen: Scientia, 1964.

———. "Die Wandlungen in der deutschen Reichsverfassung" (1895). Reprinted in *Abhandlungen, Beiträge, Reden und Rezensionen.* Vol. 1:574–611. Leipzig: Zentralantiquariat der DDR, 1980–1983.

Landsberg, Ernst. *Geschichte der Deutschen Rechtswissenschaft.* Munich: R. Oldenbourg, 1910.

Laski, Harold J. *The American Presidency, an Interpretation.* New York: Harper and Brothers, 1940.

Lassar, Gerhard. "Administrative Jurisdiction in Germany." *Economica* 7 (1927): 179–190.

———. "Der Schutz des öffentlichen Rechts. Die neueste Entwicklung des Gemeindeverfassungsrechts." In *VVDSRL.* Vol. 2:81–105. Berlin: Walter de Gruyter, 1925.

Laun, Rudolf. "Der Staatsrechtslehrer und die Politik." *Archiv des öffentlichen Rechts* 43 (1923): 145–199.

Leibholz, Gerhard. *Die Gleichheit vor dem Gesetz. Eine Studie auf rechtsvergleichender und rechtsphilosophischer Grundlage.* Berlin: Otto Liebmann, 1925.

———. "Die Gleichheit vor dem Gesetz. Ein Nachwort zur Auslegung des Art. 109 Abs. 1 RV." *Archiv des öffentlichen Rechts* 51 (1927): 1–36.

———. "Höchstrichterliche Rechtsprechung und Gleichheitssatz." *Archiv des öffentlichen Rechts* 58 (1930): 428–442.

———. "Legal Philosophy and the German Constitutional Court" (1962). Reprinted in *Politics and Law,* 296–301. Leiden: A. W. Sijthoff, 1965.

———. "Die Reform des Wahlrechtes." In *VVDSRL.* Vol. 7:159–190. Berlin: Walter de Gruyter, 1932.

Löwith, Karl. "Der okkasionelle Dezisionismus von Carl Schmitt" (1935). Reprinted in *Sämtliche Schriften.* Vol. 8, *Heidegger—Denker in dürftiger Zeit,* ed. Klaus Stichweh and Marc B. de Launay, 32–71. Stuttgart: J. B. Metzlersche, 1984.

Marschall von Bieberstein, Freiherr Adolf Hans. *Vom Kampf des Rechts gegen die Gesetze. Akademische Rede zum Gedächtnis der Reichsgründung gehalten am 17. Januar 1925 in der Aula der Albrecht-Ludwigs-Universität.* Stuttgart: W. Kohlhammer, 1927.

Marx, Karl. "The Constitution of the French Republic Adopted November 4, 1848" (1851, English original). Reprinted in *Marx-Engels Collected Works*. Vol. 10:567-580. Moscow: Progress, 1978.

Mattern, Johannes. *Principles of the Constitutional Jurisprudence of the German National Republic.* Baltimore: Johns Hopkins University Press, 1928.

Mayer, Otto. *Deutsches Verwaltungsrecht.* Leipzig: Duncker und Humblot, 1895.

Meissner, Otto Heinrich. "Bundesrat, Bundeskanzler und Bundeskanzleramt (1867-1871)" (1943). Reprinted in *Moderne deutsche Verfassungsgeschichte (1815-1918)*, ed. Ernst-Wolfgang Böckenförde, 76-94. Cologne: Kiepenheuer und Witsch, 1972.

———. "Der Reichspräsident." In *Handbuch der Politik*. Vol. 3, ed. Gerhard Anschütz, 41-44. Berlin: Walter Rothschild, 1921.

Mendelssohn-Bartholdy, Albrecht. *The War and German Society. The Testament of a Liberal.* 1937. Reprint, New York: Howard Fertig, 1971.

Naumann, Friedrich. "Versuch volksverständlicher Grundrechte." In *Werke*. Vol. 2:573-579. Cologne: Westdeutscher, 1964.

Nawiasky, Hans. "Die Auslegung des Art. 48 der Reichsverfassung." *Archiv des öffentlichen Rechts* 48 (1925): 1-55.

———. "Die Gleichheit vor dem Gesetz im Sinne des Art. 109 der Reichsverfassung." In *VVDSRL*. Vol. 3:25-43. Berlin: Walter de Gruyter, 1927.

———. *Grundprobleme der Reichsverfassung. Erster Teil. Das Reich als Bundesstaat.* Berlin: Julius Springer, 1928.

———. "Zum Leipziger Urteil." *Bayerische Verwaltungsblätter* 80 (1932): 338-345.

Neumann, Franz. "Die soziale Bedeutung der Grundrechte in der Weimarer Verfassung" (1931). Reprinted in *Wirtschaft, Staat, Demokratie. Aufsätze 1930-1954*, ed. Alfons Söllner, 57-75. Frankfurt am Main: Suhrkamp, 1978.

———. "Zur marxistischen Staatstheorie" (1935). Reprinted in *Wirtschaft, Staat, Demokratie. Aufsätze 1930-1954*, ed. Alfons Söllner, 134-143. Frankfurt am Main: Suhrkamp, 1978.

Poetzsch-Heffter, Fritz. "Der Spruch des Staatsgerichtshofes." *Deutsche Juristen-Zeitung* 37 (1932): 1373-1378.

———. "Staatspolitische Würdigung der Entscheidung des Staatsgerichtshofs vom 25. Oktober 1932 im Konflikte des Reiches mit Preussen." *Reich und*

Länder 6 (1932): 309-316.

Pözl, Joseph von. Review of *Staatsrecht des Deutschen Reiches*, by Paul Laband. *Kritische Vierteljahresschrift für Gesetzgebung und Rechtswissenschaft* 13 (1871): 567-575.

Preuss, Hugo. *Artikel 18 der Reichsverfassung: Seine Entstehung und Bedeutung*. Berlin: Carl Heymann, 1922.

———. "Begründung des Entwurfs einer Verfassung für das Deutsche Reich" (1919). Reprinted in *Staat, Recht und Freiheit. Aus 40 Jahren deutscher Politik und Geschichte*, 394-421. 1926. Reprint, Hildesheim: Georg Olms, 1964.

———. "Denkschrift zum Entwurf des allgemeinen Teils der Reichsverfassung vom 3. Januar 1919." In *Staat, Recht und Freiheit. Aus 40 Jahren deutscher Politik und Geschichte*, 368-379. 1926. Reprint, Hildesheim: Georg Olms, 1964.

———. "Die organische Bedeutung der Art. 15 und 17 der Reichsverfassung." *Zeitschrift für die gesamte Staatswissenschaft* 45 (1889): 420-449.

———. *Reichs- und Landesfinanzen*. Berlin: Leonhard Simion, 1894.

———. "Die Sozialdemokratie und der Parlamentarismus" (1891). Reprinted in *Staat, Recht und Freiheit. Aus 40 Jahren deutscher Politik und Geschichte*, 144-172. 1926. Reprint, Hildesheim: Georg Olms, 1964.

———. "Volksstaat oder verkehrter Obrigkeitsstaat" (1918). Reprinted in *Staat, Recht und Freiheit. Aus 40 Jahren deutscher Politik und Geschichte*, 365-368. 1926. Reprint, Hildesheim: Georg Olms, 1964.

———. "Zur Methode juristischer Begriffskonstruktion." *Schmollers Jahrbuch für Gesetzgebung, Verwaltung und Volkswirtschaft im Deutschen Reich* 24 (1900): 359-372.

Pufendorf, Samuel. *Die Verfassung des deutschen Reiches*. Ed. and trans. Horst Denzer. Stuttgart: Reclam, 1985.

Richter, Lutz. "Die sechste Tagung der Vereinigung der deutschen Staatsrechtslehrer." *Archiv des öffentlichen Rechts* 53 (1928): 441-459.

Rönne, Ludwig von. *Das Staats-Recht der preussischen Monarchie*. Leipzig: Brockhaus, 1870.

Rosenberg, Werner. "Die rechtlichen Schranken der Militärdiktatur." *Zeitschrift für die gesamte Strafrechtswissenschaft* 37 (1916): 808-825.

Rothenbücher, Karl. "Smends *Verfassung und Verfassungsrecht*." *Reichsverwaltungsblatt und Preussisches Verwaltungsblatt* 49 (1928): 554-555.

Rumpf, Max. *Gesetz und Richter. Versuch einer Methodik der Rechtsanwendung.* Berlin: Otto Liebmann, 1906.

Schelcher, Walter. "Artikel 153. Die Rechte und Pflichten aus dem Eigentum." In *Die Grundrechte und Grundpflichten der Reichsverfassung. Kommentar zum zweiten Teil der Reichsverfassung.* Vol. 3, ed. Hans-Carl Nipperdey, 196-249. Berlin: Reimar Hobbing, 1930.

Schmitt, Carl. "Die Auflösung des Enteignungsbegriffs" (1929). Reprinted in *Verfassungsrechtliche Aufsätze aus den Jahren 1924-1954. Materialien zu einer Verfassungslehre.* 2d ed., 110-118. Berlin: Duncker und Humblot, 1973.

———. *Der Begriff des Politischen. Texte von 1932 mit einem Vorwort und drei Corollarien.* Berlin: Duncker und Humblot, 1963.

———. *The Crisis of Parliamentary Democracy.* 2d ed. 1926. Trans. Ellen Kennedy. Cambridge: MIT Press, 1985.

———. "Die Diktatur des Reichspräsidenten nach Art. 48 der Reichsverfassung." In *VVDSRL.* Vol. 1:63-104. Berlin: Walter de Gruyter, 1924.

———. "Diktatur und Belagerungszustand. Eine staatsrechtliche Studie." *Zeitschrift für die gesamte Strafrechtswissenschaft* 38 (1917): 138-161.

———. *Die Diktatur. Von den Anfängen des modernen Souveränitätsgedankens bis zum proletarischen Klassenkampf.* 3d ed. Berlin: Duncker und Humblot, 1964.

———. "Die Einwirkungen des Kriegszustandes auf das ordentliche strafprozessuale Verfahren." *Zeitschrift für die gesamte Strafrechtswissenschaft* 38 (1917): 783-797.

———. "Der Führer schützt das Recht" (1934). Reprinted in *Positionen und Begriffe im Kampf mit Weimar-Genf-Versailles, 1923-1939,* 199-203. Hamburg: Hanseatisch, 1940.

———. *Gesetz und Urteil. Eine Untersuchung zum Problem der Rechtspraxis.* 1912. Reprint, Munich: C. H. Beck, 1969.

———. *Hüter der Verfassung.* Tübingen: J. C. B. Mohr (Paul Siebeck), 1931.

———. "Juristische Fiktionen." *Deutsche Juristen-Zeitung* 18 (1913): 804-806.

———. *Legalität und Legitimität* (1932). Reprinted in *Verfassungsrechtliche Aufsätze aus den Jahren 1924-1954. Materialien zu einer Verfassungslehre.* 2d ed., 262-350. Berlin: Duncker und Humblot, 1973.

———. *Political Romanticism.* 2d ed. 1923. Trans. Guy Oakes. Cambridge: MIT Press, 1986.

———. *Political Theology. Four Chapters on the Concept of Sovereignty.* 2d ed. 1934. Trans. George Schwab. Cambridge: MIT Press, 1985.
———. *Politische Theologie. Vier Kapitel zur Lehre von der Souveränität.* Berlin: Duncker und Humblot, 1922.
———. *Politische Theologie II. Die Legende von der Erledigung jeder politischen Theologie.* Berlin: Duncker und Humblot, 1970.
———. "Das Reichsgericht als Hüter der Verfassung" (1929). Reprinted in *Verfassungsrechtliche Aufsätze aus den Jahren 1924-1954. Materialien zu einer Verfassungslehre.* 2d ed., 63-109. Berlin: Duncker und Humblot, 1973.
———. *Das Reichsstatthaltergesetz.* 2d ed. Berlin: Carl Heymann, 1934.
———. *Römischer Katholizismus und politische Form.* 1923. Reprint, Stuttgart: Klett-Cotta, 1984.
———. "Die Sichtbarkeit der Kirche." *Summa* 1.2 (1917): 71-80.
———. *Staat, Bewegung, Volk. Die Dreigliederung der politischen Einheit.* Hamburg: Hanseatisch, 1933.
———. "Staatsethik und pluralistischer Staat." *Kantstudien* 35 (1930): 28-42.
———. *Staatsgefüge und Zusammenbruch des Zweiten Reiches. Der Sieg des Bürgers über den Soldaten.* Hamburg: Hanseatisch, 1934.
———. *Unabhängigkeit der Richter, Gleichheit vor dem Gesetz und Gewährleistung des Privateigentums nach der Weimarer Verfassung. Ein Rechtsgutachten zu den Gesetzentwürfen über die Vermögensauseinandersetzung mit den früher regierenden Fürstenhäusern.* Berlin: Walter de Gruyter, 1926.
———. *Verfassungslehre.* 6th ed. Berlin: Duncker und Humblot, 1983.
———. "Die Verfassungsmässigkeit der Bestellung eines Reichskommissars für das Land Preussen." *Deutsche Juristen-Zeitung* 37 (1932): 953-958.
———. "Weiterentwicklung des totalen Staates in Deutschland" (February 1933). Reprinted in *Verfassungsrechtliche Aufsätze aus den Jahren 1924-1954. Materialien zu einer Verfassungslehre.* 2d ed., 359-365. Berlin: Duncker und Humblot, 1973.
———. *Der Wert des Staates und die Bedeutung des Einzelnen.* Tübingen: J. C. B. Mohr (Paul Siebeck), 1914.
———. "Zehn Jahre Reichsverfassung" (1929). Reprinted in *Verfassungsrechtliche Aufsätze aus den Jahren 1924-1954. Materialien zu einer Verfassungslehre.* 2d ed., 34-40. Berlin: Duncker und Humblot, 1973.
———. "Zum 21. März 1933." *Deutsche Juristen-Zeitung* 38 (1933): 453-458.

Schmitt, Carl, and Werner Becker. "Der bürgerliche Rechtsstaat." *Die Schildgenossen* 8 (1928): 127-133.

Seydel, Max von. *Commentar zur Verfassungs-Urkunde für das Deutsche Reich*. 2d ed. Freiburg: J. C. B. Mohr (Paul Siebeck), 1897.

———. *Staatsrechtliche und politische Abhandlungen*. Freiburg: J. C. B. Mohr (Paul Siebeck), 1893.

Simons, Walter. "Zum Geleit." In *Die Rechtsprechung des Staatsgerichtshofs für das Deutsche Reich und des Reichsgerichts auf Grund Artikel 13 Absatz 2 der Reichsverfassung*. Vol. 1, ed. Walter Simons and Hans-Hermann Lammers, 7-15. Berlin: Georg Stilke, 1929.

Sinzheimer, Hugo, and Ernst Fraenkel. *Die Justiz in der Weimarer Republik. Eine Chronik*. Ed. Thilo Ramm. Neuwied: Luchterhand, 1968.

Smend, Rudolf. "Bürger und Bourgeois im deutschen Staatsrecht" (1933). Reprinted in *Staatsrechtliche Abhandlungen und andere Aufsätze*. 3d ed., 309-325. Berlin: Duncker und Humblot, 1994.

———. "Integration" (1965). Reprinted in *Staatsrechtliche Abhandlungen und andere Aufsätze*. 3d ed., 482-486. Berlin: Duncker und Humblot, 1994.

———. "Integrationslehre" (1956). Reprinted in *Staatsrechtliche Abhandlungen und andere Aufsätze*. 3d ed., 475-481. Berlin: Duncker und Humblot, 1994.

———. "Die politische Gewalt im Verfassungsstaat und das Problem der Staatsform" (1923). Reprinted in *Staatsrechtliche Abhandlungen und andere Aufsätze*. 3d ed., 68-88. Berlin: Duncker und Humblot, 1994.

———. *Die Preussische Verfassungsurkunde im Vergleich mit der Belgischen*. Göttingen: Diederich, 1904.

———. "Das Recht der freien Meinungsäusserung." In *VVDSRL*. Vol. 4:44-74. Berlin: Walter de Gruyter, 1928.

———. "Ungeschriebenes Verfassungsrecht im monarchischen Bundestaat" (1916). Reprinted in *Staatsrechtliche Abhandlungen und andere Aufsätze*. 3d ed., 29-59. Berlin: Duncker und Humblot, 1994.

———. "Die Vereinigung der Deutschen Staatsrechtslehrer und der Richtungsstreit." In *Festschrift für Ulrich Scheuner zum 70. Geburtstag*, 575-589. Berlin: Duncker und Humblot, 1973.

———. *Die Verfassung des Deutschen Reichs vom 11. August 1919, Eingeleitet von Prof. Dr. R. Smend*. Berlin: Sieben Stäbe, 1929.

———. *Verfassung und Verfassungsrecht* (1928). Reprinted in *Staatsrechtliche Abhandlungen und andere Aufsätze.* 3d ed., 119-276. Berlin: Duncker und Humblot, 1994.

———. "Die Verschiebung der konstitutionellen Ordnung durch die Verhältniswahl" (1919). Reprinted in *Staatsrechtliche Abhandlungen und andere Aufsätze.* 3d ed., 60-67. Berlin: Duncker und Humblot, 1994.

Steininger, Alfons. Comment on decision of the *Reichsgericht* of February 28, 1930, printed in *Entscheidungen des Reichsgerichts in Zivilsachen*, 128:18-34. *Juristische Wochenschrift* 59 (1930): 2427-2428.

Stier-Somlo, Fritz. "Artikel 109. Gleichheit vor dem Gesetz." In *Die Grundrechte und Grundpflichten der Reichsverfassung. Kommentar zum zweiten Teil der Reichsverfassung.* Vol. 1, ed. Hans-Carl Nipperdey, 158-218. Berlin: Reimar Hobbing, 1929.

———. "Die dritte Tagung der Vereinigung der deutschen Staatsrechtslehrer." *Archiv des öffentlichen Rechts* 48 (1925): 98-109.

———. "Verfassung, Verfassungsrecht." In *Handwörterbuch der Rechtswissenschaft.* Vol. 6:387-395. Berlin: Walter de Gruyter, 1929.

———. "Die Zweite Tagung der Vereinigung der deutschen Staatsrechtslehrer." *Archiv des öffentlichen Rechts* 46 (1924): 88-105.

Stoerk, Felix. *Zur Methodik des öffentlichen Rechts.* Vienna: Alfred Hölder, 1885.

Stoll, Heinrich. "Zur 3.A." *Juristische Wochenschrift* 55 (1926): 1429-1430.

Tatarin-Tarnheyden, Edgar. Review of *Verfassung und Verfassungsrecht*, by Rudolf Smend. *Juristische Wochenschrift* 57 (1928): 1028-1029.

Tenzer, Friedrich. "Betrachtungen über Kelsens Lehre vom Rechtssatz." *Archiv des öffentlichen Rechts* 28 (1912): 325-344.

Thoma, Richard. "Der Begriff der modernen Demokratie in seinem Verhältnis zum Staatsbegriff." In *Hauptprobleme der Soziologie. Erinnerungsgabe für Max Weber*, ed. Melchior Palyi, 37-64. Munich: Duncker und Humblot, 1923.

———. "Gegenstand.-Methode.-Literatur." In *Handbuch des Deutschen Staatsrechts.* Vol. 1, ed. Gerhard Anschütz and Richard Thoma, 1-13. Tübingen: J. C. B. Mohr (Paul Siebeck), 1930.

———. "Gerhard Anschütz zum 80. Geburtstag." *Deutsche Rechts-Zeitschrift* 2 (1947): 25-27.

———. "Grundrechte und Polizeigewalt." In *Festgabe zur Feier des fünfzigjährigen*

Bestehens des Preussischen Oberverwaltungsgerichts 1875–1820. November 1925, ed. Heinrich Triepel, 183-223. Berlin: Carl Heymann, 1925.

———. "Die juristische Bedeutung der grundrechtlichen Sätze der Deutschen Reichsverfassung im allgemeinen." In *Die Grundrechte und Grundpflichten der Reichsverfassung. Kommentar zum zweiten Teil der Reichsverfassung.* Vol. 1, ed. Hans-Carl Nipperdey, 1-53. Berlin: Reimar Hobbing, 1929.

———. "Die Notstandsverordnung des Reichspräsidenten vom 26. Juli 1930." *Zeitschrift für öffentliches Recht* 11 (1931): 12-33.

———. "Die rechtliche Ordnung des parlamentarischen Regierungssystems." In *Handbuch des Deutschen Staatsrechts.* Vol. 1, ed. Gerhard Anschütz and Richard Thoma, 503-511. Tübingen: J. C. B. Mohr (Paul Siebeck), 1930.

———. "Rechtsstaatsidee und Verwaltungsrechtswissenschaft." *Jahrbuch des öffentlichen Rechts der Gegenwart* 4 (1910): 196-218.

———. "Das Reich als Demokratie." In *Handbuch des deutschen Staatsrechts.* Vol. 1, ed. Gerhard Anschütz and Richard Thoma, 186-200. Tübingen: J. C. B. Mohr (Paul Siebeck), 1930.

———. "Das richterliche Prüfungsrecht." *Archiv des öffentlichen Rechts* 43 (1922): 267-286.

———. "Das System der subjektiven öffentlichen Rechte und Pflichten." *Handbuch des Deutschen Staatsrechts.* Vol. 2, ed. Gerhard Anschütz and Richard Thoma, 606-623. Tübingen: J. C. B. Mohr (Paul Siebeck), 1932.

Triepel, Heinrich. "Die Entscheidung des Staatsgerichtshofs im Verfassungsstreit zwischen Preussen und dem Reiche." *Deutsche Juristen-Zeitung* 37 (1932): 1501-1508.

———. *Goldbilanzenverordnung und Vorzugsaktien. Zur Frage der Rechtsgültigkeit der über sogenannte schuldverschreibungsähnliche Aktien in den Durchführungsbestimmungen zur Goldbilanzen-Verordnung enthaltenen Vorschriften.* Berlin: Walter de Gruyter, 1924.

———. *Staatsrecht und Politik.* Berlin: Walter de Gruyter, 1927.

———. *Die Staatsverfassung und die politischen Parteien.* Berlin: Otto Liebmann, 1927.

———. *Streitigkeiten zwischen Reich und Ländern. Beiträge zur Auslegung des Artikels 19 der Weimarer Reichsverfassung.* 1923. Reprint, Bad Homburg von der Höhe: Hermann Gentner, 1965.

———. "Die Vereinigung der deutschen Staatsrechtslehrer." *Archiv des öffentlichen Rechts* 43 (1922): 349-351.

———. "Wesen und Entwicklung der Staatsgerichtsbarkeit." In *VVDSRL*. Vol. 5: 2-29. Berlin: Walter de Gruyter, 1929.

Voegelin, Eric. "Kelsen's Pure Theory of Law." *Political Science Quarterly* 42 (1927): 268-276.

———. "Die Verfassungslehre von Carl Schmitt. Versuch einer konstruktiven Analyse ihrer staatstheoretischen Prinzipien." *Zeitschrift für öffentliches Recht* 11 (1931): 89-109.

Weber, Marianne. *Max Weber. Ein Lebensbild*. Heidelberg: Lambert Schneider, 1950.

Weber, Max. "Beiträge zur Verfassungsfrage anlässlich der Verhandlungen im Reichsamt des Innern vom 9. bis 12. Dezember 1918." In *Max Weber Gesamtausgabe*. Pt. 1, vol. 16, *Zur Neuordnung Deutschlands. Schriften und Reden 1918-1920*. Ed. Wolfgang Mommsen and Wolfgang Schwentker, 49-90. Tübingen: J. C. B. Mohr (Paul Siebeck), 1988.

———. "Deutschlands künftige Staatsform" (1918). In *Gesammelte politische Schriften*. 5th ed., ed. Johannes Winckelmann, 448-483. Tübingen: J. C. B. Mohr (Paul Siebeck), 1988.

———. *Economy and Society. An Outline of Interpretive Sociology*. Trans. Günther Roth and Claus Wittich. New York: Bedminster, 1968.

———. "Parliament and Government in Germany" (1918). In *Political Writings*. Ed. Peter Lassman and Ronald Speirs, 130-271. Cambridge: Cambridge University Press, 1994.

———. "The President of the Reich." In *Political Writings*. Ed. Peter Lassman and Ronald Speirs, 304-308. Cambridge: Cambridge University Press, 1994.

Westerkamp, Justus B. *Über die Reichsverfassung*. Hanover: Carl Rümpler, 1873.

Weyr, Franz. Review of *Wert des Staates und Bedeutung des Einzelnen*, by Carl Schmitt. *Österreichische Zeitschrift für öffentliches Recht* 1 (1914): 578-581.

Wieruzowski, Alfred. "Artikel 119. Ehe, Familie, Mutterschaft." In *Die Grundrechte und Grundpflichten der Reichsverfassung. Kommentar zum zweiten Teil der Reichsverfassung*. Vol. 2, ed. Hans-Carl Nipperdey, 72-94. Berlin: Reimar Hobbing, 1929.

Wilson, Woodrow. *The State. Elements of Historical and Practical Politics*. 2d ed.

Boston: D. C. Heath, 1903.

Wittmayer, Leo. *Reichsverfassung und Politik.* Tübingen: J. C. B. Mohr (Paul Siebeck), 1923.

———. Review of *Die Diktatur*, by Carl Schmitt. *Zeitschrift für öffentliches Recht* 5 (1926): 492–495.

Wolff, Martin. *Reichsverfassung und Eigentum.* Offprint from *Festgabe der Berliner Juristischen Fakultät für Wilhelm Kahl zum Doktorjubiläum am 19. April 1923.* Tübingen: J. C. B. Mohr (Paul Siebeck), 1923.

1945年后出版的文献

Abraham, Henry J. *The Judicial Process: An Introductory Analysis of the Courts of the United States, England, and France.* 5th ed. New York: Oxford University Press, 1986.

Ackerman, Bruce. *The Future of Liberal Revolution.* New Haven: Yale University Press, 1992.

———. *We the People.* Vol. 1, *Foundations.* Cambridge: Harvard University Press, 1991.

Akin, William E. *Technocracy and the American Dream: The Technocratic Movement, 1900–1941.* Berkeley: University of California Press, 1977.

Alexy, Robert. *Theorie der Grundrechte.* Baden-Baden: Nomos, 1985.

Anderson, Margaret Lavinia. "The Kulturkampf and the Course of German History." *Central European History* 19 (1986): 82–115.

Apelt, Willibalt. *Geschichte der Weimarer Verfassung.* Munich: Biederstein, 1946.

Aretin, Karl Otmar Freiherr von. "Brünings ganz andere Rolle." *Frankfurter Hefte* 26 (1971): 931–939.

Asshener, Thomas, and Hans Sarkowicz. *Rechtsradikale in Deutschland. Die alte und die neue Rechte.* Munich: C. H. Beck, 1990.

Aufricht, Hans. "The Theory of Pure Law in Historical Perspective." In *Law, State, and International Legal Order. Essays in Honor of Hans Kelsen,* ed. Salo Engel, 29–41. Knoxville: University of Tennessee Press, 1964.

Badura, Peter. *Staatsrecht. Systematische Erläuterung des Grundgesetzes für die Bundesrepublik Deutschland.* Munich: C. H. Beck, 1986.

Bärsch, Claus-Ekkehard. "Der Gerber-Laband'sche Positivismus." In *Staat und*

Recht. Die deutsche Staatslehre im 19. und 20. Jahrhundert, ed. Martin J. Sattler, 43-71. Munich: List, 1972.

Bauer, Wolfram. *Wertrelativismus und Wertbestimmtheit im Kampf um die Weimarer Republik. Zur Politologie des Methodenstreites der Staatsrechtslehre.* Berlin: Duncker und Humblot, 1968.

Behrends, Okko. "Von der Freirechtsschule zum konkreten Ordnungsdenken." In *Recht und Justiz im "Dritten Reich,"* ed. Ralf Dreier and Wolfgang Sellert, 34-79. Frankfurt am Main: Suhrkamp, 1989.

Bendersky, Joseph W. *Carl Schmitt: Theorist for the Reich.* Princeton: Princeton University Press, 1983.

Berghahn, Volker. *Germany and the Approach of War in 1914.* 2d ed. New York: St. Martin's Press, 1993.

Bessel, Richard. *Germany after the First World War.* Oxford: Clarendon, 1993.

Beyer, Wilhelm Raimund. "Paul Laband: ein Pionier des öffentlichen Rechts." *Neue Juristische Wochenschrift* 41 (1988): 2227-2228.

Beyme, Klaus von. "The Genesis of Constitutional Review in Parliamentary Systems." In *Constitutional Review and Legislation. An International Comparison,* ed. Christine Landfried, 21-38. Baden-Baden: Nomos, 1988.

Bickel, Alexander. *The Least Dangerous Branch: The Supreme Court at the Bar of Politics.* 2d ed. New Haven: Yale University Press, 1986.

Biewer, Ludwig. *Reichsreformbestrebungen in der Weimarer Republik. Fragen zur Funktionalreform und zur Neugliederung im Südwesten des Deutschen Reiches.* Frankfurt am Main: Peter D. Lang, 1980.

Bloch, Ernst. *Naturrecht und menschliche Würde.* Frankfurt am Main: Suhrkamp, 1972.

Bobbio, Norberto. "La teoría pura del derecho y sus críticos" (1957), trans. Mario Cerda Median. Reprinted in *Hans Kelsen 1881-1973,* ed. Agustín Squella, 299-326. Valparaiso: *Revista de ciencias sociales,* 1974.

Bodenheimer, Edgar. *Jurisprudence.* New York: McGraw-Hill, 1940.

Böckenförde, Ernst-Wolfgang. "Der Begriff des Politischen als Schlüssel zum staatsrechtlichen Werk Carl Schmitts" (1988). Reprinted in *Recht, Staat, Freiheit. Studien zur Rechtsphilosophie, Staatstheorie und Verfassungsgeschichte,* 344-366. Frankfurt am Main: Suhrkamp, 1991.

———. "Entstehung und Wandel des Rechtsstaatsbegriffs" (1969). Reprinted in *Recht, Staat, Freiheit. Studien zur Rechtsphilosophie, Staatstheorie und Verfassungsgeschichte*, 143-169. Frankfurt am Main: Suhrkamp, 1991.

———. "Gerhard Anschütz" (1986). Reprinted in *Recht, Staat, Freiheit. Studien zur Rechtsphilosophie, Staatstheorie und Verfassungsgeschichte*, 367-378. Frankfurt am Main: Suhrkamp, 1991.

———. "The German Type of Constitutional Monarchy in the Nineteenth Century" (1967). Reprinted in *State, Society and Liberty. Studies in Political Theory and Constitutional Law*. Trans. J. A. Underwood, 87-114. New York: Berg, 1991.

———. *Gesetz und gesetzgebende Gewalt. Von den Anfängen der deutschen Staatsrechtslehre bis zur Höhe des staatsrechtlichen Positivismus*. Berlin: Duncker und Humblot, 1958.

———. "Politische Theorie und politische Theologie. Bemerkungen zu ihrem gegenseitigen Verhältnis." In *Der Fürst dieser Welt. Carl Schmitt und die Folgen*, ed. Jacob Taubes, 16-25. Munich: W. Fink, 1983.

———. "The School of Historical Jurisprudence and the Problem of the Historicity of Law" (1965). Reprinted in *State, Society and Liberty. Studies in Political Theory and Constitutional Law*. Trans. J. A. Underwood, 1-25. New York: Berg, 1991.

Boldt, Hans. *Deutsche Verfassungsgeschichte: Politische Strukturen und ihr Wandel*. Vol. 1, *Von den Anfängen bis zum Ende des älteren deutschen Reiches*. Munich: DTV, 1984. Vol. 2, *Von 1806 bis zur Gegenwart*. Munich: DTV, 1990.

———. "Deutscher Konstitutionalismus und Bismarckreich." In *Das Kaiserliche Deutschland. Politik und Gesellschaft, 1870-1918*, ed. Michael Stürmer, 119-142. Dusseldorf: Droste, 1970.

———. *Einführung in die Verfassungsgeschichte. Zwei Abhandlungen zu ihrer Methode und Geschichte*. Dusseldorf: Droste, 1984.

———. *Rechtsstaat und Ausnahmezustand. Eine Studie über den Belagerungszustand als Ausnahmezustand des bürgerlichen Rechtsstaates im 19. Jahrhundert*. Berlin: Duncker und Humblot, 1967.

———. "Verfassungskonflikt und Verfassungshistorie. Eine Auseinandersetzung mit Ernst Rudolf Huber." In *Probleme des Konstitutionalismus im 19. Jahrhundert. Der Staat*, Beiheft 1, ed. Ernst-Wolfgang Böckenförde, 75-102. Berlin: Duncker und Humblot, 1975.

———. "Die Weimarer Reichsverfassung." In *Die Weimarer Republik 1918-1933*.

参考文献

Politik-Wirtschaft-Gesellschaft, ed. Karl-Dietrich Bracher, Manfred Funke, and Hans-Adolf Jacobsen, 44–62. Dusseldorf: Droste, 1987.

Bonn, Moritz Julius. *Wandering Scholar.* New York: John Day, 1948.

Borinski, Fritz. "Hermann Heller: Lehrer der Jugend und Vorkämpfer der freien Erwachsenenbildung." In *Der soziale Rechtsstaat. Gedächtnisschrift für Hermann Heller 1891–1933,* ed. Christoph Müller and Ilse Staff, 89–110. Baden-Baden: Nomos, 1984.

Bork, Robert H. *The Tempting of America: The Political Seduction of the Law.* New York: Free Press, 1990.

Boyer, John W. "Freud, Marriage, and Late Viennese Liberalism: A Commentary from 1905." *Journal of Modern History* 50 (1978): 72–102.

Bracher, Karl Dietrich. *Auflösung der Weimar Republik. Eine Studie zum Problem des Machtverfalls in der Demokratie.* 5th ed. Dusseldorf: Droste, 1984.

———. *The German Dictatorship: The Origins, Structure, and Effects of National Socialism.* Trans. Jean Steinberg. New York: Praeger, 1970.

Brecht, Arnold. *Federalism and Regionalism in Germany. The Division of Prussia.* New York: Oxford University Press, 1945.

———. *Mit der Kraft des Geistes. Lebenserinnerungen. Zweite Hälfte 1927–1967.* Stuttgart: Deutsche Verlags-Anstalt, 1967.

Breuer, Stefan. "Nationalstaat und poivoir constituant bei Sieyes und Carl Schmitt." *Archiv für Rechts- und Sozialphilosophie* 70 (1984): 495–517.

Broszat, Martin. *The Hitler State: The Foundation and Development of the Internal Structure of the Third Reich.* Trans. John W. Hiden. London: Longman, 1981.

Butz, Otto. *Modern German Political Theory.* Garden City, N.Y.: Doubleday, 1955.

Caldwell, Peter. "Legal Positivism and Weimar Democracy." *American Journal of Jurisprudence* 39 (1994): 273–301.

———. "National Socialism and Constitutional Law: Carl Schmitt, Otto Koellreutter, and the Debate over the Nature of the Nazi State, 1933–1937." *Cardozo Law Review* 16 (1994): 399–427.

Corwin, Edward S. *The Constitution and What It Means Today.* 14th ed. Rev. Harold W. Chase and Craig R. Ducat. Princeton: Princeton University Press, 1978.

Craig, Gordon. *The Politics of the Prussian Army, 1640–1945.* London: Oxford University Press, 1955.

Dangerfield, *The Strange Death of Liberal England*. New York: Smith and Haas, 1935.

Dawson, John P. *The Oracles of the Law*. Ann Arbor: University of Michigan Law School, 1968.

de Lange, Roel. "Paradoxes of European Citizenship." In *Nationalism, Racism and the Rule of Law*, ed. Peter Fitzpatrick, 97-115. Aldershot: Dartmouth University Press, 1995.

Derrida, Jacques. "Declarations of Independence." *New Political Science* 15 (1986): 7-15.

Domansky, Elisabeth. "Militarization and Reproduction in World War One Germany." In *Society, Culture and the State in Germany, 1870-1930*, ed. Geoff Eley, 427-463. Ann Arbor: University of Michigan Press, 1996.

Döring, Herbert. *Der Weimarer Kreis. Studien zum politischen Bewusstsein verfassungstreuer Hochschullehrer in der Weimarer Republik*. Meinenheim am Glan: Anton Hain, 1975.

Dreier, Horst. *Rechtslehre, Staatssoziologie und Demokratietheorie bei Hans Kelsen*. Baden-Baden: Nomos, 1986.

Dworkin, Ronald. *Life's Dominion: An Argument about Abortion, Euthanasia, and Individual Freedom*. New York: Vintage, 1993.

———. *Taking Rights Seriously*. 2d ed. Cambridge: Harvard University Press, 1978.

Dyzenhaus, David. "Hermann Heller and the Legitimacy of Legality." Paper presented at the American Political Science Association annual meeting, Chicago, Ill., September 1, 1995.

———. "'Now the Machine Runs Itself': Carl Schmitt on Hobbes and Kelsen." *Cardozo Law Review* 16 (1994): 1-19.

———. *Truth's Revenge: Carl Schmitt, Hans Kelsen, and Hermann Heller in Weimar*. New York: Clarendon, 1997.

Edelmann, Johann. *Die Entwicklung der Interessenjurisprudenz. Eine historisch-kritische Studie über die deutsche Rechtsmethodologie vom 18. Jahrhundert bis zum Gegenwart*. Bad Homburg von der Höhe: Max Gehlen, 1967.

Ehmke, Horst. *Grenzen der Verfassungsänderung* (1952). In *Beiträge zur Verfassungstheorie und Verfassungspolitik*. Ed. Peter Häberle, 21-141. Königstein: Athenäum, 1981.

---. " 'Staat' und 'Gesellschaft' als verfassungstheoretisches Problem." In *Staatsverfassung und Kirchenordnung. Festgabe für Rudolf Smend zum 80. Geburtstag am 15. Januar 1962*, ed. Konrad Hesse, Siegfried Reicke, and Ulrich Scheuner, 23-49. Tübingen: J. C. B. Mohr (Paul Siebeck), 1962.

Eikema Hommes, Hendrik J. van. "The Development of Hans Kelsen's Concept of Legal Norm." In *Rechtssystem und gesellschaftliche Basis bei Hans Kelsen. Rechtstheorie*, Beiheft 5, ed. Werner Krawietz and Helmut Schelsky, 159-174. Berlin: Duncker und Humblot, 1984.

Ellul, Jacques. *Histoire des Institutions*. Vol. 5, *Le XIXe siècle*. 6th ed. Paris: Presses Universitaires de France, 1969.

Ely, John Hart. *Democracy and Distrust: A Theory of Judicial Review*. Cambridge: Harvard University Press, 1980.

Emerson, Rupert. *State and Sovereignty in Modern Germany*. New Haven: Yale University Press, 1928.

Epstein, Richard A. "Property, Speech, and the Politics of Distrust." In *The Bill of Rights in the Modern State*, ed. Geoffrey R. Stone, Richard A. Epstein, and Cass Sunstein, 41-89. Chicago: University of Chicago Press, 1992.

---. *Takings: Private Property and the Power of Eminent Domain*. Cambridge: Harvard University Press, 1985.

Ermacora, Felix. "Österreichische Bundesverfassung und Hans Kelsen." In *Festschrift für Hans Kelsen zum 90. Geburtstag*, ed. Adolf Merkl et al., 22-54. Vienna: Franz Deuticke, 1971.

Eyck, Erich. *A History of the Weimar Republic*. 2 vols. Trans. Harlan Hanson and Robert White. Cambridge: Harvard University Press, 1963.

Fehrenbach, Elisabeth. "Reich." In *Geschichtliche Grundbegriffe. Historisches Lexikon zur politisch-sozialen Sprache in Deutschland*. Vol. 5, ed. Otto Brunner et al., 423-508. Stuttgart: Klett-Cotta, 1984.

---. *Verfassungsstaat und Nationsbildung 1815-1871*. Munich: Oldenbourg, 1992.

---. *Wandlungen des deutschen Kaisergedankens 1871-1918*. Munich: Oldenbourg, 1969.

Feldman, Gerald D. *Army, Industry and Labor in Germany, 1914-1918*. Princeton: Princeton University Press, 1966.

---. *The Great Disorder: Politics, Economics, and Society in the German Inflation, 1914-1924*. New York: Oxford University Press, 1993.

Fenske, Hans. "Die Verwaltung im Ersten Weltkrieg." *Deutsche Verwaltungsgeschichte*. Vol. 3, *Das Deutsche Reich bis zum Ende der Monarchie, 866-908*. Stuttgart: Deutsche Verlags-Anstalt, 1984.

Forsthoff, Ernst. "Gerhard Anschütz." *Der Staat* 6 (1967): 139-150.

———. *Lehrbuch des Verwaltungsrechts*. Vol. 1: *Allegemeiner Teil*. 9th ed. Munich: C. H. Beck, 1966.

———. *Der Staat der Industriegesellschaft. Dargestellt am Beispiel der Bundesrepublik Deutschland*. Munich: C. H. Beck, 1971.

Fouckes, Albert S. "On the German Free Law School (Freirechtsschule)." *Archiv für Rechts- und Sozialphilosophie* 55 (1969): 366-417.

Fraenkel, Ernst. *The Dual State: A Contribution to the Theory of Dictatorship*. Trans. E. A. Shils, E. Loewenstein, and K. Knorr. New York: Oxford University Press, 1941.

———. "Der Ruhreisenstreik 1928-1929 in historisch-politischer Sicht." In *Staat, Wirtschaft und Politik in der Weimarer Republik. Festschrift für Heinrich Brüning*, ed. Ferdinand A. Hermens and Theodor Schieder, 97-117. Berlin: Duncker und Humblot, 1967.

Franssen, Everhardt. "Positivismus als juristische Strategie." *Juristen-Zeitung* 24 (1969): 766-774.

Freiherr von Campenhausen, Axel. "Rudolf Smend (1882-1975). Integration in zerrissener Zeit." In *Rechtswissenschaft in Göttingen. Göttinger Juristen aus 250 Jahren*, ed. Fritz Loos, 510-527. Göttingen: Vandenhoeck und Ruprecht, 1987.

Friedmann, Lawrence M. *Law and Society: An Introduction*. Englewood Cliffs, N.J.: Prentice-Hall, 1977.

Friedmann, Wolfgang. *Legal Theory*. 5th ed. New York: Columbia University Press, 1967.

Friedrich, Manfred. "Der Methoden- und Richtungsstreit. Zur Grundlagendiskussion der Weimarer Staatsrechtslehre." *Archiv des öffentlichen Rechts* 102 (1977): 161-209.

———. "Paul Laband und die Staatsrechtswissenschaft seiner Zeit." *Archiv des öffentlichen Rechts* 111 (1986): 197-218.

———. "Rudolf Smend 1882-1975." *Archiv des öffentlichen Rechts* 112 (1987): 1-26.

———. *Zwischen Positivismus und materialem Verfassungsdenken. Albert Hänel und seine Bedeutung für die deutsche Staatsrechtswissenschaft*. Berlin: Duncker und

Humblot, 1971.

Fröhling, Ortrun. "Labands Staatsbegriff. Die anorganische Staatsperson als Konstruktionsmittel der deutschen konstitutionellen Staatslehre." Ph.D. diss., Universität Marburg, 1967.

Fromme, Friedrich Karl. *Von der Weimarer Verfassung zum Bonner Grundgesetz. Die verfassungspolitischen Folgerungen des Parlamentarischen Rates aus Weimarer Republik und nationalsozialistischer Diktatur.* Tübingen: J. C. B. Mohr (Paul Siebeck), 1960.

Fuller, Lon L. *The Morality of Law.* Rev. ed. New Haven: Yale University Press, 1969.

Gall, Lothar. *Bismarck: The White Revolutionary.* Vol. 1, *1851–1871.* Trans. J. A. Underwood. London: Allen and Unwin, 1986.

Geis, Max-Emanuel. "Der Methoden- und Richtungsstreit in der Weimarer Rechtslehre." *Juristische Schulung* 29 (1989): 91–96.

Gentile, Francesco. "Hobbes et Kelsen. Éléments pour une lecture croisée." *Cahiers Vilfredo Pareto. Revue européenne des sciences sociales* 61 (1982): 379–392.

Gerhard, Ute. *Verhältnisse und Verhinderungen. Frauenarbeit, Familie und Rechte der Frauen im 19. Jahrhundert.* Frankfurt am Main: Suhrkamp, 1978.

Gilissen, John. "La constitution belge de 1831: ses sources, son influence." *Res Publica* 10 (1968): 107–141.

Göhler, Gerhard. "Politische Institutionen und ihr Kontext. Begriffliche und konzeptionelle Überlegungen zur Theorie politischer Institutionen." In *Die Eigenart der Institution. Zum Profil politischer Institutionentheorie,* ed. Gerhard Göhler, 19–46. Baden-Baden: Nomos, 1994.

Gooch, R. K. *Parliamentary Government in France: Revolutionary Origins, 1789–1791.* Ithaca: Cornell University Press, 1960.

Gottfried, Paul Edward. *Carl Schmitt: Politics and Theory.* New York: Greenwood, 1990.

Grassmann, Siegfried. *Hugo Preuss und die deutsche Selbstverwaltung.* Lübeck: Matthiesen, 1965.

Grebing, Helga. *Der deutsche Sonderweg in Europa 1806–1945. Eine Kritik.* Stuttgart: W. Kohlhammer, 1986.

Grimm, Dieter. *Deutsche Verfassungsgeschichte 1776–1866. Vom Beginn des modernen Verfassungsstaats bis zur Auflösung des Deutschen Bundes.* Frankfurt am Main:

Suhrkamp, 1988.

———. "Die Entwicklung der Grundrechtstheorie in der deutschen Staatsrechtslehre des 19. Jahrhunderts" (1987). Reprinted in *Recht und Staat der bürgerlichen Gesellschaft*, 308-346. Frankfurt am Main: Suhrkamp, 1987.

———. "Methode als Machtfaktor" (1982). Reprinted in *Recht und Staat der bürgerlichen Gesellschaft*, 347-372. Frankfurt am Main: Suhrkamp, 1987.

———. "Die 'neue Rechtswissenschaft' — Über Funktion und Formation nationalsozialistische Jurisprudenz" (1985). Reprinted in *Recht und Staat der bürgerlichen Gesellschaft*, 373-395. Frankfurt am Main: Suhrkamp, 1987.

———. "Der Verfassungsbegriff in historischer Entwicklung" (1990). Reprinted in *Die Zukunft der Verfassung*, 101-155. Frankfurt am Main: Suhrkamp, 1991.

———. "Verfassungserfüllung — Verfassungsbewahrung — Verfassungsauflösung. Positionen der Staatsrechtslehre in der Staatskrise der Weimarer Republik." In *Die deutsche Staatskrise 1930-1933. Handlungsspielräume und Alternativen*, ed. Heinrich August Winkler with Elisabeth Muller-Luckner, 183-199. Munich: Oldenbourg, 1993.

———. "Der Wandel der Staatsaufgaben und die Krise des Rechtsstaats" (1990). Reprinted in *Die Zukunft der Verfassung*, 159-175. Frankfurt am Main: Suhrkamp, 1991.

Gritschneder, Otto. *"Der Führer hat Sie zum Tode verurteilt . . ." Hitlers "Röhm-Putsch"-Morde vor Gericht*. Munich: C. H. Beck, 1993.

Gross, Raphael. "Carl Schmitts 'Nomos' und die 'Juden.'" *Merkur* 47 (1993): 410-420.

Grosser, Dieter. *Vom monarchischen Konstitutionalismus zur parlamentarischen Demokratie. Die Verfassungspolitik der deutschen Parteien im letzten Jahrzehnt des Kaiserreiches*. The Hague: Nijhoff, 1980.

Grossmann, Atina. *Reforming Sex: The German Movement for Birth Control and Abortion Reform, 1920-1950*. New York: Oxford University Press, 1995.

Grund, Henning. *"Preussenschlag" und Staatsgerichtshof im Jahre 1932*. Baden-Baden: Nomos, 1976.

Grusmann, Wolf-Dietrich. *Adolf Julius Merkl. Leben und Werk*. Schriftenreihe des Hans-Kelsen-Instituts, vol. 13. Vienna: Manz, 1989.

Guggenberger, Bernd, and Andreas Meier, eds. *Der Souverän auf der Nebenbühne. Essays und Zwischenrufe zur deutschen Verfassungsdiskussion*. Opladen: Westdeutscher, 1994.

Gusy, Christoph. *Richterliches Prüfungsrecht. Eine verfassungsgeschichtliche Untersuchung.* Berlin: Duncker und Humblot, 1985.

Häberle, Peter. "Zum Tode von Rudolf Smend" (1975). Reprinted in *Verfassung als öffentlicher Prozess. Materialien zu einer Verfassungstheorie der offenen Gesellschaft,* 685-687. Berlin: Duncker und Humblot, 1978.

Hahlen, Johann. "Verfassungsreform als Problem des deutschen Wiedervereinigungsprozesses." In *Probleme des Zusammenwachsens im wiedervereinigten Deutschland,* ed. Alexander Fischer and Manfred Wilke, 63-74. Berlin: Duncker und Humblot, 1994.

Hall, Stuart, and Bill Schwarz. "State and Society, 1880-1930." In *Crises in the British State 1880-1930,* ed. Mary Langan and Bill Schwarz, 7-32. London: Hutchinson, 1985.

Hart, H. L. A. *The Concept of Law.* London: Oxford University Press, 1961.

Heckart, Beverly. *From Bassermann to Bebel: The Grand Bloc's Quest for Reform in the Kaiserreich, 1900-1914.* New Haven: Yale University Press, 1974.

Heneman, Harlow James. *The Growth of Executive Power in Germany: A Study of the German Presidency.* Minneapolis: Voyageur, 1934.

Hennig, Eike. "Hermann Heller. Anmerkungen einer Synthese von Nationalismus und Sozialismus." *Neue Politische Literatur* 4 (1971): 507-519.

Herberger, Maximilian. "Logik und Dogmatik bei Paul Laband. Zur Praxis der sog. juristischen Methode im 'Staatsrecht des Deutschen Reiches.'" In *Wissenschaft und Recht der Verwaltung seit dem Ancien Regime. Europäische Ansichten,* ed. Erk Volkmar Heyen, 91-104. Frankfurt am Main: Vittorio Klostermann, 1984.

Herf, Jeffrey. *Reactionary Modernism: Technology, Culture and Politics in Weimar and the Third Reich.* Cambridge: Cambridge University Press, 1984.

Herget, James E. "Unearthing the Origins of a Radical Idea: The Case of Legal Indeterminacy." [Includes translation of Oskar von Bülow, "Gesetz und Richteramt."] *American Journal of Legal History* 39 (1995): 59-94.

Herget, James E., and Stephen Wallace. "The German Free Law Movement as the Source of American Legal Realism." *Virginia Law Review* 73 (1987): 399-455.

Herrfahrdt, Heinrich. *Revolution und Rechtswissenschaft. Untersuchungen über die juristische Erfassbarkeit von Revolutionsvorgängen und ihre Bedeutung für die all-*

gemeine Rechtslehre. 1930. Reprint, Aalen: Scientia, 1970.
Herzfeld, Hans. *Die Selbstverwaltung und die Weimarer Epoche*. Stuttgart: W. Kohlhammer, 1957.
Hesse, Konrad. *Grundzüge des Verfassungsrechts der Bundesrepublik Deutschland*. 18th ed. Heidelberg: C. F. Müller, 1991.
Hettlage, Robert. "Integrationsleistungen des Rechts im Prozess der deutschen Einheit." In *Deutschland nach der Wende. Eine Zwischenbilanz*, ed. Robert Hettlage and Karl Ley, 28–35. Munich: C. H. Beck, 1995.
Heyen, Erk Volkmar. "Die Anfangsjahre des 'Archivs für öffentliches Recht.' Programmatischer Anspruch und redaktioneller Alltag im Wettbewerb." In *Wissenschaft und Recht der Verwaltung seit dem Ancien Regime. Europäische Ansichten*, ed. Erk Volkmar Heyen, 347–373. Frankfurt am Main: Vittorio Klostermann, 1984.
Hofmann, Hasso. *Legitimität gegen Legalität. Der Weg der politischen Philosophie Carl Schmitts*. Neuwied: Luchterhand, 1964.
———. "Das Problem der cäsaristischen Legitimität im Bismarckreich" (1977). Reprinted in *Recht-Politik-Verfassung. Studien zur Geschichte der politischen Philosophie*, 181–205. Frankfurt am Main: Alfred Metzner, 1986.
Hollerbach, Alexander. "Zu Leben und Werk Heinrich Triepels." *Archiv des öffentlichen Rechts* 91 (1966): 417–441.
Holmes, Stephen. *The Anatomy of Antiliberalism*. Cambridge: Harvard University Press, 1993.
———. "The Scourge of Liberalism." *New Republic* 199 (August 22, 1988): 31–36.
Holzhey, Helmut. "Die Transformation neukantianischer Theoreme in die reine Rechtslehre." In *Hermeneutik und Strukturtheorie des Rechts. Archiv für Rechts- und Sozialphilosophie*, Beiheft 20, 99–110. Wiesbaden: Franz Steiner, 1984.
Honig, Bonnie. "Declarations of Independence: Arendt and Derrida on the Problem of Founding a Republic." *American Political Science Review* 85 (1991): 97–113.
Huber, Ernst Rudolf. "Bismarck und der Verfassungsstaat" (1964). Reprinted in *Nationalstaat und Verfassungsstaat. Studien zur Geschichte der modernen Staatsidee*, 188–223. Stuttgart: W. Kohlhammer, 1965.
———. "Carl Schmitt in der Rechtskrise der Weimarer Endzeit." In *Complexio Oppositorum. Über Carl Schmitt*, ed. Helmut Quaritsch, 33–50. Berlin: Duncker

und Humblot, 1988.

———. *Deutsche Verfassungsgeschichte seit 1789*. Vol. 2, *Der Kampf um Einheit und Freiheit 1830 bis 1850*. 3d ed. Stuttgart: W. Kohlhammer, 1988. Vol. 3, *Bismarck und das Reich*. 3d ed. Stuttgart: W. Kohlhammer, 1988. Vol. 4, *Struktur und Krisen des Kaiserreichs*. Stuttgart: W. Kohlhammer, 1969. Vol. 5, *Weltkrieg, Revolution und Rechtserneuerung, 1914–1919*. Stuttgart: W. Kohlhammer, 1978. Vol. 6, *Die Weimarer Reichsverfassung*. Stuttgart: W. Kohlhammer, 1981. Vol. 7, *Ausbau, Schutz und Untergang der Weimarer Republik*. Stuttgart: W. Kohlhammer, 1984.

———. "Grundrechte im Bismarckschen Rechtssystem." In *Festschrift für Ulrich Scheuner zum 70. Geburtstag*, ed. Horst Ehmke et al., 163-181. Berlin: Duncker und Humblot, 1973.

———. *Reichsgewalt und Staatsgerichtshof*. Oldenburg im Ostfriesland: Gerhard Stalling, 1932.

Hughes, Michael L. *Paying for the German Inflation*. Chapel Hill: University of North Carolina Press, 1988.

Jasper, Gerhard. *Die gescheiterte Zähmung. Wege zur Machtergreifung Hitlers 1930–1934*. Frankfurt am Main: Suhrkamp, 1986.

John, Michael. *Politics and the Law in Late Nineteenth-Century Germany. The Origins of the Civil Code*. Oxford: Clarendon, 1989.

Jones, H. S. *The French State in Question: Public Law and Political Argument in the Third Republic*. New York: Cambridge University Press, 1993.

Kaiser, Andreas. "Preussen *contra* Reich. Hermann Heller als Prozessgegner Carl Schmitts vor dem Staatsgerichtshof 1932." In *Der soziale Rechtsstaat. Gedächtnisschrift für Hermann Heller 1891–1933*, ed. Christoph Müller and Ilse Staff, 287-311. Baden-Baden: Nomos, 1984.

Kehr, Eckart. *Economic Interest, Militarism, and Foreign Policy: Essays in German History*. Ed. Gordon Craig. Trans. Grete Heinz. Berkeley: University of California Press, 1977.

Kennedy, Ellen. "The Politics of Toleration in Late Weimar: Hermann Heller's Analysis of Fascism and Political Culture." *History of Political Thought* 5 (1984): 109-125.

Kervegan, Jean-François. "Politik und Vernünftigkeit. Anmerkungen zum Verhältnis zwischen Carl Schmitt und Hegel." *Der Staat* 27 (1988): 371-391.

Kiefer, Lorenz. "Begründung, Dezision und Politische Theologie. Zu drei frühen Schriften von Carl Schmitt." *Archiv für Rechts- und Sozialphilosophie* 76 (1990): 479-499.
Kielmansegg, Peter Graf. *Deutschland und der Erste Weltkrieg*. Frankfurt am Main: Athenaion, 1968.
Kitchen, Martin. *The Silent Dictatorship. The Politics of the German High Command under Hindenburg and Ludendorff, 1916-1918*. London: Croom Helm, 1976.
Klein, Eckart, ed. *Verfassungsentwicklungen in Deutschland nach der Wiedervereinigung*. Berlin: Duncker und Humblot, 1994.
Klenner, Hermann. *Deutsche Rechtsphilosophie im 19. Jahrhundert*. Berlin: Akademie, 1991.
———. "Rechtsphilosophie im Deutschen Kaiserreich." In *Deutsche Rechts- und Sozialphilosophie um 1900. Archiv für Rechts- und Sozialphilosophie*, Beiheft 43, ed. Gerhard Sprenger, 7-17. Stuttgart: Franz Steiner, 1991.
Klumker, C. J. "Artikel 121. Stellung der unehelichen Kinder." In *Die Grundrechte und Grundpflichten der Reichsverfassung. Kommentar zum zweiten Teil der Reichsverfassung*. Vol. 2, ed. Hans-Carl Nipperdey, 107-128. Berlin: Reimar Hobbing, 1929.
Kocka, Jürgen. *Facing Total War: German Society 1914-1918*. Trans. Barbara Weinberger. Cambridge: Harvard University Press, 1984.
Kohl, Wolfgang, and Michael Stolleis. "Im Bauch des Leviathan. Zur Staats- und Verwaltungslehre im Nationalsozialismus." *Neue Juristische Wochenschrift* 41 (1988): 2849-2856.
Kolb, Eberhard, and Wolfram Pyta. "Die Staatsnotstandsplanung unter den Regierungen Papen und Schleicher." In *Die deutsche Staatskrise 1930-1933. Handlungsspielräume und Alternativen*, ed. Heinrich August Winkler with Elisabeth Muller-Luckner, 155-181. Munich: Oldenbourg, 1993.
Kommers, Donald. *The Constitutional Jurisprudence of the Federal Republic of Germany*. 2d ed. Durham: Duke University Press, 1997.
Korioth, Stefan. "Erschütterungen des staatsrechtlichen Positivismus im ausgehenden Kaiserreich." *Archiv des öffentlichen Rechts* 117 (1992): 212-238.
———. *Integration und Bundesstaat. Ein Beitrag zur Staats- und Verfassungslehre Rudolf Smends*. Berlin: Duncker und Humblot, 1990.
Kratz, Peter. *Rechte Genossen. Neokonservatismus in der SPD*. Berlin: Elefanten

Press, 1995.
Kraus, Hans-Christof. "Ursprung und Genese der 'Lückentheorie' im preussischen Verfassungskonflikt." *Der Staat* 14 (1990): 209-234.
Kreutzer, Heinz. "Der Ausnahmezustand im deutschen Verfassungsrecht." In *Der Staatsnotstand. Vorträge gehalten im Sommersemester 1964*, ed. Ernst Fraenkel, 9-38. Berlin: Colloquium, 1965.
Kriele, Martin. *Theorie der Rechtsgewinnung entwickelt am Problem der Verfassungsinterpretation.* 2d ed. Berlin: Duncker und Humblot, 1976.
Kröger, Klaus. "Bemerkungen zu Carl Schmitts 'Römischer Katholizismus und politische Form.'" In *Complexio Oppositorum. Über Carl Schmitt*, ed. Helmut Quaritsch, 159-165. Berlin: Duncker und Humblot, 1988.
Landecker, Werner S. "Smend's Theory of Integration." *Social Forces* 29 (1950): 39-48.
Larenz, Karl. *Methodenlehre der Rechtswissenschaft.* 5th ed. Berlin: Springer, 1983.
———. *Staats- und Rechtsphilosophie der Gegenwart.* Berlin: Junker und Dünnhaupt, 1931.
La Torre, Massimo. "'Rechtsstaat' and Legal Science. The Rise and Fall of the Concept of Subjective Right." *Archiv für Rechts- und Sozialphilosophie* 76 (1990): 50-68.
Ledford, Ken. "Lawyers, Liberalism, and Procedure: The German Imperial Justice Laws of 1877-1879." *Central European History* 26 (1993): 165-193.
Lenoir, J. J. "Judicial Review in Germany under the Weimar Constitution." *Tulane Law Review* 14 (1940): 361-383.
Lidtke, Vernon L. "Catholics and Politics in Nineteenth-Century Germany. A Comment." *Central European History* 19 (1986): 116-122.
Lindner, Marc. *The Supreme Labor Court in Nazi Germany: A Jurisprudential Analysis.* Frankfurt am Main: Vittorio Klostermann, 1987.
Lombardi Vallauri, Luigi. *Geschichte des Freirechts.* Trans. Lombardi and A. S. Fouckes. Frankfurt am Main: Vittorio Klostermann, 1971.
Lönne, Karl-Egon. "Carl Schmitt und der Katholizismus der Weimarer Republik." In *Die eigentlich katholische Verschärfung. . . . Katholizismus, Theologie und Politik im Werk Carl Schmitts*, ed. Bernd Wacker, 11-35. Munich: Wilhelm Fink, 1994.
Losano, Mario G. "The Periodization of Kelsen Proposed by S. L. Paulson." In

Hans Kelsen's Legal Theory: A Diachronic Point of View, ed. Letizia Gianformaggio, 111-121. Turin: G. Giappichli, 1990.

Lübbe-Wolff, Gertrude. "Safeguards of Civil and Constitutional Rights—The Debate on the Role of the *Reichsgericht*." In *German and American Constitutional Thought: Contexts, Interaction, and Historical Realities*, ed. Hermann Wellenreuther, 353-372. New York: Berg, 1990.

Luhmann, Niklas. *Rechtssoziologie*. 3d ed. Opladen: Westdeutscher, 1987.

———. "The Unity of the Legal System." In *Autopoietic Law: A New Approach to Law and Society*, ed. Gunther Teubner, 12-35. Berlin: Walter de Gruyter, 1988.

Lukács, Georg. *Die Zerstörung der Vernunft* (1960). Reprinted in *Werke*. Vol. 9. Neuwied: Luchterhand, 1974.

Luthardt, Wolfgang. *Sozialdemokratische Verfassungstheorie in der Weimarer Republik*. Opladen: Westdeutscher, 1986.

Mallmann, Walter. "Laband." In *Staatslexikon. Recht-Wirtschaft-Gesellschaft*. 6th ed. Vol. 5: 203-207. Freiburg: Herder, 1960.

Maschke, Günter. *Der Tod des Carl Schmitt. Apologie und Polemik*. Vienna: Karolinger, 1987.

Maus, Ingeborg. *Bürgerliche Rechtstheorie und Faschismus. Zur sozialen Funktion und aktuellen Wirkung der Theorie Carl Schmitts*. Munich: Wilhelm Fink, 1976.

———. "Plädoyer für eine rechtsgebietsspezifische Methodologie oder: wider den Imperialismus in der juristischen Methodendiskussion." *Kritische Vierteljahresschrift für Gesetzgebung und Rechtswissenschaft* 74 (1991): 107-122.

———. "Zur Transformation des Volkssouveränitätsprinzips in der Weimarer Republic." In *Politik-Verfassung-Gesellschaft. Traditionslinien und Entwicklungsperspektiven. Otwin Massing zum 60. Geburtstag*, ed. Peter Nahamowitz and Stefan Breuer, 107-123. Baden-Baden: Nomos, 1995.

———. "Zur 'Zäsur' von 1933 in der Theorie Carl Schmitts" (1969). Reprinted in *Rechtstheorie und politische Theorie im Industriekapitalismus*, 93-110. Munich: Wilhelm Fink, 1986.

Mayer, Hans. *Ein Deutscher auf Widerruf. Erinnerungen*. 2 vols. Frankfurt am Main: Suhrkamp, 1982.

———. "Die Krise der deutschen Staatslehre von Bismarck bis Weimar" (1931). Reprinted in *Karl Marx und das Elend des Geistes. Studien zur neuen deutschen Ideologie*, 48-75. Miesenheim am Glan: Westkulturverlag Anton Hain, 1948.

McCormick, John. *Against Politics as Technology: Carl Schmitt's Critique of Liberalism*. New York: Cambridge University Press, 1997.

———. "Dangers of Mythologizing Technology and Politics: Nietzsche, Schmitt and the Antichrist." *Philosophy and Social Criticism* 21 (1995): 55-92.

———. "Fear, Technology and the State: Carl Schmitt, Leo Strauss and the Revival of Hobbes in Weimar and National Socialist Germany." *Political Theory* 22 (1994): 619-652.

Mehring, Reinhard. *Carl Schmitt zur Einführung*. Hamburg: Junius, 1992.

———. "Carl Schmitts Lehre von der Auflösung des Liberalismus: Das Sinngefüge der 'Verfassungslehre' als historisches Urteil." *Zeitschrift für Politik* 38 (1991): 200-216.

———. "Integration und Verfassung. Zum politischen Verfassungssinn Rudolf Smends." In *Politisches Denken. Jahrbuch 1994*, ed. Volker Gerhardt, Henning Ottmann, and Martyn P. Thompson, 19-35. Stuttgart: J. B. Metzler, 1995.

———. *Pathetisches Denken. Carl Schmitts Denkweg am Leitfaden Hegels: Katholische Grundstellung und antimarxistische Hegelstrategie*. Berlin: Duncker und Humblot, 1989.

———. "Zu den neugesammelten Schriften und Studien Ernst-Wolfgang Böckenfördes." *Archiv des öffentlichen Rechts* 117 (1992): 449-473.

Meier, Heinrich. *Carl Schmitt and Leo Strauss: The Hidden Dialogue*. Trans. J. Harvey Lomax. Chicago: University of Chicago Press, 1995.

Merkl, Peter. *German Unification in the European Context*. University Park: Pennsylvania State University, 1993.

Messerschmidt, Manfred. *Die politische Geschichte der preussisch-deutschen Armee. Handbuch zur deutschen Militärgeschichte 1648-1939*. Vol. 4, pt. 1, *Militärgeschichte im 19. Jahrhundert 1814-1890*. Munich: Bernard von Graefe, 1979.

Métall, Rudolf Aladar. *Hans Kelsen. Leben und Werk*. Vienna: Franz Deuticke, 1969.

Meuter, Günter. "Zum Begriff der Transzendenz bei Carl Schmitt." *Der Staat* 32 (1991): 483-512.

Meyer, Klaus. "Hermann Heller. Eine biographische Skizze." In *Der soziale Rechtsstaat, Gedächtnisschrift für Hermann Heller*, ed. Christoph Müller and Ilse Staff, 65-87. Baden-Baden: Nomos, 1984.

Mommsen, Hans. "Government without Parties: Conservative Plans for Constitutional Revision at the End of the Weimar Republic." In *Between Reform, Reaction, and Resistance: Studies in the History of German Conservatism from 1789 to 1945*, ed. Larry E. Jones and James Retallack, 347-373. Providence: Berg, 1993.

Mommsen, Wolfgang J. "Das deutsche Kaiserreich als System umgangener Entscheidungen" (1978). Reprinted in *Der autoritäre Nationalstaat. Verfassung, Gesellschaft und Kultur im deutschen Kaiserreich*, 11-38. Frankfurt am Main: Fischer, 1990.

———. *Max Weber and German Politics 1890-1920*. 2d ed. Trans. Michael S. Steinberg. Chicago: University of Chicago Press, 1984.

———. "Die Verfassung des Deutschen Reiches von 1871 als dilatorischer Herrschaftskompromiss" (1983). Reprinted in *Der autoritäre Nationalstaat. Verfassung, Gesellschaft und Kultur im deutschen Kaiserreich*, 39-65. Frankfurt am Main: Fischer, 1990.

Moore, Ronald. *Legal Norms and Legal Science. A Critical Study of Kelsen's Pure Theory of Law*. Honolulu: University of Hawaii Press, 1978.

Morsey, Rudolf. *Die deutsche Zentrumspartei 1917-1923*. Dusseldorf: Droste, 1966.

Mosler, Hermann. "Richard Thoma zum Gedächtnis." *Die öffentliche Verwaltung* 30 (1957): 826-828.

Mouffe, Chantal. "Pluralism and Modern Democracy: Around Carl Schmitt." *New Formations* 14 (1991): 1-16.

Müller, Christoph. "Die Bekenntnispflicht der Beamten. Bemerkungen zu §35 Abs. 1 S. 2 BRRG, zugleich Anmerkungen zur Methodologie Friedrich Müllers." In *Ordnungsmacht? Über das Verhältnis von Legalität, Konsens und Herrschaft*, ed. Dieter Deiseroth, Friedhelm Hase, and Karl-Heinz Ladeur, 211-244. Frankfurt am Main: Europäische Verlagsanstalt, 1981.

———. "Hermann Heller: Leben, Werk, Wirkung." In Heller, *Gesammelte Schriften*. 2d ed. Ed. Fritz Borinski, Martin Drath, Gerhart Niemeyer, and Otto Stammer, 3:429-476. Tübingen: J. C. B. Mohr (Paul Siebeck), 1992.

———. "Kritische Bemerkungen zur Auseinandersetzung Hermann Hellers mit Hans Kelsen." In *Der soziale Rechtsstaat. Gedächtnisschrift für Hermann Heller 1891-1933*, ed. Christoph Müller and Ilse Staff, 693-722. Baden-Baden: Nomos, 1984.

Müller, Frank. *Die "Brüning Papers." Der letzte Zentrumskanzler im Spiegel seiner Selbstzeugnisse*. Frankfurt am Main: Peter Lang, 1993.

Müller, Friedrich. *Die Einheit der Verfassung. Elemente einer Verfassungstheorie III.* Berlin: Duncker und Humblot, 1979.

———. *Juristische Methodik.* 3d ed. Berlin: Duncker und Humblot, 1989.

———. "Der Vorbehalt des Gesetzes" (1960). Reprinted in *Rechtsstaatliche Form Demokratische Politik. Beiträge zu öffentlichem Recht, Methodik, Rechts- und Staatstheorie,* 15–47. Berlin: Duncker und Humblot, 1977.

———. *Strukturierende Rechtslehre.* 2d ed. Berlin: Duncker und Humblot, 1994.

Müller, Ingo. *Hitler's Justice: The Courts of the Third Reich.* Cambridge: Harvard University Press, 1991.

Muller, Jerry Z. *The Other God That Failed: Hans Freyer and the Deradicalization of German Conservatism.* Princeton: Princeton University Press, 1987.

Muscheler, Karlheinz. *Relativismus und Freiheit. Ein Versuch über Hermann Kantorowicz.* Heidelberg: C. F. Müller, 1984.

Mussgnug, Reinhard. "Die Ausführung der Reichsgesetze durch die Länder und die Reichsaufsicht." In *Deutsche Verwaltungsgeschichte.* Vol. 3, *Das Deutsche Reich bis zum Ende der Monarchie,* 186–206. Stuttgart: Deutsche Verlags-Anstalt, 1984.

Nipperdey, Thomas. *Deutsche Geschichte 1800–1866: Bürgerwelt und starker Staat.* Munich: C. H. Beck, 1983.

———. *Deutsche Geschichte 1866–1918.* Vol. 1, *Arbeitswelt und Bürgergeist.* Munich: C. H. Beck, 1990.

———. *Deutsche Geschichte 1866–1918.* Vol. 2, *Machtstaat vor der Demokratie.* Munich: C. H. Beck, 1990.

Noack, Paul. *Carl Schmitt.* Frankfurt am Main: Propyläen, 1993.

Nolte, Paul. "Die badischen Verfassungsfeste im Vormärz. Liberalismus, Verfassungskultur und soziale Ordnung in den Gemeinden." In *Bürgerliche Feste. Symbolische Formen politischen Handelns im 19. Jahrhundert,* ed. Manfred Hettling and Paul Nolte, 63–94. Göttingen: Vandenhoeck und Ruprecht, 1993.

Nörr, Knut Wolfgang. *Zwischen den Mühlsteinen. Eine Privatrechtsgeschichte der Weimarer Republik.* Tübingen: J. C. B. Mohr (Paul Siebeck), 1988.

Oertzen, Peter von. *Die politische Funktion des staatsrechtlichen Positivismus. Eine wissenssoziologische Studie über die Entstehung des formalistischen Positivismus in der deutschen Staatsrechtswissenschaft.* Ed. Dieter Sterzel. Frankfurt am Main: Suhrkamp, 1974.

Orlow, Dietrich. *Weimar Prussia 1925-1933: The Illusion of Strength.* Pittsburgh: University of Pittsburgh Press, 1991.

Osterroth, Franz. "Der Hofgeismarkreis der Jungsozialisten." *Archiv für Sozialgeschichte* 4 (1964): 525-569.

Ott, Walter. *Der Rechtspositivismus. Kritische Würdigung auf der Grundlage eines juristischen Pragmatismus.* Berlin: Duncker und Humblot, 1976.

Pascher, Manfred. "Hermann Cohens Einfluss auf Kelsens Reine Rechtslehre." *Rechtstheorie* 23 (1992): 445-466.

Paulson, Stanley L. "Continental Normativism and Its British Counterpart: How Different Are They?" *Ratio Juris* 6 (1993): 227-244.

——. Introduction to *Introduction to the Problems of Legal Theory. A Translation of the First Edition of the Reine Rechtslehre or Pure Theory of Law,* by Hans Kelsen. Trans. Bonnie Litschewski Paulson and Stanley L. Paulson, v-xlii. Oxford: Clarendon, 1992.

——. "Kelsen and the Marburg School: Reconstructive and Historical Perspectives." In *Prescriptive Formality and Normative Rationality in Modern Legal Systems. Festschrift for Robert S. Summers,* ed. Werner Krawietz, Neil MacCormick, and Georg Henrik von Wright, 481-494. Berlin: Duncker und Humblot, 1994.

——. "Kelsen on Legal Interpretation." *Legal Studies* 10 (1990): 136-152.

——. "The Reich President and Weimar Constitutional Politics: Aspects of the Schmitt-Kelsen Dispute on the 'Guardian of the Constitution.'" Paper presented at the American Political Science Association annual meeting, Chicago, Ill., September 1, 1995.

——. "Toward a Periodization of the Pure Theory of Law." In *Hans Kelsen's Legal Theory: A Diachronic Point of View,* ed. Letizia Gianformaggio, 11-48. Turin: G. Giappichelli, 1990.

——. "Zu Hermann Hellers Kritik an die Reine Rechtslehre." In *Der soziale Rechtsstaat. Gedächtnisschrift für Hermann Heller, 1891-1934,* ed. Christoph Müller and Ilse Staff, 679-692. Baden-Baden: Nomos, 1984.

——. "Zur neukantianischen Dimension der Reinen Rechtslehre. Vorwort zur Kelsen-Sander Auseinandersetzung." Introduction to *Die Rolle des Neukantianismus in der Reinen Rechtslehre,* ed. Stanley L. Paulson, 7-22. Aalen: Scientia, 1988.

Pauly, Walter. *Der Methodenwandel im deutschen Spätkonstitutionalismus. Ein Bei-*

trag zu Entwicklung und Gestalt der Wissenschaft vom öffentlichen Recht in 19. Jahrhundert. Tübingen: J. C. B. Mohr (Paul Siebeck), 1993.

Perels, Joachim. "Gleichheit vor dem Gesetz." In *Grundrechte als Fundament der Demokratie,* ed. Joachim Perels, 69-95. Frankfurt am Main: Suhrkamp, 1979.

Petermann, T. "Die Gehe-Stiftung zu Dresden in den ersten 15 Jahren ihrer Thätigkeit." In *Weltwirtschaft und Volkswirtschaft, Jahrbuch der Gehe-Stiftung zu Dresden.* Vol. 5, ed. Heinrich Dietzel, i-xvii. Dresden: von Zahn und Jaensch, 1900.

Peukert, Detlev. *The Weimar Republic: The Crisis of Classical Modernity.* Trans. Richard Deveson. New York: Hill and Wang, 1992.

Pflanze, Otto. *Bismarck and the Development of Germany. The Period of Unification, 1815-1871.* Princeton: Princeton University Press, 1963.

Poeschel, Jürgen. *Anthropologische Voraussetzungen der Staatstheorie Rudolf Smends. Die elementaren Kategorien Leben und Leistung.* Berlin: Duncker und Humblot, 1978.

Pore, Renate. *A Conflict of Interest. Women in German Social Democracy 1919-1933.* Westport, Conn.: Greenwood, 1981.

Portner, Ernst. *Die Verfassungspolitik der Liberalen 1919. Ein Beitrag zur Deutung der Weimarer Reichsverfassung.* Bonn: Röhrscheid, 1973.

Preuss, Ulrich K. "Constitutional Powermaking of the New Polity: Some Deliberations on the Relations between Constituent Power and the Constitution." In *Constitutionalism, Identity, Difference, and Legitimacy: Theoretical Perspectives,* ed. Michel Rosenfeld, 143-164. Durham: Duke University Press, 1994.

———. *Constitutional Revolution: The Link between Constitutionalism and Progress.* Trans. Deborah Lucas Schneider. Atlantic Highlands, N.J.: Humanities Press, 1995.

Quaritsch, Helmut. *Positionen und Begriffe Carl Schmitts.* 2d ed. Berlin: Duncker und Humblot, 1991.

Rath, Hans-Dieter. *Positivismus und Demokratie. Richard Thoma, 1874-1957.* Berlin: Duncker und Humblot, 1981.

Rennert, Klaus. *Die "geisteswissenschaftliche Richtung" in der Staatsrechtslehre der Weimarer Republik. Untersuchungen zu Erich Kaufmann, Günther Holstein und Rudolf Smend.* Berlin: Duncker und Humblot, 1987.

Riebschläger, Klaus. *Die Freirechtsbewegung. Zur Entstehung einer soziologischen Rechtsschule.* Berlin: Duncker und Humblot, 1968.
Ringhofer, Kurt. "Interpretation und Reine Rechtslehre. Gedanken zu einer Kritik." In *Festschrift für Hans Kelsen zum 90. Geburtstag,* ed. Adolf Merkl et al., 198-210. Vienna: Franz Deuticke, 1971.
Rittstieg, Helmut. "Artikel 14/15." In *Kommentar zum Grundgesetz für die Bundesrepublik Deutschland.* 2d ed., ed. Richard Bäumlin et al., 1046-1145. Neuwied: Luchterhand, 1989.
―――. *Eigentum als Verfassungsproblem. Zu Geschichte und Gegenwart des bürgerlichen Verfassungsstaates.* Darmstadt: Wissenschaftliche Buchgesellschaft, 1975.
Robbers, Gerhard. *Hermann Heller: Staat und Kultur.* Baden-Baden: Nomos, 1983.
―――. "Die historische Entwicklung der Verfassungsgerichtsbarkeit." *Juristische Schulung* 30 (1990): 257-263.
Rogers, Lindsay, Sanford Schwarz, and Nicholas S. Kaltchas. "German Political Institutions II. Article 48." *Political Science Quarterly* 47 (1932): 583-594.
Römer, Peter. "Die Reine Rechtslehre Hans Kelsens als Ideologie und Ideologiekritik." *Politische Vierteljahresschrift* 12 (1971): 579-598.
―――. "Reine Rechtslehre und Gesetzgebungslehre." In *Rechtstheorie und Gesetzgebung. Festschrift für Robert Weimar,* 25-36. Frankfurt am Main: Peter Lang, 1986.
―――. "Tod und Verklärung des Carl Schmitt." *Archiv für Rechts- und Sozialphilosophie* 76 (1990): 373-399.
Rosenau, Kersten. *Hegemonie und Dualismus. Preussens staatsrechtliche Stellung im Deutschen Reich.* Regensburg: S. Roderer, 1986.
Ross, Alf. *Towards a Realistic Jurisprudence: A Criticism of the Dualism in Law.* Trans. Annie I. Fausbøll. 1946. Reprint, Aalen: Scientia, 1989.
Rossiter, Clinton L. *Constitutional Dictatorship: Crisis Government in the Modern Democracies.* Princeton: Princeton University Press, 1948.
Rumpf, Helmut. *Carl Schmitt und Thomas Hobbes. Ideelle Beziehungen und aktuelle Bedeutung mit einer Abhandlung über Die Frühschriften Carl Schmitts.* Berlin: Duncker und Humblot, 1972.
Rüthers, Bernd. *Carl Schmitt im Dritten Reich. Wissenschaft als Zeitgeist-Verstärkung.* 2d ed. Munich: C. H. Beck, 1990.
―――. *Entartetes Recht. Rechtslehren und Kronjuristen im Dritten Reich.* 3d ed.

Munich: DTV, 1994.

Schefold, Dian. "Hellers Ringen um den Verfassungsbegriff." In *Der soziale Rechtsstaat. Gedächtnisschrift für Hermann Heller 1891–1933*, ed. Christoph Müller and Ilse Staff, 555–572. Baden-Baden: Nomos, 1984.

Scheuerman, William P. *Between the Norm and the Exception: The Frankfurt School and the Rule of Law*. Cambridge: MIT Press, 1994.

Scheuner, Ulrich. "Die Anwendung des Art. 48 der Weimarer Reichsverfassung unter den Präsidentschaften von Ebert und Hindenburg." In *Staat, Wirtschaft und Politik in der Weimarer Republik. Festschrift für Heinrich Brüning*, ed. Ferdinand A. Hermens and Theodor Schieder, 249–286. Berlin: Duncker und Humblot, 1967.

———. "50 Jahre deutsche Staatsrechtswissenschaft im Spiegel der Verhandlungen der Vereinigung der Deutschen Staatsrechtslehrer. I. Die Vereinigung der Deutschen Staatsrechtslehrer in der Zeit der Weimarer Republik." *Archiv des öffentlichen Rechts* 97 (1972): 349–374.

———. "Die nationale Revolution. Eine staatsrechtliche Untersuchung." *Archiv des öffentlichen Rechts* 62 (1933–1934): 166–220, 261–344.

———. "Die rechtliche Tragweite der Grundrechte in der deutschen Verfassungsentwicklung des 19. Jahrhunderts." In *Festschrift für Ernst Rudolf Huber*, ed. Ernst Forsthoff, 139–165. Göttingen: Otto Schwarz, 1973.

———. "Die Überlieferung der deutschen Staatsgerichtsbarkeit im 19. und 20. Jahrhundert." In *Bundesverfassungsgericht und Grundgesetz. Festgabe aus Anlass des 25jährigen Bestehens des Bundesverfassungsgerichts*. Vol. 1, ed. Christian Stark, 2–41. Tübingen: J. C. B. Mohr (Paul Siebeck), 1976.

Schiffers, Reinhard. *Elemente direkter Demokratie im Weimarer Regierungssystem*. Dusseldorf: Droste, 1971.

Schild, Wolfgang. "Die Ambivalenz einer Neo-Philosophie. Zu Josef Kohlers Neuhegelianismus." In *Deutsche Rechts- und Sozialphilosophie um 1900. Archiv für Rechts- und Sozialphilosophie*, Beiheft 43, ed. Gerhard Sprenger, 46–65. Stuttgart: Franz Steiner, 1991.

Schlink, Bernhard. "Laband als Politiker." *Der Staat* 31 (1992): 553–569.

———. "Why Carl Schmitt?" *Rechtshistorisches Journal* 10 (1991): 160–176.

Schluchter, Wolfgang. *Entscheidung für den sozialen Rechtsstaat. Hermann Heller und die staatstheoretische Diskussion in der Weimarer Republik*. Cologne: Kiepenheuer und Witsch, 1968.

Schorske, Carl E. *Fin de siècle Vienna*. New York: Vintage, 1981.

Schröder, Rainer. "Die deutsche Methodendiskussion um die Jahrhundertwende: wissenstheoretische Präzisierungsversuche oder Antworten auf den Funktionswandel von Recht und Justiz." *Rechtstheorie* 19 (1988): 323-367.

Schüddekopf, Otto-Ernst. *Linke Leute von rechts. Die nationalrevolutionären Minderheiten und der Kommunismus in der Weimarer Republik*. Stuttgart: W. Kohlhammer, 1960.

Schüle, Adolf. "Richard Thoma zum Gedächtnis." *Archiv des öffentlichen Rechts* 82 (1957): 153-156.

Schulz, Gerhard. *Zwischen Demokratie und Diktatur. Verfassungspolitik und Reichsreform in der Weimarer Republik*. Vol. 3, *Von Brüning zu Hitler. Der Wandel des politischen Systems in Deutschland 1930-1933*. Berlin: Walter de Gruyter, 1992.

Schulze, Hagen. *Weimar. Deutschland 1917-1933*. 4th ed. Berlin: Severin und Siedler, 1994.

Schwab, George. *The Challenge of the Exception: An Introduction to the Political Ideas of Carl Schmitt between 1921 and 1936*. Berlin: Duncker und Humblot, 1970.

Siemann, Wolfram. *Gesellschaft im Aufbruch. Deutschland 1849-1871*. Frankfurt am Main: Suhrkamp, 1990.

Silverman, Paul. "Law and Economics in Interwar Vienna. Kelsen, Mises, and the Regeneration of Austrian Liberalism." Ph.D. diss., University of Chicago, 1984.

Sombart, Nicolaus. *Die deutschen Männer und ihre Feinde. Carl Schmitt—ein deutsches Schicksal zwischen Männerbund und Matriarchatsmythos*. Munich: Hanser, 1991.

Sontheimer, Kurt. *Antidemokratisches Denken in der Weimarer Republik. Die politischen Ideen des deutschen Nationalismus zwischen 1918 und 1933*. 3d ed. Munich: DTV, 1992.

———. *Politische Wissenschaft und Staatsrechtslehre*. Freiburg: Rembach, 1962.

Staff, Ilse. "Staatslehre in der Weimarer Republik." In *Staatslehre in der Weimarer Republik. Hermann Heller zu ehren*, ed. Ilse Staff and Christoph Müller, 7-23. Frankfurt am Main: Suhrkamp, 1985.

Stein, Ekkehard. *Staatsrecht*. 9th ed. Tübingen: J. C. B. Mohr (Paul Siebeck), 1984.

Stolleis, Michael. "Carl Schmitt." In *Staat und Recht. Die deutsche Staatslehre im*

参考文献

19. und 20. Jahrhundert, ed. Martin J. Sattler, 123-146. Munich: List, 1972.

———. *Geschichte des öffentlichen Rechts in Deutschland*. Vol. 2, *Staatsrechtslehre und Verwaltungswissenschaft 1800-1914*. Munich: C. H. Beck, 1992.

Stoly, Otto. *Grundriss der Österreichischen Verfassungs- und Verwaltungsgeschichte*. Innsbruck: Tyrolia, 1951.

Strömholm, Stig. *A Short History of Legal Thinking in the West*. Stockholm: Norstedts, 1985.

Summers, Robert S. "Theory, Formality, and Practical Legal Criticism." In *Essays on the Nature of Law and Legal Realism*, 154-176. Berlin: Duncker und Humblot, 1992.

Tadich, Ljubomir. "Kelsen et Marx. Contribution au problème de l'idéologie dans 'la théorie pure de droit' et dans le marxisme." *Archives de Philosophie du Droit* 12 (1967): 243-257.

Tommissen, Piet. "Bausteine zu einer wissenschaftlichen Biographie (Periode: 1888-1933)." In *Complexio Oppositorum. Über Carl Schmitt*, ed. Helmut Quaritsch, 71-100. Berlin: Duncker und Humblot, 1988.

Tumanov, W. A. *Contemporary Bourgeois Legal Thought: A Marxist Evaluation of the Basic Concepts*. Moscow: Progress, 1974.

Vesting, Thomas. "Aporien des rechtswissenschaftlichen Formalismus: Hermann Hellers Kritik an der Reinen Rechtslehre." *Archiv für Rechts- und Sozialphilosophie* 77 (1991): 348-373.

———. "Erosionen staatlicher Herrschaft. Zum Begriff des Politischen bei Carl Schmitt." *Archiv des öffentlichen Rechts* 117 (1992): 4-45.

———. *Politische Einheitsbildung und technische Realisation. Über die Expansion der Technik und die Grenzen der Demokratie*. Baden-Baden: Nomos, 1990.

Wadl, Wilhelm. *Liberalismus und soziale Frage in Österreich. Deutsch-liberale Reaktionen und Einflüsse auf die frühe österreichische Arbeiterbewegung (1867-1879)*. Vienna: Österreichische Akademie der Wissenschaften, 1987.

Walter, Robert, ed. *Adolf J. Merkl. Werk und Wirksamkeit*. Schriftenreihe des Hans-Kelsen-Instituts, vol. 14. Vienna: Manz, 1990.

———. "Die Gerichtsbarkeit." In *Das österreichische Bundes-Verfassungsgesetz und seine Entwicklung*, ed. Herbert Schambeck, 443-480. Berlin: Duncker und Humblot, 1980.

Waser, Ruedi. *Die sozialistische Idee im Denken Hermann Hellers. Zur politischen*

Theorie und Praxis eines demokratischen Sozialismus. Basel: Helbing und Lichtenhahn, 1985.

Wehler, Hans-Ulrich. *The German Empire 1871–1918.* Trans. Kim Traynor. Leamington Spa: Berg, 1985.

Weinberger, Ota. "The Theory of Legal Dynamics Reconsidered." *Ratio Juris* 4 (1991): 18–35.

Weinberger, Ota, and Neil MacCormick. *An Institutional Theory of Law. New Approaches to Legal Positivism.* Dordrecht: D. Reidel, 1986.

Wengst, Udo. "Staatsaufbau und Verwaltungsstruktur." In *Die Weimarer Republik 1918–1933. Politik-Wirtschaft-Gesellschaft,* ed. Karl-Dietrich Bracher, Manfred Funke, and Hans-Adolf Jacobsen, 63–77. Dusseldorf: Droste, 1987.

Wenzel, Uwe Justus. "Recht und Moral der Vernunft. Kants Rechtslehre: Neue Literatur und neue Editionen." *Archiv für Rechts- und Sozialphilosophie* 76 (1990): 227–243.

Wesel, Uwe. "Die Zweite Krise." *Die Zeit,* October 6, 1995, 7–8.

West, Franklin C. *A Crisis of the Weimar Republic: A Study of the German Referendum of 20 June 1926.* Philadelphia: American Philosophical Society, 1985.

White, Dan S. *Lost Comrades: Socialists of the Front Generation, 1918–1945.* Cambridge: Harvard University Press, 1992.

Wiegandt, Manfred H. *Norm und Wirklichkeit. Gerhard Leibholz (1901–1982). Leben, Werk und Richteramt.* Baden-Baden: Nomos, 1995.

Wilhelm, Walter. *Zur juristischen Methodenlehre im 19. Jahrhundert. Die Herkunft der Methode Paul Labands aus der Privatrechtswissenschaft.* Frankfurt am Main: Vittorio Klostermann, 1958.

Willey, Thomas. *Back to Kant: The Revival of Kantianism in German Social and Historical Thought, 1860–1914.* Detroit: Wayne State University Press, 1978.

Winkler, Heinrich August. "Unternehmer und Wirtschaftsdemokratie in der Weimarer Republik." In *Probleme der Demokratie Heute. Politische Vierteljahrsschrift,* Sonderheft 2 (1970): 308–322.

———. *Von der Revolution zur Stabilisierung. Arbeiter und Arbeiterbewegung in der Weimarer Republik 1918 bis 1924.* Berlin: Dietz Nachfolger, 1989.

———. *Weimar 1919–1933. Die Geschichte der ersten deutschen Demokratie.* Munich: C. H. Beck, 1993.

Wolin, Richard. "Carl Schmitt: The Conservative Revolutionary Habitus and the Aesthetics of Horror." *Political Theory* 20 (1992): 424-447.

Zacker, Hans F. "Hans Nawiasky." In *Juristen im Portrait. Verlag und Autoren in 4 Jahrzehnten. Festschrift zum 225jährigen Jubiläum des Verlages C. H. Beck*, 598-607. Munich: C. H. Beck, 1988.

索 引

(条目后的数字为原书页码,见本书边码)

Adler Max,马克斯·阿德勒,129
Alexy Robert,罗伯特·阿列克西,142
Anarchy, anarchism,无政府状态,无政府主义,47,89,96,97—98,112,128,220n.20,224n.64
Anschütz, Gerhard,格哈德·安修茨,8,30,44,46,65,66,68—69,70—77,79,82,110,134,143,148,150,152,155,156,168,173—174,207n.8,210n.45,210n.49,248n.88
Anti-Semitism,反犹太主义,x,82,87,125,196n.10,218n.9,223n.60
Anti-Socialist Laws,反社会主义法,34
Association of German Scholars of State Law,德国国家法学者协会,80—84,134,139,149
Austin,John,约翰·奥斯丁,24
Austria, Republic,奥地利共和国,86—88,92,212n.77,217n.4,230n.159
Austro-Hungarian Emprie,奥匈帝国,15,18—19,25,41,45—46,92,127,198n.26,200n.54,221n.37

Basic Law. See Federal Republic of Germany 基本法。见德意志联邦共和国
Basic norm. See Kelsen, Hans: basic norm 基本规范。见凯尔森:基本规范
Bavaria,巴伐利亚,26—27,147,165,168,173,178
Bebel, August,奥古斯特·贝贝尔,25,33
Belgian Constitution of 1831,1831年比利时宪法,188n.31
Berkeley, George,乔治·伯克利,225n.86
Bilfinger, Carl,卡尔·比尔芬格,83,152,165,173
Bismarck,Otto von,奥托·冯·俾斯麦,13,18,21,22,23,24,26,27,29,32,37,39,84,123,216n.117

索 引

Boldt, Hans, 汉斯·波尔特, 61
Bolshevism. *See* Communism, 布尔什维克主义。见共产主义
Bonn, Moritz Julius, 莫里兹·尤利乌斯·波恩, 87, 218n.6
Bork, Robert, 罗伯特·博克, 142
Bracher, Karl Dietrich, 卡尔·迪特里希·布拉赫尔, 109, 168
Brecht, Arnold, 阿诺德·布莱希特, 168
Brüning, Heinrich, 海因里希·布吕宁, 7, 109—110, 113, 162—164, 182n.21
Budget Law, 预算法, 105, 109, 227n.105; in Imperial Constitution of 1871, 1871年帝国宪法中的预算法, 15, 24—25, 37; in Weimar Constitution, 《魏玛宪法》中的预算法, 5, 68
Bülow, Bernhard von, 伯恩哈德·冯·比洛, 25
Bumke, Erwin, 欧文·布姆克, 168, 174, 248n.97, 250n.7
Bundesrat, 联邦参议院, xi, 22—24, 26—29, 33—34, 37, 69—70, 71, 123
Burlarge, Eduard, 爱德华·布拉格, 75

Caesarism, 君主政治, 60—61, 205n.112
Calhoun, John, 约翰·卡尔霍恩, 28
Calvinism, 加尔文主义, 121—122
Carlsbad Decrees, 卡尔斯巴德法令, 135
Catholic Center Party. *See* Catholicism, 天主教中央党。见天主教主义
Catholicism, 天主教主义, 7, 25, 33—34, 40, 46, 54, 64, 73, 75, 83, 97, 98, 100, 112, 143, 160, 164, 165, 223n.60
Church and state, 教会与国家, 76
Civil Code (1900), 民法 (1990), 13, 34, 75, 151
Cohen, Hermann, 赫尔曼·科恩, 198n.25, 218—219n.10
Common law, 习惯法, 4, 227n.111
Communism, 共产主义, 73, 75, 83, 94, 97, 100, 104—105, 158, 226—227n.99, 227n.109
Communist Party of Germany (KPD), 德意志共产主义政党, 104, 147, 158, 164—166, 249—250n.1
Conservatism, 保守主义, 18, 19, 24, 25, 30, 33, 38, 40, 44, 54, 60, 63, 67, 75, 82, 83, 110, 117, 122, 128—130, 132—133, 135—136, 148, 149—150, 152—153, 158, 169。*See also* German National People's Party, 也可见德国国家人民党
Conservative Party. *See* Conservatism, 保守主义政党。见保守主义
Constitutional amendment. *See* Weimar Constitution: Art. 76. 宪法修正案。见《魏玛宪法》第76条
Constitutional democracy, 宪政民主, x, 1, 11—12, 85—119, 120, 144, 145, 150, 170, 171—178。*See also* Federal Republic of Germany; Weimar Constitution, 也可见德意志联邦共和国;《魏玛宪法》
Constitutional monarchism, 君主立宪制, 3, 13, 16—26, 31—33, 37—39, 51,

321

57,62,63,64—65,117,122,146,151,186n.16。See also Imperial Constitution of 1871; Monarchical principle; Prussian Constitution of 1850,也可见1871年帝国宪法；君主制原则；1850年普鲁士宪法

Contract, 契约, 4, 14, 16, 42, 76, 134—35, 137, 140

Cromwell, Oliver, 奥利弗·克伦威尔, 98

Daily Telegraph Affair,《每日电报》事件, 25

Democracy. See Constitutional democracy; Sovereignty: popular, 民主。见宪政民主；主权：人民

Derrida, Jacques, 雅克·德里达, 85

Dicey, Albert V., 阿尔伯特·V.戴西, 39

Dictatorship, 独裁, 52—62, 87, 98—100, 107—110, 113, 116, 117, 166, 169, 174; and rights, 以及权利, 57, 203n.81; and state of seige, 以及围困状态, 56。See also Weimar Constitution: Art. 48, 也可见《魏玛宪法》第48条

Dietramzeller Decree, Dietramzeller 法令

Direct democracy, 直接民主, 67, 68, 70, 178, 209—210n.43

Dominion, 统治, 4, 16, 28—30, 36, 49, 71

Duguit, Léon, 里昂·狄骥, 39

Düringer, Adalbert, 阿德尔伯特·迪林格尔, 74, 134

Dworkin, Ronald, 罗纳德·德沃金, 120, 142

Ebert, Friedrich, 弗里德里希·艾伯特, 5, 64, 78, 82, 107—108, 125, 206n.3, 228n.120

Ehmke, Horst, 霍斯特·厄姆克, 144

Ehrlich, Eugen, 尤金·埃里希, 44

Ely, John Hart, 约翰哈特·伊莱, 142

Emergency powers. See Dictatorship; Weimar Constitution: Art. 48, 紧急权利。见独裁：《魏玛宪法》第48条

Enabling Laws, 授权法：of Aug. 4, 1914, 63; of Oct. 13, 1923, 79; of Dec. 8, 1923, 79, 148, 150—152; of March 24, 1933, 1, 174—175, 179n.1, 250—251n.19

England, 英格兰, 4, 23, 24, 25, 32, 39, 57, 207—208n.21

Equality before the law, 法律之前的平等, 2, 6, 10, 74—75, 77—78, 79, 104, 148—151, 153—155, 242n.14, 243—244n.38; of the sexes, 性格平等, 75。See also Weimar Constitution: Art. 109, 也可见《魏玛宪法》第109条

Expropriation. See Property; Weimar Constitution: Art.153, 征用。见财产；《魏玛宪法》第153条

Falkenhayn, Erich von, 埃里克·冯·法金汉, 54

Family law, 家庭法, 14, 29, 51, 75。See also Marriage, 也可见婚姻

Federalism, 联邦主义, xi, 8, 25—30,

33—36,38,54,64—65,69—73, 122—123,143,146,147,152—153, 160—170,171—175,176; and rights, 以及权利,32
Federalist Papers,《联邦党人文集》,28
Federal Republic of Germany, 德意志联邦共和国,x,1,10,11,121,142,144, 155,159,177; Basic Law,基本法,1, 176; Federal Constitutional Court,联邦宪法法庭,10,147,155,176,177, 178
Federation for the Renewal of the Empire, 帝国复兴联邦,110
Fichte, Johann Gottlieb, 约翰·戈特利布·费希特,127
Forsthoff, Ernst, 厄斯特·福斯多夫, 204n.91
Fraenkel, Ernst, 厄斯特·弗伦克尔, 214n.99
France, 法国,44,57—61,79,97; Revolution and Terror, 大革命和白色恐怖,23,34,56,57,58,60,98—100,102,107,227n.109; Revolution of 1848, 1848年革命,57—58; Third Republic, 第三共和国,4,23,32,39, 57
Frederick William Ⅳ, 弗雷德里克·威廉姆四世,17
Free Law Movement, 自由法运动,41—44,52,54,106,111,145
Fuller, Lon L., 朗·L.福勒,120

Gap theory, 缺口理论,18,21,44, 197n.14
Gerber, Carl Friedrich von, 卡尔·弗里德里希·冯·格贝尔,14—15,21—22,29,30,32,34,51,61
Gerber, Hans, 汉斯·格贝尔,83
German Democratic Party (DDP), 德国民主党,64,65,158。See also Left-liberalism,也可见左派自由主义
German Democratic Republic, 德意志民主共和国,11,177—178
German Empire, 德意志帝国,ix,x,xi, 3—4,5,13—39,40,41,54,65,66, 79,82,122—123,124,140,145,146, 176。See also Imperial Constitution of 1871,也可见1871年帝国宪法
German National People's Party (DNVP), 德国国家人民党,74,123,142,161, 162,232n.14
German People's Party (DVP), 德国人民党,65
German Unification of 1990, 1990年德国统一,177—178
Gierke, Otto von, 奥托·冯·吉尔克, 14,15,41,122,131,233n.21
Giese, Friedrich, 弗里德里希·吉泽, 143,251n.20
God, 上帝,51,54,55,89,91,96,97,98, 100,107,118,224n.69

Häberle, Peter, 皮特·黑贝勒,144
Hague Bill, 海牙法案,18
Haldy, Wilhelm, 威廉海姆·哈迪,55
Hänel, Albert, 阿尔伯特·亨乃尔,28,

30, 41, 122
Hart, H. L. A., H.L.A.哈特, 3, 120, 222n.41
Hauriou, Maurice, 莫里斯·奥里乌, 39
Heck, Phillip, 菲利普·赫克, 44
Hegel, G. W. F., G. W. F.黑格尔, 53, 59—60, 111—112, 117, 127, 128, 224n.66
Heller, Hermann, 赫尔曼·黑勒, x, 7, 9, 10, 45, 80, 83, 90—91, 94, 96, 102, 105, 120—121, 127—133, 137—144, 145, 150, 165, 173—174, 177, 234n.40, 239n.105, 240n.127; basic principles of right (*Rechtsgrundsätze*), 权利的基本原则, 9, 132, 141, 174, 237n.73, 240n.122; and constitution interpretation, 宪法解释, 139—142; and nationalism, 国家主义, 127, 129—130; organization, theory of, 组织理论, 131—132, 138, 173; and Social Democracy, 社会民主党, 127—128, 235n.43; *Socialism and Nation*, 社会主义和国家, 127, 130; Sovereignty, 主权, 129, 131, 236n.53, 236n.56; and statist tradition, 中央集权传统, 128—129; *Theory of the State*, 国家理论, 138
Herrschaft. See Dominion. 支配。见统治
Hindenburg, Paul von, 保罗·冯·兴登堡, 7, 54, 60, 125, 143, 164, 165, 174, 228n.120
Hippel, Ernst von, 恩斯特·冯·希佩尔, 81—82
Historical school of jurisprudence, 法学历史学派, 14
Hitler Adolf, 阿道夫·希特勒, 1, 8, 14, 87, 117, 167, 168, 169, 174—175
Hobbes, Thomas, 托马斯·霍布斯, 34, 120, 131, 137, 231n.1
Holy Roman Empire, 神圣罗马帝国, 14, 26, 111—112, 113
Hugenberg, Alfred, 阿尔弗雷德·胡根贝格, 142
Hyperinflation and currency revaluation, 恶性通货膨胀和货币升值, 5—6, 79—80, 148—152, 153—154

Illegitimate children, 私生子, 75—76
Imperial Constitution of 1871, 1871年帝国宪法, ix, x, xi, 3, 4, 5—6, 13, 15, 16, 22—23, 26—29, 32, 37, 41, 54, 60, 67, 69, 71, 73, 82, 104, 122—123; *preamble*, 前言, 26; *Art. 3*, 33; *Art. 9*, 23; *Art. 10*, 26; *Art. 17*, 22—23, 25, 37; *Art. 38*, 37—38; *Art. 68*, 54—55; *Art. 70*, 37—38; *Art. 78*, 27
Indemnification Bill (1866), 赔偿法案 (1866), 19, 23
Independent Social Democrats (USPD), 独立社会民主党人, 67, 75
Integration, theory of. See Smend: integration, 整合理论。见斯门德：整合
Italy, fascist, 意大利, 法西斯, 125, 126, 130
itio in partes, 各方的起点, 112

Jellinek, Georg, 格奥尔格·耶利内克, 30, 34—35, 36, 41, 42—44, 45, 46, 50, 65, 81, 88, 90, 190n.56, 198n.20, 200n.41, 219n.10; *General Theory of the State*,《国家的一般理论》, 43, 88; Jellinek's Paradox, 耶利内克难题, 42—44, 51, 95

Jellinek, Walter, 沃尔特·耶利内克, 81—82, 83, 109—110

Judical review, 司法复审, 2, 6, 10, 33—34, 35, 35, 36—37, 55, 71, 73, 77, 79—80, 81, 110—111, 146, 151—170, 212n.77, 242n.13

Kaiser, 皇帝, 22—25, 27, 28, 37—38, 54—56, 60, 63, 64, 190n.64; as guardian of the constitution, 作为宪法的守护者, 36, 83, 117

Kant, Immanuel, 伊曼努尔·康德, 47, 83, 88—89, 199n.32, 216n.112, 225n.86

Kantorowicz, Hermann, 赫尔曼·坎托洛维奇, 43—44

Kaufmann, Erich, 埃里希·考夫曼, 40, 83, 122, 129, 149—150, 204n.85, 223—224n.62, 236n.53

Kelsen, Hans, 汉斯·凯尔森, 4—5, 8—9, 10, 40, 41—42, 45—52, 59, 61—62, 72, 80—83, 85—96, 97, 100—102, 106—107, 111, 115—119, 120—121, 122, 123—124, 128, 130, 131, 133, 137, 139, 140, 141 143, 145, 172, 177, 179n.2, 200n.41, 200n.43, 212n.77, 218—219n.10, 233n.22, 233n.25, 239n.105; basic norm, 基本规范, 9, 88—96, 100, 106, 107, 116, 172, 223n.61; imputation (*Zurechnung*), 归罪, 48, 50, 88—89, 95; legal norm (*Rechtssatz*), 法律规范, 46—48, 88, 90, 95, 199n.28; *Major Problems of State Law*,《国家法的主要问题》, 45—52, 88, 210n.49; on natural law, 自然法, 89—90; positivity, 积极性, 88, 93, 94—96; praxis, no theory of, 没有理论的实践, 89—90, 116; revolution, 革命, 221n.37; sovereignty, 主权, 9, 90—91; statism, critique of, 批评国家主义; style, 风格, 81, 86, 128, 133

Koellreutter, Otto, 奥托·科埃尔鲁伊特, 124, 158, 169, 240n.127

Kohler, Josef, 约瑟夫·科勒, 41, 61, 204n.85

Kommandogewalt,《强制命令》, 17, 18, 55, 67

Kriele, Martin, 马丁·克赖尔, 142

Laband, Paul, 保罗·拉班德, 4, 5, 13—16, 19—24, 25, 28—33, 34, 35, 36—39, 40, 41, 43, 45, 46, 51, 54, 55, 61, 65, 69, 71, 72, 81, 82, 83, 103—104, 105, 117, 122, 131, 138, 140, 173, 200n.41, 201n.59, 227n.105

Laband school. *See* Legal positivism: statutory, 拉班德学派。见法律实证主义：法定

Labor Law,劳工法,3,42,112,147

Labor unions and employer organizations,工会和雇主机构,63,66,76,143

Laski,Harold,哈罗德·拉斯基,114

Lassalle,Ferdinand,费迪南德·拉萨尔,90,131

Left-liberalism,左派自由主义,25,28,30,34,64,65,67,73,87,129,133,141,226—227n.99. See also German Democratic Party,也可见德国民主党

Legal norm. See Kelsen: legal norm,法律规范。见凯尔森:法律规范

Legal positivism,法律实证主义,3—4,37,38,41,46,50,61,71,82,89—90,93—96,106,111,133,150,172; sociological,社会学,3,41,107; statist,中央集权论者,3,28; statutory and Labandian,法定和拉班德学派,2,3—4,5,8,9,13—14,21,24,30,32,34,35,36—39,40,41,42,43,44,45—52,61,64—65,66,69,70,74,76,77—78,79,81,82—83,90,100,101,104,105,109—110,117,121,123,124,132,134—135,139,143,148,150—151,159,173,176

Legal Realism,法律现实主义,44,96

Leibholz,Gerhard,格哈德·莱布霍尔茨,6,155,234n.34

Liberalism,自由主义,4,32,33,38—39,40,46,52,60,67,82—83,97—98,102—103,104—106,113,122,124,125,128,129,130,133,149,158,176,184n.2,198n.26,224n.64,227n.109。See also Left-liberalism; National Liberals,也可见左派自由主义;国家自由主义者

Lincoln,Abraham,亚伯拉罕·林肯,28,172

Locke,John,约翰·洛克,57

Lückentheorie. See Gap theory,空隙。见缺口理论

Ludendorff,Erich,埃里克·鲁登道夫,54,60

Lutheranism,路德教派,54

Mann,Thomas,托马斯·曼,61,234n.29

Marriage,婚姻,75—76,83,89,105,134,135,150,217n.4

Marschall von Bieberstein,Freiherr Adolf Hans,马歇尔·冯·拜斯汀,82,83

Menzel,Adolf,阿道夫·门泽尔,46

Merkl,Adolf,阿道夫·默克尔,91

Midas,King,迈达斯王,90

Ministerial responsibility,总理负责制,17,22,51,67—68,71,108,147,160. See also Imperial Constitution of 1871: Art. 17,也可见1871年帝国宪法第17条

Monarchical principle,君主制原则,16—18,51

Montesquieu, Charles Louis de Secondat,夏尔·德·塞孔达·孟德斯鸠,57,237—238n.79

Müller,Friedrich,弗里德里希·穆勒,142

Münchhausen,Baron von,巴伦·冯·明

希豪森,93

National Assembly, Weimar, 魏玛国家议会, 64, 67, 73—74, 75, 78, 100, 108, 134, 244n.45
National Liberals, 国家自由主义者, 13, 18—19, 21—25, 30, 65, 66, 67
National Socialism, 国家社会主义者, 1, 2, 7, 8, 11—12, 87, 117, 119, 143—144, 147, 164—165, 169, 174—175, 177, 218n.9, 249—250n.1
Natural law, 自然法, 2, 4, 34, 53, 79, 82, 89—90, 107, 149, 151, 202n.70, 237n.73
Naumann, Friedrich, 弗里德里希·瑙曼, 73—74, 83
Nawiasky, Hans, 汉斯·纳维雅斯基, 71—72, 143, 165, 168, 172—173
Nelsen, Leonard, 伦纳德·内尔森, 129
Neo-Hegelianism, 新黑格尔主义, 54, 128—129, 204n.85
Neo-Kantianism, 新康德主义, 5, 9, 45, 46, 54, 86, 88—89, 95, 199n.32, 202n.72, 218—219n.10, 222n.41, 239n.105
North German Confederation Constitution of 1867, 1867年北德意志联邦宪法, 15, 19, 25, 26, 33

Organic state theory, 有机国家理论, 14—15, 30, 40, 48, 55, 122—123, 131, 136

Papen, Franz von, 弗朗茨·冯·帕彭, 7—8, 12, 73, 87, 110, 116, 117, 119, 143, 164—170, 171, 173, 249n.1
Parliamentary absolutism, 议会专制主义, 61, 67, 78, 79, 83, 104, 149, 151, 159
Paulson, Stanley L., 斯坦利·L.鲍尔森, 46, 222—223n.55
Popitz, Johannes, 约翰内斯·珀匹茨, 114
President, 总统, 1, 5, 6, 9, 64, 67, 68, 69, 72, 73, 78, 87, 107—111, 114—117, 125, 140, 143, 148, 160—170, 171—175; as guardian of the constitution, 作为宪法的守护者, 83, 114—116
Preuss, Hugo, 雨果·普罗伊斯, ix, 40, 59, 64, 67, 69—70, 73, 87, 122, 129
Property, 财产, 10, 11, 16, 17, 18, 29, 30, 31, 32, 73, 76, 79, 80, 83, 89, 103, 104—105, 134, 135, 143, 148, 150—152, 153, 156—160, 170, 177, 243n.26, 246n.65; "freedom and property" and power of popular assembly, "自由和财产"和人民议会的权力, 17, 18, 33. See also Weimar Constitution: Art. 153, 也可见《魏玛宪法》第153条
Proportional representation, 比例代表制, 71, 78, 113, 134
Protestantism, 新教, 40, 54, 97—98, 112, 121—122
Prussia, 普鲁士, 8, 15, 27, 29, 31, 32, 57, 64, 69—70, 123, 147, 161;

Constitutional Crisis(1862—1866),宪法危机(1862—1866),16—22,23,25,43,188n.27,204n.91; military,军队,25—28,43,54—61; Papen's coup,帕彭政变,73,116,119,143,164—170,171—175,249n.1

Prussian Constitution of 1848,1848年普鲁士宪法,17,57

Prussian Constitution of 1850,1850年普鲁士宪法,17,20,22,31—32,55,57,67,74,75,122,188n.31; *preamble*,前言,16; *Art. 5*,31; *Art. 33*,31; *Art. 48*,187n.22; *Art. 62*,19—20; *Art. 99*,19—20

Public and private distinction in German law,德国法律中公法和私法的区别,2—3,55,112,124,200n.43

Pufendorf, Samuel,萨缪尔·普芬道夫,26,111,117

Rechtsstaat,法治国家,xi,53,145,158,160,170; bourgeois,资产阶级,86,102—103,106,107,110,112,114,118,132,140; social,社会,128,141,144

Reichsgericht,最高法院,xi,10,33—34,55,70,79—80,146—148,153—160,163,166,170,243—244n.38,244n.43

Reichsrat,帝国议会,xi,67,68,69,70,147,165,167,173

Reichstag,帝国国会,xi,1,5,6,7,9,13,23—25,26,27,28,29,33,34,37—38,60,63,64,65,67—69,70,71,74,75—76,78,79,83,104—106,108,109—110,113,115,116,122,123,136,140—141,142,147,150,155,158—159,162—163,164,172,173,174,225n.76,231n.169; in constitutional system of Empire,帝国宪政制度,23—24; in Weimar Constitution,《魏玛宪法》,67—69

Reichstag fire,国会纵火案,174

Renan, Ernest,厄内斯特·勒南,121,238—239n.100

Renner, Karl,卡尔·伦纳,86

Revolution of 1848,1848年革命,14,17,18,30,32,33,55,56,58

Revolution of 1918,1918年革命,11,41,63—64,82,117,156,221n.37

Rights,权利,ix,x,1,2,11,30—35,36,55,56,57,64,68,73—78,83,103,105,108,112,134—136,142,148,150—160,174,211n.57; interpretation,解释,9,134—137; objective and subjective,主观和客观,30,35,74; positive and negative,积极和消极,30—31,34; programmatic norms,纲领性规范,74; social rights,社会权利,103,142; and values,以及价值,134—135。*See also* Equality; Marriage; Property; Prussian Constitution of 1850; Weimar Constitution,也可见平等;婚姻;财产;1850年普鲁士宪法;《魏玛宪法》

Robber band,强盗团伙,117—118

Röhm, Ernst, 恩斯特·罗姆, 175
Romanticism, 浪漫主义, 87, 97—98, 103
Rosenberg, Werner, 维尔纳·罗森博格, 56
Ross, Alf, 阿尔法·罗斯, 222n.55
Rousseau, Jean-Jacques, 让—雅克·卢梭, 58, 98, 102, 132
Royal Houses Expropriation Bill, 皇家征收法案, 104, 157—159
Rumpf, Max, 马克斯·朗夫, 44

Scheler, Max, 马克斯·舍勒, 61
Schleicher, Kurt von, 库尔特·冯·施莱歇尔, 8, 87, 116, 164, 174—75
Schmitt, Carl, 卡尔·施米特, x, 5, 7, 8—9, 10, 12, 40, 41, 42, 45, 52—62, 76—77, 80, 81, 82, 83, 85—87, 96—107, 108—109, 110—115, 116—119, 120—121, 122, 128, 129, 130, 131, 132, 133, 135, 137, 138, 140, 142—143, 145, 150, 152, 158—159, 165, 169, 171—175, 177, 212n.72, 213n.85, 223n.61, 249n.1, 250n.17; Catholicism of, 天主教, 202—203n.75, 223n.60; *Concept of the Political*,《政治的概念》, 101, 215n.106; *Crisis of Parliamentary Democracy*,《议会民主制的危机》, 113; *Dictatorship*,《独裁政体》, 98—100, 205n.112; on dictatorship and state of seige, 关于独裁和围困状态的论述, 56—60, 98—99; enemy, 敌人, 60, 100—101, 102, 116—117, 171; on executive as *Urzustand*, 原初状态的执行机关, 59, 61, 117; *Guardian of the Constitution*,《宪法的守护者》, 110—113, 119; homogeneity of people, 人民的同质性, 102, 116—117, 172, 226n.89, on Judaism, 关于犹太教, 97, 223n.60; *Legality and Legitimacy*,《合法性与正当性》, 114—115, 119; on political parties, 关于政治党派, 112—113, 115, 118; *Political Theology*,《政治理论》, 87, 97, 108—109, 202n.74; on Protestantism, 关于新教, 97—98, 223n.60; on representation, 关于代表, 97, 99—100, 102, 112—113, 115, 117, 122, 223n.60, 225n.76, 226n.89; *Roman Catholicism*,《罗马天主教》, 204n.91; on sovereignty, 关于主权, 9, 98, 100, 107, 111—112, 137, 171; *State, Movement, Nation*,《国家、运动与国民》, 169; *Statute and Judgment*,《法律与判决》, 52, 58, 111; style, 风格, 61—62, 81, 86, 97, 108; *Theory of the Constitution*,《宪法理论》, 7, 82, 98, 100—109, 111; *Worth of the State*,《国家的价值》, 53, 54, 202n.72
Schulze, Hagen, 黑根·舒尔茨, 179n.2
Sein and *Sollen*, 是和应当, 5, 46—47, 53—54, 88—90, 92—94, 96, 102, 138, 239n.105
Separation of powers, 权力分立, x, 57, 59—60, 103。See also Dictatorship; Parliamentary absolutism, 也可见独

裁；议会绝对主义
Seydel, Max von, 马克思·冯·赛德尔, 28, 29, 71
Sieyès, Abbé, 阿尔贝·西耶士, 99
Simmel, Georg, 乔治·齐美尔, 146, 242n.13
Smend Rudolf, 鲁道夫·斯门德, 6—7, 9, 10, 40, 45, 80, 83, 120—126, 127, 128, 130, 131, 132, 133—138, 139, 141—144, 145, 155, 177, 233n.21, 238—239n.100, 245n.54; Calvinism of, 加尔文教派, 121—122; constitutional interpretation, 宪政描述, 134—137, 141—142; *Constitution and Constitutional Law*, 《宪法与宪法学》, 82, 123, 133—134; integration, 整合, 9, 121—126; judiciary's role, 法官的角色, 133, 237—238n.79; state as living being, 生命体似的国家, 124, 233—234n.25; style of, 风格, 82, 123, 234n.28; symbol and myth, 象征与神话, 125—126
Social contract, 社会契约, 92, 95, 112, 230n.41
Social Democracy, 社会民主党, x, 7, 8, 25, 34, 40, 42, 46, 63, 64, 67, 86—87, 90, 104, 106, 127—129, 133, 143, 144, 158, 164—166, 168, 174, 226—227n.99, 227n.109, 231n.169, 235n.45
Sociology of law, 法律社会学, 2, 3, 34, 41, 44, 47, 138

Sovereignty, 主权, 2, 4, 6, 9, 19, 22, 24, 25, 28—29, 36, 42—43, 51, 68, 71, 120, 137, 173, 188n.27, 236n.53; evasion of term (Smend), 术语的回避（斯门德）, 136—137, 238—239n.100; and federalism, 以及联邦主义, 25—30, 69—73; monarchical, 君主制, 16, 18, 26, 51, 188n.27; as organization (Heller), 作为机构（黑勒）, 131; parliamentary, 议会制, 32, 64, 65, 67—69, 71, 77—78, 151; popular, 人民, 1, 5—6, 10, 17, 19, 39, 58, 66—69, 83, 85—119, 121, 146, 171—172, 174, 176—177, 188n.27; and rights, 以及权利, 32, 74—76; right to decide on exception (Schmitt), 决定例外的权利（施米特）, 98, 109, 111, 115, 137; state, 国家, 4, 22, 24, 29, 33, 34, 35, 36, 39, 42, 43, 90—91, 129, 131; synonym for "legal system" (Kelsen), "法律制度"的同义词（凯尔森）, 9, 88, 90—91, 103, 137; and textuality (Derrida), 以及文本（德里达）, 85

Staatsgerichtshof. *See* State Court, 见国家法院

State: according to Anschütz, 国家：根据安修茨的观点, 72—73; according to Heller, 根据黑勒的观点, 128, 131, 139—140; according to Laband, 根据拉班德的观点, 14—15, 21—22, 23—24, 30—31, 38, 62; according to Smend, 根据斯门德的观点, 82,

123, 124, 126; according to Thoma, 根据托玛的观点, 77—78; indentical with law(Kelsen), 等同于法律(凯尔森), 49, 90, 117—118; sovereign and non-sovereign, 主权和非主权, 29; substance(Schmitt), 实质(施米特), 53—54, 82, 97, 101, 113, 117—118, 202n.72; two-sides theory(Jellinek), 两面理论(耶利内克), 34, 43, 90。 *See also* Sovereignty, 也可见主权

State Court, 国家法院, 10, 68, 70, 72, 87, 143, 147—148, 153, 160—170, 171—174, 177, 210n.49, 249n.103

State of seige. *See* Dictatorship, 围困状态。见独裁

Statute: and democracy, 法规: 和民主, 64, 139—141; distinguished from ordinance, 与条例相区别, 20—21, 56, 103—105; formal and substantive senses, 正式且真实的感觉, 19—20, 57, 106, 140—141, 201n.59; highest expression of state's will, 国家意志的最高表达, 14—15, 21, 23—24, 30, 35, 36, 39, 64—65, 71—72, 139, 146, 158; and rights, 以及权利, 31, 33, 74

Stier-Somlo, Fritz, 弗里茨·斯蒂尔—索姆罗, 124

Stoerk, Felix, 菲利克斯·斯托克, 41

Stolleis, Michael, 迈克尔·施托莱斯, 41

Strauss, Leo, 列奥·施特劳斯, 97

Switzerland, 瑞士, 35, 146

Thoma, Richard, 理查德·托玛, 8, 65, 68—69, 77—78, 81, 109—110, 133, 139, 141, 150, 152, 207n.14

Total state, 全能国家, 112—114

Triepel, Heinrich, 海因里希·特里佩尔, 6, 7, 80—81, 148—153, 154, 155, 156, 168—169, 215n.106, 232n.14, 242n.14, 243n.26, 244n.43, 245n.55

United States, 美国, ix, 2, 28, 44, 73—74, 142, 146, 151, 176—177; Bill of Rights, 权利法案, 34; capitalism, 资本主义, 73—74, 97, 128; Constitution and constitutional law, 宪法和宪法学, ix, 10, 11, 12, 85, 146, 155, 243n.26; labor law, 劳工法, 35; president, 总统, 114; Senate, 参议院, 23, 69; separation of powers, 权利分立, x; Supreme Court, 高等法院, 11, 35, 146, 149, 155, 176, 242n.13; technocracy movement, 技术统治运动, 114

Vaihinger, Hans, 汉斯·费英格, 201n.63

Versailles Treaty, 凡尔赛合约, 128

Weber, Alfred, 阿尔弗雷德·韦伯, 129

Weber, Marianne, 玛丽安·韦伯, 65, 234n.30

Weber, Max, 马克斯·韦伯, 34, 64, 65, 67, 73, 125, 129

Weimar Constitution, 《魏玛宪法》, ix, x, xi, 1, 8, 64—78, 80, 82, 102, 113—116, 123, 126, 132, 139, 142,

144,147,162,167,169,171—172, 174,176; preamble,前言,66,71; *Art. 1*,5,134; *Art. 3*,134; *Art. 13*, 70,72,210n.47,210n.51; *Art. 25*,68; *Art. 42*,116; *Art. 48*,5,8,67,68,72, 78,79,107—110,113—116,152— 153,160—170,171—175,210n.51, 230n.159; *Art. 49*,140; *Art. 60*,167; *Art. 63*,167; *Art. 73*,68; *Art. 76*,69, 105; *Art. 85*,109,116; *Art. 87*,109; *Art. 109*,75,104,148—151,153—155, 170,211n.62,243—244n.38; *Art. 118*, 134—135; *Art. 119*,75,211n.58; *Art. 120*,75; *Art. 121*,75—76; *Art. 137*,76; *Art. 142*,135; *Art. 151*, 76; *Art. 152*,76; *Art. 153*,76,135, 150,156—160,244n.43,244n.45, 245n.49,245n.54,245n.55; *Art. 156*, 244n.45; *Art. 163*,74

Weinberger, Ota,奥塔·温伯格,222—223n.55
Welfare state,福利国家,34,35,118,130
Westerkamp, Justus B.,贾斯特斯·威斯特坎普,28
WilliamⅠ,威廉一世,18
WilliamⅡ,威廉二世,24
Wittmayer, Leo,列奥·维特梅耶,213n.84
Wolff, Martin,马丁·沃尔夫,150—151,156,243n.28
Women's rights,妇女的权利,32,39,75—76,78,192n.86
World WarⅠ,第一次世界大战,x,5,45—46,52—62,63,65,79,87,92,122,127,130,160
Württemberg,符腾堡,26

Zietz, Luise,露易丝·齐茨,75—76

译后记

本书由浙江大学政治学博士研究生曹晗蓉和安徽工业大学公共管理与法学院虞维华副教授合作翻译,其中"中文版前言"、第一至第三章、结论、索引等由曹晗蓉翻译,其余部分由虞维华翻译。虞维华校阅了全部译稿("中文版前言"除外),统一了部分译名,修改了部分文字。尽管如此,疏漏、不当,甚至错误之处必然所在多是,恳请专家和读者予以批评指正!

感谢考威尔教授专门为此书的中文版而写的导言,他曾在2013年访问中国,对中国的发展有强烈兴趣。感谢浙江大学张国清教授、清华大学彭刚教授对本书翻译的关心。

人文与社会译丛

第一批书目

1. 《政治自由主义》(增订版),[美]J. 罗尔斯著,万俊人译　　48.00 元
2. 《文化的解释》,[美]C. 格尔茨著,韩莉译　　58.00 元
3. 《技术与时间:爱比米修斯的过失》,[法]B. 斯蒂格勒著,
   裴程译　　35.00 元
4. 《依附性积累与不发达》,[德]A. G. 弗兰克著,高铦等译　　13.60 元
5. 《身处欧美的波兰农民》,[美]F. 兹纳涅茨基、W. I. 托马斯著,
   张友云译　　9.20 元
6. 《现代性的后果》,[英]A. 吉登斯著,田禾译　　22.00 元
7. 《消费文化与后现代主义》,[美]M. 费瑟斯通著,刘精明译　　14.20 元
8. 《英国工人阶级的形成》(上、下册),[英]E. P. 汤普森著,
   钱乘旦等译　　69.00 元
9. 《知识人的社会角色》,[美]F. 兹纳涅茨基著,郑斌祥译　　26.00 元

第二批书目

10. 《文化生产:媒体与都市艺术》,[美]D. 克兰著,赵国新译　　29.00 元
11. 《现代社会中的法律》,[美]R. M. 昂格尔著,吴玉章等译　　39.00 元
12. 《后形而上学思想》,[德]J. 哈贝马斯著,曹卫东等译　　35.00 元
13. 《自由主义与正义的局限》,[美]M. 桑德尔著,万俊人等译　　30.00 元

14.《临床医学的诞生》,[法]M.福柯著,刘北成译　　　　25.00元
15.《农民的道义经济学》,[英]J.C.斯科特著,程立显等译　42.00元
16.《俄国思想家》,[英]I.伯林著,彭淮栋译　　　　　　35.00元
17.《自我的根源:现代认同的形成》,[加]C.泰勒著,韩震等译
　　　　　　　　　　　　　　　　　　　　　　　　　88.00元
18.《霍布斯的政治哲学》,[美]L.施特劳斯著,申彤译　　29.00元
19.《现代性与大屠杀》,[英]Z.鲍曼著,杨渝东等译　　　28.00元

第三批书目

20.《新功能主义及其后》,[英]J.亚历山大著,彭牧等译　15.80元
21.《自由史论》,[英]J.阿克顿著,胡传胜等译　　　　　58.00元
22.《伯林谈话录》,[英]L.贾汉贝格鲁等著,杨祯钦译　　23.00元
23.《阶级斗争》,[法]R.阿隆著,周以光译　　　　　　　13.50元
24.《正义诸领域:为多元主义与平等一辩》,[美]M.沃尔泽著,
　　褚松燕等译　　　　　　　　　　　　　　　　　　24.80元
25.《大萧条的孩子们》,[美]G.埃尔德著,田禾等译　　　27.30元
26.《黑格尔》,[加]C.泰勒著,张国清等译　　　　　　　88.00元
27.《反潮流》,[英]I.伯林著,冯克利译　　　　　　　　48.00元
28.《统治阶级》,[意]G.莫斯卡著,贾鹤鹏译　　　　　　68.00元
29.《现代性的哲学话语》,[德]J.哈贝马斯著,曹卫东等译　36.00元

第四批书目

30.《自由论》(修订版),[英]I.伯林著,胡传胜译　　　　38.00元
31.《保守主义》,[德]K.曼海姆著,李朝晖、牟建君译　　16.00元
32.《科学的反革命》(修订版),[英]F.哈耶克著,冯克利译　28.00元

33.《实践感》,[法]P.布迪厄著,蒋梓骅译　　　　　　　52.00元
34.《风险社会》,[德]U.贝克著,何博闻译　　　　　　　17.70元
35.《社会行动的结构》,[美]T.帕森斯著,彭刚等译　　　80.00元
36.《个体的社会》,[德]N.埃利亚斯著,翟三江、陆兴华译　15.30元
37.《传统的发明》,[英]E.霍布斯鲍姆等著,顾杭、庞冠群译　21.20元
38.《关于马基雅维里的思考》,[美]L.施特劳斯著,申彤译　78.00元
39.《追寻美德》,[美]A.麦金太尔著,宋继杰译　　　　　35.00元

第五批书目

40.《现实感》,[英]I.伯林著,潘荣荣、林茂译　　　　　30.00元
41.《启蒙的时代》,[英]I.伯林编著,孙尚扬、杨深译　　　35.00元
42.《元史学》,[美]H.怀特著,陈新译　　　　　　　　　55.00元
43.《意识形态与现代文化》,[英]J.B.汤普森著,高銛等译　45.00元
44.《美国大城市的死与生》,[加]J.雅各布斯著,金衡山译　29.50元
45.《社会理论和社会结构》,[美]R.K.默顿著,唐少杰等译　128.00元
46.《黑皮肤,白面具》,[法]F.法农著,万冰译　　　　　　14.00元
47.《德国的历史观》,[美]G.伊格尔斯著,彭刚、顾杭译　　58.00元
48.《全世界受苦的人》,[法]F.法农著,万冰译　　　　　　17.80元
49.《知识分子的鸦片》,[法]R.阿隆著,吕一民、顾杭译　　45.00元

第六批书目

50.《驯化君主》,[美]H.C.曼斯菲尔德著,冯克利译　　　68.00元
51.《黑格尔导读》,[法]A.科耶夫著,姜志辉译　　　　　45.00元
52.《象征交换与死亡》,[法]J.波德里亚著,车槿山译　　　45.00元
53.《自由及其背叛》,[英]I.伯林著,赵国新译　　　　　　25.00元

54.《启蒙的三个批评者》,[英]I.伯林著,马寅卯、郑想译　　48.00元
55.《运动中的力量》,[美]S.塔罗著,吴庆宏译　　23.50元
56.《斗争的动力》,[美]D.麦克亚当、S.塔罗、C.蒂利著,
　　李义中等译　　31.50元
57.《善的脆弱性》,[美]M.纳斯鲍姆著,徐向东、陆萌译　　55.00元
58.《弱者的武器》,[美]J.C.斯科特著,郑广怀等译　　42.00元
59.《图绘》,[美]S.弗里德曼著,陈丽译　　49.00元

第七批书目

60.《现代悲剧》,[英]R.威廉斯著,丁尔苏译　　45.00元
61.《论革命》,[美]H.阿伦特著,陈周旺译　　25.00元
62.《美国精神的封闭》,[美]A.布卢姆著,战旭英译,冯克利校　35.00元
63.《浪漫主义的根源》,[英]I.伯林著,吕梁等译　　28.00元
64.《扭曲的人性之材》,[英]I.伯林著,岳秀坤译　　22.00元
65.《民族主义思想与殖民地世界》,[美]P.查特吉著,
　　范慕尤、杨曦译　　18.00元
66.《现代性社会学》,[法]D.马图切利著,姜志辉译　　32.00元
67.《社会政治理论的重构》,[英]R.伯恩斯坦著,黄瑞祺译　　25.00元
68.《以色列与启示》,[美]E.沃格林著,霍伟岸、叶颖译　　48.00元
69.《城邦的世界》,[美]E.沃格林著,陈周旺译　　54.00元
70.《历史主义的兴起》,[德]F.梅尼克著,陆月宏译　　48.00元

第八批书目

71.《环境与历史》,[英]W.贝纳特、P.科茨著,包茂红译　　25.00元
72.《人类与自然世界》,[英]K.托马斯著,宋丽丽译　　35.00元

73.《卢梭问题》,[德]E.卡西勒著,王春华译　　　　　　15.00元
74.《男性气概》,[美]H.C.曼斯菲尔德著,刘玮译　　　　28.00元
75.《战争与和平的权利》,[美]R.塔克著,罗炯等译　　　25.00元
76.《谁统治美国》,[美]W.多姆霍夫著,吕鹏、闻翔译　　35.00元
77.《健康与社会》,[法]M.德吕勒著,王鲲译　　　　　　35.00元
78.《读柏拉图》,[德]T.A.斯勒扎克著,程炜译　　　　　28.00元
79.《苏联的心灵》,[英]I.伯林著,潘永强、刘北成译　　 28.00元
80.《个人印象》,[英]I.伯林著,林振义、王洁译　　　　35.00元

第九批书目

81.《技术与时间:2.迷失方向》,[法]B.斯蒂格勒著,
　　赵和平、印螺译　　　　　　　　　　　　　　　　25.00元
82.《抗争政治》,[英]C.蒂利著,李义中译　　　　　　　28.00元
83.《亚当·斯密的政治学》,[英]D.温奇著,褚平译　　　21.00元
84.《怀旧的未来》,[美]S.博伊姆著,杨德友译　　　　　38.00元
85.《妇女在经济发展中的角色》,[丹]E.博斯拉普著,陈慧平译 30.00元
86.《风景与认同》,[英]W.J.达比著,张箭飞、赵红英译　35.00元
87.《过去与未来之间》,[美]H.阿伦特著,王寅丽、张立立译 28.00元
88.《大西洋的跨越》,[美]D.T.罗杰斯著,吴万伟译　　　58.00元
89.《资本主义的新精神》,[法]L.博尔坦斯基、E.希亚佩洛著,
　　高铦译　　　　　　　　　　　　　　　　　　　　58.00元
90.《比较的幽灵》,[美]B.安德森著,甘会斌译　　　　　48.00元

第十批书目

91.《灾异手记》,[美]E.科尔伯特著,何恬译　　　　　　25.00元

92.《技术与时间:3.电影的时间与存在之痛的问题》,
　　[法]B.斯蒂格勒著,方尔平译　　　　　　　　32.00元
93.《马克思主义与历史学》,[英]S.H.里格比著,吴英译　47.00元
94.《学做工》,[英]P.威利斯著,秘舒、凌旻华译　　39.00元
95.《哲学与治术:1572—1651》,[美]R.塔克著,韩潮译　45.00元
96.《认同伦理学》,[美]K.A.阿皮亚著,张容南译　　45.00元
97.《风景与记忆》,[英]S.沙玛著,胡淑陈、冯樨译　78.00元
98.《马基雅维里时刻》,[英]J.G.A.波考克著,冯克利、傅乾译 68.00元
99.《未完的对话》,[英]I.伯林、[波]B.P.-塞古尔斯卡著,
　　杨德友译　　　　　　　　　　　　　　　　38.00元
100.《后殖民理性批判》,[印]G.C.斯皮瓦克著,严蓓雯译　58.00元

第十一批书目

101.《现代社会想象》,[加]C.泰勒著,林曼红译　　25.00元
102.《柏拉图与亚里士多德》,[美]E.沃格林著,刘曙辉译　54.00元
103.《论个体主义》,[法]L.迪蒙著,桂裕芳译　　　30.00元
104.《根本恶》,[美]R.J.伯恩斯坦著,王钦、朱康译　55.00元
105.《这受难的国度》,[美]D.G.福斯特著,孙宏哲、张聚国译　39.00元
106.《公民的激情》,[美]S.克劳斯著,谭安奎译　　49.00元
107.《美国生活中的同化》,[美]M.M.戈登著,马戎译　35.00元
108.《风景与权力》,[美]W.J.T.米切尔著,杨丽、万信琼译　45.00元
109.《第二人称观点》,[美]S.达沃尔著,章晟译　　55.00元
110.《性的起源》,[英]F.达伯霍瓦拉著,杨朗译　　58.00元

第十二批书目

111.《希腊民主的问题》,[法]J. 罗米伊著,高煜译　　　　30.00元
112.《论人权》,[英]J. 格里芬著,徐向东、刘明译　　　　62.00元
113.《柏拉图的伦理学》,[英]T. 厄温著,陈玮、刘玮译(即出)
114.《自由主义与荣誉》,[美]S. 克劳斯著,林垚译　　　　48.00元
115.《法国大革命的文化起源》,[法]R. 夏蒂埃著,洪庆明译　38.00元
116.《对知识的恐惧》,[美]P. 博格西昂著,刘鹏博译　　　28.00元
117.《修辞术的诞生》,[英]R. 沃迪著,何博超译　　　　　48.00元
118.《历史表现中的真理、意义和指称》,[荷]F. 安克斯密特著,
　　周建漳译　　　　　　　　　　　　　　　　　　　　45.00元
119.《天下时代》,[美]E. 沃格林著,叶颖译(即出)
120.《寻求秩序》,[美]E. 沃格林著,徐志跃译(即出)

第十三批书目

121.《美德伦理学》,[新西兰]R. 赫斯特豪斯著,李义天译　　55.00元
122.《同情的启蒙》,[美]M. 弗雷泽著,胡靖译　　　　　　48.00元
123.《图绘暹罗》,[美]T. 威尼差恭著,袁剑译　　　　　　58.00元
124.《道德的演化》,[新西兰]R. 乔伊斯著,刘鹏博、黄素珍译 65.00元
125.《大屠杀与集体记忆》,[美]P. 诺维克著,王志华译(即出)
126.《帝国之眼》,[美]M. L. 普拉特著,方杰、方宸译　　　68.00元
127.《帝国之河》,[美]D. 沃斯特著,侯深译(即出)
128.《从道德到美德》,[美]M. 斯洛特著,周亮译　　　　　58.00元
129.《源自动机的道德》,[美]M. 斯洛特著,韩辰锴译(即出)
130.《种族与文化少数群体》,[美]G. E. 辛普森、[美]J. M. 英
　　格尔著,马戎、王凡妹译(即出)

第十四批书目

131.《城邦与灵魂：费拉里〈理想国〉论集》，[美]G. R. F. 费拉里著，刘玮编译　　　　　　　　　　58.00元

132.《人民主权与德国宪法危机》，[美]P. C. 考威尔著，曹晗蓉、虞维华译　　　　　　　　　　58.00元

133.《宗教与巫术衰落》，[英]K. 托马斯著，芮传明、梅剑华译（即出）

134.《民族认同》，[英]A. D. 史密斯著，王娟译（即出）

135.《世俗主义之乐》，[美]G. 莱文编，赵元译（即出）

136.《国王或人民》，[美]R. 本迪克斯著，褚平译（即出）

137.《哲学解释》，[美]R. 诺齐克著，林南、乐小军译（即出）

138.《以赛亚·伯林：自由与多元论》，[澳]G. 克劳德著，应奇等译（即出）

139.《暴力：思无所限》，[美]R. J. 伯恩斯坦著，李元来译（即出）

140.《中心与边缘：宏观社会学论文集》，[美]E. 希尔斯著，甘会斌译（即出）

有关"人文与社会译丛"及本社其他资讯，欢迎点击www.yilin.com 浏览，对本丛书的意见和建议请反馈至新浪微博@译林人文社科。

目　录

资本主义与奴隶制度 　　　　　　　　　3
——80年国际史学论争述评

李安山

北京大学国际关系学院教授

现任中国非洲史研究会名誉会长、中国非洲问题研究会副会长

值得一读的好书 　　　　　　　　　　　41

舒运国

上海师范大学非洲研究中心教授

奴隶贸易、奴隶制与欧洲殖民主义 　　　47

小威廉·A.达里蒂

杜克大学教授

历史瑰宝 　　　　　　　　　　　　　59

科林·A.帕尔默

普林斯顿大学历史系教授

资本主义与奴隶制度

——80年国际史学论争述评[1]

1938年，埃里克·威廉斯完成了题为《论废除西印度群岛奴隶贸易和奴隶制的经济要素》（The Economic Aspect of the Abolition of the West Indian Slave Trade and Slavery）的论文答辩，被牛津大学授予历史学博士学位。1944年，论文以《资本主义与奴隶制度》（Capitalism and Slavery）[2]为名出版后，对美洲殖民经济史、英国工业化与奴隶制度的关系、全球资本主义发展史、西印度群岛史学史和奴隶制度史学史的研究产生了重大影响。自此书出版以来，西方史学界对"资本主义与奴隶制度"这一

---

[1] 本文是对原载于1996年第3期《世界历史》的《资本主义与奴隶制度——50年西方史学论争述评》一文的修改补充。原作是笔者1994年回国后根据在多伦多大学历史系当助教时收集的资料写成的。此次补充的第四部分力图反映从20世纪90年代以来国际学术界的研究成果。在此感谢中国非洲研究院的沈晓雷博士和北京大学的许亮博士在此次修改过程中为我提供信息和查找资料。

[2] 导读本中书名均采用该书1944年首次出版时的书名翻译。——编注

主题的争论从未停止过。在该著作发表80年后的今天，对这场持续多年的学术论争进行评述，对了解国际史学动态和分析世界经济体系及南北经济关系形成的历史根源，都应有所裨益。

（一）

威廉斯在《资本主义与奴隶制度》的自序中明确表示，他的著作重点研究两个作用：奴隶贸易和奴隶制对英国工业革命所起的作用，成熟的工业资本主义在废除奴隶制过程中的作用。[1] 为更好地认识威廉斯著作的意义，有必要认识英帝国史学传统对殖民地奴隶制的研究。在英帝国史学中，殖民地历史没有地位。在奴隶制盛行期，曾有人鼓吹殖民地对英国的巨大经济价值，但这主要是重商主义者的着意宣传和殖民者的自我渲染。此种观点在1776年即被《国富论》（*The Wealth of Nations*）所批驳。自此以后，亚当·斯密（Adam Smith）关于殖民地是经济包袱的论点一直据主导地位。

维多利亚时期的史学家对殖民地奴隶制问题或略而不提，或对奴隶大加诋毁。[2] 黑人奴隶对殖民地发展的作用无人探

---

[1] Eric Williams, *Capitalism and Slavery*, Chapel Hill, University of North Carolina Press, 1944.
[2] Eric Williams, *British Historians and the West Indies,* London, P. N. M. Publishing Company, 1964, pp.37-86, 166-232; Elsa V. Goveia, *A Study on the Historiography of the British West Indies to the End of the Nineteenth Century*, Washington D.C., Howard University Press, 1980 [1956].

讨，殖民地奴隶制与宗主国工业发展的关系无人提及。而对废奴运动，史学家则不惜笔墨。早期的代表作为托马斯·克拉克森（Thomas Clarkson）的《英国议会废除非洲奴隶贸易的缘起、进展及完成的历史》(*The History of the Rise, Progress, and Accomplishment of the Abolition of the African Slave-Trade by the British Parliament*，1808年)。作为英国废奴运动的领袖之一，克拉克森认为此为人道主义战胜邪恶贪欲的历史。这种观点后经牛津大学的雷金纳德·库普兰（Reginald Coupland）加以发挥。库普兰为英帝国殖民史学大家，曾任英国对印度和巴勒斯坦事务顾问。他对克拉克森传统的捍卫体现在他关于废奴运动的著作中。[1]

威廉斯对英国史学传统直接提出挑战，这使其论文在英国难以发表。他在自传中写到将手稿送到英国一个左派出版商手中，此人读完手稿说："威廉斯先生，您是否想告诉我废除奴隶贸易和奴隶制是出于经济因素而非人道主义因素？我不会出版这本书，因为这与英国传统相悖。"[2] 威廉斯观点的形成得益于西里尔·莱昂内尔·罗伯特·詹姆斯（Cyril Lionel Robert James）和洛厄尔·J. 拉加茨（Lowell J. Ragatz）。[3] 詹姆斯为加

---

[1] Reginald Coupland, *The British Anti-Slavery Movement*, Oxford, Oxford University Press, 1933.

[2] Eric Williams, *Inward Hunger*, Chicago, University of Chicago Press, 1971, p.53.

[3] 威廉斯坦然承认这一点。见埃里克·威廉斯：《生而无权：资本主义与奴隶制度》，北京科学技术出版社，2024年，第355~358页。

勒比学者，曾任威廉斯的指导教师。他在论及海地革命的著作中将法国资本主义与加勒比奴隶制联系起来，指出，"奴隶贸易与奴隶制乃法国革命之经济基础"[1]。拉加茨在1928年即认识到奴隶制的经济意义，首次提出西印度群岛经济衰退与废除奴隶贸易的巧合性。[2]

威廉斯著作的论点十分明确。第一，美洲黑人奴隶制之根源乃经济因素，而非气候或种族原因。强迫劳动之对象先是美洲印第安人，其次是白人契约劳工，最后才为非洲黑人奴隶。第二，奴隶贸易与奴隶制乃英国工业发展资本的主要来源之一。三角贸易与殖民地经济大大刺激了英国各行业，为工业革命增添了活力。第三，美国革命后，殖民地奴隶制经济的利润开始下降，其对英国的重要性随之降低。废除奴隶制的根本原因是经济因素，而非慈善事业的功劳。

该书出版后，在当时的学术界未引起大的反响。几篇评论中批判居多，即使赞同者也认为，威廉斯的简单方法和经济决定论使他忽略了人道主义者的作用。20世纪60年代以来，随着亚非国家的独立和拉美民族主义的兴起，威廉斯著作的意义日益明显。1964年，在雷金纳德·库普兰的著作《英国的反对奴隶制运动》(*The British Anti-Slavery Movement*)的再版前言

---

[1] Cyril Lionel Robert James, *The Black Jacobins: Toussaint L'Ouverture and the San Domingo Revolution,* London, Dial Press, 1938, p.47.

[2] Lowell J. Ragatz, *The Fall of the Planter Class in the British Caribbean, 1763-1833,* New York, The Century Co., 1928, p.240.

中，英国的非洲史学家约翰·唐纳利·费奇（John Donnelly Fage）力图调和库普兰的人道主义论和威廉斯的经济因素论，但徒劳无功。60年代后期，几本研究奴隶问题的著作问世。戴维·B. 戴维斯（David B. Davis）从文化史的角度探讨奴隶制问题，菲利普·柯廷（Philip Curtin）对大西洋奴隶贸易做了具有开拓性的计量研究，奥兰多·帕特森（Orlando Patterson）则对牙买加的奴隶制展开个例分析。[1]这些作者的观点与威廉斯的观点不尽相同，甚至相互抵触，但在研究方向上明显受其影响，威廉斯的观点在他们的著作中亦可看出痕迹。戴维斯指出，一些历史学家批判威廉斯夸大奴隶贸易的作用，但无人可回避一个事实："在奴隶贸易的经济价值大幅度降低以前，没有一个国家想过废除奴隶贸易。"柯廷则提出，南大西洋体系是欧洲争夺海外殖民帝国的关键因素。帕特森认为虽不可低估人道主义的因素，但必须认识经济力量的意义。[2]

20世纪70年代，学术界对奴隶问题的兴趣进一步增强。这是因为美国黑人运动声势壮大，黑人学者的参与日益明显；而非洲独立后的困境促使人们注意殖民经济的遗留问题，从而

---

[1] 美国南部奴隶制的研究起步较早，并已构成单独的学科分支，在此不过多评论，21世纪著述部分会有所涉及。

[2] David B. Davis, *The Problem of Slavery in Western Culture*, New York, Cornell University Press, 1966, p.153, Note 56; Philip Curtin, *Atlantic Slave Trade: A Census*, New York, University of Wisconsin Press, 1969, p.3; Orlando Patterson, *The Sociology of Slavery*, New York, Fairleigh Dickinson University Press, 1969, p.29.

追溯到奴隶贸易。据统计，西方国家在20世纪70年代至少举行了8次有关奴隶问题的研讨会，一批有分量的著作相继问世。赞同者以理查德·B.谢里登（Richard B. Sheridan）为代表，力图以具体史实来支持威廉斯的观点。反对者以斯坦利·L.恩格曼（Stanley L. Engerman）、罗杰·T.安斯蒂（Roger T. Anstey）和西摩·德雷舍（Seymour Drescher）为主。恩格曼批判了威廉斯关于奴隶贸易对英国资本积累做出贡献的观点，安斯蒂阐述了宗教和思想意识在废奴运动中的作用，德雷舍则强调废奴前西印度群岛经济乃呈上升趋势。同时，个例研究的专著纷纷出版。如迈克尔·克莱顿（Michael Craton）对牙买加沃西·帕克种植园的描绘（1978年），富兰克林·W.奈特（Franklin W. Knight）对古巴奴隶制的研究（1970年），菲利普·柯廷对思想意识在牙买加种植园生活之作用的探讨（1970年），理查德·S.邓恩（Richard S. Dunn）对西印度群岛种植园主特殊阶级形成过程的阐述（1970年），以及爱德华·卡马乌·布拉思韦特（Edward Kamau Brathwaite）对牙买加克里奥尔人（混血种人）社会地位的分析（1970年）。有的学者试图探明黑人奴隶制以前的印第安人的处境，有的学者则开始注意殖民地的矛盾冲突和种植园主对奴隶的控制手段。多层面、多角度的研究大大加深了对奴隶制的宏观理解。

20世纪80年代进入奴隶制研究的繁荣期，主要表现在三个方面。第一，书报杂志的增加。1980年，期刊《奴隶制及其废除》（*Slavery and Abolition*）创刊，成为研究奴隶制的专门期刊。《资本主义与奴隶制度》亦倍受重视,在80年代重印4次(1981年、1983年、1987年、1989年)。西印度群岛奴隶制史学史及目录学亦大大加强。据不完全统计,20世纪60年代出版了一本相关的史学史著作;70年代有两本目录学著作和两篇史学史论文问世;到80年代,则有14种文章与著作出版。第二,研究领域的开拓。如对奴隶家庭生活的叙述和对奴隶人口的探讨。最突出的是对奴隶反抗研究的加强,迈克尔·克莱顿和希拉里·贝科斯(Hilary Beckles)是典型的代表。克莱顿将奴隶反抗分为三个阶段(1600—1775年,1775—1815年,1815—1832年),并详细描述了三个时期的不同特征(即马龙人现象、奴隶抵抗和奴隶起义)。[1]贝科斯对奴隶反抗的研究并未局限于有组织的起义和暴动,而将其分为三类:日常的反抗活动、不成功的谋反与起义和成功的起义,后者包括马龙人的反抗和海地革命。贝科斯认为,这些奴隶反抗是废奴运动中奴隶自我解放的具体表现,有效地影响了宗主国的废奴政策。[2]第三,在大量个例分析的基础上,一批高质量的综合性著作出版。如巴里·W. 希格曼(Barry W. Higman)在研究牙买加奴

---

[1] Michael Craton, *Testing the Chains: Resistance to Slavery in the British West Indies*, New York, Cornell University Press, 1982.

[2] 贝科斯发表的论著很多。Hilary Beckles, "Caribbean Anti-Slavery: The Self-Liberation Ethos of Enslaved Blacks", *Journal of Caribbean History*, 22:1-2 (1988), pp.1-19; Hilary Beckles, *Black Rebellion in Barbados: The Struggle against Slavery, 1627-1838*, Barbados, Antilles Publications, 1984.

隶人口的基础上，又出版了研究英属西印度群岛奴隶人口的著作（1984年），从而奠定了他在加勒比历史人口学的权威地位。J. R. 沃德（J. R. Ward）在广泛吸收他人研究成果之后，探讨了奴隶制逐步"改善"的过程（1988年）。戴维·巴里·加斯帕（David Barry Gaspar）在安提瓜岛的主奴关系基础上，对英属美洲的主奴关系做了概括（1985年）。罗宾·布莱克本（Robin Blackburn）综合考察了废奴运动，认为废除奴隶制主要是政治和外交斗争的结果，而海地革命和奴隶反抗亦做出伟大贡献；他认为威廉斯的经济决定论过于片面（1988年）。

进入20世纪90年代后，对资本主义与奴隶制度关系的研究热情有增无减，不少新著问世。芭芭拉·布什（Barbara Bush）在关于加勒比奴隶妇女的研究方面颇有创新（1990年）。内维尔·A. T. 哈尔（Neville A. T. Hall）对丹麦所属西印度三岛屿的研究独辟蹊径（1992年），戴尔·W. 托米奇（Dale W. Tomich）的《蔗糖流通中的奴隶制：1830—1848年的马提尼克岛与世界经济》(*Slavery in the Circuit of Sugar: Martinique and the World Economy, 1830-1848*) 将马提尼克岛的蔗糖生产与世界经济体系的形成联系起来（1990年），彼得·M. 弗尔茨（Peter M. Voelz）的《奴隶与战士：美洲殖民地黑人的军事影响》(*Slave and Soldier: The Military Impact of Blacks in the Colonial Americas*) 探讨了黑奴的军事影响（1993年）。[1] 但新著的出版并未从根

---

[1] Barbara Bush, *Slave Women in Caribbean Society, 1650-1838*, London,（转下页）

本上回答威廉斯提出并试图解释的两个问题：西印度群岛积累的资本与英国工业革命关系如何？是何种原因导致了奴隶制的废除？这大概是史学界对其论点始终保持新鲜感的原因。

（二）

综上所述，1944年以来的学术争论可分为3个阶段：20世纪60年代以前，威廉斯的著作将研究兴趣转向资本主义与奴隶制度这一课题；70年代，学术界就其观点展开辩论，或针锋相对，或相得益彰；80年代以来，讨论不断深入，研究日益拓展，观点逐步分明。争论焦点始终集中在威廉斯的两个观点上：奴隶贸易和殖民地经济对英国工业革命的资本积累发挥了巨大作用，而成熟的英国工业资本对1807年废除奴隶贸易和1833年废除奴隶制度起了重要作用。

针对第一个观点提出质疑的学者认为，西印度群岛经济对英国工业革命的贡献不值一提，有人甚至认为西印度群岛从根本上说是英帝国的一个经济负担。罗杰·T. 安斯蒂认为

（接上页）Heinemann Caribbean, 1990; Neville A.T. Hall, *Slave Society in the Danish West Indies: St. Thomas, St. John and St. Croix* (edited by B.W. Higman), Saint Andrew Parish, University of the West Indies Press, 1992; Dale W. Tomich, *Slavery in the Circuit of Sugar: Martinique and the World Economy, 1830-1848*, Maryland, Johns Hopkins University Press, 1990; Peter M. Voelz, *Slave and Soldier: The Military Impact of Blacks in the Colonial Americas*, London, Routledge, 1993.

威廉斯夸大了奴隶贸易的利润，他的批判集中在两点。第一，威廉斯使用的资料主要是观察家的报告，而这些非正式报告又主要集中在利物浦贸易，颇具片面性。第二，威廉斯对一些商人的报告未做批判而使用，这使其资料缺乏说服力。安斯蒂认为1761—1807年奴隶贸易的利润比威廉斯估计的低得多。[1] 经济史学家戴维·理查森（David Richardson）持相同意见，他研究了一个奴隶商人1757—1785年的报告，并从账簿上发现，此人从奴隶贸易中所获利润并不是很高，只有10%左右。[2]

理查德·B.谢里登是威廉斯的有力支持者。他的3篇文章和一部著作的结论一致：西印度群岛的大量资本源源流入英国，加速了工业资本积累的速度，导致了18世纪至19世纪工业革命的扩张。他对牙买加的研究表明，虽然殖民地经济在形成阶段（1630—1680年）吸收了大量商业资本，但该地区的资本很快达到自足并在随后为英国提供了100多年的资本回流。这种利润大于英国任何一个行业的资本积累。谢里登的结论是：在18世纪末，英国的收入有8%~10%来自西印度群岛，在

---

[1] Roger T. Anstey, "The Volume and Profitability of the British Slave Trade, 1761-1807", in Stanley L. Engerman and Eugene D. Genovese, eds. *Race and Slavery in the Western Hemisphere: Quantitative Studies,* New Jersey, Princeton University Press, 1975, pp.3-31.

[2] David Richardson, "Profitability in the Bristol-Liverpool Slave Trade", *Revue française d'histoire d'outre-mer,* 62 (1975), pp.303-305.

美国独立战争以前，这个百分比更大。[1]

谢里登的观点遭到罗伯特·保罗·托马斯（Robert Paul Thomas）的直接反驳。托马斯用的是美国经济史学家使用过的反事实假设法，他提出这样的问题：如果没有西印度群岛殖民地，英国人的收入会高些还是低些？经过复杂的费用（受益计量）研究，托马斯得出的结论与威廉斯和谢里登的结论相反：如果英帝国没有西印度群岛，1773年英国人的收入至少会高出631 750英镑。虽然托马斯的论点十分明晰，芭芭拉·L.索洛（Barbara L. Solow）却发现其计算方法和数据存在不少问题。[2] J. R. 沃德对威廉斯的批判则是基于传统方法。他指出，虽然在17世纪后期，西印度群岛，特别是巴巴多斯的蔗糖生产者赚了高达40%~50%的利润，但这是异常情况，特别是丹葡战争阻碍了巴西的蔗糖生产。西印度群岛的生产后来受到糖价下跌和激烈竞争的影响，在18世纪，平均利润还不到10%；从

---

[1] Richard B. Sheridan, "The Wealth of Jamaica in the Eighteenth Century", *Economic History Review*, 18 (1965), pp.292-311; Richard B. Sheridan, "The Wealth of Jamaica in the Eighteenth Century: A Rejoinder", *Economic History Review*, 21 (1968), pp.46-61; Richard B. Sheridan, "The Plantation Revolution and the Industrial Revolution, 1625-1775", *Caribbean Studies*, 9 (1969), pp.5-25; Richard B. Sheridan, *Sugar and Slavery: An Economic History of the British West Indies, 1623-1775*, Maryland, Johns Hopkins University Press, 1973.

[2] Robert Paul Thomas, "The Sugar Colonies of the Old Empire: Profit or Loss for Great Britain?", *Economic History Review*, 21:1 (1968); p.38; Barbara L. Solow, "Caribbean Slavery and British Growth: The Eric Williams Hypothesis", *Journal of Development Economics*, 17 (1985), p.107, Note 9.

这些利润中减去维持生产和防务的费用，再输回英国去就所剩无几了。这种资本对英国工业革命的投入是微乎其微的。[1]

奴隶问题专家斯坦利·L.恩格曼于1972年发表文章，探讨奴隶贸易的利润在何种程度上提高了英国社会的投资水平。他使用的是菲莉丝·迪恩（Phyllis Deane）和W. A.科尔（W. A. Cole）所编英国国民收入的资本形成的统计资料与菲利普·柯廷和罗杰·T.安斯蒂对奴隶贸易的统计数字。其研究表明，1688—1800年，奴隶贸易对英国国民收入的贡献从未超过0.5%，奴隶贸易对国民资本形成的贡献为2.4%~10.8%。恩格曼因此得出结论：无论从哪一方面看，18世纪的奴隶贸易都不可能成为英国资本形成的主要因素之一。[2] 尽管他的研究十分严密，方法无懈可击，但芭芭拉·L.索洛一篇针锋相对的文章指出：恩格曼的计算结果恰恰证明了西印度群岛对英国工业革命的贡献不可低估。她通过比较恩格曼的统计结果和1980年美国的几项经济指标来说明自己的观点。在1980年的美国，所有的国内法人的利润仅占国民生产总值的6%；而国内法人的利润亦只占国内私人投资的40%。如果将两个世纪前奴隶贸易

---

[1] J. R. Ward, "The Profitability of Sugar Planting in the British West Indies, 1650-1834", *Economic History Review*, 31:2 (1978), pp.197-213; J. R. Ward, *British West Indian Slavery, 1750-1834*, Oxford, Clarendon Press, 1988.

[2] Stanley L. Engerman, "The Slave Trade and British Capital Formation in the Eighteenth Century: A Comment on the Williams Thesis", *Business History Review*, 46:4 (1972), pp.430-443.

利润占英国国民收入的比重及它占国民资本的比重和上述数字相比，那么，毫无理由说奴隶贸易对英国工业革命的贡献微不足道。[1]

关于废除奴隶贸易和奴隶制的原因主要有4种说法。第一种慈善运动论或人道主义论在19世纪甚为流行，目前又有回升。第二种是威廉斯的经济因素论。第三种可称为三次革命论，即认为废除奴隶制主要是受美国革命、法国革命和海地革命的影响。这种观点更强调思想意识的作用。第四种观点则认为废奴是一场奴隶的自身解放运动，即持续了200年的奴隶反抗使奴隶制的运作日益艰难，从而导致了它的崩溃。因为慈善运动论和经济因素论最具代表性，我们主要讨论这两种观点。

雷金纳德·库普兰认为，虽然导致奴隶制延续的原因有经济因素、政治因素和参与者个人的利益因素，但废除奴隶贸易与奴隶制的根本原因则是格兰维尔·夏普（Granville Sharp）、托马斯·克拉克森和威廉·威尔伯福斯（William Wilberforce）等人道主义者的努力。他们对奴隶制的攻击打开了英国国民的眼界，而他们的活动又得到了一批学术界人士（如亚当·斯密）和政治家［如威廉·皮特（William Pitt）、查尔斯·詹姆斯·福克斯（Charles James Fox）等人］的支持。一言以蔽之，废除奴隶贸易和奴隶制自始至终是一场正义反对邪恶的人道主

---

[1] Barbara L. Solow, "Caribbean Slavery and British Growth: The Eric Williams Hypothesis", *Journal of Development Economics*, 17 (1985), pp.104-106.

义运动。[1]威廉斯认为库普兰过分强调了人道主义的因素。他指出，否认人道主义在废奴运动中的作用是严重的历史错误，是无视人类历史上最伟大的宣传运动之一。但他认为，从1789年后，西印度群岛因地力耗失及北美殖民地独立导致进出口阻塞，生产成本增加，已无法与法属殖民地圣多明各（即海地）及毛里求斯、巴西和古巴等后来居上的蔗糖生产者竞争。而西印度群岛的生产又超过了英国市场的需求，这使当地的局势进一步恶化，"1807年蔗糖生产过剩必然要求废除奴隶制，1833年的蔗糖生产过剩则要求解放奴隶"[2]。因而，威廉斯的观点又被称为"衰退论"。

罗杰·T. 安斯蒂是慈善运动论的忠实捍卫者。他力图证明废奴是英国人道主义者和教会团体在基督精神感召下发起的一场伟大运动。他认为，基督教福音教派和启蒙运动的慈善意义均强调人的灵魂和个人的价值，这是废奴运动的根源。虽然安斯蒂不赞同威廉斯的衰退论，但他从未从根本上否定后者。特别是威廉斯对两个关键时刻的解释（1807年和1833年），安斯

---

[1] Reginald Coupland, *The British Anti-Slavery Movement*, pp.86,111; J. Holland Rose, A. P. Newton, and E. A. Benians, eds., *Cambridge History of British Empire, Vol II , The Growth of the New Empire, 1783–1870*, Cambridge, Cambridge University Press, 1940, Chapter 5.

[2] 埃里克·威廉斯：《生而无权：资本主义与奴隶制度》，北京科学技术出版社，2024年，第202页。威廉斯对库普兰更详细的批判可参见：Eric Williams, *British Historians and the West Indies*, London, P. N. M. Publishing Company, pp.197-208。

蒂认为有一定说服力。[1]对衰退论批判最严厉的是西摩·德雷舍。《经济自杀：废奴时期的英国奴隶制》（*Econocide: British Slavery in the Era of Abolition*）是他的代表作，观点可概括如下。第一，西印度群岛的经济在18世纪末和19世纪初无论从绝对意义或相对意义上均在继续增长，1783年后的水平甚至超过了美国独立战争前的黄金时期。第二，美国独立战争对英属西印度群岛的蔗糖经济没有负面影响，奴隶贸易仍在扩大。西印度群岛的经济衰退发生在废除奴隶贸易以后，而非以前。第三，英国在1807年废除奴隶贸易在经济上是一种自杀政策，在政治上是一种利他政策。[2]德雷舍的观点虽然引起较大反响，但其支持者均非西印度群岛史的专家，而加勒比地区研究奴隶问题的学者对他多持批判态度。

一些对废除奴隶贸易有研究的学者，如埃尔莎·V. 戈韦亚（Elsa V. Goveia）、迈克尔·克莱顿、理查德·B. 谢里登、沃尔特·E. 明钦顿（Walter E. Minchinton）和塞尔温·H. H. 卡林顿（Selwyn H. H. Carrington）等人则对德雷舍的观点提出质

---

[1] Roger T. Anstey, "Religion and British Slave Emancipation", in David Eltis and James Walvin, eds., *The Abolition of the Atlantic Slave Trade: Origins and Effects in Europe, Africa, and the Americas*, New York, University of Wisconsin Press, 1982, pp.37-61; Roger T. Anstey, *The Atlantic Slave Trade and Abolition*, London, Humanities Press, 1975.

[2] Seymour Drescher, *Econocide: British Slavery in the Era of Abolition*, Pennsylvania, University of Pittsburgh Press, 1977.

疑。克莱顿认为德雷舍在资料上有不少漏洞，论点呈简单化，同时他也不同意关于19世纪奴隶贸易仍在获利的观点。谢里登则列出证据表明生产过剩对1807年废除奴隶贸易有直接影响。[1] 对德雷舍批判最力的是明钦顿和卡林顿。德雷舍宣称对英国来说，西印度群岛的经济价值在1813—1822年比1773—1787年更为显著。明钦顿仔细分析了德雷舍的数据，认为他在史料选择上详略不当，偏见明显。如对1773—1787年的数据，德雷舍根本未引。通过更详尽的数据分析，明钦顿得出结论：英属西印度群岛的经济在这一时期确实在衰退。[2] 卡林顿研究了美国独立战争对西印度群岛的影响，认为西印度群岛在18世纪中期已十分依赖北美殖民地了。西印度群岛不仅从北美进口大量生活必需品，还在输出糖浆和船舶运输上严重依赖北美。美国独立战争使西印度群岛在多方面受到伤害：从北美进口的食物数量大幅度下降，价格高涨；失去北美这一出口糖酒的重要市场；船舶运输量的锐减使出口受损，还有独立战争对殖民地人民的心理损伤。概言之，美国独立战争给西印度群岛以极大打击，是西印度群岛经济衰退的开始。认为美国革命对西印

---

[1] Michael Craton, "Econocide: British Slavery in the Era of Abolition, by Seymour Drescher", *Canadian Journal of History*, 13:2 (1978), pp.295-297; Richard B. Sheridan, "Econocide: British Slavery in the Era of Abolition. By Seymour Drescher", *The Journal of Economic History*, 38:3 (1978), pp.764-766.

[2] Walter E. Minchinton, "Williams and Drescher: Abolition and Emancipation", *Slavery and Abolition*, 4:2 (1983)，pp.86-91.

度群岛的经济没有影响是毫无根据的。[1] 换言之，他们从根本上说是支持威廉斯的衰退论的。

（三）

威廉·A. 格林（William A. Green）曾指出："自从《资本主义与奴隶制度》出版以来，英属西印度群岛史的著述在很大程度上成为对威廉斯几个论点的有意识的肯定和否定。"[2] 这当然是对威廉斯著作的肯定，但并不全面。实际上，有关论争早已超出西印度群岛史的探讨，其涵盖面之广是其他史学课题难以比拟的。以空间跨度论，它涉及欧洲、非洲、美洲三个大陆；以时间跨度论，它包括近400年的近代史；以学科内容论，它牵涉经济史、社会史、政治史、思想史、人口史和欧洲扩张史等。要对这场论争做一个总的评价既不可能亦不实际，然而对这场辩论的一些特征做一粗略分析则是十分必要的。

多学科交叉研究的方法是近几十年的学术研究的主要特征之一。从殖民时期到20世纪40年代，加勒比地区的史学主要

---

[1] Selwyn H. H. Carrington, "The American Revolution and the British West Indies' Economy", *Journal of Interdisciplinary History*, 17:4 (1987), pp.823-850; Selwyn H. H. Carrington, *The British West Indies during the American Revolution*, Leiden, Brill Academic Pub, 1988, Chapter 7.

[2] William A. Green, "Caribbean Historiography, 1600-1900: The Recent Tide", *Journal of Interdisciplinary History*, 7:3 (1977), p.509.

集中反映两个主题：宗主国的功绩和殖民者的利益。随后，克里奥尔人（混血种人）的活动逐渐进入史学殿堂。威廉斯的著作虽将人们的注意力引到了奴隶制上，但学者热衷讨论的是作为生产方式的奴隶制或作为经济活动的奴隶贸易。而奴隶作为活生生的人，仍是一个看不见摸不着的整体。奴隶仍只是作为历史的牺牲品而存在，因而在学术著作中亦仅是沉默的见证人。从20世纪70年代起，学术界将注意力转到小人物身上。奴隶的生老病死，种植园的生活条件，黑奴的文化适应，女奴的反抗方式开始成为热门课题。历史学与社会学、人类学、经济学和人口学联手，一起研究资本主义时期奴隶制度这一人类历史上可耻的一页。

加勒比地区历史有3个特点：殖民统治及其遗产，奴隶制的产生及扩展，建立在种族和阶级基础之上的多元文化和克里奥尔人制度。[1]作为一个多元文化社会，西印度群岛的人类学和社会学提供了理想的研究对象。社会学家奥兰多·帕特森认为历史学注意事件的独特性，而社会学则注重事件的类型。他认为自己对牙买加奴隶反抗的研究是"介乎纯历史学和纯社会学的资料分析之间"。有些学者强调奴隶的适应性，而帕特森则看到事物的另一面：奴隶并未接受奴隶主对他们的固定看

---

[1] Gordon K. Lewis, *Main Currents in Caribbean Thought: The Historical Evolution of Caribbean Society in its Ideological Aspects, 1492-1900*, Maryland, Johns Hopkins University Press, 1983, pp.1-28.

法，而是利用一切机会反抗。帕特森的研究为了解牙买加奴隶的社会、宗教和经济制度提供了有说服力的论证。[1]奴隶制导致了西印度群岛的文化特质，不同种族共处既产生了社会的矛盾和斗争，亦引起文化的交流和融合。人类学家彼得·J.威尔逊（Peter J. Wilson）认为，加勒比地区的文化特点是两种社会结构与两种价值观并存。一种基于阶级，是宗主国的结构；一种基于个人价值，则是自奴隶贸易即土生土长的。他认为加勒比学者不应向外部世界找寻自己的文化根源，而应充分认识自己文化的价值标准。[2]还有不少社会学家和人类学家对奴隶的适应和反抗，以及克里奥尔人的组织结构做了细致的研究。

概而言之，这些社会学家和人类学家有两个共同点。第一，作者摒弃了只重实地考察和抽样调查而忽略档案资料的传统研究方法，广泛使用官方档案和文件等第一手资料，通过综合分析来研究加勒比社会。第二，作者将社会分解为各种成分（种植园、非洲-加勒比文化、农民社会、家庭生活、商品交换等）或各种制度（政治、法律、经济、民兵、宗教、教育），对其加以分析考察。这种研究较注重结构分析与功能作用，而忽略时间因素和历史过程。可以说，这些研究运用了历史资料

---

[1] Orlando Patterson, "Slavery and Slave Revolts: A Socio-Historical Analysis of the First Maroon War Jamaica, 1655-1740", *Social and Economic Studies,* 19:3 (1970), pp.289-325.
[2] Peter J. Wilson, *Crab Antics: The Social Anthropology of English-Speaking Negro Societies of the Caribbean*, New Haven, Yale University Press, 1973; Sidney W. Mintz, *Caribbean Transformations*, New York, Columbia University Press, 1988[1984].

而缺乏历史方法。

与多学科研究方法相关的一个重要特点是计量方法的普遍运用。这有两个方面的原因。首先,威廉斯囿于历史局限性,未能使用规范化的经济模型和计量方法,而他的很多结论又牵涉经济史中的数量概念。新一代学者,特别是经济史学家或经济学家,为了支持或反驳威廉斯,大量使用计量方法来加强论证。其次,这和二战以后计量方法在西方史学界逐渐普及的大气候相关。然而,计量方法的局限性十分明显。由于其目的是以量求质,如果思考问题的角度不同,对同样数据的处理可能导致截然相反的结论。前面提到的斯坦利·L.恩格曼和芭芭拉·L.索洛关于西印度群岛对英国经济的贡献的不同结论即是一例。

有关《资本主义与奴隶制度》的论争不仅激起了对有关课题的探讨,而且加深了对一些问题的认识。然而,研究中出现的片面偏激情绪是显而易见的。究其原因,实与此课题的现实性和敏感性大有关系。这可以说是这场学术论争的第二个特征。这主要表现在对题材及地区的选择与研究的方法和结论上。以题材而论,海地革命最能说明问题。这是50万黑人经过12年奋战唯一成功了的奴隶起义,1804年宣布独立的海地成为继美国之后美洲的第二个独立国家。但迄今为止,西里尔·莱昂内尔·罗伯特·詹姆斯于1938年出版的《黑色雅各宾:杜桑·卢维杜尔与圣多明各的革命》(*The Black Jacobins: Toussaint L'Ouverture and the San Domingo Revolution*)

仍是唯一较翔实的英文著作，法文论著更是凤毛麟角。[1]对杜桑·卢维杜尔、亨利·克里斯托夫（Henri Christophe）、让-雅克·德萨林（Jean-Jacques Dessalines）等领袖人物，对黑人奴隶的善战和欧洲军队的惨败，西方学者讳莫如深。这恐怕不是法文资料难以运用可以解释的。以地区而言，奴隶贸易涉及三个大陆，其影响究竟如何？目前对欧洲和美洲的研究较多，而对非洲的研究极少。沃尔特·罗德尼（Walter Rodney）在他的名著《欧洲如何使非洲欠发达》（How Europe Underdeveloped Africa）中用一章的篇幅研究了奴隶贸易，并分析了奴隶制如何使非洲陷入不发达的境地。[2]近年来，只有两本直接论及此问题的论文集问世。[3]就西印度群岛而言，对牙买加的研究远比对其他地区的研究更为深入细致。

以研究方法论，计量研究的片面性已在前文提及。与美国南方不同，西印度群岛奴隶人口呈负增长趋势。对此特殊状况，凯珀夫妇力图用生物学方法来解释。他们研究了西非地区

---

[1] Aimé Césaire, *Toussaint Louverture: La Révolution française et le problème colonial*, Paris, Le Club français du livre, 1960. 此为比较系统论述海地革命的唯一法文著作。
[2] Walter Rodney, *How Europe Underdeveloped Africa*, Washington D. C., Howard University Press, 1974（已有中译本）。
[3] Joseph E. Inikori, ed., *Forced Migration: The Impact of the Export Slave Trade on African Societies*, London, Hutchinson, 1982; Joseph E. Inikori and Stanley L. Engerman, eds., *The Atlantic Slave Trade: Effects on Economies, Societies and Peoples in Africa, the Americas, and Europe*, North Carolina, Duke University Press, 1992.

的食物构成后,认为西非人缺少肉食,奴隶在抵达美洲前即营养不良,加之运输途中的艰苦条件和种植园的可怜食谱,使奴隶对疾病缺乏抵抗力,造成高死亡率。换言之,西非的食物构成是造成西印度群岛奴隶死亡率高的重要因素之一。[1] 针对高血压和心脏病在美洲黑人(特别是美国黑人)中比例较高的事实,托马斯·W. 威尔逊(Thomas W. Wilson)和克拉伦斯·E. 格里姆(Clarence E. Grim)认为这是因为存活下来的奴隶具有在体内保留盐分的较高能力,因而他们的后代患高血压和心脏病的可能性较大。[2] 这种用生物学来解释社会现象的方法引起不少争议。

以结论而言,虽然威廉斯论及对英国工业革命的贡献是指与三角贸易联为一体的奴隶制度,但一些批判者(如罗杰·T. 安斯蒂、罗伯特·保罗·托马斯等)一味将注意力集中在奴隶贸易的利润上,这种攻其一点不及其余的做法实为对威廉

---

[1] Kenneth F. Kiple and Virginia H. Kiple, "Deficiency Diseases in the Caribbean", *Journal of Interdisciplinary History*, 11:2 (1980), pp.197-215; Kenneth F. Kiple, *Caribbean Slave: A Biological History*, Cambridge, Cambridge University Press, 1985.
[2] Thomas W. Wilson and Clarence E. Grim, "The Possible Relationship between the Transatlantic Slave Trade and Hypertension in Blacks Today", *The Atlantic Slave Trade: Effects on Economies, Societies and Peoples in Africa, the Americas, and Europe*, North Carolina, Duke University Press, 1992, pp.339-360. 有的医学家持不同意见,认为对种族主义的愤恨是黑人患高血压的主要原因。Daniel Goleman, "Anger Over Racism Is Seen as a Cause of Blacks' High Blood Pressure", *New York Times*, April 24, 1990, C3.

斯论点的曲解，其结论亦很难为人接受。芭芭拉·布什关于加勒比妇女奴隶的著作为进一步了解性别、种族和阶级的交叉关系及奴隶制度中女奴的地位提供了丰富的资料和独到的见解，这无疑是对以男性为主的史学传统的挑战。然而，她认为女奴比男奴遭受更严重的压迫和剥削的结论似乎有待进一步论证。[1]

有关《资本主义与奴隶制度》的学术研究最明显的特征是威廉斯及其著作的影响。首先让我们看看《社会科学引文指数》对该书被引用的几个统计数字。[2]1956—1965年，有16篇文章引用此书，其中3篇为书评；1966—1975年引用此书的文章增至80篇，其中有9篇书评；1976—1985年引用此书的文章共达110篇，包括书评19篇。另外，论及奴隶问题的文章在1956—1965年仅有799篇，而1992年一年即有382篇。很多著名学者亦承认威廉斯的学术地位。费尔南·布罗代尔（Fernand Braudel）、埃里克·沃尔夫（Eric Wolf）、保罗·巴兰（Paul Baran）和奥兰多·帕特森等人均在自己的著作中引述他的论点。这也说明威廉斯的影响已涉及人类学、政治经济学和社会学等领域。

---

[1] Barbara Bush, *Slave Women in Caribbean Society, 1650-1838*, London, Heinemann Caribbean, 1990.

[2]《社会科学引文指数》(*Social Science Citation Index*）是美国科学信息公司出版的一种年鉴。它对世界上1400余种社科杂志的全部文章和3300余种自然科学杂志上的有关文章所引用的各种著作（文章）进行综合统计。

（四）

　　20世纪90年代以来，《资本主义与奴隶制度》仍在持续地影响着国际学术界。这种影响力表现在四个方面。其一，《资本主义与奴隶制度》于1972年由埃里克·威廉斯修订后，在1994年再版，2021年又出了第三版，由小威廉·A. 达里蒂（William A. Darity Jr.）作序，科林·A. 帕尔默（Colin A. Palmer）撰写导言。[1]此外，仍有不少博士论文专论这一主题。正如科林·A. 帕尔默在导言中所说："《资本主义与奴隶制度》仍将是历史瑰宝。"其二，是专门评价《资本主义与奴隶制度》的著作早在1987年便已出版，并于2004年再版；重新评价威廉斯及其论点的著作亦仍在出版。[2]其三，有关奴隶贸易、奴隶制、非洲史和文化研究的各类著述或引述威廉斯的著作，或对他的论点加以评论。[3]其四，也是最重要的一点，不少学者在威廉

---

[1] 即导读本中的《奴隶贸易、奴隶制与欧洲殖民主义》与《历史瑰宝》两篇文章。——编注

[2] Barbara L. Solow and Stanley L. Engerman, eds., *British Capitalism and Caribbean Slavery: The Legacy of Eric Williams*, Cambridge, Cambridge University Press, 2004[1987]; Heather Cateau and Selwyn H. H. Carrington, eds., *Capitalism and Slavery Fifty Years Later: Eric Eustace Williams—A Reassessment of the Man and His Work*, New York, Peter Lang, 2000; Dale Tomich, ed., *Eric Williams, The Economic Aspect of the Abolition of the West Indian Slave Trade and Slavery*, Lanham, Md.: Rowman and Littlefield, 2014.

[3] M. Klein, ed., *Breaking the Chains: Slavery, Bondage, and Emancipation in Modern Africa and Asia*, New York, University of Wisconsin Press, 1993; Edward Said,（转下页）

斯论点的基础上进一步探讨了资本主义和奴隶制度的关系,或是主题的扩展,或是论点的深入,或是地理范围的延伸。这类专著的不断出版,证明了威廉斯著作的影响力。

帕特里克·曼宁(Patrick Manning)提出的观点颇有启发性。他认为,不应否定威廉斯的观点,而应该加以修正,具体体现在两个方面:一是将以前重视奴隶制的利润改为强调奴隶制中的生产过程,二是将地理范围从英国及其加勒比殖民地扩展为整个大西洋地区。重视奴隶制利润聚焦的是奴隶主和欧洲整个剥削阶级,即种植园奴隶主、商人和工业资本家赚取的资金除去其花费后的所得,而强调劳动者的生产可以将研究扩展到奴隶劳动的整个生产过程,包括产品数量、奴隶提供的各种服务,还应加上将原料运到其他地区后的加工过程等。地理范围将英国和加勒比地区扩展至大西洋地区,即再加上美国和非洲地区。[1] 正如斯蒂文·菲尔曼(Steven Feierman)指出的,

---

(接上页)*Culture and Imperialism*, New York, Knopf, 1993(已有中译本);Paul E. Lovejoy & N. Rogers, eds., *Unfree Labour in the Development of the Atlantic World*, London, Frank Cass, 1994;P. T. Zeleza, ed., *The Study of Africa, Vol. II , Global and Transnational Engagements*, Dakar, Council for the Development of Social Science Research in Africa, 2006;Tejumola Olaniyan and James H. Sweet, eds., *The African Diaspora and the Disciplines*, Indiana, Indiana University Press, 2010;J. M. Blaut, *The Colonizer's Model of the World: Geographical Diffusionism and Eurocentric History*, New York, Guilford Press, 1993(已有中译本);David B. Davis, *Inhuman Bondage: The Rise and Fall of Slavery in the New World*, Oxford, Oxford University Press, 2006.

[1] Patrick Manning, *Slavery and African Life: Occidental, Oriental, and African Slave Trades*, Cambridge, Cambridge University Press, 1990, pp.171-173.

埃里克·威廉斯的著作开创了对奴隶制与资本主义兴起这两者关系的持续讨论。《资本主义与奴隶制度》认为，正是加勒比地区的奴隶制为英国的资本形成做出了巨大贡献，欧洲的工业化是建立在美洲奴隶的基础之上。[1] 新一代学者将这种互动关联延伸到了大西洋地区。[2]

---

[1] Steven Feierman, "African History and the Dissolution of World History", in Robert H. Bates, V.Y. Mudimbe, and Jean O'Barr, eds., *Africa and the Disciplines: The Contributions of Research in Africa to the Social Sciences and Humanities*, Chicago, University of Chicago Press, 1993, pp.187-188.

[2] 这类著作出版了不少，仅剑桥大学出版社（缩写为CUP）20世纪末以来出版的相关著作便大致有以下多种：Philip D. Curtin, *The Rise and Fall of the Plantation Complex: Essays in Atlantic History*, CUP, 1990; Maria del Carmen Barcia, *The Cuban Slave Market, 1790-1880*, CUP, 1995; John Ashworth, *Slavery, Capitalism, and Politics in the Antebellum Republic*, CUP, 1995; Amy Dru Stanley, *From Bondage to Contract: Wage Labor, Marriage, and the Market in the Age of Slave Emancipation*, CUP, 1998; Joseph E. Inikori, *Africans and the Industrial Revolution in England: A Study in International Trade and Economic Development*, CUP, 2002; Wilma Dunaway, *Slavery in the American Mountain South*, CUP, 2003; David Eltis, et al., eds., *Slavery in the Development of the Americas*, CUP, 2004; David Ryden, *West Indian Slavery and British Abolition, 1783-1807*, CUP, 2009; Christopher Tomlins, *Freedom Bound: Law, Labor, and Civic Identity in Colonizing English America, 1580-1865*, CUP, 2010; Nicholas Draper, *The Price of Emancipation: Slave-Ownership, Compensation and British Society at the End of Slavery*, CUP, 2010; Scott P. Marler, *The Merchants' Capital: New Orleans and the Political Economy of the Nineteenth-Century South*, CUP, 2013; Justin Roberts, *Slavery and the Enlightenment in the British Atlantic, 1750-1807*, CUP, 2013; Jessica M. Lepler, *The Many Panics of 1837: People, Politics, and the Creation of a Transatlantic Financial Crisis*, CUP, 2013; Catherine Hall, et al., *Legacies of British Slave-Ownership: Colonial Slavery and the Formation of Victorian Britain*, CUP, 2014.

较为突出的著作有以下几种。威廉斯的著作主要强调英国工业革命与加勒比地区奴隶制的关系。然而,美国的经济发展与奴隶制也有千丝万缕的联系。自美国南北战争结束以来,美国历史学家一直致力于将奴隶制视为一个"南方问题",从而为资本主义的北方在罪恶的奴隶制发展中的作用进行开脱,证明只有内战才有可能解决这两个对立体系之间酝酿已久的冲突,为自由资本主义的崛起铺平道路。然而,这种论点受到挑战。《奴隶制的资本主义:美国经济发展新历史》(*Slavery's Capitalism: A New History of American Economic Development*)探讨了奴隶制度在早期美国工业化中的重要性及北方工业与南方奴隶制的关系。该书分为4个部分。第一部分"种植园技术"用3章的篇幅分别阐述了奴隶劳动与残酷而严密的管理方式,以及南北美洲奴隶制度的内在联系。第二部分"奴隶制与金融"共有4章,通过个案分析论及地方信用网络与奴隶抵押、棉花资本主义经历经济恐慌时的投机行为、人力资本与奴役死亡率,以及奴隶创造的财富。第三部分"利益网络与北方"通过美国北方与西印度群岛、古巴奴隶贸易集团的利益联结及沿海奴隶贸易与商业利益集团的关系,破除了北方反对奴隶制的神话。第四部分"国家机构和自然边界"剖析了南北战争前后天主教士、法律思想、政治人物和教育等多方面与奴隶经济的关系。该书有两个观点:第一,奴隶种植的棉花是美国日益增长的工业优势的基础,奴隶劳动支撑了美国工业革命;第二,19世纪美国北方的工业和南方的奴隶制这两个经济关键部门之间并非对立关系，而是联系紧密。[1] 正如两位主编斯文·贝克特（Sven Beckert）和赛斯·罗克曼（Seth Rockman）所言："如果不将奴隶制置于前沿和中心，就不可能理解美国壮观的经济发展模式。"[2]

另外两部著作表达了类似观点。《从未被告知的一半：奴隶制与美国资本主义的形成》(*The Half Has Never Been Told: Slavery and the Making of American Capitalism*)强调了奴隶制在近代美国工业化过程中的作用。全书共11章，各章全部用人体器官和动作为标题，加上"导言：心脏1937"和"后记：尸体1861—1937"，以突出美国黑人奴隶制的残酷。美国公众习惯认为，奴隶制只是新的工业经济的拖累，"事实上，奴隶制的扩张塑造了这个新国家经济和政治的每一个关键方面——不仅增加了其权力和规模，而且最终分裂了美国政治，分化了地区身份和利益，并使内战成为可能"[3]。在美国独立战争开始的1775年，13个殖民地有50万奴隶，与当时英属加勒比殖民地的奴隶数量大致相同；奴隶劳动对北美殖民地的政治和经济生活至关重要；切萨皮克的烟草运输资助着整体贸易循环，卡罗来纳种植园主是美国独立战争中最富有的精英；北美殖民地的

---

[1] Sven Beckert and Seth Rockman, *Slavery's Capitalism: A New History of American Economic Development*, Pennsylvania, University of Pennsylvania Press, 2016.
[2] Ibid., p.27.
[3] Edward E. Baptist, *The Half Has Never Been Told: Slavery and the Making of American Capitalism*, New York, Basic Books, 2014, p.xxi.

商业部门在很大程度上依赖于将种植园产品运往欧洲；新英格兰奴隶贩子在1800年之前要对中部通道运送的13万名奴隶负责。[1] 1819年，密西西比河谷奴隶种植园的迅速扩张使美国得以控制棉花的世界出口市场，而棉花是早期工业商品中最重要的一种。"棉花成为美国经济增长的主要驱动力。"从1790年到19世纪60年代，100万奴隶被从旧的奴隶州转移到新地区。这些地区在1790年还不生产棉花，到1860年，则由奴隶生产了近20亿磅棉花。由于种植园奴隶主的压榨和逼迫，摘棉奴隶努力提高采摘能力。在西南部新地区，1811—1860年，奴隶采摘效率每年增长2.6%，总生产力增长361%。[2] 研究表明，奴隶制是推动美国金融、会计、管理和政治经济的主要力量之一，而这些创新以往被归因于所谓的自由市场。在19世纪，美国成为世界上极具活力的经济体之一，棉花产业功不可没，奴隶制的贡献不言而喻。

斯文·贝克特在《棉花帝国：一部资本主义全球史》(*Empire of Cotton: A Global History*)中除了提出两个重要概念，即"战争资本主义"(war capitalism)和"全球资本主义"(global capitalism)，还有两个观点值得被注意。一是资本主义的发展并非单纯的经济力量、生产关系或意识形态的发展，同时代表

---

[1] Edward E. Baptist, *The Half Has Never Been Told: Slavery and the Making of American Capitalism*, New York, Basic Books, 2014, p.4.
[2] Ibid., p.xxiii, 81-82, 126.

着科技水平、文化和战争等多方面的发展；二是资本主义并非发展至今才出现全球化，而是从一开始就是一种全球化。[1] 马克思说："资本来到世间，从头到脚，每个毛孔都滴着血和肮脏的东西。"这种原始资本积累的过程，正是产生于美洲蔗糖、烟草和棉花等奴隶种植园的生产过程中。这一点也与威廉斯的著作和这里论及的主题关系十分密切。与蔗糖、烟草等作物不同，棉花附加值的产生不仅发生在田间地头，也发生在将纤维制成布匹等关键产品的工厂。更重要的是，这种产品是每个人都需要的。从非洲几内亚湾和津巴布韦等地到加勒比地区的圣托马斯岛，由于棉花的引进和大规模种植，使得种植园兴盛并输入大量奴隶劳工。种植园兴起前，法属加勒比群岛在1667年只有10 280名非洲人。随着种植园产品出口量增加，法属加勒比群岛的马提尼克、瓜德罗普和圣多明各的非洲人于1789—1791年增至686 319人。1833年，西属加勒比殖民地有552 135名非洲人；1860—1861年，古巴和波多黎各有885 821名非洲人。[2]18世纪从非洲西部和中部与比夫拉湾输出的奴隶多达55 134 000人，1701—1800年大西洋奴

---

[1] 斯文·贝克特：《棉花帝国：一部资本主义全球史》，徐轶杰、杨燕译，民主与建设出版社，2019年。

[2] David Watts, *The West Indies: Patterns of Development, Culture and Environment Change Since 1492*, Cambridge, Cambridge University Press, 1987, pp.236, 320; Herbert S. Klein, *African Slavery in Latin America and the Caribbean*, Oxford, Oxford University Press, 1986, p.297.

隶贸易数为6 132 900人，19世纪大西洋奴隶贸易数为333万人。[1] 南亚以自由劳工为主力的棉花生产核心地区不得不让位于美洲的棉花种植园。早期研究已经指出，美国独立后南方的棉花生产仍然依赖非洲奴隶的劳动。南方各州的棉花生产从1790年的4000包（每包500磅）增长到1860年的3 841 416包，1850年的棉花产品出口占棉花总产量的76%。[2] 美国南方保持着英国殖民时期的经济和社会结构，黑人奴隶处于非人的地位，在19世纪因棉花发展起来的新地区也是如此。1790年，美国有奴隶69.7万人，其中64.2万人在南方，占南方各州总人口的36%。1850年，南方新老地区的总人口为898.3万人，黑人奴隶人口猛增至311.7万，占总人口的34.7%。[3] 这些地区种植的棉花销往欧洲，英国曼彻斯特的纺织业从此独树一帜。

戴维·B.戴维斯一生致力于奴隶制研究，有多部著作获奖。《西方文化中的奴隶制问题》（*The Problem of Slavery in Western Culture*）奠定了他在该领域的学术地位。他长期从

---

[1] Paul E. Lovejoy, *Transformations in Slavery: A History of Slavery in Africa*, Cambridge, Cambridge University Press, 1983, pp.48, 137.

[2] H. U. Faulkner, *American Economic History*, New York, Harper and Row, 1960[1924], pp.201-202.

[3] J. Potter, "The Growth of Population in America, 1700-1800", in D. V. Glass and D. E. C. Eversley, eds., *Population in History: Essays in Historical Demography*, London, Edward Arnold, 1965, pp.641, 680.

思想和文化史角度研究奴隶制在美国历史上的作用。[1] 1975年，"奴隶制问题研究三部曲"中的第二部——《革命时期的奴隶制问题：1770—1823年》(The Problem of Slavery in the Age of Revolution, 1770-1823)剖析了反奴隶制思想在美国独立战争时期和共和国初期出现的原因。与威廉斯的经济因素决定论不同，戴维斯认为宗教和道德层面的理想主义是反奴隶制思想的重要来源，废奴思想是英美资本主义在道德方面的表现。其诸多观点有一定道理，如个体与时代之间的诸多复杂关系不能用简单的概括来处理，反奴隶制活动反映不同群体和阶层的需求等。然而，戴维斯在废奴这一历史现象与资本主义道德两者之间建立了直接的因果关系，[2] 这与埃德蒙·S.摩根（Edmund S. Morgan）对美国历史上强调自由、尊严和推行奴隶制这一矛盾现象的解释相比，似乎倒退了一

---

[1] David B. Davis, *The Slave Power Conspiracy and the Paranoid Style*, Baton Rouge, Louisiana State University Press, 1969; David B. Davis, *The Problem of Slavery in the Age of Revolution, 1770-1823*, New York, Cornell University Press, 1975; David B. Davis, *Slavery and Human Progress*, New York, Oxford University Press, 1984; David B. Davis, *From Homicide to Slavery: Studies in American Culture*, New York, Oxford University Press, 1986; David B. Davis, *In the Image of God: Religion, Moral Values, and Our Heritage of Slavery*, New Haven, Yale University Press, 2001; David B. Davis, *Challenging the Boundaries of Slavery*, Massachusetts, Harvard University Press, 2003.

[2] David B. Davis, *The Problem of Slavery in the Age of Revolution, 1770-1823*, New York, Cornell University Press, pp.66, 85, 164-212.

步。[1]戴维斯在另一部著作中批判了威廉斯的观点，但又指明了一个事实：18世纪的知名人士都将占有奴隶和财富与民族伟大等同，"奴隶殖民地出口的价值、奴隶殖民地本身的人均财富，以及从加拿大到智利的每个殖民地都对黑奴有需求这一简单事实，都证实了他们的看法"[2]。《非人道的奴役：新世界奴隶制的兴衰》（*Inhuman Bondage: The Rise and Fall of Slavery in the New World*）同样批判了威廉斯的经济决定论，但最后认可了威廉斯的两个论点：美洲的奴隶制度促成了英国的结构性转变，即废除奴隶制；只有当英国领导人确信自由劳动比奴隶制危险更小并对整个帝国经济更有利时，他们才开始致力于殖民地劳动力改革。[3] 2014年，戴维斯完成了三部曲中的最后一

---

[1] 摩根在著作中探讨了美国历史上的一个悖论：美国革命领袖展现出对人类自由和尊严的献身精神，又发展出奴隶制这一剥夺人类自由和尊严的劳动体制。他认为，弗吉尼亚殖民地的历史表明："奴隶制与自由不仅是共存的，二者之间还存在一种共生关系。"奴隶制确保了杰斐逊那代革命者得以歌颂的自由，奴隶制产生了弗吉尼亚的代议制政府，奴隶制带来了弗吉尼亚人的民主共和的政治传统。Edmund S. Morgan, *American Slavery, American Freedom: The Ordeal of Colonial Virginia*, New York, Norton, 1975, Book Ⅳ: Slavery and Freedom. 摩根著述甚多，主要是美国史，举其要者：Edmund S. Morgan, *The Birth of the Republic, 1763-89,* Chicago, Chicago University Press, 1956; Edmund S. Morgan, *Inventing the People: The Rise of Popular Sovereignty in England and America,* New York, Norton, 1989; Edmund S. Morgan, *Puritan Political Ideas,* Hackett Publishing Company, Inc., 2003.

[2] David B. Davis, *Slavery and Human Progress*, New York, Oxford University Press, 1984, p.73.

[3] David B. Davis, *Inhuman Bondage: The Rise and Fall of Slavery in the New World*, New York, Oxford Vniversity Press, 2006, pp.240-243, 247-248.

部《解放年代的奴隶制问题》(The Problem of Slavery in the Age of Emancipation)。这部著作的目的是解释一个民族是如何产生了美国独立战争领导人所表现出的对追求人类自由和尊严的奉献精神，同时又发展和维护了一种剥夺人类自由和尊严的劳动制度——奴隶制。戴维斯指出：美国奴隶制和自由之间的联系显而易见；奴隶制既是美国国家建设基本原则的基石，也是对这些原则的根本挑战。[1] 这一论点实际上是对摩根提出的著名历史悖论的认同。

对资本主义与奴隶制关系探讨得最透彻的是尼日利亚历史学家约瑟夫·E. 伊尼科里（Joseph E. Inikori）。1976年，伊尼科里对学术界，特别是菲利普·柯廷提出的有关奴隶贸易的数字表示质疑。他的研究表明：英属西印度群岛的实际奴隶数目大大高于税收名单的统计数目；英国实际参与贩奴的船只数量大大高于从英国离港开往非洲的注册船只数量；18世纪英国贩奴船主为逃税，往往少报船只吨位；对法国奴隶贸易的估计未能将当时盛行的非法贸易包括在内是不合适的。据此，伊尼科里认为柯廷未考察原始资料，加上统计方法上的失误，从而大大低估了奴隶抵岸数。[2] 根据伊尼科里的计算，1750—1807年，英国向西非出口了49 130 368磅火药，每年的出口量

---

[1] David B. Davis, *The Problem of Slavery in the Age of Emancipation*, New York, Knopf, 2014.
[2] Joseph E. Inikori, "Measuring the Atlantic Slave Trade: An Assessment of Curtin and Anstey", *The Journal of African History*, 17:2 (1976), pp.197-223.

多达847 075磅。[1]他曾一针见血地指出：一方面是为进行资本主义生产以供应国际市场而购买、输送、雇用1000多万奴隶；另一方面运输并出售由这些奴隶生产出来的产品。"这两个方面构成1451—1870年国际经济业务中很大的份额"；"大西洋经济在1451—1870年得到的发展，是在牺牲非洲经济的条件下实现的"。[2]正是在这400多年的时间里，世界贸易在数量上和空间上显著扩大，西欧和北美的经济迅速发展。西欧首先完成了从原始积累到工业革命的过渡，并迅速向海外扩张；也正是在这一时期，非洲遭受了极大的摧残，开始明显落后于其他地区。[3]伊尼科里通过与西方史学家的学术争论，力图深入准确地研究奴隶贸易的历史原因、运作机制、损失人数

---

[1] Joseph E. Inikori, "The Import of Firearms into West Africa 1750-1807: A Quantitative Analysis", *The Journal of African History*, 18:3 (1977), pp. 339-368. 虽然这期是研究非洲火器的专辑，但伊尼科里的这篇论文影响最大。

[2] 约瑟夫·E. 伊尼科里：《奴隶贸易和大西洋沿岸各国经济，1451—1870年》，收录于联合国教科文组织：《十五世纪至十九世纪非洲的奴隶贸易：联合国教科文组织召开的专家会议报告和文件》，中国对外翻译出版公司，1984年，第58~84页；Joseph E. Inikori, "Slavery and the Revolution in Cotton Textile Production in England", in Joseph E. Inikori and Stanley L. Engerman, eds., *The Atlantic Slave Trade: Effects on Economies, Societies, and Peoples in Africa, the Americas and Europe*, North Carolina, Duke University Press, 1992, pp. 145-181。

[3] Walter Rodney, *How Europe Underdeveloped Africa*, Washington D. C., Howard University Press, 1974, pp.93-146; Joseph E. Inikori, ed., *Forced Migration: The Impact of the Export Slave Trade on African Societies,* London, Hutchinson, 1982. 特别是伊尼科里的长篇导言。还可参见笔者的早期论文《国外对奴隶贸易和非洲奴隶制的研究，1968—1988年》，《世界史研究动态》，1989年第2期。

和各种后果。[1] 奴隶贸易使得黑人出现在世界各处。1796年，生活在墨西哥的非洲人后裔有679 842人，秘鲁有539 628人。[2] 1860年，英属美洲共有444.1万非洲人。1872年，巴西总人口9 930 478人，其中非洲人口有5 756 238人，占比近58%。[3] 除此之外，16—19世纪的大西洋体系带动了以英国为代表的现代世界体系的形成。如果没有大西洋地区的商品生产和贸易扩展，就不可能出现18—19世纪的英国工业革命。"然而，毫无疑问，大西洋商业的发展最终是英国成功完成工业化进程的核心因素。同样，毫无疑问，非洲人及其后代的劳动使这一时期大西洋商业的发展成为可能。因此，可以合理地得出结论，非洲人为英国的工业革命做出了宝贵贡献。"[4]

历史表明，《资本主义与奴隶制度》揭露了英国工业资本家早期发家过程中的恶行，阐明了奴隶贸易和奴隶制度对英国工业革命的贡献，也从理论上揭示了奴隶制度与资本主义原始

---

[1] Joseph E. Inikori, ed., *Forced Migration: The Impact of the Export Slave Trade on African Societies*, London, Hutchinson, 1982; Joseph E. Inikori and Stanley L. Engerman, eds., *The Atlantic Slave Trade: Effects on Economies, Soceities, and Peoples in Africa, The Americas, and Europe*, North Carolina, Duke University Press, 1992.

[2] Joseph E. Inikori, "Measuring the Atlantic Slave Trade: An Assessment of Curtin and Anstey", *The Journal of African History*, 17:2 (1976), p.204.

[3] Joseph E. Inikori, *Africans and the Industrial Revolution in England: A Study in International Trade and Economic Development*, Cambridge, Cambridge University Press, 2002, pp.190-194. 这部著作获得多个奖项。

[4] Ibid., p.486.

积累过程的各种关系,以及英国资本集团剥削非洲奴隶的原理。埃里克·威廉斯的这部著作获得了各种褒贬,但其在学术史上的意义长存。

李安山

北京大学国际关系学院教授

摩洛哥皇家学院外籍院士

中国非洲问题研究会副会长

2023年10月

值得一读的好书

在关于奴隶贸易和奴隶制的各类研究成果中，埃里克·威廉斯的著作《资本主义与奴隶制度》是必须一读的。

众所周知，奴隶贸易和奴隶制是世界近代史上的重大历史事件。它涉及范围广，欧洲、非洲和美洲都卷入其中；它延续时间长，几乎达400年之久。奴隶贸易和奴隶制对世界历史进程产生了巨大的影响。因此，学术界对此进行了长期的研究。在很长时间里，西方传统史学的观点是：第一，奴隶贸易是非洲的传统贸易，因此西方发起的奴隶贸易只是非洲传统贸易的继续而已。第二，宣扬西方宗主国对殖民地的帮助，避而不谈奴隶贸易和奴隶制对西方经济的贡献。第三，在阐述废除奴隶贸易和奴隶制的历史时，认为西方人道主义在其中发挥了最重要的作用。十分明显，这些观点的实质就是淡化西方对于奴隶贸易和奴隶制应负的责任，掩盖奴隶贸易和奴隶制对西方资本主义经济发展做出的巨大贡献,夸大和美化人道主义在废除奴隶贸易和奴隶制中发挥的作用。上述西方传统史学观点曾经长期主宰奴隶贸易和奴隶制的研究。1944年,埃里克·威廉斯撰写的《资本主义与奴隶制度》的出版,首次对传统的西方史学观点发起了直接的挑战。

该著作涉及的内容十分丰富,包括黑人奴隶制的起源、奴隶贸易的发展、英国商业和工业与奴隶贸易和奴隶制的关系、美国独立战争对奴隶贸易和奴隶制的影响,以及奴隶贸易和奴隶制的废除等。但是,其核心内容正如作者指出的:"它研究黑人奴隶制的作用,研究奴隶贸易积累的资本在为英国工业革命提供资金方面所起的作用,以及研究工业资本主义成熟后在摧毁奴隶制方面所起的作用。"简言之,该著作主要聚焦于奴隶贸易和奴隶制与早期资本主义经济发展的关系。

(一)奴隶贸易和奴隶制推动了资本原始积累的完成,并且为工业革命奠定了基础。

作者认为,在资本主义早期,如果说大英帝国是一座富丽堂皇的大厦,那么这座大厦的地基则是非洲黑奴的劳动。换言之,非洲的奴隶贸易和加勒比地区的奴隶制构成了西方国家早期资本主义经济发展的主要基石。首先,奴隶贸易和奴隶制为西方国家创造了巨额财富。在大西洋三角贸易中,起程、中程和归程中的交易(用廉价工业品换取奴隶、用奴隶换取种植园生产的工业原料、用工业原料生产工业品等),都使西方获得了巨大的利润。这些资金不但有力推动了西方国家的经济发展,而且为工业革命积累了资本。其次,奴隶贸易和奴隶制为工业革命准备了物质条件。奴隶贸易和奴隶制推动了相关行业的产生和发展。造船业、航海业、银行业、钢铁工业和保险业都得到快速发展。而奴隶制种植园生产的工业原料则推动了烟草加工、染料和服装行业的发展。工业门类逐步齐全,为工业革命奠定了物质基础。

总之,奴隶贸易和奴隶制成为资本原始积累的重要手段。非洲黑奴以鲜血和生命为西方国家创造了大量财富,推动了资本原始积累的完成,从而为工业革命奠定了基础。

(二) 随着工业革命的发生,资本主义经济发展要求废除奴隶贸易和奴隶制。

传统史学观点认为,虽然废除奴隶制的原因比较复杂,但根本原因是人道主义者的努力。他们对奴隶制的攻击打开了英国国民的眼界,而他们的活动又得到了一批学术界人士和政治家的支持。威廉斯驳斥了上述观点,他认为,西方凭借奴隶贸易和奴隶制为工业革命积累到足够的剩余资本之时,资本主义便作为一种经济形态迅速取代了奴隶制。这是资本主义经济发展的必然趋势。因此,英国废除奴隶贸易和奴隶制,是英国官方出于经济和战略利益精心策划的结果。换言之,在工业革命完成后,雇佣劳动替代奴隶劳动成为资本主义经济发展的需要,于是,奴隶贸易和奴隶制与资本主义经济发展产生了矛盾，日益失去了存在的基础。由此可见，废除奴隶贸易和奴隶制更多的是经济因素的作用，而非人道主义的作用。

此外，《资本主义与奴隶制度》在学术研究领域，具有里程碑式的地位。

威廉斯开辟了新的研究领域，即奴隶贸易、奴隶制与早期资本主义发展之间的关系，这个课题涉及历史学和经济学等相关学科。威廉斯解释了他选择这个研究课题的原因："关于工业革命发生之前那个时期的情况，虽然已积累了材料，并有不少著作问世，但鉴于当时世界范围的贸易及其内在关系的性质，这种贸易对工业革命发展所产生的影响，以及它留给现代文明世界的遗产，则还没有人加以全面和详细的阐述。"毫无疑问，这个课题是前人没有涉足的领域。

从表面上看，威廉斯的研究只是局限于英国一国及在奴隶贸易和奴隶制与资本主义之关系的范围内。但是，我们通读全书后不难发现，英国其实只是西方殖民国家的代名词，而奴隶贸易和奴隶制也只是西方国家对亚非拉国家殖民活动的总称。对英国进行的奴隶贸易和奴隶制活动的剖析，其更大的意义是揭示了资本主义早期西方国家为完成资本原始积累对亚非拉国家实施的残酷掠夺和剥削，也真实展示了亚非拉人民对早期资本主义发展做出的不可磨灭的贡献。

威廉斯在他的著作里还首次公开对传统的西方史学发起挑战。传统的西方史学观点美化西方殖民活动，贬低殖民地各族人民的贡献。他们宣扬殖民地不是宗主国经济发展的动力，而更多的是接受宗主国的帮助。有鉴于此，他们必然一方面掩盖奴隶贸易和奴隶制对资本主义经济发展的贡献，另一方面大肆宣传人道主义是禁止奴隶贸易和废除奴隶制的主要力量。威廉斯揭露了传统西方史学观点的虚伪性，向世人展示了奴隶贸易和奴隶制与早期资本主义的密切关系：首先，奴隶制和奴隶贸易推进了资本原始积累的完成，成为完成工业革命的基础。其次，在工业革命完成后，恰恰又是资本主义经济发展的需求成为禁止奴隶贸易和废除奴隶制的主要因素。总之，无论是奴隶贸易和奴隶制的兴起，还是它们的衰亡，都与资本主义经济的发展密切相关。在资本主义早期，奴隶贸易与奴隶制对资本主义原始积累做出巨大贡献，在工业革命完成后，它们又为资本主义的继续发展而退出了历史舞台。

威廉斯的观点颠覆了西方传统史学关于奴隶贸易和奴隶制的评价，揭示了资本主义经济发展的需要才是奴隶贸易和奴隶制兴衰的根本原因。

最后，威廉斯对于奴隶贸易、奴隶制与早期资本主义之关系的研究，实际上也为当代亚非拉发展中国家与欧美发达国家之间的关系研究提供了深刻的历史渊源。资本主义登上历史舞台后，欧洲殖民者以暴力手段，掠夺亚非拉国家的人力和自然资源，以此推动了资本原始积累的完成，为工业革命奠定了物质基础。十分明显，资本原始积累的历史进程一方面让亚非拉国家付出了惨重代价，另一方面又让西方殖民国家获得了经济的飞速发展。从这个角度讲，奴隶贸易和奴隶制既造就了今日的西方发达国家，也造成了亚非拉国家的贫穷和落后。

由于威廉斯的观点与西方传统史学相左，因此一开始他就受到西方传统史学界的攻击，书稿被出版社多次退回。然而，真理终究会得到认可，随着研究的深入，威廉斯的观点越来越受到肯定和传播。他的著作被翻译成9种文字，并且多次再版。正如一部好的学术著作具有强大的生命力，虽然《资本主义与奴隶制度》的首次出版距今已经80年了，但是它的学术意义至今闪烁着光芒。即便今天重读这部著作，我们仍能获得新的启迪。

舒运国

上海师范大学非洲研究中心教授

2023年7月

奴隶贸易、奴隶制与欧洲殖民主义

特立尼达和多巴哥独立后的首任总理埃里克·威廉斯才华横溢，也经常令人感到难以捉摸，他还是一位曾在牛津大学（University of Oxford）就读的历史学家。威廉斯总是戴着一副墨镜，右耳戴着一个显眼的助听器，给人一种威严的感觉，与他幽默的性格全不相符。

作为一个特立尼达和多巴哥的民族主义者，威廉斯满腔热忱，他既对同胞表现出了深厚的感情，又带有些许傲慢的态度。1955—1962年，也就是特立尼达和多巴哥独立前夕，威廉斯在首都西班牙港市中心的一个广场上发表了演讲，有意将自己的学术研究带入大众舆论场。演讲让这个地方被人们称为"伍德福德广场大学"，其中埃里克·威廉斯是讲师，他的听众则获得了关于特立尼达、加勒比地区和跨大西洋历史的完整"课程"，特别是关于奴隶贸易、奴隶制和欧洲殖民主义。

1956年1月15日，在伍德福德广场，埃里克·威廉斯建立了人民民族运动党（People's National Movement, PNM）。从那一天起，他将领导该党走过四分之一个世纪。伍德福德广场是以19世纪早期一个殖民地总督拉尔夫·詹姆斯·伍德福德爵士（Sir Ralph James Woodford）的名字命名的，此人集邪恶与种族主义于一身。颇有讽刺意味的是，这个广场也是20世纪70年代特立尼达和多巴哥黑人权力运动的发起者们与埃里克·威廉斯交锋时的集会地和发言地。在威廉斯领导时期，他作为一个以黑人为主的国家的首脑，身份很矛盾。彼时，黑人权力运动正涌向国家舞台。这一矛盾从未得到彻底解决。1981年去世以前，威廉斯仍担任国家总理时，曾有过短暂的尝试，即以他的名字重新命名该广场。

威廉斯多才多艺，理性严谨，有敏锐的政治头脑，还擅长体育运动。他高中在女王皇家学院（Queen's Royal College）就读，作为优等生赢得了去英国牛津大学就读的奖学金。他在女王皇家学院足球队踢球时受过伤，这可能是导致他右耳失聪的原因。据称，威廉斯不是一个慷慨的队友，他总是想独自破门得分，而非将球传给其他球员。尽管如此，他在进球得分方面非常成功，带领学校的球队获得了全岛冠军。在足球场上的特立独行，也标志着威廉斯成为特立尼达和多巴哥独立后的领导人的倾向性。

1955年6月15日，在伍德福德广场的一次演讲中，在正式就任人民民族运动党领导人之前，埃里克·威廉斯套用布克·T. 华盛顿（Booker T. Washington）的话宣布："让我把水桶放在我所在的地方，[1] 就在此地，在英属西印度群岛，与诸位同在。"威廉斯决心留在家乡，为祖国服务。他决定回到特立尼达和多巴哥，毫不犹豫地投身政坛，这一决定可能始于威廉斯在1944年被任命为英美加勒比委员会（Anglo-American Caribbean Commission）成员。

也许更重要的是，1944年也是北卡罗来纳大学出版社出版《资本主义与奴隶制度》的一年，埃里克·威廉斯的这部著作饱含大胆的修正主义，影响深远。1938年，威廉斯在牛津大学完成了自己的学位论文。然而，在威廉斯回到西印度群岛之前，这篇论文被6家英国出版商拒绝出版，他也未能在任何一所英国大学获得教职。尽管威廉斯是一等荣誉毕业生，尽管他在由牛津大学最有名的帝国历史学家组成的委员会面前成功完成了论文答辩，尽管他被列为牛津大学历史学专业最优秀的博士生，以上障碍还是出现了。

大西洋的西边则带来了某种程度的救赎。美国的学术评

---

[1] 原文为 "let my bucket down where I am"，套用布克·T. 华盛顿于1895年在美国佐治亚州亚特兰大一次展览会上发表的演说中的 "Cast down your bucket where you are"，华盛顿的这次演说后被称为《亚特兰大"妥协"演说》。（本篇导读无特殊说明的页下注，均为编注。）

论家对出版威廉斯的学位论文更感兴趣，威廉斯还在位于华盛顿特区的霍华德大学（Howard University）获得了社会和政治学教授的职位。1938—1948年，威廉斯一直担任这一教职，尽管在他任职的后几年，他愈发有可能离开校园回到西印度群岛去。

威廉斯将霍华德大学描述为"黑人牛津"，这固然有点嘲讽的意思。他抱怨说，霍华德大学的"课程仍然由一个明确的前提主导，即文明是西方世界白人的产物"。然而，美国的"吉姆·克劳法"还是为他发表激进研究成果留出了空间，也为他在种族隔离墙后的优秀机构任教提供了机会。

从威廉斯略显呆板的学位论文题目《论废除西印度群岛奴隶贸易和奴隶制的经济要素》到清晰精准的《资本主义与奴隶制度》，也有一条复杂的路线。在威廉斯的学位论文中，我们能看到他的尖锐触角和特有的机智与讽刺；而在《资本主义与奴隶制度》中，我们会发现，他不再受牛津大学博士学位要求的约束，其修辞风格的全部精神得到释放。从内容上看，我们还会发现学位论文中没有出现过的假设。

威廉斯在学位论文中证据充分地详细阐述了英国废除西印度群岛的奴隶贸易，并最终解放西印度群岛的奴隶，是英国官方出于经济和战略利益的考量而精心策划的。因此，威廉斯反对将不断变化的道德观（一种席卷英国的人道主义情感）作为废除奴隶制度和解放奴隶原因的思想流派。在写作过程中，他与自己的论文委员会成员的立场完全相左，而委员会中最引人注目的是雷金纳德·库普兰和文森特·哈洛（Vincent Harlow）[1]。

在哈洛的强烈敦促下，威廉斯承认人道主义解释在奴隶解放中的作用，他的论文答辩可能正是因此才通过了委员会的审查。然而，威廉斯始终认为，废除非洲人的奴隶贸易完全是出于英国的自身利益，而这为人道主义立场在奴隶解放问题上发挥更大的影响力创造了条件。

除了主导威廉斯论文的废奴假设，《资本主义与奴隶制度》中还出现了另外两个假设。其中一个假说只在第1章简略出现，但十分重要。威廉斯认为，奴隶制催生了种族主义，而不是相反。因此，对威廉斯来说，种族主义是一种意识形态，它的出现强有力地将一种完全不道德但在经济上有利可图的做法合理化。

最近的学术研究，特别是塞德里克·约翰逊（Cedric Johnson）的研究，似乎挑战了威廉斯的主张。约翰逊在对"种族资本主义"的分析中，认为种族主义，即认为"他者"在本质上低人一等、理应服从的做法，早于跨大西洋的奴隶贸易和美洲奴隶制的出现。他指出，一些欧洲人群体被其他群体种族化，是欧洲内部基于群体剥削和殖民主义模式的重要组成

---

[1] 英国著名的大英帝国历史学家。

部分。但这不是重点,威廉斯聚焦的是反黑人种族主义的起源,而不是整个种族主义。威廉斯断言,白人至上主义的开端是有物质基础的。

另一个假设是非洲的奴隶贸易和加勒比地区的奴隶制推动了英国的工业发展,奴隶制是英国资本主义的根基。这个假设也主导了本书的大部分内容。威廉斯认为,虽然在18世纪的大部分时间里,奴隶贸易和奴隶制对英国的经济发展至关重要,但"制造业周期"的计划一旦实现,其重要性就下降了。

威廉斯成为总理后,偶尔也会被认为是马克思主义者。这更像是针对他推行的一些可能被认为是"社会主义"政策的批评,而不是通过仔细比较《资本主义与奴隶制度》和《资本论》(*Das Kapital*)的文本得出的结论。

马克思在《资本论》第一卷第二十四章中明确地将"新大陆"的奴隶制视为英国工业崛起的关键支柱。马克思的评论是:"欧洲的隐蔽的雇佣工人奴隶制,需要以新大陆的赤裸裸的奴隶制作为基础。"[1]这与《资本主义与奴隶制度》中的假设完全一致。

值得怀疑的应该是,威廉斯的这个假设是不是从马克思的理论中发展出来的?更有可能的是,如果马克思的理论影响了《资本主义与奴隶制度》,那么这种影响应该是间接来自威

---

[1] 马克思:《资本论:马克思诞辰200周年纪念版》,中共中央马克思恩格斯列宁斯大林著作编译局译,人民出版社,2018年,第870页。

廉斯在霍华德大学接触到的经济史学术研究，特别是经济学家艾布拉姆·林肯·哈里斯（Abram Lincoln Harris）的研究。

1936年，哈里斯的著作《作为资本家的黑人》（The Negro as Capitalist）出版，书中的一段话与威廉斯对美洲奴隶制与英国工业之间关系的分析大同小异：

> 在开发新大陆的土地和原材料时，首先使用的劳动力是印第安人和白人。但是，非洲黑人最终超过了所有其他劳动力，并被视为易于管理、几乎取之不尽用之不竭的廉价劳动力来源。非洲不仅为西方世界提供了劳动力，还为西欧国家主要货币经济提供了大量黄金。简言之，资本积累的基础，就是将非洲劳动力引入英属西印度群岛，从贩运这些劳动力及其产品中获取的利润，以及15世纪和16世纪在非洲大陆开采的黄金。18世纪，英国的工业体系就是在此基础上建立起来的。同样，在美国，贩卖奴隶给新英格兰地区带来的利润是航运业发展的一个重要因素，也是美国工业制度剩余财富的来源之一。

堡垒内部的学者们强烈反对《资本主义与奴隶制度》中的废奴假设和奴隶制与英国工业发展之间关系的假设，他们一心想要维护英国工业和资本主义起源的光荣历史。《资本主义与奴隶制度》出版后，其中的废奴论点便受到了坚持人道主义学派历史学家的持续攻击，但他们从未能够削弱威廉斯给一件事情赋予的意义，即英国人试图占领从法国奴役下解放的圣多明各（海地）。

如果英国官方真的希望结束奴隶贸易，为什么会试图将圣多明各纳入其帝国的轨道？正如威廉斯指出的那样，英国首相小威廉·皮特（William Pitt the Younger）不可能同时拥有圣多明各和废奴。如果没有每年4万名奴隶的进口，圣多明各可能已经沉入海底了。征服圣多明各并恢复其引以为豪的奴隶种植业，就必须扩大奴隶贸易。当曾经被奴役之人也打败了英国人，对大英帝国来说，奴隶贸易立即失去了任何剩余价值。

对奴隶制和英国工业之间的密切联系的否定，部分是通过援引所谓的"小比例"（small ratios）论点来实现的。众所周知，经济史学家斯坦利·L.恩格曼模仿了他的合作者罗伯特·福格尔（Robert Fogel）的一个论点，以削弱铁路在美国经济发展中的重要性。恩格曼估算了18世纪晚期奴隶贸易的利润与英国国内生产总值的比例，并得出结论，认为这个比例太小了，以此否认奴隶贸易是推动工业化的重要因素。

当然，从绝对意义上看，任何单一经济部门的利润与国内生产总值的比值都是很小的。芭芭拉·L.索洛证明，以恩格曼的方式计算，与当时其他行业的类似比值相比，奴隶贸易的利润在英国国内生产总值中占有巨大份额。更重要的是，恩格曼的"小比例"策略没有考虑到奴隶贸易对英国经济结构的重要性，即奴隶贸易对经济表现的前向和后向联系及乘数效应。[1]

18世纪的重商主义者约书亚·吉（Joshua Gee）和马拉奇·波斯尔思韦特（Malachy Postlethwayt）明确指出了奴隶贸易和奴隶种植园制度对英国制造业的重要性。奴隶贸易和奴隶制延伸到了造船业和航海业；延伸到了生产镣铐的钢铁业，正是这些镣铐将奴隶囚禁在船上的；延伸到了用于在非洲海岸交换人口的火器、器皿、纺织品和朗姆酒。奴隶贸易和奴隶制还延伸到了英国的工业部门，用吉的话说，这些部门提供了"可穿戴设备、家庭用品和所有其他从事种植园工作的必需品"。奴隶贸易和奴隶制也与生产糖蜜、朗姆芝士、发烟材料（烟草）、染料（靛蓝）和服装（棉花）所需的奴隶种植的原材料相关。恩格曼对"小比例"的关注并没有捕捉到这种对英国经济产生了"温室效应"（如马克思所言）的联系网络。

∽

反对威廉斯观点的弦外之音，不单纯是批评者在知识方面的怀疑，这关系到对英国和欧美经济胜利主义叙事的所有权。

---

[1] 前向联系指一个部门和吸收它产出的部门之间的联系。具有前向联系的产业部门将其产品供应给其他产业部门，如钢铁工业的前向联系部门是汽车、机械等工业。一个部门的前向联系部门通常是制造业产品的生产部门。后向联系则指一个部门与向其提供投入的部门之间的联系，即从别的产业部门购买本部门在生产中所需的投入要素。如钢铁工业的后向联系部门是采矿业等。乘数效应指一个经济变量的变化对另一个经济变量的变化所具有的倍数放大作用。

卡特·G.伍德森（Carter G. Woodson）是非裔美国人生活和历史协会（Association of African American Life and History）的创始人，也是较早研究非洲流散人口的美国学者之一。1945年，他在《黑人历史杂志》（Journal of Negro History）中评论了威廉斯的著作，指出了这部著作刺痛了谁。他写道："这部作品应该会强烈吸引那些眼下反对大英帝国的人，因为大英帝国目前的政策是：只要可以找到接管的借口，它可以攫取整个宇宙。英国制度的弊端巨大，只要有机会，就应该予以抨击。"

伍德森认为《资本主义与奴隶制度》是一部学术著作，可以作为对抗英国帝国主义的利器。今天，本书可以作为学术灵感，支持美洲各地针对奴隶制危害发起的赔偿运动。

2019年11月，安提瓜和巴布达总理贾斯顿·布朗（Gaston Browne）呼吁哈佛大学支付赔偿金。1815年，哈佛大学收到了安提瓜岛的奴隶种植园主小艾萨克·罗亚尔（Isaac Royall Jr.）的捐款，用于支持其法学院的第一个捐赠教授职位。安提瓜岛经常出现在《资本主义与奴隶制度》中，作为产糖岛屿之一，其生产依赖黑人奴隶的劳动。

以上诉求有一定的道理，但都是错误的。安提瓜岛的奴隶制是英国殖民体系的一部分，《资本主义与奴隶制度》的研究表明，总理的赔偿要求应针对英国政府。一个美国歌手也曾对一家总部设在伦敦的保险公司提出赔偿要求。而这家保险公司与奴隶贸易和奴隶制的商业联系主要集中在英国企业的活动上。毕竟，安泰保险（Aetna）和纽约人寿（New York Life）

才是为美国的奴隶贩子和奴隶主提供保险的美国公司，但这位歌手并没有把目光投向这两家公司。归根结底，美国政府应为其法律管辖范围内的参与奴隶贸易和奴隶制的组织机构承担责任。

无论如何，埃里克·威廉斯的研究指出了许多在英国和全球资本主义建设中的罪人和罪行。英国制造业的发展与奴隶制和奴隶贸易密不可分，任何掩饰都不能也不应该消除这段暴行的历史。《资本主义与奴隶制度》能让我们正视这段历史，促使我们向有关的有罪方寻求赔偿。

小威廉·A. 达里蒂

杜克大学教授

2020 年 9 月

历史瑰宝

很少有现代历史著作能像埃里克·威廉斯的《资本主义与奴隶制度》这样具有持久的思想影响力和吸引力。该书于1944年首次出版，在一些地区广受好评，也在一些地区被严厉批评。出版50年后，学术界对该书结论的争论仍在继续，而且没有减弱的迹象。这位来自西印度群岛的学者的经典之作仍对研究非洲奴隶贸易、奴隶制、英国资本主义兴起和西印度群岛奴隶解放之间的复杂关系最有启发性。

1911年，埃里克·威廉斯出生于特立尼达岛。他智力过人，就读于岛上的顶尖中学之一女王皇家学院。1931年，他获得了奖学金，并于1932年进入牛津大学，攻读近代史学位。就像在家乡一样，在牛津大学，威廉斯接触到的主流知识也是对帝国的赞扬，对殖民地的非洲人后裔几乎没有任何介绍。回顾在特立尼达岛的成长岁月，威廉斯指出："特立尼达的学校系统赋予我的知识以两个主要特点——数量丰富,但本质上是英国的。'成为英国人'不仅是立法机构的口号,也是学校的口号。"[1]

随着在牛津大学不断拓展学识,这位年轻的殖民地人开始质疑,并最终拒绝了以帝国为中心的对其人民历史的分析。例如,在与导师R. 特雷弗·戴维斯(R. Trevor Davies)的会面中,威廉斯称自己一直"采取独立的路线"[2]。这位求知欲很强的学生在牛津大学学习了近7年,于1938年12月获得博士学位,他的论文《论废除西印度群岛奴隶贸易和奴隶制的经济要素》在5年后得到修订、扩充和出版。

1939年,威廉斯接受了美国霍华德大学的教职,在那里继续自己的研究,阐述他的论文,并特别强调奴隶制和英国资本主义崛起之间的关系。威廉斯还与乔治·华盛顿(George Washington University)大学的洛厄尔·J. 拉加茨教授和波莫纳学院(Pomona College)的弗兰克·W. 皮特曼(Frank W. Pitman)教授建立了联系,这两位学者是研究英属西印度群岛解放前历史的权威。

根据拉加茨的建议,威廉斯于1943年2月17日向北卡罗来纳大学出版社提交了论文的完成稿。威廉斯在写给主管威廉·T. 库奇(William T. Couch)的信中说,他希望这本书"符合贵出版社的高标准,因为它似乎符合黑人奴隶制的一般作品标准,而学术界已经学会与北卡罗来纳大学合作这类作品"[3]。威廉斯指出,皮特曼和拉加茨已经读过这份书稿,他的研究也得到了1940年和1942年的两笔朱利叶斯·罗森沃尔德基金会

(Julius Rosenwald Foundation)奖学金的支持。

威廉斯的信中附有一页说明,介绍了该书及其主要论点。他说,这本书"试图以英国为例,从历史的角度审视欧洲早期资本主义与西印度群岛的黑奴贸易和黑人奴隶制之间的关系。本书将阐明18世纪的商业资本主义是如何建立在奴隶制和垄断之上的,而19世纪的工业资本主义则摧毁了奴隶制和垄断"。他强调,西印度群岛"被放在一个广泛的殖民框架中","英属西印度群岛的发展向来与其他加勒比地区的发展联系在一起,例如古巴和圣多明各,以及其他产糖地区,及巴西和印度"。威廉斯强调,他认为人道主义运动"并不抽象,其本质上是时代的一部分,属于反对奴隶制和垄断的广泛经济斗争"[4]。

收到书稿后,出版社征求了4位学者的意见,以评估论文的学术价值。拉加茨和皮特曼是显而易见的选择,另外2位学者是北卡罗来纳大学(University of North Carolina)的休·莱夫勒(Hugh Lefler)教授和查尔斯·B. 罗布森(Charles B. Robson)教授。莱夫勒是杰出的美国殖民地历史学家,罗布森是政治学家。

这份书稿是献给拉加茨的,他在回复中给予了这部作品简短但有力的支持。他说:"我仔细阅读了埃里克·威廉斯博士《资本主义与奴隶制度》的初稿和定稿,这是一部非常有价值的作品。"[5]皮特曼的意见篇幅较长,也不那么热情。他指出,他与威廉斯见过两次,发现他是"一个受过良好训练的(牛津大学)年轻人"。这位波莫纳学院的学者认为这份书稿"是很好的作品。文中一些地方对资本主义的尖刻种族偏见，我建议他稍做缓和。我告诉他，主要要靠事实来判断资本主义的弊端"。

皮特曼认为威廉斯的观点并不新颖。他写道："他的研究对该领域的学者所知甚少。"但"对非专业人士来说，这是一部新鲜的、写得相当好的完善著作"。皮特曼推荐出版该书还有其他理由。他建议："应该鼓励来自埃里克·威廉斯所属的少数群体的文学作品，尤其是在当下。"他认为威廉斯"精力充沛，有望成名，我想帮助他，希望你们也有同感"[6]。

北卡罗来纳大学的两位学者也赞同出版该书，但他们完全误解了威廉斯的论点，而且和皮特曼一样，没有欣赏到该书令人耳目一新的原创性。莱夫勒发现这项研究"很有趣，可读性强，而且颇具学术性"。然而，他的结论是，这份书稿的"标题是错误的"。在他看来，该书"实际上是在研究西印度群岛的奴隶制，而不是资本主义和奴隶制"。不过，莱夫勒认为，威廉斯"很好地分析了西印度群岛种植园主阶层对英国政治的影响"，并且建议修改"书稿中几个感性的段落"。[7]

罗布森认为该书稿是"一部关于西印度群岛奴隶制的直接历史，因此相当有趣"。他认为书稿"不错"，尽管他只"读了几章"。他还承认："我愿意阅读其余部分，但感觉没有必要。"罗布森表示："在我读过的章节中，没有看到标题中暗示的论证，没有看到任何引起异议的'基调'。"[8]

1943年5月10日，罗布森的评论到达出版社。威廉·T.库奇显然已经受到拉加茨、皮特曼和莱夫勒先前建议的影响，他于4月22日写信给威廉斯，预测"就编辑方面的考虑而言，该作品将被批准出版"。由于出版社预估该书的市场有限，作者需要支付700美元资助出版。库奇估计，这本书第一年会卖出400~500本，此后每年能卖出几本。[9]

6月9日，威廉斯给库奇回信，表示很高兴得知出版社计划出版这本书。他乐观地表示，自己能够筹集到更多补贴。[10]但这位助理教授后来发现，筹款比预期的要困难得多。当库奇在夏末催促威廉斯时，后者承认他在"答复出版条款"方面的"迟缓"部分是由于"我们家添了一个人，让我陷入了另一种奴隶制，还有一部分原因是我生病了"。还有其他困难。尽管威廉斯一直在"谈判"，试图筹到更多资金，但没有成功。然而，威廉斯"相信"，他能够"在不久的将来"获得资金。他表示："我的一些西印度群岛朋友正努力通过美国的西印度社区筹集资金。与此同时，我也在努力通过通常的学术渠道获得补贴。"[11]

威廉斯最终成功地筹集到了资金。1943年12月18日，他告诉库奇，他的西印度群岛朋友已经借给他钱来支付补贴，这笔钱将分3期支付，建议库奇按照4月22日信中的条款"继续推进"。[12]威廉斯后来努力用收到的微薄版税来偿还他的恩人。此外，威廉斯和出版社为获得美国学术团体理事会（American Council of Learned Societies, ACLS）的出版补贴所做的努力也没有成果。在拖延了6个月之后，学术团体理事会的拨款秘书唐纳德·古德柴尔德（Donald Goodchild）通知威廉斯，他的资助请求被拒绝了。古德柴尔德"秘密"地反馈说："咨询委员会在这个问题上不同意我们黑人研究委员会的建议。我们的一些顾问认为，您的书稿虽然质量很高，但更像是面向历史领域的非专业人士的。"[13]

虽然威廉斯同意资助该书出版，但他并没有立即对修改书名的建议做出回应。1943年9月4日，在承诺以后会彻底解决这个问题后，威廉斯通知库奇，"关于你的读者建议的修改书名，我完全不同意"[14]。威廉斯曾向梅尔维尔·J. 赫斯科维茨（Melville J. Herskovits）教授征求意见，对方是杰出的人类学家，也十分关注流散海外的非洲人。威廉斯希望赫斯科维茨支持他提议的书名。尽管赫斯科维茨认为这份书稿"是一部有趣的作品，我认为它的论点很重要"，但他并不赞同书稿的标题。据威廉斯说，"当我告诉他读者的意见时"，赫斯科维茨"倾向于赞同读者，认为应该修改标题。我不这么认为"。威廉斯表现出了作为学者和政治家特有的好斗精神，有力阐述了他的反对意见。对那些认为这本书是关于西印度群岛奴隶制的人，他回应说："那不是我想写的书，这本书的内容不涉及奴隶的待遇或生活条件。它涉及的是奴隶生产什么，他们是如何被购买的，以及这些对资本主义的影响。"

然而，只要新的书名能够反映作品的主要论点和内容，威廉斯并不反对妥协。赫斯科维茨提出了两个修改建议，威廉斯在12月18日给库奇的信中指出：

第一个是"工业革命中的奴隶制"。在我看来，这个标题是不恰当的，因为它没有把奴隶制在商业资本主义时期的作用包含进来，而我用很多篇幅讨论了这个问题。第二个是"资本主义发展中的奴隶制"。我很满意这个标题，但它似乎太长了。还没有任何人能说服我，让我接受笼统地谈论资本主义是不合理的，只因为书中涉及的是英国资本主义。英国资本主义是其他地方的资本主义的范本和母体。还需要注意的是，拉加茨教授和皮特曼教授完全赞同我的选择。我不想在这个问题上多费口舌。我的选择表达了我打算写的和已经写就的书。如果你坚持要改标题，那么赫斯科维茨教授的"资本主义发展中的奴隶制"是我可以作为妥协接受的，但"西印度群岛的奴隶制"是不可能的。[15]

出版社可能认为反驳作者的有力论点毫无意义，于是决定保留原标题。1944年，随着书稿编辑工作的开始，威廉斯对出版进展产生了积极的兴趣，不时地提出修改建议。事实上，第12章是在6月才增加的，当时书稿已经在校对了。6月3日，威廉斯通知他的编辑梅·利特尔约翰（May Littlejohn），说要增加一个新的章节，题为"奴隶和解放"（The Slaves and Emancipation）。他指出，他发现了一些关于奴隶在促进解放事业中所起作用的"精彩"信息，并解释说：

> 我已经讨论了政府、幕后的种植园主、资本家和人道主义者的态度。现在我讨论的是奴隶。我已经讨论了英国的战斗,现在我讨论的是西印度群岛的战斗。鉴于本书以黑人奴隶制的起源开始,以奴隶们试图结束奴隶制来结束将会令人印象深刻。总的主题是,来自英国国内的资本家和人道主义者对种植园主的压力,在殖民地因来自奴隶的压力而加剧。到1833年,如果奴隶制没有从上面被废除,也会从下面被废除。[16]

当威廉斯在6月19日提交完成的章节时,他详细阐述了补充这一章的原因。他承认:"我在阅读书稿时突然意识到,我已经处理了这个两个多世纪以来的问题的方方面面,但作为运动[解放]的对象和基础的个体,我却没有触及。因此,我坦然接受那些说我的历史研究过时的有力批评,因为我的注意力完全放在了其他方面。第12章将弥补这个缺陷。"[17]

这本书最终于1944年11月11日出版。出版社最初打算印刷1000册,但由于威廉斯坚持认为这部作品会有很大的市场,而且出版社可能也做了市场调查,印数增加到了1500册。威廉斯在按照出版社的要求提交的简介中写道,他希望自己在宣传中被描述成"西印度群岛人",而不是"特立尼达人"。他向库奇解释说:"我已经写了我出生在特立尼达,但如果你能把我介绍为出生在特立尼达的西印度群岛人而不是特立尼达人,我将不胜感激。这似乎是一件小事,但对我们西印度群岛人非常重要。"[18]这种对西印度群岛人身份的主张，与更狭隘的特立尼达人身份形成鲜明对比，是威廉斯生活和工作的一个重要特征。

威廉斯还力图确保该书的学术价值来自其论点的力量，而不是来自其作者的个性或其学术资格。在他看到该书的第一份校样后，急忙向编辑保证，他"很高兴看到印有'埃里克·威廉斯著'的校样。我对所有冠冕堂皇的头衔和冗长的学位感到恐惧"[19]。尽管如此，威廉斯还是异常积极地在美国、西印度群岛和加拿大推介这本书。在该书出版的近7个月前，也就是1944年4月25日，威廉斯写信给库奇，说他刚从西印度群岛回来，在那里：

> 如我所料，我发现人们对西印度群岛的历史抱有极大的兴趣。我应邀向特立尼达公共图书馆的订阅者发表演讲，并选择了"世界历史中的英属西印度群岛"作为主题，可以说是让听众预览了这本书。一个可以容纳300人的大厅挤进了700人，各方都告诉我，在特立尼达的历史上从来没出现过类似的场面。我没有谦虚到否认部分兴趣是由演讲者引起的，但同时这个主题也引起了极大的关注。事后有人告诉我，我的书能在特立尼达卖出1000本，虽然这个数字似乎有点大，但夸张的程度并不像外人看起来那么大。我在巴巴多斯和英属圭亚那做了一些宣传，发现那里的人也对这本书很感兴趣。[20]

威廉斯说服出版社在西印度群岛以1美元的价格出售该书，而不是以美国3美元的价格出售。他还以作者折扣价购买了一些，在美国和加拿大出售，特别是卖给在当地读书的西印度群岛的学生。该书出版4个月后，威廉斯向库奇强调，他"非常希望西印度群岛的人能读到这本书"，认为他们会从这本书中获得知识或者其他方面的益处。威廉斯提醒库奇："我在书中采取了政治路线，西印度群岛的人民比任何人都需要了解这一点。"[21]威廉斯在销售该书方面非常成功，以至于出版社主管的执行助理波特·考尔斯（Porter Cowles）都称赞他的作用。考尔斯写道："大多数购买自己作品的作者似乎都是为了自己，你是个例外，你说服了其他人来买。"[22]

该书的巨大成功促使出版社在1945年夏天加印了1500册。威廉斯非常高兴。1945年8月18日，他写信给库奇，兴奋地说："这本书进展如此顺利，我当然很高兴。虽然我不想显得自负，但我对此并不感到惊讶。不仅是奴隶制，西印度群岛也是美国和英国非常感兴趣的话题；当然，今天的西印度群岛也对这个话题非常感兴趣。"[23]截至1949年12月31日，出版社已售出2412册，赠出95册，版税总额为271.80美元，但这个数字远远不够威廉斯偿还欠赞助人的债务。

《资本主义与奴隶制度》收到了大量评论。学术期刊、文学杂志和大众媒体都注意到了它。可以理解的是，这些评论有褒有贬。非洲裔的评论家一致赞扬这部作品，而那些声称自己是欧洲人后裔的评论家则没有那么热情，双方的反应也大为不同。著名的黑人学者洛伦佐·格林（Lorenzo Greene）在《黑人学院季刊》（Negro College Quarterly）上撰文，称该书是"一项学术研究"。他评论道："早就应该有这类作品面市了，威廉斯博士以出色的方式满足了这一需求。"《危机》（Crisis）杂志的评论员、历史学家 J. A. 罗杰斯（J. A. Rogers）称赞作者道："新大陆的发展要归功于黑人（奴隶制和奴隶贸易的受害者），在其开拓阶段尤其如此；还有英国，它借此从一个小国崛起为世界上最伟大的帝国，在这些方面，这是我读过的最好的作品。"卡特·G. 伍德森在《黑人历史杂志》中称赞该书标志着"从国际视角科学地研究奴隶制的开端"。[24]

在白人评论家中，伊丽莎白·唐南（Elizabeth Donnan）"有时会感到困扰，觉得这篇论文虽然看似合理，但可能过于简单"。她断言："僵化的经济学解释几乎没有考虑到人类动机的复杂性，也没有考虑环境的变化，而环境变化会导致意外情况。"弗兰克·坦南鲍姆（Frank Tannenbaum）在一篇充满敌意的书评中称，这本书"对历史的经济解释充斥着强烈的信仰色彩，被一种明显的黑人民族主义观念激起的强烈热情所玷污"。《泰晤士报文学副刊》（Times Literary Supplement）的评论员 D. W. 布罗根（D. W. Brogan）指责说："这本书的某些章节更多的是巧妙的猜测，而不是对无可争议的因果关系的完整论证。"然而，布罗根继续说："这部作品的写作、论证和原创性令人钦佩。"亨利·斯蒂尔·康马杰（Henry Steele Commager）认为该书是"这一历史领域中最博学、最深刻和最重要的作品之一"。[25]

一些英国历史学家试图用恶毒的攻击驳斥威廉斯的论点，而非用理性的论据、仔细的研究和分析来驳斥，这一点并不令人惊讶。经济史学家 D. A. 法尔尼（D. A. Farnie）认为，这本书向作者"所属的群体展示了一种持久的神话，即'资本主义'要对他们的状况负责，这种观点在西欧没有得到青睐，因为在西欧，历史已经从神话的根源中分离出来，但却被非洲和亚洲受过良好教育的精英们全盘接受"[26]。约翰·唐纳利·费奇对该书的批评少得多，但带有明显高人一等的态度，他认为威廉斯对废除奴隶制的"人道主义论点"的攻击"在20世纪30年代末和40年代初是不可避免的，当一个来自殖民地的年轻黑人激进分子，特别是此人还来自极度萧条的西印度群岛，发现自己在帝国历史学院的阴影下学习，而这个学院是［雷金纳德·］库普兰爵士在牛津大学平静的围墙内建立的"[27]。

第一个关于该书的详尽学术批评，直到1968年才出现。英国历史学家罗杰·T. 安斯蒂在《经济史评论》（*Economic History Review*）上撰文，对"成熟的资本主义摧毁了奴隶制"的论点提出质疑。[28] 其他学者受益于自1944年该书出版以来几十年的研究，也很快试图推翻其主要结论。1984年，世界上一些研究奴隶制经济学的顶尖学者齐聚意大利的贝拉焦，讨论威廉斯在其经典作品中提出的观点，这也成为该书继续引发争论的一个衡量标准。[29]

有一个事实会被不时忽视，那就是《资本主义与奴隶制度》出版时，作者只有33岁。尽管他很年轻，但他的作品观点亮眼，思想成熟、大胆、深刻，并具有巨大的启发性。一些当代学者对该书论点的边边角角进行了削足适履，另一些学者则对其核心论点展开了攻击，但其核心论点并没有在思想上被征服。事实上，即使一些后来的学者改进了威廉斯的问题并提供了其他答案，威廉斯对这个问题的概念化仍然存在。

《资本主义与奴隶制度》的出版是加勒比地区历史学的一个重要分水岭，开创了研究殖民国家和殖民地之间关系研究的新阶段，永久改变了分析的条件和随后的论述。该书的影响超出了加勒比地区。威廉斯确立了非洲奴隶制和奴隶贸易在英国经济中的核心地位，挑战了传统的观点，即殖民地更多的是宗主国仁慈的接受者，而不是帝国主义国家繁荣建设的主要原动力。他的结论可能会被驳斥，但任何严肃的学者都不能回避该书提出的重要问题。《资本主义与奴隶制度》仍将是历史瑰宝。

科林·A. 帕尔默
普林斯顿大学历史系教授
1994年

注 释

1. Eric Williams, *Inward Hunger: The Education of a Prime Minister* (Chicago: University of Chicago Press, 1971), p.33.
2. Ibid., p.41.
3. Eric Williams to W. T. Couch, February 17, 1943, University of North Carolina Press Records, subgroup 4, Southern Historical Collection, University of North Carolina at Chapel Hill. 关于本书出版的所有记录都在这个收藏中。
4. Ibid.
5. Lowell J. Ragatz to May T. Littlejohn, March 14, 1943.
6. Frank W. Pitman to May T. Littlejohn, n.d. (original emphasis).
7. Hugh Lefler to W. T. Couch, April 17, 1943.
8. Charles B. Robson to W. T. Couch, May 10, 1943.
9. W. T. Couch to Eric Williams, April 22, 1943.
10. Eric Williams to W. T. Couch, June 9, 1943.
11. Eric Williams to W. T. Couch, September 14, 1943.
12. Eric Williams to W. T. Couch, December 18, 1943.
13. Donald Goodchild to Eric Williams, March 27, 1944.
14. Eric Williams to W. T. Couch, September 4, 1943.
15. Eric Williams to W. T. Couch, December 18, 1943.
16. Eric Williams to May T. Littlejohn, June 3, 1944.
17. Eric Williams to May T. Littlejohn, June 19, 1944.
18. Eric Williams to W. T. Couch, March 13, 1944.
19. Eric Williams to May T. Littlejohn, March 29, 1944.
20. Eric Williams to W. T. Couch, April 25, 1944.
21. Eric Williams to W. T. Couch, March 14, 1945.
22. Porter Cowles to Eric Williams, April 19, 1947.
23. Eric Williams to W. T. Couch, August 18, 1945.
24. *Negro College Quarterly* 3, no.1 (March 1945): 46-48; *Crisis*, July 10, 1945, 203-204; *Journal of Negro History* 30 (1945): 93-95.
25. *Journal of Economic History* 6, no.2 (November 1946): 228; *Political Science Quarterly* 61 (1946): 247-253; *Times Literary Supplement*, May 26, 1945,

250; *Weekly Book Review*, February 4, 1945, 5.
26. D. A. Farnie, "The Commercial Empire of the Atlantic, 1607-1783", *Economic History Review*, 2d ser., 15 (1962): 212.
27. J. D. Fage, introduction to *The British Anti-Slavery Movement*, 2d ed., by Sir Reginald Coupland (New York: Barnes and Noble, 1964), XVII-XXI. 库普兰在他的作品中强调了英国解放运动中的人道主义冲动。
28. Roger T. Anstey, "'Capitalism and Slavery': A Critique", *Economic History Review*, 2d ser., 21 (1968): 207-220.
29. 在这次会议上发表的一些论文收录于 Barbara L. Solow and Stanley L. Engerman, eds., *British Capitalism and Caribbean Slavery: The Legacy of Eric Williams*（New York: Cambridge University Press, 1987）。请特别参阅 Richard B. Sheridan, "Eric Williams and *Capitalism and Slavery*: A Biographical and Historiographical Essay", in ibid., pp.317–345。